상상적 마르크스주의들:

한 신성 가족에서 다른 신성 가족으로

상상적 마르크스주의들:
한 신성 가족에서 다른 신성 가족으로

초판 1쇄 인쇄 2024년 6월 3일
초판 1쇄 발행 2024년 6월 13일
–
지은이 레몽 아롱
옮긴이 변광배
펴낸이 이방원
책임편집 박은창   **책임디자인** 박혜옥
마케팅 최성수 · 김 준   **경영지원** 이병은 · 이석원
–
펴낸곳 세창출판사
신고번호 제1990–000013호   주소 03736 서울특별시 서대문구 경기대로 58 경기빌딩 602호
전화 02–723–8660 팩스 02–720–4579 이메일 edit@sechangpub.co.kr
홈페이지 http://www.sechangpub.co.kr 블로그 blog.naver.com/scpc1992
페이스북 fb.me/Sechangofficial 인스타그램 @sechang_official
–
ISBN 979–11–6684–328–0 93300

상상적 마르크스주의들:
한 신성 가족에서 다른 신성 가족으로

레몽 아롱 지음
변광배 옮김

세창출판사

서론

나는 작년에[1] "에세Essais" 총서에서 이 책의 제2부에 해당하는 세 편의 글을 출간했다. 사르트르가 노벨 문학상 수상을 거부했을 때[2] 피에르 브리송[3]의 요청에 따라 『르피가로 리테레르Le Figaro littéraire』에 기고한 글, 루이 알튀세르에 대한 구조주의적 또는 사이비-구조주의적pseudo-structuraliste 연구, 카를 마르크스의 출생 150주년을 맞이해 유네스코UNESCO에서 했던 강연문이 그것이다.

초판과 같은 제목을 붙였지만, 지금 출간하는 이 모음집의 제1부

---

1   이 책의 초판은 1969년에 출간되었다.
2   사르트르는 1964년 노벨 문학상 수상 작가로 선정되었으나, 이 상의 수상을 거부했다.
3   피에르 브리송(Pierre Brisson, 1896~1964): 프랑스의 언론인으로, 『르피가로(Le Figaro)』지의 편집장을 지냈다.

에 다음 세 편의 글을 포함시켰다. 하나는 1946년에 쓰인 「마르크스주의와 실존주의Marxisme et existentialisme」이고, 다른 두 개는 각각 1956년에 쓰인 「변증법의 모험과 재난Aventures et mésaventures de la dialectique」과 「광신주의, 신중함 및 신앙Le Fanatisme, la prudence et la foi」이다.

내가 이 연구와 논쟁을 통해 드러내 보인 지나치고, 또 종종 경멸하는 듯한 공격성에 대해 여러 독자로부터 책망을 받았다. 그들 중 일부가 보여 준 우정에 대해서는 나의 지나침을 인정하고 또 이런 비판이 타당하다는 것 이외의 다른 변명의 여지가 없다. 하지만 왜 다음 사실까지 부인하겠는가? 지적 열정을 통해 두 개의 "상상적 마르크스주의marxismes imaginaires",[4] 즉 실존주의적 신성 가족saintes familles[5]과 구조주의적 신성 가족과 나 사이의 대화가 활성화되었다는 사실을 말이다. 아마도 나와 논쟁을 벌인 적수들이 나에게 퍼부었던 욕설이 이 텍

---

[4] 이 책의 제목이기도 한 '상상적 마르크스주의들'에는 이 책의 주요 내용이 함축되어 있다. 아롱은 이 책에서 사르트르와 메를로퐁티로 대표되는 현상학적-실존주의적 마르크스주의(marxisme phénoménologique-existentiel)와 알튀세르로 대표되는 구조주의적 마르크스주의(marxisme structuraliste) 양쪽 모두를 비판하면서, 이 두 마르크스주의가 마르크스의 전체 저작에 충실한 마르크스주의라기보다는 오히려 사르트르와 알튀세르의 주관적인 의도가 깊게 반영되고, 또 오독과 몰이해로 점철된 마르크스주의, 곧 그들의 머릿속에서 정립된 마르크스주의라는 사실을 규명하고 있다.

[5] '신성 가족'은 원래 기독교에서 예수의 가족을 지칭한다. 하지만 아롱은 이 표현을 마르크스와 엥겔스가 1844년 공동 출판한 『신성 가족 혹은 그 비판적 비판에 대한 비판, 브루노 바우어와 그 일파에 반대하여(La Sainte famille ou Critique de la Critique critique contre Bruno Bauer et consorts)』(독일어 제목은 "Die heilige Familie oder Kritik der kritischen Kritik gegen Bruno Bauer und Kunsorten"이다)라는 저작에서 차용하고 있다. 이 책에서 마르크스와 엥겔스는 브루노 바우어 형제와 청년 헤겔학파를 공격하면서 헤겔의 관념론을 비판적으로 분석한다. 이런 공격과 비판에 이어 마르크스와 엥겔스는 새로운 유물론적 관점을 수호하는 데 주력한다. '신성 가족'이라는 표현은 이 책의 부제, 즉 "한 신성 가족에서 다른 신성 가족으로"에 포함되어 있는데, 앞의 신성 가족은 사르트르와 메를로퐁티로 대표되는 현상학적-실존주의적 마르크스주의를 지지하는 자들을, 뒤의 신성 가족은 알튀세르로 대표되는 구조주의적 마르크스주의를 지지하는 자들을 가리킨다.

스트들에 담긴 나의 신랄한 어조를 정당화해 주지는 못한다고 해도 그것을 설명해 줄 수는 있을 것이다.

❧ ◈ ❧

그렇다면 나는 어떤 이유로 그 긴 시간 동안 희망도 출구도 없는 대화를 계속해 왔는가? 처음에는 내 젊은 시절의 친구들인 실존주의자들과 더불어서, 그다음에는 사용하는 용어와 이론적 참고 자료에서는 서로 다르고, 또 기본적 좌파주의와 언어학적 혁명[6]과 실제로 일어난 사실들faits에 대해 필요하고도 소박한 탐구에 대한 무관심에서는 서로 가까운, 새로운 세대의 마르크스주의자들과 더불어서 말이다.

내 생각으로는 이 두 '신성 가족'에 맞서 때로는 공개적으로 때로는 신중하게 진행된 논쟁의 동기, 그 주된 동기가 분명 정치적 참여는 아니다. 실제로 『변증법적 이성비판Critique de la raison dialetique』도 『자본론 읽기Lecture du Capital』[7]도 대중을 겨냥하고 있지 않다. 이 책들은 공산당 투사나 동조자를 모집하는 데 소용되지 않는다. 이 책들은 극소수의 필요에 부응할 따름이다. 파레토[8]의 용어로 말하자면 이 책

---

6   구조주의에서 큰 비중을 차지하고 있는 언어학, 특히 페르디낭 드 소쉬르에 의해 제시된 여러 언어학 개념의 창안, 수용과 유행을 가리키는 것으로 보인다.

7   알튀세르의 『자본론을 읽자(Lire Le Capital)』에 대한 아롱의 오기(誤記)로 보인다.

8   빌프레도 파레토(Vilfredo Pareto, 1848-1923): 이탈리아의 정치학자, 사회학자, 경제학자이다. 전체 결과의 80%가 전체 원인의 20%에서 일어나는 현상을 설명해 주는 '파레토 법칙' 또는 '80 대 20 법칙'을 제시한 학자로 유명하다. 파레토가 조국 이탈리아의 상위 20%의 인구가 80%의 부를 소유한다는 사실을 관찰해 낸 것이 이 법칙의 기원이다.

들은 '잔기résidus'를 변경하는 '파생체dérivations'에 해당하지 않는다.[9] 또한 이 책들은 당원의 태도나 당에의 가입을 합리화해 주기는 하나 부추기지는 않는다. 물론 이것은 나의 논증에도 그대로 해당한다.[10] 좋든 나쁘든, 옳든 그르든 나의 논증은 설득 —은밀하든 그렇지 않든— 에서 전혀 효율성을 발휘하지 못한다. 어쩌면 이 책의 내용을 이렇게 비판적인 글들로 나누어 제시하는 대신, 내가 약 40년 동안 성찰해 온 마르크스주의에 대해 한 권의 책을 집필하는 것이 더 나았을 수도 있다. 하지만 파리의 좌파주의에 속하는 동시대적이고 경쟁적인 여러 분파와 논쟁을 계속하는 것 자체가 나의 철학적 흥미를 유발했다는 사실을 나는 결코 의심하지 않는다.

나의 지적 경력은 1931년부터 독일에서 마르크스주의에 대해 성찰하는 것으로 시작되었다.[11] 나는 분명 "좌파"에 속하는 나의 견해[12]

---

9   파레토는 사회학을 인류 사회에 대한 일반 연구로 정의하고, 그 중심 주제로 인간의 행위에 주목한다. 그는 인간의 행위를 논리적 행위와 비논리적 행위로 구분한다. 그에 따르면 비논리적인 행위는 인간의 비논리적인 힘, 즉 마음과 감정에 좌우되는 것으로 이해된다. 파레토는 이런 비논리적 행위를 주도하는 마음과 감정을 분석하는 틀로 잔기와 파생체를 제시한다. 잔기는 인간의 행위 중 변하는 것을 뺀 나머지 부분인 반면, 파생체는 항상 변하는 요소로서 비논리적 행위를 논리적 행위로 보이게 하는 데 이용된다. 파레토는 잔기로 다음 여섯 가지 요소를 들고 있다. 1. 결합의 잔기, 재능 있는 꾀, 창조적 상상력, 2. 집단 유지의 잔기, 확립된 방식에 대한 집착, 충성, 전통에 대한 옹호, 3. 활동성의 잔기, 외부적으로 감정을 표현하거나 실행하고자 하는 욕구, 4. 사회성의 잔기, 협력과 수용에 대한 욕구, 5. 통합의의 잔기, 자기 이해와 지위, 자기 정체성에 대한 욕구, 6. 성적 잔기, 성적인 만족에 대한 충동이 그것이다. 파생체는 잔기의 영향을 받으며, 도덕, 논리, 종교, 윤리, 이데올로기, 추론, 비논리적 주장, 단언, 설명, 궤변, 허튼소리 등에 근거해 잔기에 의한 행위들을 정당화시킨다. 파레토는 파생체를 다음 네 개의 부류로 구분하고 있다. 1. 사실과 감정에 대한 긍정을 포함하는 확신의 파생체, 2. 개인, 집단, 관습, 신성 등의 어떤 것에 대한 것이든 권위의 파생체, 3. 공통된 감정 및 원칙과 일치하는 파생체, 4. 언어적 증명, 예컨대 다양한 비유와 유추 등의 파생체가 그것이다.

10 아롱이 마르크스주의를 비판한다고 해도, 이런 비판을 통해 공산당에 입당한 당원들이나 동조자들의 탈퇴를 합리화해 줄 수는 있지만 촉발할 수는 없다는 의미이다.

11 아롱은 고등사범학교(Ecole normale supérieure)를 졸업하고 1차 세계대전 이후 중단되었던 독일과

8

와 확신을 비판에 붙여 보고 싶었다. 내심 이런 견해와 확신이 순진하다고 느꼈던 것이다. 실제로 이런 견해와 확신은 주위 환경의 영향을 받았고, 무의식적인 선호의 대상이었으며, 또한 스스로가 [순진하다고] 느끼고는 있었으나 [그렇다고 명확하게] 증명되지도 않았던 반감 이외에는 다른 근거를 가지고 있지 않았다. 이 비판에는 우선 마르크스의 마르크스주의가 제공해 준 다양한 관점과 현대 사회의 변화 사이의 대조가 포함되어 있다. 그다음으로 이 비판에는 역사와 역사학자 사이의 관계에 대한 자각, 사회와 그 해석자 사이의 관계에 대한 자각, 제도의 역사성과 개인의 역사성 사이의 관계에 대한 자각 역시 포함되어 있다. 이런 의미에서 나는 나의 젊은 시절의 친구들과 마찬가지로 철학과 정치, 사유와 참여를 결코 따로 분리시키지 않았다. 다만, 나는 그들보다 경제적, 사회적 메커니즘 연구에 훨씬 더 많은 시간을 투자했다. 이런 의미에서 오히려 나는 그들보다 마르크스의 정신에 더 충실했다고 생각한다. 일단 자신만의 원리에 대해 확신을 갖게 되자 마르크스는 『자본론*Le Capital*』, 즉 자본주의 체제의 사회경제 연구에 시간과 노력을 집중시켰다. 그는 『신성 가족』에서 파리의 실존주의자들이나 구조주의자들(또는 사이비-구조주의자들)의 방식처럼 개념적 추론의 남용rationation[12]으로 사실들과 그 이유들에 대한 검토를 대체

프랑스 사이의 학문 교류의 재개에 맞춰 쾰른대학과 베를린 소재 프랑스연구소(Institut français)에서 1931년부터 1933년까지 체류한다. 1933년부터 1934년까지 사르트르가 그의 뒤를 이어 체류한다.

12 "섬세하고 현학적으로 추론하다", "추론을 남용하다" 등의 의미를 가진 불어 단어 'ratiociner'의 명사형이다.

했던 젊은 헤겔주의자들을 조롱했다.

　　1930년대 초, 대공황이 서구 사회를 휩쓸었을 때 가끔 마르크스의 예언이 들어맞는다고 생각하는 경향을 가졌던 자본가들은 자신들의 미래에 대해 불안감을 느꼈다. 분명 비마르크스주의자들이 파국적인 낙관주의로부터 '낙관주의'(후기자본주의나 계획경제의 빛나는 모습)를 표명한 것은 아니었다. 그들은 오히려 '극단적 비관주의'로 기울었다. 파국이 임박한 것을 모르지 않은 상태에서 나는 국가사회주의 세력이 확대됨에 따라 극단적 비관주의가 가까워졌음을 느꼈다. 하지만 나는 금세기의 여러 사건을 고전적 마르크스주의의 틀, 엥겔스의 마르크스주의와 제2인터내셔널의 틀 속에 넣어 분석하는 데까지는 미처 나아가지 못했다.

　　이른바 자본주의 체제, 즉 생산도구의 소유권 (또는) 시장 메커니즘에 의해 규정되는 자본주의 체제는 대중의 빈곤화를 조장하지 않는다. 이 자본주의 체제는 사회 실체^{corps social}가 소수의 착취자와 피착취 대중으로 분열되는 것을 촉발하지 않는다. 불황에 취약하고, 창조적인 파괴로 인해 흔들린 이 자본주의 체제는 손수 자기 무덤을 파지 않는다. 자본주의 체제를 채택하고 있는 한 국가가 위기로 인해 동요할 때, 프롤레타리아든 아니든 간에 대중이 반드시 노동자계급을 자처하는 당黨에 합류하는 것은 아니다. 1914년에 라인강 양편[13]의 프롤레타리아들은 해당 사회의 다른 계급보다 애국주의나 심지어 호전

13　　프랑스와 독일을 가리킨다.

적인 열기를 더 강하게 드러내 보였다. 1930년대 초에 특히 독일에서 는 민족을 내세우는 애국주의가 한 번 더 혁명에 대해 승리를 거두었 고, 또는 이렇게 말하자면 혁명에 대한 희망이 민족을 성화聖化시켰던 나치당 속에서 구현되었다.[14]

이런 사실상의 소여小與들은 나에게 고전적 마르크스주의나 레 닌주의와는 다른 역사적 비전을 암시해 주었다. 내가 보기에 그 당시 의 모습 그대로의 자본주의 체제도, 여러 자본주의 국가에 의해 구성 된 총체도 하나의 대의명분으로 환원될 수 있거나, 또는 하나의 역사 적 주체에 비교할 만한 하나의 총체성은 못 되었다. 1914년의 전쟁과 파시즘이 불가피한 결정론에 따라 신비로운 괴물로 변신하거나, 또 악 을 위해 전지전능한 힘을 행사하는 '자본주의'에서 기인하지 않았다. 인류의 주권 국가들에로의 분산이 자본주의보다 더 앞섰고, 또 이 자 본주의보다 더 오래 지속될 것이다. 게다가 생산도구의 소유와 경영 권이 국가에 귀속됨에 따라 사회주의는 어쩔 수 없이 다음과 같은 이 중의 의미에서의 민족주의를 강화하게 된다. 다른 정치 단위들과의 관 계에서의 독립을 위한 의지와 대중이 가지는 그들의 민족이나 국가에 대한 애착이라는 의미가 그것이다. 여러 유형의 사회주의 ―나는 2차 세계대전 전에 이 문제를 제기한 바 있다[15]― 는 모두 필연적으로 민

---

14   히틀러가 마르크스주의를 거부하고 아리안족의 우수성을 강조하면서 나치즘으로 나아간 것을 의 미한다.
15   앞에서 언급한 것처럼 아롱이 박사학위 논문 심사를 받으면서 제일 먼저 한 말, 즉 "저는 왜 사회 주의자가 되었을까요?"를 가리키는 것으로 보인다.

족주의적이 되지 않을까? 물론 이것이 모든 사회주의가 국가사회주의로 귀결된다는 것을 의미하는 것은 아니다.

2차 세계대전 후에 나는 마르크스적 도식과 현대 사회의 변화 사이의 대결이라는 주제에 다시 몰두하게 되었다. 이 대결은 다소간 마르크스의 방법에서 영감을 얻은 것이다. 그도 그럴 것이 막스 베버나 J. 슘페터[16]의 방법은 마르크스의 후대에 속하기 때문이다. 콜린 클라크[17]가 『경제 발전의 조건들Conditions of economy progress』에서 처음으로 제시한 발전 이론, 서유럽의 재건, 서유럽과 소련에 대한 가장 훌륭한 지식, 1945년과 1965년 사이의 여러 사건과 다양한 관념이 현재 진행 중인 역사와 시민의 참여에 대한 성찰의 자양분을 제공해 주었다.

유럽에는 이제 더 이상 파시즘이 존재하지 않는다. 자유민주주의는 이제 더 이상 파시즘과 공산주의의 협공을 받지 않는다. 구대륙은 두 진영으로 쪼개졌다. 소련의 사회주의 진영과 자본주의 또는 다원적 민주주의 진영으로 말이다. 그런 만큼 내가 마르크스주의와 "좌파"에 대한 나의 확신에 비판을 가했을 때와는 정치적 상황이 완전히 다르다. 하지만 나를 이런 비판으로 이끈 철학만큼은 동일한 것으로 남아 있다. 현재 형성 중에 있는 역사에 대한 하나의 총체적 관점을 가

---

16   조지프 슘페터(Joseph Schumpeter, 1883-1950): 오스트리아–헝가리 출신의 미국 경제학자로, 창조적 파괴라는 용어를 경제학에서 널리 퍼뜨렸다. 그는 혁신적 기업가가 이윤을 창조한다는 이론을 전개했다. 그는 (1) 발명을 위한 연구, (2) 혁신을 위한 개발, (3) 상품화의 3단계를 구분하고 발명보다는 혁신에, 또 혁신보다는 상품화에 더 많은 비용이 소요된다고 주장하면서, 충분한 자본을 가진 기업이 보다 많은 혁신을 할 수 있다고 주장했다.

17   콜린 클라크(Colin Clark, 1905-1989): 영국과 호주에서 활동한 경제학자이자 통계학자로, 국민경제 연구의 기초로서 국민총생산(GDP) 개념을 도입했다.

지지 못한 나는, 이 모든 참여가 가진 자유롭고 모험적인 특징을 인정한다. 변화는 그 자체로 아주 잘 정리된 전체로 편입되지 않는다. 현대인들이 체험한 이 변화는 수많은 계열체로 분산되어 모순적인 평가에 직면하고 있다. 어떤 체제도 우리가 갈망하고 동시에 설파하는 모든 가치를 실현하지 못한다. 1930년대에 나는 프랑스의 쇠퇴와 민주주의의 부패를 거의 절망적으로 목격해야 했다. 언젠가 조국의 구원과 자유의 구원 중 어떤 것을 선택해야 할지에 대해 자문한 적도 있었다.

　이런 철학적, 정치적 태도에 대해 1938년에 출간된 『역사철학입문Introduction à la philosophie de l'histoire』에서 나는 쓸데없이 비장한 표현을 사용하면서 스스로 '합리주의자'가 되고자 했다. 하지만 이런 태도에 영감을 준 합리주의는 분석적이든 과학적이든 역사적 이성, 주체와 객체의 화해, 인간과 그들의 작품들과의 화해를 알지 못한다. 그런데 단지 이런 화해만이 ―역사 또는 전前 역사의 종말― 우리의 선택에 최후의 진리에 대한 승인과 보장을 마련해 줄 것이다. 미래를 알지 못하는데 역사가 그 행위자들의 끔찍하고, 잔인하거나 호혜적인 멈춤을 의식하지 못한 채 완성하게 될 하나의 "총체적" 합리성에 복종한다고 어떻게 단정할 수 있겠는가?

　나는 이런 이중의 대결 ―마르크스주의와 우리 시대 사이의 대결, 또 생성devenir과 역사적 인간 사이의 대결― 을 놓고 사르트르와 메를로퐁티와 토론하게 되었다. 두 사람 역시 1945년 이후로(전쟁 전에는 두 사람 모두 정치에 대한 철학적 문제 제기에 전혀 관심이 없었다) 이른바 실존주의에서 출발해서 동일한 주제에 대해 성찰을 시작했던 참이었다.

하지만 두 사람은 전혀 다른 결론에 도달했다.

비록 사르트르와 메를로퐁티의 입장이 정치적으로 서로 다르고 또 항상 일치하지 않는다고 해도, 두 사람은 실존주의에서 출발해서 마르크스주의를 재발견하길 바랐다. 어쩌면 '마르크스주의를 실존주의 위에 세우고', 또 '그들 각자의 정치적 결정에 철학적 무게를 더하고'자 했다고 하는 편이 옳을 것이다. 나는 메를로퐁티와 사르트르의 비합리적으로 보이지만 부당하지는 않은(반면, 어쩔 수 없이 도덕주의자인 사르트르는 그의 논적들을 전혀 존중하지 않는다[18]) 입장보다는 오히려 그들의 자의적이고 개인적인 참여의 정당화를 더 공격하곤 했다. 『휴머니즘과 테러*Humanisme et Terreur*』[19]를 집필하던 시기의 메를로퐁티와 1945년부터 지금까지의 사르트르는 그들의 철학과 연대적인 것으로 소개했다. 비록 그들의 참여가 그들의 철학으로부터 도출된 것이 아니라고 해도 말이다.

1945년부터 1955년(이 해에 흐루쇼프[20]가 소련공산당 제20차 회의에서 연설을 했다)까지 공산주의자들, 비공산주의자들이지만 어쨌든 공산당을 지지하는 자들, 반공산주의자들을 포함해 프랑스 지식인들 사이에서

18　1950년대에 아롱, 카뮈, 나아가 메를로퐁티와 연루되었던 이념적 분쟁에서 사르트르가 그들 각자에게 취했던 태도, 즉 선악 이원론적 태도가 그 좋은 예가 될 것이다.

19　이 책에서 'humanisme'은 '인간주의'로 옮겼으나, 『휴머니즘과 테러』의 경우에는 '휴머니즘'으로 옮겼다. 그 이유는 우리나라에서 이 책이 『휴머니즘과 폭력』이라는 제목으로 번역되었기 때문이다. 다만, 'terreur'의 번역어로는 '폭력'보다 '테러'가 더 적합한 것으로 보인다.

20　니키타 흐루쇼프(Nikita Khrouchtchev, 1894-1971): 1953년부터 1964년까지 소련 공산당 서기장을 지낸 소련의 혁명가, 노동운동가, 정치인이다. 1953년 스탈린의 죽음에 이은 권력 투쟁에서 서기장의 자리를 차지했으며, 1956년 2월 25일, 제20차 소련공산당 회의에서 스탈린의 대숙청을 규탄하고 이전보다 소련에서 덜 억압적인 사회를 만든다는 내용의 연설을 했다.

있었던 토론은 무엇을 토대로 이루어졌는가? 공산주의자들은 모스크바의 지침과 일치하는 당[21]의 노선을 맹목적으로 따랐다. 시기별로 그들은 대중의 분노에 따라 "진보주의자들"이나 "동반자들"을 비난했다. 예컨대 그들은 사르트르와 그의 친구들을 자본주의와 제국주의의 "객관적인" 동맹자들이라고 비난했다. 또는 그와 정반대로 공산주의자들은 진보주의자들, 동반자들을 유보 없이는 아니지만 평화와 민주주의의 투사들로 맞아들이는 경우도 없지 않았다.

사르트르와 메를로퐁티는 그들 나름대로 반-반공산주의anti-anticommunisme에서 결코 벗어나지 않은 채, 또 결코 공산당에 가입하지도 않은 채, 여러 태도 사이에서 망설였다. 사르트르는 1947년에 자유주의자들에게는 수용될 수 없는 공산주의, 그리고 혁명의 의지를 만족시키기에는 너무 일상적이고 부르주아화된 사회주의의 중간 입장을 취하는 정치 모임을 규합하고자 했다.[22] 이 정치 모임의 실패로 인해 사르트르는 PCF와 가까워졌고, 이 당의 부속 조직에 협력하기도 했다. 메를로퐁티는 PCF와는 늘 거리를 두었지만,『휴머니즘과 테러』에서는 공산주의의 시도에 대해 역사적 특권을 인정하기도 했다. 하지만 메를로퐁티는 한국전쟁 발발 후에 출간된 『변증법의 모험Les Aventures de la dialectique』에서 이 특권을 인정하기를 거부하면서 자신의

---

21 프랑스공산당(PCF: Parti communiste français)을 가리킨다.
22 민주혁명연합(RDR: Rassemblement démocratique et révolutionnaire)을 가리킨다. 사르트르가 다비드 루세(David Rousset), 조르주 알트망(Georges Altman) 등과 함께 조직했던 정치 단체로, 1947년부터 1948년까지 존속했다. 미국과 소련 사이에서 제3의 노선을 가겠다고 천명했지만, 미국으로부터 경제적 원조를 받았다는 이유로 오래지 않아 해산되었다.

철학을 재검토하고 있다.

사회학자는 기꺼이 이런 망설임, 반#가입, 반#단절에 대해 단순한 해석을 할 수도 있다. 사르트르와 메를로퐁티가 각자의 사상과 프랑스의 퇴조로 인해 부르주아적 민주주의를 받아들일 수 없었다고 말이다. 또한 공산주의를 이데올로기로 내세우는 [이념적] 전제주의로부터 거절당한 이 사상가들이 스탈린 시대나 심지어 흐루쇼프 시대와는 다를 수도 있는 공산주의에서 자신들의 꿈의 조국을 찾고자 했다고 말이다. 냉전이 진행되는 동안 두 진영의 어느 쪽에도 가담하지 않았고 또 꿈의 조국을 가지지도 못했던 이 지식인들은 지칠 줄 모르고 정치 참여에서의 자신들의 기권이 가진 정확한 뉘앙스를 설파하곤 했다.

대체 프랑스의 실존주의자들은 어떤 논거 위에서 "공산주의적 시도의 역사적 특권"을 주장했는가? 『휴머니즘과 테러』와 마찬가지로 사르트르의 여러 텍스트에서도 발견되는 첫 번째 논거는 그 자체로 마르크스-레닌적이라고 불리는 역사 운동의 '의도'와 관련된다. 어쨌든 총체적 해방이라는 '기획'이 이 운동에 활력을 주고 있다. 그 반면에 다른 당들은 개선을 통해 철저히 변화시키는 것이 아니라 수정할 수 있는 기존 질서의 불의不義 타파에 그치고 있다. 이런 논거는 『정치경제학 비판을 위하여Contribution à la critique de l'économie politique』[23]의 '서문'에서 볼 수 있는 마르크스의 유명한 하나의 테제를 뒤집는 것이

---

23   마르크스가 1859년에 쓴 "Zur Kritik der Politischen Ökonomie"의 불어 번역본이다. 『자본론』 1권 서문으로 사용되고 있다.

다. 한 사회를 그 미래의 모습에 근거해서가 아니라 현재의 모습에 근거해 판단해야 한다면, 어떤 이유에서 공산주의적 시도를 최소한 일시적으로라도 이 시도에 근거해 탄생한 체제에 의해서가 아니라 그 목표에 따라 규정해야 하는가?

첫 번째 논거와 가까운 두 번째 논거에 따르면, 공산주의적 시도의 실패는 역사적 이성 자체의 실패를 의미할 수도 있을 것이다. 하지만 인류의 역사에 하나의 목적이 있다는 것을 전제하는 경우, 대체 어떻게 이런 숭고한 역할을 수행할 준비가 되어 있지 않은 한 나라[24]에서 20세기에 이런 중요한 사태[25]가 발생하게 되었는가?

자신의 책을 완성하기 전에 세상을 떠난 메를로퐁티는 철학의 궁극적 문제로 거슬러 올라가기 위해 역사적-정치적 논쟁에서는 멀어진 것처럼 보인다. 하지만 그는 적대 체제에 대한 객관적인 연구가 참여보다 앞서야 하고, 또 이런 참여를 정당화하는 데 사용되어야 한다는 사실을 받아들인다. 그 반면에 사람들은 자신의 사상에 계속 충실한 사르트르의 『변증법적 이성비판』에서 서구의 체제보다 소련 체제를 더 선호하게 되는 경제적, 사회적 또는 정치적 영역에의 모종의 이유를 헛되이 찾고 있다. 사르트르는 가장 정통적인 마르크스-레닌주의자들이 정확하게 그 위대함을 선언하는 순간조차도 그 부족함을 자백했던 이론[26]에 대해 자신의 충성을 선언하면서, 『변증법적 이성

---

24   19세기 말과 20세기 초에 서유럽에 비해 발전이 더뎠던 제정 러시아를 가리킨다.
25   1917년 러시아 혁명을 가리킨다.
26   마르크스주의를 가리킨다.

비판』의 수백 쪽을 '집렬체'와 '집단'[27] 사이, 의식과 실천적 총체들 사이, '실천적-타성태'[28]와 '자유' 사이의 변증법에 할애하고 있다. 그런데 이런 변증법은 마르크스의 마르크스주의와도, 다른 여러 마르크스주의와도, 마르크스-레닌주의자들의 마르크스주의와도 아무런 공통점을 가지고 있지 않다. 그리고 이런 변증법은 심지어 그 깊이에 있어서 이른바 역사적 변증법과도 쉽게 양립하지 못하는 것으로 보인다. 사르트르에 의하면 희소성이 지속되는 한, 인류 사회는 정태적이고 영원한 변증법에서 벗어나지 못한다는 선고를 받지 않았는가? 즉 실천적-타성태에서의 소외,[29] 집단 행동[30]에 의한 해방, 조직화의 숙명, 이어서 제도화, 실천적-타성태로의 재추락으로 이어지는 변증법이 그것이다.[31] 만일 인간성이 혁명과 더불어 시작된다면, 이런 인간성은

---

27   곧 보겠지만 이 집단은 '융화집단(groupe en fusion)'을 가리킨다.

28   실천적-타성태(le pratico-inerte)는 '실천'을 의미하는 라틴어 'praxis'의 변형형인 'pratico'와 '무기력', '타성' 등을 의미하는 불어 단어 'inertie'의 형용사의 결합어로, 사르트르의 『변증법적 이성비판』에서 가장 중요한 개념 중 하나이다. 사르트르에 의하면 인간(들)의 실천을 통해 어떤 결과물이 나타나는데, 이 결과물이 그(들)의 그다음의 실천에 유리하게 작용하기커녕 오히려 불리하게 작용할 수 있다. 이렇게 작용하는 상태가 바로 실천적-타성태로 규정되는 상태이다. 사르트르에 의하면 실천적-타성태는 인간(들)의 실천에 의해 이 세계에 출현한 모든 결과물에 해당한다. 가령, 언어, 제도, 법, 역사 등이 그 좋은 예이다. 사르트르는 이 개념을 1960년대에 유행했던 구조주의의 핵심 개념인 '구조'와 같은 것으로 여기고 있다.

29   사르트르는 이런 소외의 한 예로 버스 정류장에서 버스를 기다리고 있는 승객들의 모습을 제시하고 있다. 버스는 인간(들)이 시간과 공간의 희소성을 극복하기 위해 만들어 낸 결과물 중 하나이다. 그런데 이 버스를 탈 수 있는 정원이 한정되어 있기 때문에, 모든 승객이 이 버스를 탈 수 없는 현상이 발생하게 된다. 이것이 바로 실천적-타성태로 인한 소외 현상이다. 그리고 이런 소외 현상을 내부에 안고 형성되는 인간들의 군집이 바로 '집렬체'이다.

30   바스티유 감옥을 공격하는 파리 시민들에 의해 조직된 집단을 생각하면 될 것이다. 사르트르는 실제로 융화집단은 이 집단의 구성원들이 하나의 공동의 행위, 곧 실천을 할 때 그 존재 이유를 가질 뿐이라고 말하고 있기도 하다.

31   사르트르는 『변증법적 이성비판』에서 인간들에 의해 조직되는 군집은 '집렬체'에서 '융화집단'으로 이행하고, 이 융화집단은 다시 차례로 '서약집단', '조직화된 집단', '제도화된 집단'으로 이행하게 된다. 그리고 이 제도화된 집단은 재차 집렬체의 특징을 갖는 것으로 이해된다.

성공할 수도 없고 또 포기될 수도 없는 시도를 끝없이 갱신해야만 할 것이다.

우리는 마르크스-레닌주의자들이 사르트르에 의해 제시된 이런 시지프스 신화의 새로운 버전에서 자신들의 신앙을 찾지 못했다는 것을 알 수 있다.[32]

"모호하고 고갈되지 않는" 마르크스 철학은 역사적 비판의 규칙에 비춰 보면 다양하면서도 그럴듯한 서로 다른 해석을 용인한다. 이런 해석들은 『경제학-철학 수고Manuscrit économico-philosophique』[33]나 『자본론』을 마르크스 자신의 세계가 아니라 우리의 사유 세계에 비추어 읽을 권리를 가지게 되면서부터 모두 받아들일 수 있게 된 것들

---

32   마르크스-레닌주의자들이 사르트르의 『변증법적 이성비판』에서 볼 수 있는 '집렬체-집단' 사이의 계속되는 왕복운동을 인정하지 않았다는 것을 의미한다. 실제로 그들은 사르트르의 마르크스주의를 실존주의라는 관념론에 의해 오염되었다고 비판했다. 반면, 사르트르는 그들의 마르크스주의가 개인의 존재를 무시하고, 특히 이 개인의 실존에서 중요한 의미를 갖는 어린 시절에 관심을 갖지 않았다고 본다. 그 결과, 독단적이고 교조적인 마르크스주의로 굳어져, 역사 형성의 주체로서의 이 개인의 역할은 물론, 이 개인이 속한 사회 또는 국가의 총체적인 모습을 포괄적으로 이해할 수 없는 상태에 이르렀다고 비판하고 있다.

33   마르크스가 1844년 4월에서 8월 사이에 쓴 "Ökonomisch-philosophische Manuskripte aus dem Jahre 1844"의 불어 제목이다. 이 글의 불어 제목으로는 "Manuscrits économico-philosophiques de 1844(1844년 경제학 철학 수고)", "Manuscrits de 1844(1844년 수고)", "Manuscrits de Paris(파리 수고)" 등이 사용된다. 이 수고의 초고는 마르크스가 살아 있을 때 출간되지 않았으나, 1933년 소련의 연구자들에 의해 처음으로 출간되었다. 여기에서는 『경제학-철학 수고』로 표기한다. 아롱은 이 책에서 그냥 『수고』라고 표기하고 있기도 한데, 이 경우에도 이 『수고』는 『경제학-철학 수고』를 가리킨다는 점을 지적하자.

이다. 가령, 사회주의를 자본주의적 현실 앞에서 도덕적 의식이 부과한 하나의 목표로 제시하는 경우의 '칸트적 마르크스주의', 『법철학 *Philosophie du droit*』[34]보다는 『정신현상학*Phénoménologie de l'esprit*』을 가리키는 '헤겔적 마르크스주의', '자연변증법'을 포함하고 있는 『반뒤링론 *Anti-Düring*』으로부터 도출된 '과학적 마르크스주의' 등이 그것이다. 이런 모든 마르크스주의에는 '인간주의적'이 되고자 하고 또 그것을 자처한다는 공통점이 있다. 이 '인간주의적'이라는 모호한 단어가 "인간은 인간에 대해 지고의 존재"라는 단언을 의미한다는 조건에서, 또 사회주의가 인간의 완성(인간의 본성이나 본질에 연결된 불확실성이 어떤 것이라 해도)이라는 야심을 의미한다는 조건에서 그렇다.

　　1917년 혁명은 마르크스-레닌주의와 사회민주주의 사이, 즉 마르크스 사상이 구현된 두 형태 —하나는 소련의 현실 속에, 다른 하나는 개선을 내세우는 당이나 부르주아적 민주주의 속에— 사이의 분열을 낳았다. 정치적으로 인지될 수 있는 여러 이유로 볼셰비키는 역사적 생성에 대해 '과학적(또는 객관적) 이론'(역사적 법칙)과 이 이론에 맞지 않는 실천, 또 이렇게 말하자면 철저하게 기회주의적 실천을 견지했다. 그때부터 소련의 대의명분에 가담하거나 거기에 동조하는 철학자들은 자신들의 상황과 기질에 따라 다음과 같은 두 입장 사이에서 동요했다. 매 순간 국가의 교리에 의해 명령으로 주어진 공리들을 반복하든가, 아니면 마르크스, 특히 청년 마르크스의 마르크스주의에서

34　　이 책의 독일어 제목은 "Grundlinien der Philosophie des Rechts"이다.

그들이 가진 신앙의 훨씬 더 치밀한 버전을 찾든가 하는 두 입장이 그 것이다. 루카치의 책 『역사와 계급의식 *Histoire et conscience de classe* 』은 마르크스주의의 헤겔적 원천으로의 회귀를 보여 준다. 이 책에는 바이마르 공화국의 사회주의 및 공산주의 진영에서 이루어졌던 이데올로기적 토론의 주요 주제들이 포함되어 있다. 루카치의 젊은 시절에 출간된 이 책은 1930년대 초에 마르크스주의에 새로운 동력을 주었다. [비록] 루카치에 의해 부인되었지만 『역사와 계급의식』에 나타난 마르크스주의는 헤겔적이고 실존주의적으로 보인다. 우선 헤겔적이다. 왜냐하면 루카치가 주체와 객체[35]의 변증법적 통일, 총체성의 내재적인 모순과 이 모순을 극복하기 전에 그것을 자각하는 계급의 통일을 포착하고자 하기 때문이다. 그다음으로 실존주의적이다. 그 이유는 루카치가 무엇보다 자본주의 체제가 인간에게 부여한 조건에 관심을 갖기 때문이고, 또 사회관계의 물화와 인간의 사물 속으로의 소외가 현실을 특징짓기 때문이며, 또 이런 물화와 소외 속에 현실에 대한 비판이 함축되어 있기 때문이다. 몇몇 공산주의자와 마찬가지로 몇몇 사회민주주의자는 신앙의 지킴이들, 제2 또는 제3인터내셔널의 지킴이들이 고수해 왔던 세계사의 객관적 결정론과 맞서 싸우기 위해 청년

---

35   프랑스어에서 'sujet'와 'objet'의 번역은 의외로 까다롭다. 일반적으로 'sujet'는 인식론에서 '주관'으로, 'objet'는 '객관', '대상'으로 번역되며, 현상학, 실존주의, 생철학, 마르크스주의 등에서는 각각 '주체'와 '객체', '대상'으로 번역된다. 하지만 여기에서는 용어 사용의 통일이라는 편의를 위해 이 두 단어를 각각 '주체'와 '객체'로 번역한다. 또한 'sujet'와 관련된 'subjectivité'는 '주체성'으로, 'intersubjectivité'는 '상호주체성'으로 번역하고, 'objet'와 관련된 'objectivation'은 '객체화'로 번역한다.

마르크스의 마르크스주의를 사용해 왔다. 서유럽에서 최근 몇 년 동안 마르크스주의자들은 그들 나름대로 청년 마르크스의 실존주의적이고 인간주의적 텍스트를 주해했다. 이는 '디아마트Diamat',[36] 당의 전제주의에 반대하기 위함이었고, 또한 혁명적 마르크스주의의 자유 정신에 활기를 불어넣기 위함이었다. 하지만 볼셰비키들은 이런 교리의 치밀한 버전을 결코 받아들이지 않았다.

역사적으로 보면 프랑스의 실존주의자들은 바이마르 공화국의 마르크스주의자들, 준準-마르크스주의자들paramarxistes의 뒤를 이었다. 프랑스에서 행해졌던 전후의 토론은 나에게 1930-1933년 사이에 독일에서 행해졌던 토론을 상기시켜 주었다. 나는 두 번째로 마르크스주의와 실존주의에 공통되는 터전 위에 서 있었다. 개인의 운명과 인류의 역사적 운명에 대한 동시적 문제 제기가 그것이다.

알튀세르는 다른 세대에 속하고,[37] 적어도 외관적으로 보면 전혀 다른 문제틀problématique[38]과의 관계 속에 있다. 이 책에서 내가 알튀세르에 대해 긴 연구를 하게 된 것은 젊은 시절 친구들과의 대화를 연장시키고자 하는 욕망이라기보다는 —논쟁에 의해서라고 해도— 오히려 호기심 때문이었다. 젊은 세대는 과연 사회과학에서 유행하고

---

36   변증법적 유물론(matérialisme diaclectique)을 가리킨다.
37   아롱은 사르트르와 마찬가지로 1905년에 태어난 반면, 알튀세르는 1918년에 태어났다.
38   몇 개의 개념이 서로 관계를 맺으면서 특정한 방식으로 문제를 설정하고 또 해결 방식을 찾아가는 인식의 구조 또는 틀을 말한다. 알튀세르의 경우, 헤겔의 본질주의적 문제틀과 포이어바흐의 인간주의적 문제틀, 그리고 그들의 영향하에 있던 초기 마르크스의 문제틀은 모두 이데올로기적 문제틀이며, 후기 마르크스의 과학적 문제틀은 이런 이데올로기적 문제틀과 근본적으로 단절된 것이다.

있는 개념들을 이용하면서 마르크스의 알려지지 않은 옛 저작들로부터 진짜 마르크스의 모습을 끌어낸 것인가? 아니면 모든 주석자가 한 세기 동안 해결하는 데 실패했던 난점들이 이 젊은 세대의 도움으로 기적적으로 해소될 것인가? 이 질문에 대해 나는 부정적인 답을 제시한다. 이 답은 누구도, 특히 알튀세르주의자들을 놀라게 하지는 않을 것이다. 그들은 어떤 이유로 내가 35년이 지난 후에 『자본론』을 (다시) 읽는 것을 (다시) 배워야 한다는 점을 설득할 수 있는가?

✄ ❖ ✄

『르피가로 리테레르』지에 실린 글은 진정 국면에서 쓰인 것이다. 다양한 의미로 사용된 '이데올로기의 종말'이라는 표현은 애매하게 이루어진 동의의 혜택을 입었다. 파리 '인텔리겐치아'의 다양한 분파는 평화적으로 공존하고 있다. PCF의 옛 동반자들은 소련 체제의 민주화를 옹호하고 있으며, 냉전에 참가했던 옛 십자군들은 다소간 눈에 띄는 회의주의적 태도로 데탕트를 반기고 있다. 철학의 유행이 바뀌었고, '구조structure'가 '실천praxis'을 축출했다.[39]

프랑스에서는 몇 년 전부터, 특히 1968년 5월 사태 이후, 역사적 분위기가 한 번 더 바뀌었다. 토인비의 말을 인용하자면 "역사는 다시 움직이고 있다History is again on the move." 산업적으로 앞서 있는 서구 사

---

[39]   실존주의 대신 구조주의가 유행하게 되었다는 의미이다.

회들이 과연 혁명 시대로 접어들 것인가? 젊은 학생들로 구성된 많지는 않지만 격렬한 한 파당[40]이 좌파의 모든 사상, 가령 인터내셔널주의, 자유주의, 게다가 평화주의 사상을 천명하면서 파시스트 운동의 특징적인 스타일을 채택하고 있다. 하지만 그들은 자신들의 갈망이나 분노를 이른바 합리적 형태로 만드는 철학적 분석에 걸맞은 하나의 이데올로기를 아직까지 발견하지 못하고 있다. 마르쿠제[41]의 '비판 이론'은 바이마르 공화국의 독일로까지 거슬러 올라간다. 이 이론은 오래되었지만 개선되지 못했다. 나는 정신분석학자들의 가장 어둡고 가장 치밀한 분석에 마오쩌둥의 붉은 소책자[42]에 담긴 분명 세속적인 지혜를 분석하는 임무를 기꺼이 일임한다. 부당하게 마르크스주의에 희생된 푸리에[43]나 프루동[44]의 재출현, 보편사에서 축출당하고 또 그 자체의 하찮음을 의식하지 못하고 있는 또 다른 마르크스주의의 비장한

40　1968년 5월 사태 이후에 활발하게 활동했던 프랑스 마오주의자들을 포함한 급진 좌파를 가리킨다. 특히 이 급진 좌파의 핵심 세력이었던 마오주의자들은 '마오스퐁텍스(Mao-spontex; Maoïstes spontanéistes)'로 지칭된다. 이들은 중국 문화혁명 당시 자진해서 홍위병(Gardes rouges)에 가담해 인민의 적을 비판하고 소탕하는 데 앞장섰던 학생, 청년들을 모델로 삼고 있다.

41　헤르베르트 마르쿠제(Herbert Marcuse, 1898-1979): 독일 출신의 사회철학자로, 프랑크푸르트학파의 일원이다. 1968년 5월 혁명에 큰 영향을 끼쳤다.

42　마오쩌둥의 어록(語錄)을 가리킨다.

43　샤를 푸리에(Charles Fourrier, 1772-1837): 프랑스의 공상적 사회주의자로, 급진 자코뱅의 사상을 이어받아 급진적 사회주의를 주창했으며, 특히 우애와 협동에 기반한 '팔랑스테르(phalanstère)'라는 이름의 공동체 수립을 주장하면서 노동생산성과 경제적 평등성을 모두 달성할 수 있는 거대한 집산주의 체제를 구축하고자 했다. 페미니즘이라는 용어를 최초로 사용한 것으로 알려져 있다.

44　피에르조세프 프루동(Pierre-Joseph Proudhon, 1809-1865): 프랑스의 철학자이자 언론인으로, 스스로를 '무정부주의자(anarchiste)'라고 지칭한 최초의 인물로 알려져 있다. 그는 특히 소유와 재산을 모든 악의 근원으로 보았으며, 따라서 재산의 사회적 평등 없이는 정치적 평등은 있을 수 없다는 주장을 펼친 것으로 유명하다.

상징인 트로츠키[45]주의의 깨어남, 카스트로[46]주의와 문화혁명이라는 신화, 5월의 반항자들의 언어적 광기 속에서 섞여 있는 다양한 이데올로기의 각각의 몫을 어떻게 파헤칠 것인가?

어쩌면 알튀세르주의는 이렇듯 마지막에서 두 번째에 해당하는 상상적 마르크스주의를 대표한다. 알튀세르주의를 계승하게 될 마지막 상상적 마르크스주의는 아직까지 그 형태를 드러내고 있지 않다. 하지만 의심하지 말자. 그것은 곧 나타날 것이다.

1968년 5월 이전, 프랑스의 젊은 철학자들의 반인간주의anti-humanisme는 동유럽의 마르크스주의자들이 자처했던 인간주의와 그다지 유쾌하지 않은 대조를 보여 준다. 오늘날 '실천'은 빠른 속도로 회귀하고 있다.[47] 얼마 동안일까? 내가 보기에 단 하나의 예견만이 위험하지 않다. 내일의 좌파주의는 어제나 오늘의 좌파주의와 마찬가지로 마르크스주의의 언어로 표현될 것이라는 예견이 그것이다. 마르쿠

---

45 레프 트로츠키(Lev Trotsky, 1879-1940): 소련의 외교관, 정치가, 사상가, 노동운동가이며, 볼셰비키 혁명가이자 마르크스주의 이론가이다. 그의 사상은 트로츠키주의로 명명된다. 10월 혁명에서 레닌과 함께 볼셰비키당의 지도자 중 한 명으로 소비에트 연방을 건설했으며, 붉은 군대의 창립자이다. 레닌의 사후 스탈린과 권력 투쟁을 했다. 트로츠키는 '영구혁명'으로 세계혁명 이론을 주장했지만, 스탈린은 소비에트 연방 일국 공산주의화를 주장했다. 권력 투쟁에서 패배한 후에 멕시코로 망명했으나 스탈린이 사주한 암살자에 의해 살해당했다.

46 피델 카스트로(Fidel Castro, 1926-2016): 쿠바의 인권 변호사, 노동운동가, 군인이자 공산주의 혁명가이다. 라틴아메리카의 혁명 지도자로, 1959년부터 1976년까지 쿠바의 총리를 지내고, 1976년부터는 국가평의회 의장을 지내다가 2008년 2월에 동생 라울 카스트로에게 의장직을 물려주며 정치 일선에서 물러났다.

47 1960년대에 구조주의의 유행으로 인해 인간의 주체성, 역사 형성의 주체로서의 인간, 곧 실천의 주체로서의 인간의 죽음이 선언되었으나, 1968년 5월 혁명 이후 구조주의가 일시적으로 쇠퇴하고 다시 실천을 내세우는 인간주의적 마르크스주의가 귀환했음을 의미한다. 다만, 알튀세르와 그의 추종자들은 이런 분위기 속에서도 마르크스주의의 인간주의와 역사주의를 비판을 하면서 그것의 과학성을 주장하고 있다.

제의 마르크스주의는 프롤레타리아트의 혁명적 소명을, 알튀세르의 마르크스주의는 인간주의를 포기한 이상, 어떤 좌파주의자가 자신의 사유를 『자본론』 저자의 사유와 영원히 양립 불가능한 것으로 여길 수 있을까?

1968년 11월, 파리에서

차례

제1부

마르크스주의와 실존주의[1]

　　실존주의자들과 마르크스주의자들 사이의 대화, 또는 더 정확히 말하자면, 사르트르와 공산주의자들 사이의 대화가 해방 이후 프랑스 정치, 문학계의 무대 전면에서 이루어지고 있다.

　　그런데 이 대화는 기이하다. 이 대화에 참여하는 한편은 우정을 드러내고, 다른 한편은 거절만을 돌려주기 때문이다. 실존주의자들은 선의를 가졌다는 증거를 계속 보여 주고 있다. 사르트르는 한 인터뷰에서 공산주의자들과 자기 사이의 문제는 그저 집안싸움에 불과하다고까지 말한 바 있다. [그러나] 많은 경우에 공산주의자들은 실존주의

1　　이 글은 1946년에 콜레주 드 프랑스(Collège de France)에서 했던 강연문이며, 공동 저작인 『인간, 세계, 역사(L' Homme, le monde, l'histoire)』(Paris, Arthaud, 1948)에 재수록되었다.

가 점차 더 반동화되고, 게다가 파시즘화되고 있는 프티부르주아 이데올로기라고 응수했다.

여기에 공산주의 성향의 두 편의 글이 있다. 하나는 『프라우다 *La Pravda*』지에서 인용된 것이고, 다른 하나는 독일의 한 신문에서 인용된 것이다. 『프라우다』지(1947년 1월 23일자)에는 다음과 같은 기사가 실려 있다. "반동적 부르주아들은 장폴 사르트르를 옹호한다. 그들이 민주주의와 마르크스주의에 맞서 싸우는 데 있어서 그를 필요로 하기 때문이다. 파시즘의 패배로 200개 가문[2]이 방패 삼아 피신해 있던 이데올로기의 성城이 무너졌다. 무엇인가 새로운 것을 발견할 필요가 있었으며, 그로 인해 레지스탕스의 조잡한 파벌에서 기인한 실존주의라는 이 신비한 연막을 프랑스 젊은이들에게 퍼뜨리려는 시도가 행해지게 되었다. …"

"… 주간지 『라이프*Life*』는 사르트르에 대한 칭찬 일색의 이력을 소개했다. 거기에서 이 청년 철학자가 오늘날 이데올로기 차원에서 마르크스주의의 주요 적敵이라는 사실이 강조되었다. 이것은 사르트르의 저작이 '메종 파캥'[3]에서 제작된 고급 의류와 마찬가지로 미국에

---

2   '200개 가문(200 familles)'은 국립화되기 이전의 프랑스 은행(Banque de France) 주주총회를 구성했던 200명의 대주주를 가리키는 표현이었으나, 그 이후에 프랑스의 돈줄을 쥐고 흔들면서 '금전 장벽'을 상징하는 '금전-왕', '경제 봉건제', '민중과 대립하는 거물' 등의 의미로 사용되었다. 1800년에 창립된 프랑스 은행은 이런 폐단으로 1936년 레옹 불럼 정부에 의해 국립화되었으며, 그 이후에 '200개 가문'은 점차 그 세력을 잃게 된다. 여기에서는 2차 세계대전 동안 독일의 나치에 협력하며 프랑스를 다스리고 권세를 누렸던 일군의 집단과 거기에 속했던 사람들을 의미한다.

3   '메종 파캥(Maison Paquin)'은 프랑스 패션디자이너 잔 파캥(Jeanne Paquin, 1869~1936)이 남편과 1891년에 파리에 세운 오트 쿠튀르(Haute Couture)의 이름이다.

수입되는 것이 허용되었다는 것을 의미한다. 그리고 사르트르는 미국에서야말로 사람들이 자신을 원한다는 사실을 알게 되었다. 미국에서 돌아온 후에 그는 미국에 할애하는 특별호를 출간했다.[4] 이 특별호에서 전염병 전파자들les nécrophores[5]은 진지한 태도를 취하고자 했고, 이런 태도로 경제 문제를 다루었으며, 특히 그중에서 가장 중요한 통화 문제에 관심을 가졌다. 사르트르 자신은 아메리카니즘에 대해 겸손하게 말했을 뿐이다. 하지만 이어지는 가이 카르데일락[6]의 글은 사르트르 철학에 대한 해결책을 제시하고 있다. 이 글에서 카르데일락은 전 세계가 미국 유산의 일부를 구성하고 있다고 설명하고 있다. 또한 이 글에서 그는 좋든 싫든 간에 프랑스는 미국의 지도를 받아들여야 하며, 서구 또는 대서양 진영에 가담해야 할 것이라고 설명하고 있다. 쉽게 말해서 미제국주의의 식민지가 되어야 한다고 말이다. 여기에서 실존주의의 경제적, 사회적 측면이 드러난다. 이들 전염병 전파자들은 죽음에 대해 이야기하는 것을 좋아한다. 하지만 그들은 살기를 원하고, 더욱이 그들 문필의 열매로 부유하게 살기를 원한다. 그들에게

---

4   사르트르가 주관했던 『레 탕 모데른(Les Temps modernes)』[no. 11-12(août-septembre) 1946]지를 가리킨다.

5   PCF의 입장에서 보면, 2차 세계대전 직후에 실존주의의 유행에 앞장서고 있는 사르트르는 그들의 제1의 이념적 공적(公敵)이었다. 그도 그럴 것이 그들의 눈에는 사르트르의 실존주의가 부패한 관념론을 표방하고 있으며, 그로 인해 특히 젊은이들의 정신을 부패시키는 것으로 보였기 때문이다. 그리고 그 당시에 PCF와 실존주의자들은 마치 프랑스 젊은이들을 두고 치열한 경쟁을 벌이는 것 같은 양상이 펼쳐졌다. 실제로 PCF는 가능하면 많은 프랑스 젊은이를 당에 가입시키고자 했으나, 그들 중 상당수가 사르트르로 대표되는 실존주의에 매료되어 있었다. 여기에서 "전염병 전파자들"은 사르트르로 대표되는 실존주의자들을 가리킨다.

6   가이 카를데일락(GUY Cardailhac) 위의 주에서 언급된 『레 탕 모데른』지의 미국 특별호에 실린 「유산 앞에서의 미국(Les États-Unis devant leur héritage)」의 기고자이다.

있어서 반동적인 미국은 상업의 중심지이며, 상품 유통의 시장이고, 또한 그들은 마르크스주의의 적이기 때문에 미국의 부유한 부르주아지에게 필요하다."

『매일 평론*Tägliche Rundschau*』[7]지의 기사는 위의 기사보다 더 신랄하다. 이 기사는 독일 작가 니키쉬[8]가 쓴 것이다. 그는 한때 국가사회당에 속했거나, 아니면 적어도 국가사회당의 극좌파에 속했던 사람이다. 내 기억이 정확하다면, 그런 이력 때문에 1934년에 나치당에 의해 비판받은 적이 있으며, 다음과 같은 장문의 기사를 썼다.

"키르케고르와 니체에게 있어서는 실존주의가 아직 위대하고 진지한 철학의 한계 영역에 속해 있었다면, 사르트르와 더불어 이 실존주의는 모든 것이 아니면 아무것도 아닌 냉소적이고 천박한 게임이 되고 있다.

사르트르가 결국 소설과 희곡을 통해 자신의 실존주의를 보급하고, 또 그것을 극장에서 상업적으로 이용하는 것은 우연한 일이 아니다.

우리는 히틀러가 '퇴폐'와 '퇴폐적 시대'에 대해 얼마나 열광적으로 말했는지를 아직도 기억하고 있다. 히틀러는 실존주의를 천박한 모험의 철학과 실존의 혐오에 지친 냉소적 연애 유희의 철학으로 환

---

7   1881년부터 1933년까지 베를린에서 발행되었던 비정치인을 위한 신문이자 각 정당의 정치 기관을 보충하는 일간 신문이었다.
8   에른스트 니키쉬(Ernst Niekisch, 1889~1967): 독일의 정치인, 철학자, 사상가로, 민족 볼셰비즘의 아버지로 불린다.

원시킴으로서, 단지 파시즘 시대가 느끼고 생각하고 행했던 것을 표현했을 따름이다. 만일 당신이 사르트르의 주위에 어떤 계급의 사람들이 모여드는가에 주의를 기울인다면, 어째서 하이데거가 프랑스에서 그렇게 존경받게 되었는가를 정확히 이해할 수 있을 것이다. 키르케고르에게 있어서 고귀하고 그렇게 감동적인 측면을 갖고 있었던 실존주의가, 오늘날에는 죽음의 격심한 고통으로 괴로워하면서 마지막 숨을 헐떡거리는, 사회 체제를 감싸고 도는 메스꺼운 부패의 냄새에 불과할 뿐이다."

이런 어리석은 글들은 그 자체로는 흥미 없는 것이지만, 그럼에도 상징적인 가치를 가지고 있다. 어쨌든 이런 어리석은 글들은 적어도 내가 제기하고자 하는 문제들 가운데 하나를 규정하는 데 출발점으로 소용될 수 있을 것이다.

～⊷～

실존주의가 마르크스주의에 대한 가능한 철학적 토대를 제공하고자 할 때, 이런 시도는 옳은가, 그른가? 실존주의는 이 작업을 끝까지 밀고 나갈 수 있는가? 실존주의는 공산주의의 철학이 될 수 있는가? 아니면, 마르크스주의가 그 자체의 관점에서 실존주의를 배격하는 것이 옳은가? 나는 여러 텍스트에서 드러나는 이런 문제를 정치적 차원이 아니라 철학적 차원에서 검토하고자 한다.

우리가 사르트르와 메를로퐁티의 철학적 저작을 참조한다면,

문제는 대부분 이런 관점에서 제기될 것이다(적어도 그들은 철학적 관점에서 문제를 제기하고 있다). 그들은 이렇게 생각할 수도 있다. '우리는 마르크스주의 혁명의 목표에 동조하고 그 영감과 욕구를 받아들인다. 하지만 마르크스주의는 터무니없고 또 자기 모순적인 유물론의 형태를 띠고 있으며, 따라서 우리는 이성을 포기하도록 강요하는 이론을 받아들일 수 없다. 실존주의는 진정한 혁명의 철학이며, 마르크스주의자들이 우리의 철학적 주장을 받아들인다면, 그 어떤 것도 우리를 더 이상 갈라놓지 않을 것이다.' 따라서 나는 먼저 사르트르의 유물론 비판의 요점을 검토하고, 그다음에 실존주의가 어떤 의미에서 마르크스주의를 세울 수 있는 철학적 기초를 제공하겠다고 주장하는가를 살펴보고자 한다.

　　유물론 비판에 대해서는 간단히 언급하고자 한다. 왜냐하면 이 비판에서 문제가 되는 것은 고전적인 관념들이기 때문이고, 또 사르트르가 PCF 대변인 역할을 맡고 있는 마르크스주의 해석자들을 공격하고 있기 때문이다. 내가 보기에 사르트르의 유물론 비판의 주된 주제는 대략 다음과 같다.

　　1. 통속적 유물론에서처럼 의식을 다른 대상들 중 하나의 대상으로 설명하는 것은 불가능하다. 의식을 그 자체의 외재적인 무엇인가를 통해 설명하는 것은 모순에 빠지게 된다. 왜냐하면 이런 설명은 이미 그것이 설명하려는 것을 가정하기 때문이다. 만일 의식이 대상들 중 한 대상에 동화된다면, 이때 사고는 반영이나 결과로 환원될 것이고, 하나의 대상이 대상들의 세계에서 어떻게 '분리될décolle' 수 있으

며, 어떻게 의식이 대상들 전부를 반영하거나 또는 진리를 파악할 수 있는지 설명할 수 없을 것이다. 이렇게 해서 우리는 첫 번째 명제에 도달하게 된다. 유물론은 의식의 부정 또는 결정에 대한 총체적 설명으로 나타나기 때문에 자기 모순적이다. 따라서 처음부터 '코기토cogito'나 주체성을 가정하지 않을 수 없다.

　　2. 마르크스주의 유물론에 대한 현재의 설명들은 부단히, 그리고 거의 구제의 희망 없이 과학주의 또는 실증주의, 합리주의와 유물론을 혼동하고 있다. 마르크스주의 유물론자들은 모든 형이상학을 배격하고 단지 있는 그대로의 과학의 결과만을 받아들인다고 선언한다. 하지만 과학의 결과만으로는 유물론을 입증할 수는 없으며, 앞으로도 그럴 것이다. 물질적 실재만이 유일하게 실재한다는 주장은 본질적으로 형이상학적이며, 관념론의 주장과 마찬가지로 과학의 결과를 뛰어넘는다. 다른 한편, 만일 과학의 결과를 무조건적으로 지키고 그것을 뛰어넘기를 거부한다면, 어떤 권리로 자연 또는 역사의 본질적 합리성을 주장할 것인가? 이렇듯 마르크스주의-레닌주의자들은 세 가지 실증주의적, 유물론적, 합리주의적 주장 중 하나에서 다른 두 주장으로 넘어가거나, 아니면 세 개의 주장을 뒤섞는다. 여러 과학을 그 자체로 받아들이고 그것들을 모으고 조직화해야 한다는 실증주의적 주장, 물질만이 존재한다거나, 아니면 외부 세계는 우리가 보는 대로 또는 과학이 분석한 대로 존재한다는 형이상학적 주장, 그리고 마르크스주의자들이 그 기초를 제거해 버렸으면서도 계속 고수하려 드는 대상의 내적 합리성이라는 주장이 그것이다.

3. 아마도 세 번째 주장이 가장 중요하다. 유물론과 변증법 개념 사이에 모순이 있다. 사르트르는 자주 이 주장으로 되돌아온다.

사르트르는 우선 공간적 대상의 순수한 외재적 관계 또는 일반적으로 말해서 공간적 외부성의 관계와 변증법적 운동 사이의 근본적 차이를 가정한다. 변증법적 운동은 본질상 관념의 운동이다. 거기에는 종합과 총체성, 즉 전前단계를 보존하는 것과 동시에 그것을 극복하는 지양dépassement, 일종의 미래에의 호소 또는 총체성이 스스로를 실현하는 경향이 내포되어 있다. 이렇게 정의된 변증법은 사람들이 다르게 규정하는 변증법, 즉 공간적, 물질적 관계의 질서와는 서로 화해할 수 없다는 것이 즉각 드러난다. 이런 이율배반의 예로서 사르트르는 이데올로기적 상부구조의 경우를 들고 있다. 그는 또한 유물론에 대해 설명하며 어떻게 관념이 단순한 결정론적 테제에서 —어떤 물질적 상황의 효과 또는 반영이라는 관념— 진정한 의미의 변증법적 설명으로의 이행이 일어나는가를 보여 주고 있다. 관념은 역사적 상황 안에서 욕구에 대응하거나 또는 주어진 상태를 넘어 새로이 창조해야 할 상태로 나아가기 위해 생겨나는 것이다.

만일 공간적 관계와 창조적 또는 변증법적 진보라는 두 가지 운동이 양립할 수 없다면, 물질에 변증법적 운동을 도입하는 것은 물질에 대한 혼동된 또는 모순적 견해를 가정하는 것이다. 마르크스주의자들은 가장 단순한 물질에서 출발해서 비유기적 자연, 생명, 역사의 세계, 정신과 같은 실재의 복합적 형태로까지 고양될 수 있다고 주장한다. 이런 위계질서가 인지 불가능한 것은 분명 아니다. 하지만 자연 그대로의 기본적인 물질 개념에 그친다면, 열등한 형태에서 우등한 형태로의 진보를 어떻게 설명할 수 있을까? 처음의 용어보다 더 우월한 용어를 은밀히 도입해 물질에 대한 모순적 견해로부터 출발하지 않고서 말이다.

이것이 사르트르의 마르크스주의적 유물론 비판의 세 가지 본질적 요점을 빠르게 요약한 것이다. 그리고 이것이 부조리한 이론을 거부하는 사르트르 자신을 정당화하기 위해 했던 주장들이다.

❧

일단 이렇게 유물론을 배척한 뒤 사르트르는 유물론이 분명 지적인 변덕으로 환원되지 않는다는 점을 인정한다. 혁명가들은 진지한 이유로 유물론적 이데올로기나 신화를 지지하지만, 사르트르는 유물론에서 답을 찾을 수 있는 문제들이 실존주의를 통해 더 잘 해결될 수 없는가를 묻고 있다. 바로 여기에 사르트르와 마르크스주의자들 사이의 두 번째 대화, 아니 차라리 사르트르의 독백이 자리한다. 말하자면 여기에 사르트르가 마르크스주의자들에게 제시하는 적극적 주장들이 있다. 또한 여기에 실존주의가 혁명의 철학이 될 수 있는 이유가 있다. 이 점에 대해서 나는 또 한 번 사르트르의 사상 중 본질적인 것들을 간추려 보고자 한다.

1. '상황 속'의 사고思考 또는 '상황 속'의 인간이라는 개념은 혁명의 필연성에 대한 답을 준다. 사실, 인간이나 사고가 '상황 속'에 있다

고 말하는 것은, 단 하나의 동일한 운동을 통해 의식이 자기 주변에 실재하는 것들을 드러내고 또 그것을 넘어선다는 것을 의미한다. 인간은 "상황 속"에 있지만, 그렇다고 이 상황이 절대적인 것은 아니다. 이 인간은 유입된 맥락에서 "분리"되고, 또한 그가 이 맥락을 초월하고자 하기 때문에, 그것에 대한 전반적인 이해를 얻을 수 있게 되는 것이다. 그런데 상황 속의 인간에 의한 이런 실재하는 총체성에 대한 인식은 정확히 혁명가가 필요로 하는 것이고, 또 유물론이 그에게 줄 수 있다고 주장하는 것이다. 사실, 유물론은 혁명가에게 세계를 인식하는 동시에 그것을 변화시키는 사고방식을 제공한다고 주장한다. 하지만 이런 인식과 초월의 이중 관계는 또한 "상황 속의 사고"라는 실존주의의 전형적인 표현에 의해 그에게 주어지고, 게다가 훨씬 더 효과적인 방식으로 주어진다.

2. 유물론은 혁명가들을 위해 하나의 본질적인 장점을 가진다. 그것은 그들로 하여금 상층계급에 대한 신비화에서 벗어날 수 있게 해 주는 것이다. 특권계급에 속하는 사람 ―이것은 사르트르가 계속 언급하고 있는 것이고, 나는 그것을 대략 요약하고 있다― 은 본질적으로 자신에게 여러 권리를 귀속시키고, 자신은 다른 사람들과 같이 순수하게 자연적 인간이 아님을 주장하며, 또 자기가 그런 자격으로 상당한 권리나 특권을 가졌다고 주장한다. 혁명적 사고에서 유물론의 본질적 기능은 열등한 자의 잠재적 우월성을 설명하고, 또 권리를 가진 자를 범인凡人의 수준으로 끌어내리고, 또 일종의 형이상학적 특질을 내세우는 자를 자연적 인간의 수준으로 끌어내리는 것이다. 하지

만 사르트르에 의하면 실존주의도 똑같은 장점을 가지고 있다. 실제로 실존주의의 관점에서 보면 인간은 순전히 우연적인 존재이며, 왜 그런지 모른 채, 이유를 알지 못한 채, 직접적인 목적도 없이 그저 "그곳에 내던져져" 있다. 이런 실존적 의식에 도달함으로써 인간은 더 이상 상층계급의 신비화의 제물이 되지 않는다. 유물론자와 마찬가지로, 심지어는 그 이상으로, 실존주의자들은 특권계급이 형이상학적 실체를 부여하는 경향이 있는 이런 권리들이 단지 사회적 상황의 표현에 불과할 뿐이라고 설명한다. 그들은 가치 자체가 지닌 역사성을 있는 그대로 드러내고, 또 그와 동시에 그것을 초월할 수 있게 된다.

3. 유물론의 효용성 또는 기능은 노동자에게 결정론에 대한 의식을 부여한다. 더 정확히 말해서 사르트르에 따르면, 노동자는 자연과의 접촉에서 결정론과 사물들을 서로 결합하는 연결의 힘을 발견한다. 노동자는 자연과 접촉하고 있기 때문에 정중한 부르주아 사회를 벗어나 사물의 거친 필연성을 인식하게 된다. 이런 결정론이 현실적인 것은 사실이지만 ―노동자는 노동에서 이것을 배우게 된다― 총체적인 것은 아니다. 그와 반대로 결정론은 어떤 한계 내에서는 혁명적 이론을 보다 더 잘 충족시킬 수 있다. 결정론은 주어진 행동의 결과를 결정할 수 있게 해 주며, 또한 현실 전체를 변형할 수 있는 여지를 인간에게 남겨 준다. 결정론은 인간 행동의 법칙과 효율성의 조건을 지시해 준다. 하지만 결정론은 자유에 대한 의식과 사물의 기존 질서를 변화시킬 수 있는 힘을 옹호한다. 이렇게 해서 여기에서 다시 한번 더 실존주의는 정확히 해석되기만 한다면 고전적 유물론, 즉 부분적이고

자유에 의해 지배되고 고양된 결정론보다 더 많은 것을 더 잘 설명해 줄 수 있다.

4. 유물론으로 인해 역사는 더 이상 관념의 천국에서 진행되지 않는다. 삶 그 자체와 투쟁이 점차 인간적인 목적을 실현시킨다. 그와 마찬가지로 실존주의는 본질적으로 행동하는 인간과 대상들의 저항을 가정한다. 실존주의는 인간과 장애물들의 변증법을 분석한다. 이 점에서도 역시 실존주의는 유물론이 원하고 요구하는 모든 것을 제공해 준다.

간단히 말해 몇몇 실존주의적 관념이 혁명적 의지를 위한 철학적 기초로 제시된다. 가령, 주체성이 가진 반성적 우월성에 대한 인정, 의식은 영원히 충족되지 않으며, 한 번의 운동으로 실재를 드러내고 그것을 초월하기를 원한다는 관념이 그것이다. 그리고 사고는 상황 속에 놓여 있고, 우연적 인간은 아무런 존재 이유가 없이 단지 "거기에 있다"는 사실, 가치는 역사적이며 인간은 자유롭다는 관념이 그것이다. 사르트르의 이론은 혁명적 의지에 토대를 제공할 수 있다. 왜냐하면 그의 이론에서는 자유가 의미 있는 해방을 위한 기투라는 의미를 버리지 않으면서도 형이상학적 소여로 전제되고 있기 때문이다. 자유 그 자체는 결코 완전히 제거되지 않지만, 항상 침해되고 박탈될 위험에 처해 있다.

메를로퐁티는 실존주의적 주제에서 마르크스주의적 주제로 넘어가기 위한 시도를 사르트르보다 더 멀리 밀고 나아간다. 아주 정당하게도 메를로퐁티는 청년 마르크스의 저작에 대해 언급하면서, 실존주의의 많은 주제가 이미 그 저작 속에 나타나 있음을 보여 주었다. 여기에서 나는 실존주의자들과 마르크스주의자들의 접합점이 될 수 있을 것으로 보이는 몇몇 관념을 끌어내고자 한다.

실존주의는 유물론과 관념론을 동시에 넘어서고, 또 마르크스주의도 넘어선다. 나는 『경제학-철학 수고』에서 한 구절만을 인용하고자 한다. "우리는 여기에서 자연주의 또는 현실화된 인간주의가 유물론과 마찬가지로 관념론과 구분되고, 또 동시에 양자를 결합하는 진리임을 보았다. 우리는 또한 자연주의만이 보편적 역사를 이해할 수 있다는 것도 보았다."[9]

실존주의가 유물론적이 되기를 거부하고, 또 이런 고전적 이율배반을 넘어선다고 주장할 때, 그것은 단지 마르크스주의적 사고의 초창기의 운동을 따르는 것뿐이다. 다른 한편, 마르크스 사상의 기초에 놓여 있는 것, 즉 마르크스주의적 역사 개념의 기원에 놓여 있는 것은 결코 물질이 아니다. 그것은 행동하는 인간이다. 역사의 담지자는 어떤 규정할 수 없는 물질이 아니라 신체와 정신을 갖고 자연과 접촉하며 노동을 통해 자신의 실존 조건을 창조하는 구체적 인간이다. 이런 구체적 인간에 대한 개념에서 출발함으로써 우리는 통속적 해석에서는 거의 이해할 수 없는 마르크스주의적 공식들에 대해 보다 합리적이고 만족스러운 해석을 할 수 있다. 예컨대 하부구조와 상부구조의 관계, 즉 관념이 물질적 기초의 단순한 반영으로 환원되는 소위 결

---

9   *Manuscrit économico-philosophique*, éd. de la Pléiade, II, pp.129–130.

정론의 문제 등에 대해서 말이다. 엄밀히 따져 이 이론들은 사실상 이해하기 어렵다. 그 반대로 만일 인간이 '일차적으로' 자연과 연관된다면, 또 이 관계가 자연력의 어떤 형태의 전유專有[10]를 유도한다면, 개인이나 집단의 모든 행위를 이 독창적인 태도와 근본적 기투의 관점에서 이해할 수 있을 것이다. 그렇게 되면 문제가 되는 것은 더 이상 기본적 분야secteur primaire[11]를 통한 다른 분야들의 결정이 아니다. 오히려 각 분야는 전체 속에서, 그리고 전체에 의해서 결정되는 것으로 이해된다.

게다가 역사의 담지자인 구체적 인간에 대한 이런 정의에서 출발한다면, 우리는 개인과 사회의 관계에 대해 다시 생각할 수 있고, 또 개인과 환경의 변증법을 도출해 낼 수도 있을 것이다.

마르크스주의적인 역사관에서 보면, 환경은 인간 활동의 결과이고 또 각 세대의 주변에서 고정되거나 결정화되어 나타나는 것이다. 이런 환경을 결코 최종적이고 결정적이며 또는 완전히 고정된 것으로 여기지 않고, 그 반대로 항상 인간의 행동에 의해, 그리고 이 행동을 위해 거기에 있음을 상기하는 것이 중요하다. 개인과 사회 사이의 변증법은 이렇게 진행된다. 인간은 자신의 행위를 통해 그의 후손에게는 운명으로 나타나는 외적 관계의 질서를 창조하는 것이다. 하지만

---

10   'appropriation'의 번역어로, 보통 '아유화(我有化)'로 번역되며, '내 것으로 만들기' 또는 '나의 소유'라는 의미이다. 경제학, 정치경제학, 사회학 등에서 주로 '혼자 독차지함'이라는 의미를 가진 '전유'라는 번역어가 많이 사용된다.

11   이 표현에는 '1차 산업'이라는 의미도 있으나, 여기에서는 인간이 그의 행위를 통해 자연과 직접 관계를 맺는 '기본적 분야', '일차적 분야'라는 의미로 보인다.

실제로 하나의 상황은 항상 그것을 관망하는 시선과 동시에 그것을 초월하려는 의지를 통해 다시 만들어질 만반의 준비를 하고 있다.

마르크스주의자들에 의한 이데올로기 비판과 실존주의자들이 근본적으로 인간적인 태도에 도달하려는 노력 사이에 일종의 유사성 또는 친화성이 있다는 것을 보여 줄 수도 있다. 마르크스 사상의 목적 중 하나는 소외, 즉 비록 인간의 창조물이지만 그 창조자를 벗어나는 관념과 행동의 투사물을 비판하고 폭로하며, 또 이 비판을 넘어서 자연과 다른 인간과의 관계를 통해 규정되는 존재로서의 살아 있는 인간의 본질적 실재에 도달하려는 것이다. 그와 마찬가지로 실존주의에는 우리의 정신을 구속하는 이데올로기적 허구를 폭로하고 자기기만을 넘어서서 인간이 진정한 태도로 스스로를 창조해 가는 선택으로 돌아오려는 의지가 있다.

내가 보기에 이런 것이 사르트르와 메를로퐁티에게 공통되는 실존주의적 인간학을 명확히 규정하려는 경향인데, 이것은 나도 그 주된 노선을 소묘한 바 있는 과제이다. 레닌주의나 스탈린주의의 정통 이론에 따르자면, 이 인간학은 마르크스주의적은 아닐지라도 적어도 마르크스주의 혁명 철학의 기초로 소용될 수 있는 것으로 여겨진다.

실존주의의 이런 주장에 대해 마르크스주의자들이 똑같이 일관성 있는 답을 하고 있다고 말할 수는 없다. 그 답은 응답자의 지적 수준에 따라 다양하고, 앙리 르페브르[12]의 대답은 로제 가로디[13]의 대답보다 더 적절하고 흥미롭다. 나는 그 대답들을 여기에서 상세히 분석하려는 의도를 가지고 있지는 않다. 정확하게는 그 대답들이 논리적인 체계를 구성하고 있지 않기 때문이다. 나는 단지 이 글의 두 번째 부분에서 왜 마르크스주의자들이 이데올로기적 또는 심리학적 차원에서 실존주의적 주장을 받아들이기를 꺼리는지에 대한 [그들의 입장을] 설명하고자 한다. 그다음으로 나는 왜 한 사람이 실존주의적인 동시에 마르크스주의적이라고 자처하는 것이 근본적으로 불가능한지, 왜 이 두 철학은 그 의도, 기원, 궁극적 목표에 있어서 양립할 수 없는지 규명하고자 한다.

공식적 이론가들은 어떤 심리학적 또는 이데올로기적 이유로 실존주의자들이 제공하는 마르크스주의 해석을 받아들이지 않는 것인가? 내가 보기에 그 첫 번째 이유는 과학이 가지는 강한 권위 때문이고, 동시에 마르크스주의자들이 스스로 과학적이라고 주장하지 못하고, 나아가 과학적 진리에 대한 주장 그 자체를 더 이상 요구할 수 없을 때 느끼는 아쉬움 때문이다. 러시아와 마찬가지로 미국에서도 고유한 의미에서 19세기 유럽 스타일의 진보 철학philosophie du progrès이

---

12   앙리 르페브르(Henri Lefebvre, 1901~1991): 프랑스의 마르크스주의 철학자이자 사회학자로, 일상생활의 비평 선구자로 알려져 있으며, 특히 변증법적 유물론, 마르크스주의 소외론, 스탈린주의, 실존주의, 구조주의에 대해 비판한 학자로 알려져 있다.

13   로제 가로디(Roger Garaudy, 1913~2012): 프랑스의 철학자로, 2차 세계대전 때 레지스탕스 활동을 했으며, 종전 후에는 PCF에 가입해서 정치 활동을 했다. 1982년 이슬람교로 개종했으며, 600만 명 이상이 희생된 홀로코스트를 신화로 여기며 부정했다.

존재한다. 그러니까 인간 사회가 복지 사회로 나아가도록 변화시키는 힘으로서의 과학에 대한 절대적인 신뢰가 있다. 내가 보기에 과학은 모든 마르크스주의자 사이에서 여전히 강한 권위를 누리고 있다. 그런데 실존주의자들이 제시하는 마르크스주의 해석에서 마르크스주의는 이런 과학적 진리의 위엄을 상실하고 있다.

　　내 생각에 마르크스주의 역사철학에 과학적, 실증적 차원의 진리를 부여하는 것은 부조리해 보인다. 사회적 모순이 저절로 계급 없는 사회로 이어진다는 이론과 수학 또는 물리 공식 사이에는 공통의 척도가 존재하지 않는다. 마르크스가 과학적 사회주의와 공상적 사회주의를 대조했을 때, 그는 사회 문제에 접근하는 두 가지 방식을 생각했다. 그가 보기에 공상적 사회주의는 먼저 목적을 설정하고, 그다음에 그 목적을 달성하는 수단을 결정하려 하는 사회주의이다. 반면, 사회주의는 역사의 발전을 정확히 해석하고 방향 짓는 데 그쳐야 과학적이라고 할 수 있다. 하지만 현실이 그 자체의 자발적 운동에 의해 이 상理想을 실현하는 경향이 있다고 보는 과학적 사회주의는 수학 또는 물리 등의 자연과학과 같은 의미의 과학이 아니다. 마르크스주의자들은 ―나는 적어도 실용주의적 관점에서는 그들을 이해한다― 이런 구별을 뚜렷하게 공식화하기를 두려워한다. 왜냐하면 일단 마르크스주의의 진리가 존재한다고 해도, 그것이 과학적이라기보다 철학적이라는 것을 고백하게 되는 순간부터, 스스로 마르크스주의적임을 자처하는 정당들은 과학의 위엄과 아울러 승리의 확실성을 상실하게 될 것이기 때문이다.

다른 한편, 만일 철학적으로 더 복합적이고 섬세한 이런 마르크스주의의 해석을 받아들이려 한다면, 다음과 같은 두 가지 본질적인 면에서 난점에 봉착하게 될 것이다. 첫 번째 문제는 계급 없는 사회가 현 사회의 모순을 통해 성취되는 '필연적' 운동이라는 것이다. 두 번째 문제는 물질적 하부구조와 정치적 이데올로기라는 상부구조 전체 사이의 관계이다. 사실, 소위 마르크스주의의 과학적 해석에서 계급 없는 사회는 자본주의의 모순과 관련해서 '필연적'이며 동시에 유의미하다. 바꿔 말하자면 하나의 운동이 결정론의 의미에서 필연적인 동시에 역사적으로 합리적이다. 이 운동은 역사의 의미에 일치하고 또 불가피하다. 만일 마르크스주의의 철학적 해석을 채택한다면, 내가 조금 뒤에 보여 주려는 것처럼, 우리는 사회주의의 목표로 이어지는 현실적인 결정론(또는 그렇다고 주장되는 결정론)과 그 목표의 의미 사이의 구분에 동의해야 할 것이다. 사회주의는 결정론(사회주의 '또는' 야만주의)의 수준에서와 같이 필연적인 것이 아니더라도 합리적으로 판단할 때 필요한 것일 수 있다. 양자의 일치는 단지 과학적 신화에서나 주어질 수 있을 뿐이다.

두 번째로 하부구조-상부구조의 관계를 엄밀히 결정론 또는 반영의 의미에서 거친 방식으로 해석할 때, 그로부터 나타나는 결과는 정치적 실천의 단순화이다. 우리는 사회주의의 물질적 기초의 실현, 즉 생산수단의 사회화의 실현을 본질적인 것으로, 그것도 유일하게 본질적인 것으로 간주할 수 있다. 그와 반대로 만일 상부구조-하부구조의 관계를 철학적으로 더 미묘하게 해석한다면, 생산수단의 사회화는 더 이상 모든 종류의 소외나 갈등을 해결할 수 없게 될 것이다. 그 결과, 혁명 후에 일어날 일을 예견하고 정당화하는 것은 더 어렵게 될 것이다. 달리 말해서 과학적 질서의 총체적 결정론을 받아들이면서 우리는 사회주의라는 목표의 결정과 동시에 이 목표를 향한 운동, 그리고 물질적 태도와 상부구조 사이의 관계를 단순화하게 된다.

마지막으로 실존주의자가 자신을 혁명가라고, 또 공산주의자와 마찬가지로 혁명가라고 주장할 수는 있다. 하지만 이는 부질없는 일이다. 실존주의자는 근본적 차이점을 없애지 못한다. 우리는 『존재와 무』를 읽으면서 파스칼적 분위기[14]를 느낀다. 실존주의 철학의 본질적 주제는 고독한 개인과 신神 또는 신의 부재 사이의 관계이다(사르트르의 경우는 고독한 개인과 신의 부재의 대화이다[15]). 이 대화가 인간 조건의 본질을 규정한다고 해도, 마르크스주의자의 눈으로 보면, 인간은 가장 중요하게 보이는 것, 즉 혁명으로부터 다른 것으로 주의를 돌릴 수 없다. 나는 파스칼적 고뇌와 혁명적 충동이 양립 불가능하다고까지 말하지는 않겠다. 혁명의 문제를 인간의 여러 문제 중 하나로 간주하는 것은 파스칼의 문제를 배제하지 않는다. 하지만 오로지 혁명으로 인도되는 문제에만 관심이 있는 혁명가는 다르게 판단할 것이다. 개

14 　무신론적 실존주의를 주장하는 사르트르의 입장과 신의 존재를 인정하고 찬양하는 파스칼의 입장은 극단적으로 대조된다. 하지만 파스칼이 신의 존재를 갈구하고, 인정하고 찬양하기까지의 과정에서 제시하고 있는 거대한 우주 앞에서 인간이 느끼는 불안, 고독, 비참함, 두려움 등과 같은 감정은 다분히 신의 존재를 부정하고, 우연한 존재의 자격으로 그냥 우주 속에 내던져 있는 인간이 느끼는 감정과 하등의 차이가 없다.

15 　사르트르는 신의 부재를 상정하면서 무신론적 실존주의를 주장한다.

인이 마르크스주의를 신 또는 무無와 나누는 대화의 관점에서 다시 사유하는 것은, 마르크스주의를 위급한 과제로부터 멀어지게 하고, 결과적으로 마르크스주의의 이론의 효율성을 감소시키는 것이다.

지금까지 나는 마르크스주의자들이 실존주의에 대해 "아니오"라고 말하는 이유를 이데올로기적 또는 심리학적 차원에서 살펴보았다. 나는 이제 [마르크스주의자들의] 그 이유가 철학적인 차원에서 보다 더 엄밀하고 효과적으로 정당화될 수 있음을 규명하고자 한다. 또한 실존주의자는 실존주의를 포기하지 않고는 마르크스주의로 이행할 수 없음을 보이고자 한다. 달리 말해서 실존주의자로 남아 있는 한 결코 마르크스주의자가 될 수 없을 것이다.

키르케고르의 추종자가 동시에 마르크스의 추종자일 수는 없다. 만일, 마르크스주의가 주장하듯이 혁명이 철학적 문제에 대해 해결책을 제시한다면, 우리는 고독한 개인과 신 또는 무 사이의 변증법을 동시에 가정할 수 없다. 나는 이 본질적인 문제에 대해 뒤에서 다시 다룰 것이다.

실존주의와 마르크스주의의 공통된 요소에서부터 다시 출발해 보자. 나는 실제로 상황 속의 사고, 드러냄과 초월, 충족되지 않은 의식, 가치의 역사성 등과 같은 요소들이 실존주의에 속한 것과 마찬가지로 마르크스주의에도 속한다고 생각한다. 결국 이런 관념들은 사실 헤겔에서 파생된 인간학의 다소 형식화된 잔류물에 지나지 않는다. 분명 실존주의와 마르크스주의는 헤겔 철학에 공통의 기원을 두고 있다. 사르트르와 메를로퐁티는 인간 조건의 몇몇 측면을 부각시킨다. 하지만 형식적 인간학에서 마르크스주의적 인간학으로 이행하기 위해서는 다른 관념들을 끌어들이는 것이 필요하다. 그중 어떤 것은 실존주의에 의해 동화되었고(아마도 지금까지는 실존주의에 속하지 않았었다), 다른 것은 실존주의에서 결코 합당한 자리를 찾지 못할 것이다. 적어도 『존재와 무』에서 나타나는 실존주의에서는 그러하다.

사실 마르크스주의적 인간학에 도달하기 위해서는 인간이 '상황 속'에 있다는 말로 충분하지 않으며, 심지어는 역사의 담지자가 구체적 인간이라는 말로도 충분하지 않다. 먼저 다음과 같은 평범하지만 근본적인 첫 번째 주장을 단언하는 것이 합당하다. 노동이 인간의 본질이라는 주장, 또는 인간이 자연과 맺는 관계, 즉 인간이 자연의 힘을 지배하는 법을 배우고 동시에 그 자신의 생활 환경을 창조하는 관계가 결정적 관계라는 주장이 그것이다. 그런데 자연과의 투쟁을 통해 인간을 규정하는 것이 실존주의적인가? 이 점은 재론의 여지가 있다. 어쨌든 우리가 말할 수 있는 모든 것은, 인간의 본질로서의 노동 개념은 분명 사르트르의 실존주의에서는 어떤 역할도 하지 않는다는 것이다. 엄밀히 따져 보면 이 생각이 사르트르의 실존주의에 덧붙여질 수 있을지도 모른다. 하지만 내 생각으로는 그렇게 되면 실존주의가 『존재와 무』에서 전개된 것과는 다른 방향으로 나아가게 될 것이다.

마르크스는 인간이 본질적으로 자연과의 관계 또는 자연의 힘을 전유하는 양식에 의해 규정된다는 사실에서 출발해서 인간관계에 대한 설명으로 나아간다. 인간들의 상호 관계, 특히 그들의 투쟁은 마르크스에서와 마찬가지로 사르트르에게도 나타난다. 하지만 『존재와 무』를 읽을 때 우리는 의식들 사이의 투쟁이 결국 영원히 계속될 것이라는 인상을 받는다. 그때부터 본질적인 문제가 제기된다. 이와 같은 의식들 사이의 투쟁이란 그 극복에 대해 생각조차 할 수 없는 인간 조건의 항구적인 특질이거나, 아니면 역사 안에서 일어나서 또다시 역사의 원동력이 되는 것이거나이다. 달리 말해서 인간의 의식이 『존재와 무』에서 말하는 것처럼 변증법 안에 갇히는 것이거나, 아니면 의식의 진정한 변증법이 역사 속에서 펼쳐지며 또 창조적인 것으로 드러나거나이다. 분명, 실존주의에서 출발해서 역사를 통해 일어나는 의식들의 투쟁이 문명의 업적과 체제를 창조한다는 생각을 다시 도입하는 것이 불가능한 것은 아니다. 그럼에도 『존재와 무』에서 역사는 인간이 투쟁 —자연과의 투쟁과 인간 상호 간의 투쟁— 을 통해 자유에 도달하고, 결과적으로 모순을 초월하는 창조적 과정이라는 의미를 지니지 않는다. 오히려 우리는 이 책에서 "각개의 의식은 영원히 다른 의식의 죽음을 원한다"는 인상을 받는다.

그런데 실존주의에서 마르크스주의로 옮겨 가기 위해서는 고독한 개인의 변증법이 순전히 역사적 변증법이 되어야 하며, 역사가 진정한 인간 의식의 역사가 되어야 한다. 그 결과, 역사는 진보적이고 창조적인 의미를 가져야 한다. 사르트르의 저작이 아니라 보부아르의 소설을 통해서 보면, 역사는 일련의 실패로 환원된다. 실존주의자들의 저작에서는 창조적 변증법, 또는 화해의 가능성이라는 생각보다는 인간의 모든 시도에서의 실패라는 본질적이고도 불가피한 특징이 더 강조되고 있다.

인간의 투쟁이 의미를 가지고 있고, 사회 체제의 진보가 의미를 가지고 있으며, 또 우리가 실패한 동일한 시도의 무한 반복에 참여하는 것은 아니라는 생각을 실존주의에 결합시킬 수 있다고 가정해도, 마르크스주의자가 되기 위해서는 역사가 궁극적으로 철학을 실현한다는 최후의 믿음이 여전히 필요하다. 누구나 다음과 같은 마르크스의 유명한 말을 알고 있다. "인간은 철학을 실현함으로써만 철학을 극복할 수 있을 뿐이다." 인간이 철학적 추상화의 포로 상태에서 빠져나오는 것은 오로지 철학이 제공하는 인간적 소명이라는 생각과 일치하는 상황을 사회적 현실 그 자체 안에 창조함으로써만 가능할 뿐이다. 역사는 혁명을 통해 철학적 문제에 대한 해결책을 제공해야 한다.

"이런 공산주의는, 그것이 완전히 자연주의인 한에서 인간주의이고, 또 완전히 인간주의인 한에서 자연주의이다. 이런 공산주의는 인간과 자연 사이의 갈등, 인간과 인간 사이의 갈등에 대한 진정한 해결책이다. 이런 공산주의는 실존과 본질, 객체화와 자기에 대한 확언, 자유와 필연, 개인과 종種 사이의 갈등에 대한 진정한 해결책이다. 이런 공산주의는 역사라는 수수께끼의 해결책이고, 또 그것은 그 자체가 이 해결책이라는 것을 안다."[16]

청년 마르크스는 혁명이 단지 하나의 정치적, 경제적, 사회적 사건이 아니라는 것을 확신했고, 이런 확신을 결코 바꾸지 않았다. 혁명은 철학적 의미를 가진다. 철학의 실현인 혁명은 역사라는 신비를

---

16   *Ibid*., p.79.

밝혀 준다. 그런데 나는 어떻게 사르트르주의에서 공산주의 혁명이 『존재와 무』의 변증법에 대한 해결책으로 간주되었는지 자문하고 있다. 사르트르의 추종자가 이런저런 정치적, 경제적 이유로 공산주의 혁명에 동의하는 것을 방해하는 것은 아무것도 없다. 하지만 혁명 이론을 철학적 문제에 대한 해결책으로 삼으려면 반드시 『존재와 무』의 근본적 주장들을 뒤엎어야 한다. 이런 식의 반대는 결정적으로 중요하다. 왜냐하면 모든 역사철학 또는 정치철학에서는 무엇보다도 종말을 결정하는 것이 중요하기 때문이다.

이런 종말의 결정은 이미 마르크스의 마르크스주의에서도 쉽사리 이루어지지 않는다. 더욱이 이 결정은 실존주의화된 마르크스주의에서는 더 어렵고, 나아가 거의 불가능하다. 청년 마르크스는 어떻게 혁명을 철학적 문제에 대한 해결책으로 생각하게 되었는가? 1845년 이전의 저작들을 참고해 보자. 우리는 이 저작들에서 방금 제기한 문제에 대한 답을 제시할 수 있는 몇 가지 근본적 주제를 찾아낼 수 있다. 그 가운데 가장 중요한 두 가지는 특수성과 보편성의 통일, 그리고 소외 이론이다.

마르크스는 헤겔이 가졌던 국가에 대한 관념을 비판했다기보다는 오히려 이 관념이 현실 사회에서 구현되지 않는다는 것을 보여 주었다. 헤겔은 한편으로는 "시민 사회"의 개인 또는 정치경제학의 개인, 즉 욕망과 욕구와 이기심의 포로인 개별적 존재를, 다른 한편으로는 국가의 보편성에 참여하는 정치적 인간을 관찰한다. 하지만 마르크스가 보기에 이 개별적 인간과 정치적 천국에서 사는 신민으로서의 인간, 국가에의 참여가 구체적 삶 속에서 이루어지지 않는 인간 사이에는 분열이 있다.

그렇다면 이런 추상적인 표현은 무엇을 의미하는가? 노동하는 인간은 자신의 개별성에 갇혀 있다. 또 그는 자신의 노동력을 빌리는 또 다른 인간과 연결되어 있다. 그는 보편성에 참여하지 않는다. 분명 그는 시민으로서, 그리고 추상적인 정치 주체로서 국가에 참여한다. 하지만 이런 참여는 그의 직업적 생활과는 동떨어져 있다. 마르크스주의 혁명은 이런 폐쇄된 개별성과 허구적 보편성 사이의 이중성을 없애 버리고자 하고, 이런 소외를 극복하려 하며, 구체적인 개인이 보편성에 직접 참여함으로써 생활하고 노동하게 하려고 한다. 그런데 거기에는 혁명과 생산수단의 사회화가 전제된다. 개인은 더 이상 다른 개인을 위해 노동하지 않고, 국가의 보편성을 위해 노동하게 된다. 마르크스주의에 따르면 역사의 종말은 다소간 이렇게 결정된다.

달리 말하자면 마르크스는 인간과 국가에 대한 어떤 이론에서 출발해 역사에 대해 질문하고, 역사에서 이런 이론을 실현할 방법을 찾는다. 진정한 역사의 목표는 이런 진정한 이론에 따라 결정된다.

다른 주제, 즉 소외라는 문제를 고려해 보아도 우리는 유사한 결론에 이르게 된다. 현대 사회에서 인간은 자기와 영원히 분리되어 있으며, 자기의 능력도, 또 자기에게서 벗어나는 생산물들도 결코 소유하지 못한다. 자신의 노동의 산물이 타인의 소유가 되는 것을 보게 되는 노동자는 [자신의 노동 생산물로부터] 소외되어 있다. 그와 마찬가지로 자신이 시장에 내놓는 생산물이 어느 누구도 통제하지 않는 경제 세력들의 익명의 움직임에 의해 이동하는 것을 보는 기업가도 역시 소외되어 있다. 마르크스의 근본 사상 중 하나는 소외의 극복이다. 그러니까 인간은 자신이 창조한 것 모두를 자기를 위해 완성해야 한다. 완성의 상태는 바로 총체적 인간이 역사를 통해 자신을 위해 창조된 부를 실제로 향유하는 것이다. 그 점에서도 역사가 고려되고 그 의미가 발견되는 것은 바로 철학적 사상을 통해서라는 것이 다시 밝혀진다.

프롤레타리아의 경우를 생각해 보자. 역사에서 프롤레타리아의 사명은 결코 그가 처한 상황에서 도출되지 않는다. 레닌과 마찬가지로 마르크스도 노동자 혼자서는 혁명적 진리를 발견하지 못할 것이라고 설명했다. 프롤레타리아트에게 그들이 떠맡아야 할 역사적 역할을 드러내 보여 주는 것은 지식인, 철학자이다. 프롤레타리아트는 국지적 상황에 매달리는 정도가 낮으면 낮을수록 더 보편적 인간이 될 것이다. 인간 사회의 소외의 대표자이고, 모든 것을 박탈당한 그들은 역사의 목적을 실현하도록 운명 지어진 보편사의 주체가 될 것이다. 하지만 이런 프롤레타리아트의 사명은 오직 헤겔이나 마르크스의 철학의 빛으로만 이해될 수 있을 뿐이다. 이런 철학은 역사의 총체적 의미를 발견하고, 또 그것을 프롤레타리아에게 드러내 보일 수 있으며 또 그래야만 한다.

이런 종류의 마르크스주의적 개념에는 두 가지 주된 문제가 포함되어 있다. 한편으로 이런 역사 개념은 공산주의의 '합리적' 필연성에 기초를 두고 있다. 그렇지만 결정론적 의미에서 공산주의의 도래가 인간과 역사의 진정한 이념을 실현하는 데 필요하다는 사실에 이런 도래가 불가피하다는 사실이 이미 함축되어 있는 것은 아니다. 가끔 마르크스주의들이 공산주의인가 '아니면' 야만주의인가라는 식으로 이런 이중성을 고백하고 있다는 것이 그 증거이다. 선택의 여지가 있으므로 철학적 입장에서 보면 혁명의 인과적 필연성은 없다. 다른 한편으로, 헤겔류의 철학에서는 보통 진리는 실현된 이후에만 의식에 의해 인식될 뿐이다. 진정한 철학은 지나간 역사의 철학이다. 체계의 진리가 역사의 진리와 일치하는 철학은 역사의 완성을 전제하는데, 그로부터 과거 전체의 진리가 드러난다. 마르크스주의자들은 자기들이 선택한 목표, 즉 자유로운 미래를 위해 절대적 진리라는 위광, 즉 완성된 역사와 함께 실현될 총체적이고 합리적인 진리라는 위광을 계속 간직하고 싶어 한다. 어떻게 역사가 완성되기도 전에 역사에 대한 총체적이고 올바른 철학을 확립할 수 있는 것일까?

이런 두 가지 어려움 —합리적 필연성과 결정론적 필연성의 분열에서 오는 어려움과 다가올 역사에 의해 총체적 진리를 규정하는 데서 오는 어려움— 은 역사의 문제를 실존주의적 관점, 즉 사회나 국가에 대한 이론 없이 오직 형식적 인간학의 기초에서 접근할 때 더 커진다. 분명 메를로퐁티는 마르크스주의자와 마찬가지로 역사의 의미를 체계나 이론에서 찾으려 하지 않고 역사 내부에서 결정하고자 했다. 하지만 그는 항상 두 가지 생각을 혼동하고 있는 것으로 보인다. 하나는 역사란 의미를 가지고 있다는 것이고, 다른 하나는 마르크스주의자에 의해 제시된 의미만이 유일하게 유효하며, 또 합리적으로 인정할 수 있는 유일한 의미라는 것이다. 역사 속에서 인간은 모든 사람에게 유효한 것으로 나타나는 보편적 의미를 결정할 가능성을 가질 수도 있다. 메를로퐁티는 이런 역사의 의미에 대해 몇 가지 기준을 제시한다. 그것은 생산수단의 사회화, 프롤레타리아의 자발성 증대, 그리고 국제주의화를 향한 경향 등이 그것이다. 하지만 지금의 현실을 한 번만 들여다보아도 이 세 가지 기준이 일치하지 않다는 것을 알 수 있다. 하나의 사건은 어떤 기준을 충족시키지만, 다른 것은 충족시키지 못한다. 어쨌든 이런 관점과 마르크스주의의 관점 사이에는 근본적인 차이점이 남아 있다.

　　파리의 한 지식인으로서 메를로퐁티는 노동자가 진정으로 혁명가가 되기를 원한다. 노동자만이 억압을 경험했기 때문에 이 억압이 없어지기를 진정으로 원한다. 반면, 마르크스주의자는 ─레닌은 물론 마르크스도─ 지식인 없이 노동자 혼자만으로는 결코 자신의 사명의 의미를 결정할 수 없다고 주장한다. 노동자 혼자만으로도 '조합주의trade-unionisme'를 이룰 수 있다고 해도 그 이상으로 나아가지는 못할 것이다. 레닌에 따르면 노동자가 진정으로 혁명적이 되기 위해서는, 직업적 혁명가, 즉 노동자에게 근본적인 것은 부분적인 생활 개선이 아니라 전체적인 초월을 추구하는 의지라는 것을 이해시켜 줄 혁명적 철학자가 있어야 한다. 철학자들은 프롤레타리아트에게 그들만이 이런 초월을 실현할 수 있으며, 또 철학을 실현할 수 있다는 것을 확신시킬 것이다. 반면, 실존주의는 실현할 철학을 가지고 있지 않으며, 따라서 억압의 경험 또는 노동자계급의 사회적 상황의 경험에서 출발해서 역사의 유효한 의미를 이해하려고 노력해야 한다. 하지만 기이하게도 이런 해결책은 모호하다.

프롤레타리아트를 지지하고자 하는 사람이면 누구나 프랑스에서는 공산당에, 영국에서는 노동당에 가입할 것이다. 역사의 목적을 단지 프롤레타리아트, 그리고 이른바 이들의 경험과만 연결 지어 결정할 수는 없을 것이다. 이 점에서 나는 그들보다 더 마르크스주의적일 수 있고, 우리로 하여금 역사의 의미를 파악할 수 있게 해 주는 것은 철학적 이론이라는 것을 알아야 한다. 보편적으로 타당한 역사의 의미를 결정하기 위해서는 혁명은 여러 사건 중 하나가 아니라 철학적 문제에 대한 해결책이 되어야 한다. 이것은 나를 다시 근본적인 주제로 되돌아가게 한다. 실존주의자가 마르크스주의자가 될 수 없게 항상 방해하는 것은, 혁명이 실존주의자의 문제, 즉 유신론적 실존주의에 있어서는 신과 개인과의 대화라는 문제를 해결할 수 없다는 것이다. 사람들은 이 대화의 바깥에 서서 이런저런 이유로, 게다가 충분히 타당한 이유로 혁명 정당에 가입할 수도 있지만, 결코 마르크스주의 철학과 같은 의미를 가지는 철학을 다시 발견할 수는 없을 것이다.

나는 이런 주장이 근본적으로 평범하며 또 어느 정도는 명백하다는 점을 우려한다. 메를로퐁티는 이렇게 쓰고 있다. "어떤 점에서 키르케고르의 '부정le non'은 마르크스와 헤겔에 대한 '부정'과 일치하거나 그것에 접근하고 있다." 그렇지만 양자 사이에는 근본적인 차이가 있다. 키르케고르의 '부정'에서 출발하면 사르트르에 도달할 수도 있으나 결코 마르크스주의에 도달할 수는 없다. 헤겔과 마르크스의 상속자인 동시에 키르케고르의 상속자가 될 수는 없는 노릇이다.

따라서 나는 마르크스주의자들, 특히 공산주의자들이 실존주의를 배척하는 것을 잘 이해할 수 있다. 마르크스주의자들이 사르트르의 근심이나 고뇌와 관련된 분석 중 어떤 것을 선뜻 받아들일 수도 있지만, 거기에 아주 다른 의미를 부여할 것이다. 의식은 역사 속에서 스스로를 창조하고 스스로를 완성해 나가는 것이므로, 근심이나 고뇌와 같은 근본적인 감정의 변증법이나 기술記述이 존재론의 본질적 요소가 될 수는 없다.

❧

독자는 이 대화가 어느 정도로 엄격히 철학적이고 형이상학적인지 분명 알아보았을 것이다. 실존주의자들은 유물론의 포기를 요구한다. 마르크스주의자들은 키르케고르와 마르크스주의 사이에서, 그리고 부르주아지와 프롤레타리아트 사이에서 선택해야 한다고 응수한다. 하지만 실존주의자들과 마르크스주의자들 모두 자신들이 처한 역사적 환경에 대해서는 아무 말도 하지 않는다. 실존주의자들은 스스로 혁명가와 일치한다고 주장하지만, 그 이유는 단지 추상적일 뿐이다. 그들은 낭만적인 뉘앙스를 풍기는 혁명 그 자체를 내세운다. 그런데 마르크스주의자들과는 달리 실존주의자들은 하나의 절대적인 혁명이 아니라 단지 여러 혁명을 알아야 할 필요가 있다. 사르트르는 "정신은 프롤레타리아의 편에 있다"고 말한 바 있다. 그런데 그의 철학은 어떤 의미에서 이런 주장을 정당화할 수 있는가? 실존주의는 스스로 혁명 이론을 자처하지만, 이 혁명은 행동보다는 이 혁명의 내용이나 성질을 요란한 선언의 흐름에 내맡길 뿐이다. 게다가 내 판단으로는 실존주의자들이 바란다고 공언했던 혁명의 구체적 의미를 왜 규정하지 않고 있는지에 대해 [그 이유를] 제시하는 것은 쉬워 보인다.

1848년 이래로, 즉 마르크스의 청년 시절의 저작 이래로 역사는 계속 진보해 왔다. 혁명에 대한 의지, 소외를 극복하거나 또는 현재의 자본주의 사회를 넘어서려는 의지로서의 마르크스주의는 새로운 사실들에 의해 반박되지 않았다. 그 반대로 이런 새로운 사실들로 인해 마르크스가 자본주의에서 사회주의에로의 이행을 설명했던 역사적 도식이 복잡하게 되었다. 이런 도식에는 자본주의적 모순의 심화, 프롤레타리아트의 점진적 증가, 궁핍화 이론이 포함되어 있다. 또한 자본주의의 모순, 프롤레타리아트의 확대, 그리고 혁명의 가능성은 서로 병행한다고 가정되고 있다.

하지만 현실의 전개 과정은 이런 가정과는 완전히 다른 것이었다. 자본주의의 팽창은 노동자계급의 빈곤화가 아니라 생활 수준의 향상을 가져왔다. 오늘날 가장 자본주의적 국가인 미국에서 노동자계급은 가장 높은 생활 수준을 누리고 있으며, 이 나라에서의 혁명 의지는 가장 약하다. 마르크스주의가 예측한 혁명이 성공한 유일한 나라는 마르크스의 이론에 규정된 객관적 조건이 주어지지 않은 나라에서였다. 이런 사실로 미루어 볼 때 자칭 마르크스주의 혁명이라는 것도 경제적 모순의 점진적인 성숙의 결과라기보다는 오히려 종종 하나의 정치적 현상이다. 결국 한 국가에서 일어난 혁명, 즉 자본주의 이후의 체제는 역사적으로 특이한 한 사회와 연결되어 있었는데, 이 사회에서는 혁명과 더불어 국가도 불평등도 사라지지 않았다. 그로부터 마르크스주의의 이론에 모순되지는 않았지만, 적어도 이 이론에 의해 예견되지 못했던 하나의 상황이 도출된 것이다. 한편으로는, 스스로 후기 자본주의 체제라고 주장하지만, 가난한 나라에서 정립된 체제와 다른 한편으로는 하나의 부강한 나라에서의 자본주의 체제의 대립이라는 현상이 그것이다.

부富와 공산주의의 이런 대립은 가장 정통적인 마르크스주의에서 근본적인 어려움을 보여 준다. 나는 그 증거로 혁명은 생산력의 충분한 발전과 더불어서만 가능할 뿐이라고 했던 마르크스의 널리 알려진 구절을 인용해 보고자 한다.

"… 생산력의 이런 발전은(그것은 이미 현재의 인간의 경험적 삶이 지역적 차원이 아니라 '세계사의 차원에서' 전개되고 있음을 의미한다) 절대적으로 필요불가결한 실제적 전제 조건이다. 왜냐하면 생산력의 발전 없이는 '빈곤'은 일반화될 것이고, '욕구'와 더불어 필요한 것을 위한 투쟁이 시작되어 사람들은 필연적으로 과거의 수렁으로 다시 떨어질 것이기 때문이다. …"[17]

나는 마르크스주의자들의 말대로 사람들이 혁명이 일어난 나라에서 "과거의 수렁"으로 다시 떨어진다고 단언하지 않는다. 그와 반

[17] · *Idéologie allemande*, Eds. Sociales, p.26.

대로 오늘날 마르크스주의를 다시 생각하려 한다면, 물질이나 소외 개념에 대해서만 설명하는 것으로는 충분하지 않으며, 특히 마르크스의 예견과 관련해 현재의 상황이 보여 주는 역설적 성격을 분석해야 할 필요가 있다. 마르크스주의자들과 공산주의자들은 실존주의자들과 마찬가지로 그들의 대화에 있어서, 내가 방금 간단히 소묘한 문제들, 하지만 나에게는 본질적인 것으로 보이는 문제들에 대해 거의 관심을 갖지 않는 것 같다. 이런 문제들은 단지 정치적, 실질적 의미만을 갖는 것이 아니고, 소외의 극복이나 자본주의 이후의 사회와 같은 마르크스주의에 수반되는 철학적 문제들을 다시금 생각하게 한다.

왜 어느 쪽도 이 역설적인 역사적 상황을 분석하거나 해석하려는 준비를 하지 않고 있는가? 실존주의자들이 그것을 거부하는 이유는 그들 입장의 모호성에서 기인한다. 그들은 혁명가가 되기를 원하고, 공산당이 유일한 혁명 정당인 프랑스에서는 적어도 그들의 공감은 공산당 쪽으로 기울어져 있다. 그 반면에 여러 이유로 그들은 공산주의에 합류할 수도 없고 또 그렇게 하기를 원하지도 않는다. 그 결과, 그들은 자신들이 공산주의를 거부하는 것을 정당화하기 위해 통속적인 마르크스주의의 철학적 부적합성을 내세운다. 내 생각으로는 그 외에도 여러 가지 다른 이유가 있다. 내가 우려하는 것은, 실존주의자들의 정치적 태도에서 두드러지게 나타나는 모호성이, 내가 지금까지 말했던 실존주의와 마르크스주의의 철학적 갈등에서뿐만 아니라 현실 상황에 관여하면서 직면하는 모종의 곤란함에서도 기인한다는 사실이다. 나는 실존주의자들이 항상 참여를 강조하면서도 스스로는 참여하지도 않고 또 역사적이거나 정치적이거나 구체적인 태도를 정당화하지도 않는다는 인상을 가지고 있다. 내가 『레 탕 모데른』지의 편집진의 일원이었을 무렵, 그중 한 명이 편집위원 모두가 어느 정당에도 가입하지 말자는 의무를 서로에게 부과했으면 좋겠다는 뜻을 표시한 바 있다(이런 말을 했다고 비밀을 누설하는 것은 아니다). 참여를 내세우는 철학으로부터 이런 결과가 기인했다는 것은 놀라운 일이다.

마르크스주의자들에 대해 보자면, 그들의 유물론적 신화에 대한 호소는 단지 사르트르가 제시한 이유 때문만은 아닌 것으로 보인다. 유물론적 신화에는 '필연적으로' 계급 없는 사회에 이르게 되는 역사적 결정론이 함축되어 있다. 마르크스주의자들은 저절로 역사의 의미를 실현하는 역사적 필연성을 상상한다. 우리 시대와 같은 시대에서는 역사의 의미와 일치하는 결정론을 가지는 것이 여러 면에서 편리하다. 합리적인 결정론이 없다면 사람들은 적어도 전통적 마르크스주의와 관련해 나올 수 있는 여러 다른 입장을 재고해 보아야 할 것이다. 먼저 스탈린주의의 입장이 있다. 스탈린주의는 현재 러시아 사회를 계급 없는 사회로 가는 과도기적 단계로 여긴다. 그다음으로 트로츠키주의 입장이 있다. 트로츠키주의에 따르면 계급 없는 사회로 가는 길은 소비에트 체제를 경유하는 것이 아니라, 세계 프롤레타리아트의 새로운 혁명적 도약을 요구한다. 마지막으로 절대적 권위를 가진 한 정당의 권력 장악에 의한 자본주의 이후 사회의 실현은 생산수단의 집단화에 의해 인간의 해방을 촉진시키기는커녕 자본주의보다 더 나쁜 독재 정치를 가져온다고 주장하는 사람들과 논쟁해야 할 것이다. 그렇게 되면 제3의 입장이 가능하게 된다. 이 입장 역시 마르크스주의적이며, 내가 진보주의라고 부르는 것이 그것이다. 이 입장은 폭력에 의한 권력 장악 또는 일당 독재 없이 점진적으로 전통적 마르크스주의의 물질적 목표, 그리고 그 너머의 정신적 목표를 실현하고자 하는 입장이다.

이 마지막의 짧은 언급은 단지 다음과 같은 하나의 목표를 위함이다. 즉, 실존주의와 마르크스주의 사이의 대화는 프랑스나 세계의 상황에 대한 구체적인 연구보다는 형이상학적 논쟁 위주로 진행되고 있다는 사실을 보여 준다는 목표가 그것이다. 이것은 아마도 어느 편도 현재 상황의 고유한 특징들을 직시하고 또 이 상황에 대한 의무를 떠맡으려 하지 않기 때문일 것이다.

변증법의 모험과 재난[1]

모리스 메를로퐁티가 최근에 출간한 책[2]의 독창성은 이전의 저작들에서처럼 철학과 정치학이 결합되었다는 점에 있다.

모스크바에서 있었던 정치재판에 대한 언급으로 시작되는 『휴머니즘과 테러』는 역사에서의 행동의 문제와 인간 조건에 내재된 애매성 ─인간은 무죄임과 동시에 유죄이기도 하다─ 의 문제가 분석되고 있다. 소련은 단지 여러 경제사회 체제 중의 하나를 대표하는 것도 아니고, 또 서구의 영향을 받았지만 비서구적 전통을 가진 국가에

---

1   1955년에 메를로퐁티는 『변증법의 모험』을 출간했다. 이 책에서 그는 사르트르가 『레 탕 모데른』 지에 「공산주의자들과 평화(Les Communistes et la paix)」라는 제목으로 발표한 일련의 논문에서 표방한 입장을 비판했다. 이 해에 나는 『지식인의 아편(L'Opium des intellectuels)』을 출간했다. 두 번째 대화의 두 논문은 1955년 말에 쓰인 것이며, 1956년에 『프뢰브(Preuves)』지에 처음 발표되었다.

2   『변증법의 모험』을 가리킨다.

서 추진되는 공업화를 위한 하나의 시도를 대표하는 것도 아니다. 소련은 그 자체 안에 인류의 희망을 담고 있다. 레닌과 트로츠키, 그리고 스탈린에게는 역사적 이성이 완성 단계에 있었다. 『변증법의 모험』은 이런 종류의 성찰과 같은 노선에 위치해 있으면서도 정반대의 결론에 이르고 있다. 1948년에[3] 메를로퐁티의 철학은 소련에서 행해지고 있는 실험이 실험 이상의 의미를 가졌다는 것을 입증하고자 애썼다. 왜냐하면 이 실험이 역사적 변증법의 결정적 계기를 구성했기 때문이다. [그러나] 1955년에[4] 메를로퐁티의 철학은 공산주의의 실험이 실험 이상의 의미를 전혀 가지지 못했다는 것을 암시했다. 왜냐하면 이 실험이 성공하든 못하든 역사적 이성은 아무런 영향도 받지 않을 것이기 때문이다.

철학과 정치학이 혼합되어 나타난 결과는 1948년과 1955년에 서로 완전히 다른 것이었지만, 이 두 책에서는 모두 철학적 주장이 압도적으로 많은 비중을 차지하고 있다는 하나의 독창적인 공통점이 드러나고 있다. 게다가 역설적이게도 『변증법의 모험』에서는 서로 다른 체제의 장, 단점을 객관적으로 평가하기 위해서 이 체제들을 알 필요가 있다는 결론이 제시되고 있지만, 오히려 더 정확한 언급은 『휴머니즘과 테러』에서보다 더 적게 나타나고 있다. 내 생각에 330쪽에 달하는 분량에 걸쳐 진행되는 세밀한 분석과 장황한 논의 가운데 전문적

---

3   이 해에 『휴머니즘과 테러』가 출간되었다.
4   이 해에 『변증법의 모험』이 출간되었다.

철학자가 아닌 일반 독자가 그 의도를 이해할 수 있는 부분은 기껏해야 10여 쪽 남짓밖에 안 된다.

『변증법의 모험』에서 어렵지 않게 세 가지 주제 또는 차라리 세 개의 비판을 볼 수 있다. 첫 번째 비판은 '변증법적 유물론', 즉 정통 공산주의에 대한 비판이고, 두 번째 비판은 사르트르의 '초超볼셰비즘ultra-bolchevisme', 즉 사르트르가 자신의 철학적 입장에서 정당화한 공산주의적 실천에 대한 비판이며, 세 번째 비판은 책의 끝부분에 가서야 밝혀지지만, 처음부터 끝까지 이 책의 기조가 되고 있는 메를로퐁티 자신의 초기 입장에 대한 비판이다.

이 세 개의 비판이 서로 밀접히 연관되어 있는 것은 아니다. 어쨌든 하나의 비판에 다른 비판들이 함축되어 있는 것도 아니다. 나는 이 가운데 정통 공산주의에 대한 비판, 즉 사르트르가 「유물론과 혁명Matérialisme et révolution」에서 시도했던 것과 유사한 비판에는 어렵지 않게 동의할 수 있다. 내가 7년 전부터 주장해 왔던 것을 메를로퐁티가 되풀이하는 만큼 나는 그가 『휴머니즘과 테러』에서 행한 비판에도 동의할 수 있다. 하지만 철학적인 문제를 다룬 부분을 볼 때 사르트르의 '초볼셰비즘'에 대한 장章은 논박의 여지가 있다고 생각한다.[5]

『변증법의 모험』에서 볼 수 있는 정치사상은 그 자체로 그다지 독창적이지 않다(또 독창적이라고 평가되지도 않는다). 보부아르라면 이렇게

---

5   보부아르가 메를로퐁티의 비판에 응수하는 논조는 비호의적이며, 때로는 무례하기까지 하다. 하지만 「공산주의자들과 평화」에서의 사르트르의 논조도 예의 바른 것은 아니었다.

말할 것이다. "그것은 모두 아롱의 책에 있다." 하지만 그런 사상이 오늘날에도 논의의 여지 없이 좌파에 대해 충성심을 가지고 있고, 또 반공산주의를 배척하는 한 지식인에 의해 발표되었다는 사실 자체가 중요하다. 이런 의미에서 종전 10년 후에 출간된 이 책은 철학자들의 상식에로의 회귀, 즉 프랑스인들이 세계적인 혁명을 꿈꾸기보다는 제도의 개혁을 통해 인류의 운명을 개선해야 한다는 것을 발견했음을 잘 보여 준다.

마르크스주의적 '관망주의'에서 비공산주의[6]로

7년 전, 메를로퐁티는 자신의 정치적 입장을 "마르크스주의적 관망주의"라고 표현했다. 오늘날 그의 정치적 입장은 "비공산주의 acommunisme"이다. 이런 입장들은 모두 현재 상황에 대한 분석과 역사

---

6   'acommunisme'은 '없는' 또는 '초월한' 등의 의미를 가진 접두어 'a'와 '공산주의'를 의미하는 'communisme'의 합성어이다. 메를로퐁티가 사용한 이 단어의 번역은 까다롭다. 'athéiste(무신론자)'나 'atonal(무조의)' 등의 경우처럼 'acommunisme'을 '무공산주의'로 번역하면 무난할 것이다. 하지만 이 단어는 우리말에 없다. 그렇다면 이 단어를 '비공산주의'로 번역하는 것은 어떨까? 보통의 경우 '비(非)-'는 'non-'의 번역에 해당한다. '비존재(non-être)'가 그 한 예이다. 'acommuisme'을 '비공산주의자'로 번역하면 'non-communiste'와 혼동된다. 그렇다고 'acommunisme'을 '반공산주의'로 번역하는 것도 정확하지 않다. '반공산주의'는 'anti-communisme'에 해당한다. 'acommunisme'을 '탈공산주의'로 번역하면 어떨까? '탈공산화(décommunisation 또는 post-communisme)' 등에서 볼 수 있듯이 '탈'에 해당하는 접두어는 'dé-'나 'post-'이다. 여기에서는 'acommunisme'을 '비공산주의'로 번역하면 'non-communiste(non-communisme이란 단어는 사용되지 않는다) 등의 용례와 혼동의 우려가 없지 않으나, 메를로퐁티가 공산주의에 가까웠다가 나중에 일정한 거리를 두었다는 의미를 강조하고, 또 다른 번역어들과의 차별화를 위해 '비공산주의'로 번역한다.

에 대한 해석에 의해 정당화된다.

7년 전, 메를로퐁티의 중심 사상은 [내가 보기에는] 마르크스주의와 역사적 이성의 혼동이었으며, 그 결과 그는 소련에 대한 우호적 편견을 지지하거나 또는 일정 기간 동안 영예를 부여해야 했다.[7]

정치적 차원에서 이런 관망주의는 소련이나 미국 진영, 또 심지어는 제3의 세력과도 연합하지 않는 것을 의미했다. 또 이 관망주의는 프랑스 및 전 세계에서 공산주의자들과 반공산주의자들 사이의 '비非–전쟁non-guerre'의 분위기를 유리하게 조성하려는 것이었다. 반면, 메를로퐁티는 이런 태도에 대해 다음과 같이 말했고, 사람들은 그의 말에 거의 주목하지 않았다. "이런 태도에는 소련이 무력에 의해 자국의 체제를 다른 나라에까지 확장시키려고 하지 않는다는 점이 전제되어 있다." "… 만일 소련이 내일 유럽을 침공하려 위협한다든가, 모든 나라에 자국이 선택한 정부를 세우고자 한다면, 다른 문제가 생길 것이고, 그 문제를 검토해야만 할 것이다. 하지만 현재는 이런 문제가 없다."[8] 하지만 한국전쟁으로 이런 문제가 나타났고, 그 후 마르크스주의와 역사적 이성을 혼동하는 사람은 칸트주의에 빠져 있다고 폭로되

---

7 마르크스주의를 역사적 이성과 혼동하는 것은 다음과 같은 추론에 기반을 두고 있다. 인간성이 실현되는 것은 오직 인간들이 서로를 인정할 때만이라는 추론이 그것이다. 노예와 주인이 존재하는 한, 이런 인정은 배제된다. 진정한 상호주체성으로서의 프롤레타리아트만이 노예와 주인의 대립을 뛰어넘을 수 있다. 소련이 공산당의 지도하에 동질적 사회를 만들어 가는지, 프롤레타리아트가 보편적 계급으로 변신하고 인간성을 실현하는지는 입증이 되지 않았다. 하지만 이 과업의 수행에서 다른 어떤 계급도 프롤레타리아트를 대신할 수 없으므로, 소련을 의심하지 않은 것, 달리 말해 혁명적 기획이 실현하고자 노력하는 미래에 비추어 소련의 현실을 관대히 보아 주는 것이 필요하다.
8 *Humanisme et Terreur*, p.202.

거나 그런 비난을 받기도 했다.

　　먼저 새로운 정치적 입장에 대해 살펴보자. "소련은 한국전쟁을 종결시켰다. 소련이 이 전쟁을 미연에 막을 수 있었다는 것은 분명하다. 소련이 한국전쟁을 막지 않았을 뿐만 아니라 군사 행동을 취하자마자, 우리가 소련에 대해 가졌던 공감의 태도는 이제 시대에 뒤떨어진 것이 되었다. 왜냐하면 공감의 의미가 바뀌었기 때문이다. … 자국 영토 밖으로의 소련의 진출은 지역 프롤레타리아트의 투쟁에 의지하게 될 것이다. 만일 우리가 이런 모든 문제를 단지 계급투쟁에 있어서의 일화적인 사건으로 여긴다면, 우리는 소련의 정책에 대해 정확히 이 나라가 바라는 보장을 제공하는 것이 될 것이다."[9] 반공산주의를 거부할 권리를 가지기 위해서는 비밀 당원식 공산주의le crypto-communisme나 진보주의도 아울러 비판하지 않을 수 없다. "분명히 밝히자면 선택을 거부하는 것은 필연적으로 이중의 거부를 선택하는 것이 된다."[10]

　　나는 아직 제기되지 않은 문제(소련의 자국 국경 너머로의 팽창이라는 문제)에 대한 메를로퐁티의 말에 대해 중요성을 부여하지 않았다. 객관적 사실들과 많은 문서를 통해 드러난 소련 정부의 공식적 이론에 따라 추론해 볼 때, 나는 분명히 "소련 팽창의 문제가 제기된다"고 판단했다. 그것은 발틱해 연안 국가들의 합병, 동유럽 여러 나라의 소비에

9　　*Les Aventures de la dialectique*, p.308.
10　　*Ibid.*, p.310.

트화 등과 같은 사건들을 보면 알 수 있다. 이 사건들은 오직 볼셰비키 철학에 의해서만 정당화될 뿐인데, 메를로퐁티에 따르면 전 세계 프롤레타리아트의 전위대인 당黨은 다른 나라들의 프롤레타리아트, 달리 말해 공산당이 정권을 장악하도록 돕기 위해 '사회주의 기지基地'로서의 무력을 사용할 권리가 있다.

한국전쟁은 소련제 무기로 무장한 정규군이 최초로 워싱턴과 모스크바 통치자들의 협정에 의해 확정된 경계선을 넘었다는 점에서 '외교적 차원'에 있어서의 새로운 사실이라고 할 수 있다. 갑작스럽게 국지전이 발발해 점차 남북한, 미국, 중공이 전쟁에 연루되었다. 나아가 중공의 개입과 더불어 처음에는 별로 심각하지 않던 세계대전 발발의 위험이 점점 커졌다. 그렇지만 내가 보기에 철학적으로 말하자면 한국전쟁이 발틱해 연안 국가들의 합병이나 동유럽의 소비에트화라는 문제 위에 새로운 문제를 덧붙인 것은 아니다. 분명히 붉은 군대는 폴란드나 동독에 진입해 히틀러의 제3제국 군대를 몰아내고 파시즘으로부터 인민을 "해방"시켰다. 이런 진군이 가진 '외교적' 의미와 38선을 넘는 것의 의미 사이에는 하등의 공통점도 없다. 하지만 만일 소련이 자국의 체제를 루마니아나 폴란드에 강요할 권리를 가졌다는 것을 인정한다면, 소련이 남한에 대해서도 같은 권리를 가진다는 것을 부인할 이유는 없는 것이다.[11]

---

11 비공산주의자들 중 가장 '진보적인' 자들은 체코슬로바키아와 루마니아와 폴란드에서 자유선거가 실시되었다면 공산주의자들이 패배했을 것이라는 것을 결코 의심하지 않았다. 따라서 이 나라들이 소비에트화하게 된 것은 붉은 군대의 진주 때문이었다.

메를로퐁티는 마르크스주의적 관망주의의 시기에 "전 세계를 통해 양대 진영이 서로 화해하는 중립 지대가 체코슬로바키아나 한국에 있었다"라고 반박할 것이다. 나로서는 이런 중립 지대가 '객관적으로' 존재했던 것이 아니었고, 모든 사건을 한쪽으로만 해석했으며, 또 선택을 하지 않으려는 욕구에 좌우되었다는 사실에 대한 우려를 떨쳐 버릴 수가 없다. 만일 체코슬로바키아의 공산주의자들이 비공산주의자들과 권력을 나누어 가지려 했더라면, 만일 모스크바가 프라하의 외교적 자주성을 허용했더라면, 체코슬로바키아는 중립 지대가 되었을지도 모른다. 하지만 이는 그 당시의 상황과는 거리가 멀었다. 스탈린은 체코 정부가 마셜 플랜에 참가하는 것을 막았고, 새 선거일이 다가왔을 때는 이미 공산당이 권력을 완전히 장악했다(독일로부터 해방된 직후 실시된 선거 결과와 비교해 보면 그들이 패배할 위험이 있었다). 아마도 체코의 비공산주의자들이 반공산주의자들이었더라면(즉, 그들이 공산주의자들의 목적과 방법을 이해했더라면), 이 나라는 소비에트화를 피할 수도 있었을 것이다.

바꿔 말해 메를로퐁티는 그의 소련에 대한 관망주의가 전쟁 직후의 "객관적 상황"에 따른 것이었고, 그의 현재의 태도는 변화하는 상황에 대한 대응이라는 것을 우리에게 납득시키려 하고 있다. 하지만 내가 보기에 그는 잘못 생각하고 있으며, 불확실성과 상황 변화를 혼동하고 있다. 그는 이 책을 출간함으로써 냉전의 '한국 시대'에 대한 자신의 입장을 표명하고 있다. 하지만 아이러니컬하게도 이 책이 출간된 때 이미 한국전쟁 이후, 그리고 스탈린 이후 시대가 시작되었다.

그러니까 1948년에 그가 꿈꿨던 중립 지대가 처음으로 실제로 존재하게 된 것이다. 얼마나 지속될지 예견할 수는 없지만, 소련은 진심으로 '평화 공존'을 원하고 있다. 그런데 관망주의자들이 평화 공존에 유리한 환경 조성을 위해 용감하게 노력하는 동안, 스탈린[12]은 이것에 대해 코웃음을 쳤다.

　　다행스럽게도 내가 보기에 메를로퐁티는 자기의 생각에 대해 공정하지 않은 태도를 보여 준다. 그런데 그의 태도의 가치는 한국전쟁에 대한 해석에 달려 있는 것이 아니다. 메를로퐁티는 비밀 당원식 공산주의와 진보주의에 대해 비판하면서 공산주의자와 비공산주의자의 동맹 사이에 권력 투쟁이 일어나고 있다고만 단순히 전제하고 있다. 하지만 1945년 이래로 유럽에서 이것은 누구에게나(어쩌면 철학자들을 제외하고는) 명백한 사실이다. 진보주의자는 실제로 공산주의자들의 주장을 마치 그것들이 독립적인 성찰에서 자발적으로 나온 것인 양 주장하고 있다. 그러니까 진보주의는 마르크스-레닌주의라는 상품에 자유주의라는 상표를 붙이고 있는 것이다. 그런데 이런 행위는 결코 평화 공존에 기여하는 것이 아니다. 평화 공존에는 세력 균형이라는 전제 조건이 따른다. 만일 진보주의자들이 평화 공존이나 마르크스주의에 대한 공감이라는 색채 아래에서 단지 모스크바의 선전을 되풀이하고 또 소련의 요구에 굴복한다면, 모스크바는 반드시 고려해야 하는 저항 세력이 있다는 것을 어떻게 깨달을 수 있을 것인가?

12　　스탈린은 그때 전면전이 아니라 '전쟁 상태'에서의 공존을 원했다.

메를로퐁티는 한 걸음 더 나아가 볼셰비키 혁명이 본보기로서의 가치를 가지는가를 의문시하고 있다. 전前 자본주의 국가에서만 성공했던 혁명이 자본주의 후기 사회에 대한 모델이 되어야 하는가? 극히 이단적으로 변한 그는 다음과 같은 질문 앞에서 물러서지 않는다. "체코의 프롤레타리아트는 전쟁 전보다 더 행복한가?" 그리고 이 질문에 그는 이렇게 답하고 있다. "이런 문제가 제기되는 것만으로도 모든 국가에서의 프롤레타리아트에 의한 권력 장악이라는 슬로건을 내건 역사적 정책 그 자체가 위기에 처해 있다."[13] 또 동독에서 자유선거가 행해진다면 본Bonn 정부 지지자들이 다수파를 형성할 것이라는 점을 진보주의 진영의 매스컴이 만장일치로 인정한다는 사실도 이 질문에 대한 답이 될 수 있다는 점을 덧붙이자.

메를로퐁티가 '비공산주의'와 '반공산주의'를 근본적으로 구분하려 했다는 것은 자명하다. 그 차이를 분석하기 전에, 또 그 차이를 모호하게 만들어 버릴 위험을 무릅쓰고 나는 메를로퐁티가 과거에 했던 비판에서 볼 수 있는 여러 주요 문제를 다시 상기하고 싶다. 그는 "소련 공산주의를 마르크스주의의 후계자로 제시하는 것"[14]이 소련의 참모습을 파악하지 못하게 하는 가장 좋은 방법이라는 점을 인정한

---

13   *Ibid.*, p.301. "사람들이 진정한 혁명에 대한 어떤 관념을 가지고 있으므로, 이런 의미에서 소련은 혁명적이 아니라고 단언할 수 있다. 그렇게 되면 혁명이 하나의 꿈이 아닌지를 자문하게 된다. 이런 의심의 이름으로 '혁명적'이라는 말은 앞으로 생겨날지 모를 체제를 위해 간직해 두게 된다. 하지만 이 미래란 불확실성 속에 잠겨 있기 때문에, 사람들은 다만 그것이 현재보다는 더 인간적인 사회 질서일 것이라고만 말할 뿐이다"(p.223). 이 부분에서 메를로퐁티가 비판하고 있는 것은 1948년에 그 자신이 가졌던 입장과 비슷한 것이다.

14   *Ibid.*, p.301.

다. 그는 소련과 자본주의 체제를 두 개의 현실적이고, 불완전하고, 역사적인 체제로서 비교해야 한다는 것을 인정하고 있고, 소련의 제도에 계급 없는 사회라는 요원한 신화와 허구를 갖다 붙임으로써 그 나라의 제도를 왜곡하고 있지는 않다. 그는 "의회제도는 최소한의 반대와 진실을 보장해 주는 유일한 제도"라는 점도 인정한다.[15] 그리고 혁명이 인간의 기대를 저버린 것이 스탈린의 잘못이나 인간의 약점 때문이 아니라 그 기획 자체의 내적 모순에 의한 것이라는 것 또한 인정한다. "혁명의 독특한 성격은 사람들이 그것을 절대적인 것이라고 믿는 데 있으며, 바로 그런 이유로 혁명은 절대적인 것이 될 수 없다."[16] 『르피가로』지의 한 논평자는 전형적으로 '반동적'인 이런 주장이 한 좌파 사람의 입에서 나왔다는 사실을 반기고 있다.

이제 '비공산주의'와 '반공산주의'의 차이에 대해 생각해 보자. "반공산주의에 기초한 정책은 궁극적으로 전쟁 정책이며, 단기적으로는 퇴보 정책이다. 공산주의자가 되지 않을 수 있는 여러 가지 방법이 있다. 사람들이 자기가 공산주의자가 아니라고 말할 때 문제가 겨우 시작될 뿐이다."[17] 이 주장의 앞부분은 입증되지 않은 가정이고(비공산주의 = 전쟁 정책), 뒷부분은 상식인데, 기이하게도 앞부분과 모순된다.

만일 공산주의자가 되지 않을 수 있는 여러 가지 방법이 있다면, 왜 비공산주의는 그렇게 규정되어야 하고, 또 전쟁 정책과 동일

---

15   *Ibid.*, p.304.
16   *Ibid.*, p.298.
17   *Ibid.*, p.309.

시되는가? 프랑스의 경우를 보자. 반공산주의란 무엇인가? 의회제도
가 최소한의 반대와 진실을 보장하는 유일한 제도라는 것을 믿고, 공
산당이 집권하게 되면 의회제도를 폐지할 것을 알기 때문에, 공산당
의 권력 장악을 반대하는 평범한 프랑스인이 반공산주의자이다. 메를
로퐁티도 이런 의미에서 자기가 반공산주의자임을 인정한다. 아마도
그는 이런 문제가 지금 제기되는 것은 아니며, 현재와 상관없는 문제
와 관련해서 역사적인 입장을 정해서는 안 된다고 반박할 것이다. 그
는 마르크스주의적 관망주의가 겪은 재난을 거울삼아 단지 현재에 중
요한 문제에 대해서만 태도를 결정하는 것의 위험성을 배웠어야 했을
것이다. 하지만 보다 더 직접적인 이유가 있다. 공산당에 의한 권력 장
악이라는 문제가 제기되지 않는 것은 프랑스에 충분한 숫자의 반공산
주의자들이 있다는 이유, 즉 공산당의 계획에 '반대'하는 사람들이 많
다는 이유가 그것이다. 철학자는 중립성이라는 사치를 누릴 수는 있
지만, 그 밖의 다른 평범한 시민들은 공산주의의 선전에 대항하기 위
해 진보주의를 거부한다.

　　한 국가 내부에서 일어나는 사건들은 국제적 차원에서 일어나
는 사건들과 상당히 유사하다. 중립은 동맹 세력들 사이에 균형이 이
루어진다는 조건 위에서만 가능하다. 유고슬라비아와 오스트리아가
양대 진영 어느 쪽에도 속하지 않는 특권을 누릴 수 있는 것은, 서구
국가들이 연합해서 공산 진영과 균형을 이루고 있기 때문이다. 국가
내부의 비공산주의자들은 국제 외교에서의 중립국들과 그 처지가 비
슷하다. 그들은 종종 어떤 일에 도움을 주기도 한다. 하지만 그들은 자

기들의 반대자들에 비해 우월함을 주장하면서도 초조해할 수 있다. 실제로 그들이 초연한 입장을 자유롭게 표명할 수 있는 것은 바로 이 반대자들 덕분이기 때문이다.

그런데 반대자들이 불가피하게 일종의 선악이원론으로 기운다면, 비공산주의자들은 양편을 광신주의에서 깨어나게 하고 진실에 관심을 갖게 할 수 있다는 장점을 가진다. 지식인들의 참여는 모든 정치적 유대의 거부로 나타나는 것이므로, 전투의 열기로 인해 세계관이 선견지명이나 일방적인 도덕주의로 이끌리는 사람들에게 이성을 되찾으라고 상기시키는 것은 당연하다. 어떤 사람이 스스로를 반공산주의자라고 선언한다고 해서 어떤 정책을 지지하는 것인지가 결정되는 것은 아니다. 시베리아의 집단수용소가 비양쿠르[18]의 빈민가에 대한 변명이 될 수는 없다. 그렇지만 비공산주의자들이 양 진영에서 '똑같은' 거리만큼 떨어져 있다고 상상한다면 잘못이다. 만일 반공산주의자라는 용어가 매카시주의자들[19]처럼 빨갱이에 대한 증오심이 신경증 또는 선동을 위한 구실로 이용하는 사람을 가리키는 것이라면, 비공산주의자들이 그런 중립적인 위치를 차지할 수도 있을 것이다. 하

18 비양쿠르(Billancourt): 프랑스 중북부 오드센주(Hauts-de-Seine)에 위치한 도시로, 특히 르노자동차 공장으로 유명하다.
19 미국의 공화당 정치인으로 위스콘신주(Wisconsin)의 상원의원을 지낸 조지프 매카시(Joseph McCarthy, 1908-1957)의 주장을 추종했던 자들을 가리키는 용어이다. 실제로 매카시는 상원의원 재직 기간에 공산주의자들이 정부를 포함한 미국 사회의 모든 분야에 침투해 있다는 주장, 이른바 매카시즘을 주장해 큰 파장을 일으켰다. 반공산주의 정서가 절정에 달했던 시기, 이른바 적색(赤色) 공포기였던 1950년부터 1954년까지 이어진 매카시즘으로 인해 불필요한 조사들이 행해졌고, 교수, 언론인, 군인, 정치인 등이 공직에서 추방당하기도 했다. 이런 광풍은 각계의 비판을 받다가 1954년 말 그에 대한 비판 결의가 채택되면서 막을 내렸다.

지만 이런 극단적인 경우를 차치한다면, 반공산주의자는 결코 스탈린 시대의 공산주의자처럼 비공산주의자를 적敵으로 취급하지는 않을 것이다.

비신스키[20]의 강한 표현에 따르자면, 1952년 12월에 네루[21]는 미 제국주의 대리인의 역할 아니면 이상주의자 또는 얼간이의 대리인 역할 사이에서 선택해야 했다. 하지만 3년 후에 그는 평화의 영웅이 되었다. 몇 년 전만 하더라도 스탈린주의 정책은 선택을 거부한다거나 중립적 입장을 취한다거나 이런저런 초연한 태도를 가지는 것을 금지했다(또는 금지하는 것처럼 보였다). 오늘날에는 주요 정책이 서구 여러 나라 사이의 동맹을 깨뜨릴 것이라고 생각하기 때문인지, 아니면 중립국을 평화 세력으로 간주해서인지, 소련은 중립 세력을 거의 동맹국과 마찬가지의 동지로 보고 있다. 사실, 인도가 내세우는 구호나 심지어는 유고슬라비아의 구호조차 지금은 소련의 구호를 닮아 가고 있다. 그렇다고 해서 이 구호에 서구의 이익에 반대한다는 의미가 담긴 것도 아니다.

그렇다면 프랑스의 경우도 마찬가지일까? 스탈린 시대에 대답은 의심의 여지가 없었고, 메를로퐁티와 같은 비공산계 좌파는 1948년 사르트르가 관여했던 RDR와 마찬가지로 적敵으로 간주되었을 수도

---

20 안드레이 비신스키(Andrej Vychinski, 1883-1954): 소련의 정치가, 법학자, 외교관으로, 스탈린 치하에서 검찰총장을 역임했으며, 1949년부터 1953년까지 외교부 장관을 지냈다.

21 자와할랄 네루(Javaharlal Nehru, 1889-1964): 인도의 독립운동가, 정치인으로, 비폭력, 평화주의인 간디와는 달리 적극적인 파업과 투쟁적인 독립운동을 지지했다.

있다. 일반적으로 공산주의자들은 반공산주의자들보다 비공산계 좌파를 더 증오한다. 공산주의들의 눈에는 비공산주의자도 반공산주의자와 다르지 않다. 스탈린주의자는[22] 자본주의 체제 안에서는 프롤레타리아의 운명이 결코 개선될 수 없다는 이론을 계속 믿으려 한다. 광신적인 반공산주의자들은 공산주의를 지지하지 않는 좌파가 공산당의 전유물이던 진보주의를 자기의 것으로 하고, 노동자계급에서 개혁이라는 구호를 전파하려고 노력하는 데 대해 감사를 표시해야 할 것이다.

공산주의를 지지하지 않는 좌파는 반드시 비공산주의가 취하는 이데올로기적 태도를 취하지 않는다. 영국에서는 노동자주의가 노동조합 시기의 반공산주의적 요소들을 포용하는데, 이런 요소는 메를로퐁티나 『에스프리』지가 주장하는 것 같은 비공산계 좌파 요소와 비슷하다. 애틀리, 베번, 모리슨, 그리고 게이츠켈[23]은 모두 같은 정당에 속해 있다. 만일 프랑스에 대규모의 사회주의 정당이 존재한다면, 『변증법의 모험』의 저자는 물론 아마도 『지식인의 아편』의 저자인 나까지도 모두 이 당에 속하게 될 것이다.

공산주의를 지지하지 않는 좌파는 전 세계적인 문제를 제기하지는 않는다. 그들은 PCF의 세력이 크고 사회주의 정당이 약하다는 프랑스의 특수한 상황으로 인한 부차적인 문제들을 제기한다. 스탈린 사

---

22   불가닌-흐루쇼프조차도 그렇다.
23   애틀리, 베번, 모리슨, 게이츠켈(Attlee, Bevan, Morisson, Gaitskell): 영국 노동당 정치인들의 이름이다.

후 3년이 된 1955년에는 정치적 분위기가 비교적 부드러워졌는데, 그때 이 문제들의 내용은 무엇이었는가? 전례에 따른다면 이런 상황에서 PCF는 프랑스 사회에 파고들어 의회 정치에 참여하려고 노력을 기울여야 했을 것이다. 따라서 PCF는 이론적인 차원에서는 비공산계 좌파를 철저히 비난하고 있지만, 사실은 관용을 보이고 있다.

어쨌든 반공산주의자는 비공산주의자가 공산주의를 지지하지 않는 좌파를 추구하는 데 행운이 깃들기를 기원한다. 그러니까 PCF가 공동 보조를 취하자고 제안하더라도 여기에 흡수되지 않고, 또 PCF가 공산주의를 지지하지 않는 좌파에 대해 선전포고를 하더라도 마비되어 버리거나 우파 쪽으로 기울지 않을 수 있을 정도로 투표에서 충분한 표를 얻기를 원한다. 정치에 있어서도 종종 행운은 유리한 위치를 얻는 것을 의미한다.[24]

변증법의 실패

메를로퐁티의 마르크스주의적 관망주의에서 비공산주의로의 이행, 소련에 대한 편애에서 이중의 거부와 이중의 비판으로의 이행,

---

24   비공산주의의 특징 중 하나는 공산주의에 대해 무력 수단을 사용하는 것에 대한 거부일 수 있다. 프랑스에서 PCF를 불법화하자고 제안했던 사람은 아무도 없다. 하지만 우리는 '민주주의적 게임의 규칙을 거부하는' 정당도 이 규칙을 존중하는 정당과 마찬가지의 권리를 '항상' 가져야 한다는 것을 하나의 원칙으로 삼는 것을 거부한다. 자살의 의무는 의회 민주주의의 본질에 속하지 않는다.

행동 통일 또는 진보주의에서 공산주의를 지지하지 않는 좌파로의 이행은 프랑스의 정세에 대한 분석과 평화 공존이라는 요구에 대한 성찰을 통해 설명될 수 있을 것이다.

비록 메플로퐁티가 『휴머니즘과 테러』의 기초가 되었던 철학적 틀을 포기했다는 사실과 한국전쟁이라는 사건 사이에서 최소한 공통 척도를 알아차린 사람은 아무도 없지만, 자신의 철학적 입장이 변했으므로, 그는 단지 자기의 입장 변화를 역사적으로 돌이켜 보는 것만으로 그치지는 않는다.

메를로퐁티 자신의 어휘를 빌리자면, 1948년의 책은 인류의 과거 전체를 프롤레타리아 혁명이라는 관점에서 해석한 것이다. 그런데 이 프롤레타리아 혁명이라는 개념에는 '보편적 계급' 또는 '진정한 상호주체성', 그리고 동질적 사회, 즉 주인과 노예의 대립이 사라지고 인간의 상호 인정이 가능해지는 사회라는 개념이 함축되어 있다. 소련 사회가 혁명적 관념과 일치하는가의 여부를 판단하기 위해 메를로퐁티는 세 가지 기준을 사용한다. 사회주의적 토대(또는 집단 소유제), 국제주의, 대중의 자발성이 그것이다.

그런데 『변증법의 모험』에서는 이 모든 개념이 부정되었다. 1948년에 메를로퐁티는, 만일 마르크스주의가 진리가 아니고, 또 만일 변증법이 계급 없는 사회나 동질적 사회로 나아가지 않는다면, 역사는 단지 의미 없는 소용돌이일 뿐이라고 생각했다. 1955년에는 계급 없는 사회와 역사 또는 전前 역사의 종말이라는 개념을 희생시켰음에도 메를로퐁티는 절망에 빠지지 않을 수 있었다. 프롤레타리아트의 특권, 즉 "단 하나의 진정한 상호주체성"이 더 이상 문제가 아니다. 메를로퐁티는 좌파 "인텔리겐치아"에게 철학적 보증을 제공해 준 후에 돌연 그렇게 오랫동안 자양분을 제공했던 미혹에서 깨어난 것이다.

물론 프롤레타리아트가 억압받고, 착취되고 있으며, 이런 이유로 반항하는 계급으로 남아 있다는 것은 사실이다. 하지만 이런 반항이 승리한다면 사회 구조와 경제 체제 및 정치 질서가 재편성될 것이다. 그렇다면 과연 혁명 후의 사회는 혁명 전보다 더 나아질 것인가, 아니면 더 나빠질 것인가? 이것은 논쟁의 여지가 있는 문제이며, 아마도 이 주제에 대해서는 어떤 일반적인 결론도 타당하지 않을 것이다. 철학적으로 중요한 것은 혁명 '전'의 사회를 혁명 그 자체가 아니라 혁명 '후'의 사회와 비교하는 것이다. 하지만 어떻게 기존 사회를 혁명 자체와 비교할 수 있었는지 의아하다. 어떻게 그렇게 세심한 철학자가 이런 잘못을 할 수 있었을까?

철학적 차원에서 보면 이런 실수에는 두 가지 원인이 있는 것을 보인다. 첫째는 보편적 계급(또는 그렇게 될 수 있는 계급)인 프롤레타리아트에 특별한 위광을 부여했기 때문이고, 둘째는 하나의 제도로 정형화되지 않고 그 자체를 초월할 수 있는 "영원한 비판적 능력"으로서의 혁명에 위광을 부여했기 때문이다. 메를로퐁티는 왜 오늘날은 그가 거부하거나 잊어버린 것처럼 보이는 특징을 프롤레타리아트에게 부여했을까? 그는 왜 지금도 모든 모순이 해결되는 '최고의 순간', 즉 '주체와 객체', '개인과 역사', '과거와 미래', '원칙과 판단'과 마찬가지로 '물질과 정신'을 구분할 수 없게 되는 순간을 꿈꾼 것일까?[25] 사실

이런 순간이 역사에 나타날 수 있다고는 더 이상 믿지 않으면서도 말이다.

마르크스에 따르면 프롤레타리아트는 자신을 초월함과 동시에 압제를 뛰어넘을 수 있는 마지막 피억압계급이다. 어떤 이유에서 프롤레타리아트에게 이런 사명이 주어질까? 마르크스의 청년 시절의 저작에서는 그 동기가 철학적이었던 것을 보인다. 프롤레타리아트는 그 자체로 모든 계급의 소멸을 구현하는 계급이므로 계급 사회를 없앨 것이다. 그리고 프롤레타리아트는 모든 특수성의 소멸을 구현하는 계급이므로 보편적 사회를 이룩할 것이다. 『독일 이데올로기』와 『공산당 선언*Manifeste du Parti communiste*』 이후의 마르크스의 저작들에서 나타나는 주장은 더 무미건조하고 단순하게 보인다. 이전의 모든 혁명은 소수에 의해 이루어진 혁명이었기 때문에 다시 특권 계급을 세웠고, 따라서 새로운 피억압계급이 생겨났다. 하지만 프롤레타리아 혁명은 소수에 의한 것이 아니므로 새로운 피억압계급이 생기게 하지 않을 것이다. 이런 의미에서 프롤레타리아의 승리와 더불어 억압은 극복될 것이다.

메를로퐁티는 얼마 전까지만 하더라도 프롤레타리아의 보편성을 입증하려고 하지 않고 단언했다. 오늘날 그는 이 보편성을 더 이상 언급하지 않는다. 결국 프롤레타리아적 상호주체성은, 그것이 아무리 진정한 것이라고 해도, 역사의 문제를 해결하지 못한다. 프롤레타리

---

25   *Ibid.*, p.99.

아트를 대표한다고 자처하는 체제에서 그 상호주체성은 어떻게 되었을까? 소련과 같은 사회에는 피억압계급이나 피착취계급이 더 이상 존재하지 않는다는 것을 증명하기 위해서는 집단적 소유에 기초한 경제에 대해 분석을 해야 한다. 그런데 메를로퐁티는 아마도 이 분석을 철학자 임무 밖의 것으로 여기게 될 것이다.

　　메를로퐁티의 사유에서 실존주의는 인간 존재에 대한 기술記述로서 나타난다. 그리고 역사는 인간 존재의 하나의 차원을 구성하며, 그의 두 권의 책은 인간 존재의 역사적 측면의 현상학에 기여하고 있다. 이런 기술의 기본 전제들은 부분적으로 마르크스가 전제했던 것과 같은 것들이다. 역사의 주체인 동시에 객체이며, 인식하는 것과 동시에 행동하는 인간이 그중 하나이다. 인간은 역사 전체를 파악하지는 않지만, 과거에 대한 그의 견해는 미래를 향한 욕구에 의해 결정된다. 이 인간은 항상 사물의 중압을 견뎌 내야 하기 때문에 순수하게 능동적이기만 한 존재가 아니며, 또한 항상 얼마간의 자유를 가지고 있으므로 순수하게 수동적이기만 한 존재도 아니다.

　　메를로퐁티가 역사적으로 상황 지어진 인간에 의해 과거에 대한 지식을 기술한다면, 그는 『지각의 현상학Phénoménologie de la perception』에서 그가 분석했던 관점주의perspectivisme[26]를 다시 발견하

---

[26]　관점주의는 철학에서 일반적으로 어떤 것에 대한 인식과 지식은 항상 그것을 관찰하는 사람의 해석적 관점에 구속된다는 인식론적 원리이다. 관점주의는 모든 관점과 해석을 동일한 진리나 가치로 간주하지 않지만, 관점에서 분리된 세계에 대한 절대적 관점에 접근할 수 있는 사람은 아무도 없다고 주장한다. 따라서 관점주의는 일반적으로 관점 밖의 사물에 대응하여 진리를 결정하려고 시도하기보다 관점을 서로 비교하고 평가하여 진리를 결정하고자 한다. 메를로퐁티는 니체, 오르

게 된다. 그런데 이 관점주의는 역사에 대해 비판적인 철학자들의 환영을 받았다. 이 지각에 대한 관점주의는 가치와 목표에 대한 상대주의로 유도되는 것처럼 보인다. 이런 상대주의가 극복되는 것은, 개인과 집단이 결합될 때, 다시 말해 사회가 진정한 상호주체성에 기초하고, 또 행동이 한 개인이나 한 시대의 특수성 속에 갇히지 않고 그 목표의 보편성에 의해 보편화될 때이다. 바꿔 말하자면 메를로퐁티는 역사-현실이 진리를 창조할 것을 요구하고 있다. 그런데 이 진리는 본질상 역사적으로 상황 지어진 존재, 또는 말하자면 역사에 의해 규정된 존재에게서 벗어난다. 역사가 진리를 창조해 낼 수 있는 것은, 역사란 오직 인간 실재일 뿐이며 대상, 즉 '객관적 상황'과 '인간들의 토론' 사이의 상호교환이 아니라는 조건 위에서뿐이다. 다시 말하자면 역사가 "주체와 존재와 다른 주체들" 사이의 접합jonction이라는 조건 위에서만 진리를 창조할 수 있다.[27] 메를로퐁티가 변증법을 규정하면서 애를 많이 먹었다면, 그것은 그가 이해한 변증법이 단지 허구일 뿐이었기 때문이거나, 또는 이를테면 인간이 자신의 조건에서 벗어나면서만 극복할 수 있을 뿐인 여러 모순에 대해 꿈꿨던 해결책이었기 때문이다.

테가 이 가세트 등이 주장했던 이런 관점주의를 자신의 지각, 미학 및 정치, 사회철학에 도입한다. 메르로퐁티에 의하면 인간과 세계와의 관계 정립에서 이 인간, 즉 의식-정신-지성의 측면과 대상-사물-세계의 측면은 완전히 구분되지 않고 혼합된 형태를 띠게 된다. 다시 말해 인간의 지각은 일방적인 경험주의나 주지주의에 의해 설명되지 않는다. 메를로퐁티에 의하면 인간의 지각은 인간의 몸을 결코 도외시할 수 없으며, 인간의 의식은 항상 체화된 '몸-의식'으로 보고 있다. 그렇기 때문에 인간은 세계에 대한 지각에서 항상 부분적인 지각을 할 수밖에 없고, 이런 지각은 '몸-의식'이 어떤 관점을 취하는가에 따라 달라진다고 보고 있다.

27 *Ibid.*, p.273.

변증법의 형식적 의미와 물질적 의미의 구분이 이 문제를 밝히는 데 도움이 될 것이다. 형식적으로 보면, 주체의 객체에로의 몰입이라는 특징을 가지는 역사는 변증법적이며, 또 이 역사는 인간이 자신의 노동이나 행위의 결정물인 상황에 대해 내보이는 창조적 반응이다. 따라서 변증법의 핵심은 "상호적 행동이라는 관념도 아니고, 스스로를 다시 활성화시키며 진행되는 발전이라는 관념도 아니며, 그때까지 양적이던 변화를 새로운 질서 속으로 끌어들이는 질적인 요소의 출현도 아니다."[28] 메를로퐁티의 말에 따르면, 이런 것들은 변증법의 양상 또는 결과이다. 사실, 변화에 따라 나타나는 이런 모든 특징은 인간 행위를 본질적으로 규정하는 것들의 결과이다. 물론 이때 인간 행위는 상황에 대한 창조적 반응이며, 이 상황이란 앞선 반응의 흔적이나 결과인데, 이런 흔적이나 결과는 각각의 개별적 의식 외부에 존재한다.

역사적 현실이 가지는 변증법적 성격이 (형식적 의미에서) 모든 역사적 인식에 대한 관점주의와 그 결과로 나타나는 모든 행위의 특수성 때문에 생기는 문제들을 해결해 주지는 못한다. 비판 철학(칸트적 의미에서)은 추상적 기준이나 도덕적 관념을 참조하면서 우리가 어떻게 행동해야 하는지를 결정하고자 애쓴다. 헤겔적 전통의 철학은 진리를 찾으려는 노력과 모든 결정의 불확실성 사이의 모순에 대한 해결책을 역사적 총체에서 찾는다고 주장한다.

---

28   *Idem.*

변증법 개념을 통해 메를로퐁티는 모든 역사철학자(헤겔, 실러뿐만 아니라 딜타이, 막스 베버까지도)가 받아들일 수 있는 역사 속의 인간에 대한 묘사와 모순 자체를 극복할 수 있을 궁극적인 해결책의 추구를 결합시키고 있다. 이런 연구는 헤겔 또는 마르크스의 사유와는 관련이 있지만 실존주의와는 화해하기 어려운 것이다.

메를로퐁티는 『휴머니즘과 테러』에서 과거 전체의 의미를 결정해 줄 '특권적 국가état privilégié'를 가정한다. 왜냐하면 이 특권적 국가가 역사의 합리성의 필요 조건이기 때문이다. 하지만 이 특권적 국가 ―동질적 사회 또는 상호 인정― 는 너무 형식화되고 결정된 내용이 없기 때문에 특정 사회와 연결시킬 수 없다. 메를로퐁티는 프롤레타리아만이 유일하게 권력을 장악하고 또 집단경제를 확립해 이런 '특권적 국가'를 실현할 수 있다고 단언했다. 하지만 역사적 특수성(프롤레타리아트, 권력의 장악, 집단경제)과 '특권적 국가'의 관계는 일시적인데, 그 이유는 마르크스주의가 역사에서 실현되지 않았으면서도 영원한 진리로 남아 있기 때문이다. 역사는 잘못될 수 있으며, 그런 역사는 진리를 창조하지 않는다. 여기에서 문제가 되는 것은 헤겔이 아니라 오히려 칸트이다.

『변증법의 모험』에서 메를로퐁티는 다른 경로를 통해 같은 문제를 해결하고자 한다. 주체와 객체, 결정과 상황, 과거와 미래, 개인과 집단이 진행 중인 혁명에서 결합되고, 프롤레타리아트는 당이 자기들의 의지의 대표자임을 인정하고 스스로의 행동이 비판적이면서 동시에 자기 비판적으로 인식하는 순간, 역사는 자신이 진리라는 것을 입증할 것이다. "딜레마의 극복은 실천 속에 있다. 왜냐하면 실천은 이론적 의식이 내세우는 가정, 의식들 사이의 경쟁에 종속되지 않기 때문이다."[29]

메를로퐁티는 이런 '실천을 통한 딜레마의 극복', 즉 모든 역사를 조망할 수 있는 '고귀한 순간'이 오래 지속될 수 없다는 사실, 또 이론적 의식과 의식의 복수성 사이의 모순이 불가피하게 다시 나타나게 된다는 사실을 곧 깨닫게 되었다.

메를로퐁티에 따르면, 이 '완전한 순간moments parfaits'이 존재하는 것으로 보인다.[30] "혁명이라고 불러 마땅한 순간이 분명히 존재한다. 이때 역사의 내적 메커니즘에 따라 자신의 당을 가진 프롤레타리아트와 자신의 공동체를 가진 노동자들과 농민들은, 변증법이 그들에게 이론상 부과한 운명 속에서 살게 되고, 정부는 바로 인민의 대표가 된다. 그때 우리는 앞에서 몇 차례 지적한 그 고귀한 순간에 서 있

---

29   *Ibid.*, p.69.
30   사르트르가 『구토』에서 전혀 다른 의미로 사용했던 이 표현을 메를로퐁티가 여기에서(*Ibid.*, p.122) 사용하고 있다는 것은 기이하다. [사르트르가 『구토』에서 제시하고 있는 '완벽한 순간'은 이 작품의 중심 인물인 로캉탱의 연인이었던 안니가 자신의 실존의 어려움을 극복하고자 하는 자기기만적 해결책으로 제시되고 있다. 안니는 평소 '특별한 상황'을 만들어 내고, 그 상황에서 뭔가 '예외적인 것'을 만들고, 또 거기에 '질서'를 부여한다고 느끼면서 완벽한 순간을 실현할 수 있다는 믿음을 가지고 있다. 게다가 안니는 '미래'의 한 시점에서 이미 '과거'에 속하는 이 완벽한 순간을 회상하고, 또 그러면서 그 순간을 단단하고도 밀도 있게 만들고자 하며 또 동시에 그 순간에서 우연성의 지배를 받는 자기 삶의 의미를 찾고자 한다. 그런데 사르트르에 의하면 인간의 삶은 '현재'에서 펼쳐지며, 따라서 '미래'의 시점에서 '과거'를 회상하는 행위는 현재에서의 실존의 고뇌와 불안을 잊고자 하는 행위와 같은 것으로 여겨진다. 그러니까 안니는 시간의 불가역성을 깨고 시간을 인위적으로 조작할 수 있고, 또 그렇게 함으로써 자신의 실존의 조건 중 하나인 시간으로부터 벗어날 수 있다고 생각하는 것이다. 하지만 안니의 이런 태도는 시간을 꼬리부터 잡아 보려는 태도이며, 인간은 그 누구라도 현재라는 실존의 조건에서 빠져나가기란 불가능하다는 것이 사르트르의 생각이다. 그런데 메를로퐁티는 사르트르가 『구토』에서 제시했던 이런 '완벽한 순간'의 의미를 가져와 프롤레타리아트에 의한 계급 없는 사회의 건설이라는 '특권적 국가'의 실현 순간의 의미로 사용하고 있다.]

게 된다. 트로츠키는 항상 이런 완전한 순간을 염두에 두고 모든 것을 전망했다." 하지만 이런 기적적인 조화는 곧 깨지고, 프롤레타리아트는 분산되며, 당은 지배와 강제의 도구가 되거나 다시 그렇게 된다. "따라서 역사에서 부정성이 실제로 구현되고 생활 방식으로 되는 것은 원칙상 몇몇 특별한 순간에서나 가능할 뿐이다. 그 밖의 시간에는 역사는 기능인들에 의해 대표된다."[31] 이렇게 완전한 순간이 지나면 일상적 생활이 다시 시작된다. 막스 베버라면 이것을 '혁명의 일상화 Veralltäglichung der Revolution'라고 불렀을 것이다. 다른 사회나 다른 체제가 나타날 것이고, 여기에서는 혁명적 절대, 영구적인 비판, 작동 중인 부정성은 용납되지 않을 것이다.

더구나 마르크스 자신도 실천 속에서 대립의 해소에만 머물러 있을 수는 없었다. 그는 생의 후반기에 다음과 같은 사실을 잊은 듯하다. 즉 변증법적 실천이 단순한 행동을 전문적으로 표현할 때 쓰는 말이 아니라, 부정성, 곧 소여의 부정과 진리의 창조를 의미하는 말이라는 사실과, 프롤레타리아트가 계급투쟁을 소멸시키는 것은 그들이 주체와 객체의 결합점이 되고, 그럼으로써 자신을 극복하고 나아가 대립을 극복할 때만 가능하다는 사실이 그것이다. 그런데 변증법이 사물에 투사되고, 일종의 사이비-자연une pseudo-nature 법칙이 내적 필연성에 따라 역사의 제 단계를 규정하게 되면, 변증법은 사라지거나, 아

---

31   사르트르는 『변증법적 이성비판』에서 이와 비슷한 생각을 얘기했다. 융화집단, 순수한 행동은 제도 속에서 결정화되지 않을 수 없고 또 실천적-타성태에 다시 빠지지 않을 수 없다.

니면 적어도 객관적 과정을 반신화적半神話的으로 표현하게 되고, 이 객관적 과정은 그 자체로 모순을 해결하고 조화를 이룩하게 된다.

메를로퐁티는 이처럼 기이한 어려움에 이르게 된다. 정치적으로 보면 그는 책의 끝부분에서 말하자면 혁명에 작별을 고한다. "역사를 바닥에서부터 재구성하려 하지 않고 다만 그것을 변화시키려고 하는 체제에 미래가 있을 것인가라는 질문과, 우리가 추구해야 하는 것은 다시 한번 혁명의 순환 과정으로 들어가는 것이 아니라 바로 이 체제가 아닌가 하는 질문이 제기된다."[32] 모든 혁명은 기대를 저버리게 되고, 혁명의 열기는 시들게 마련이다. 새로운 엘리트가 구성되고, 당은 관료제가 되어 버린다. 권력에 대한 비판이 허용되고, 프롤레타리아트가 스스로를 초월하게 되는 영구혁명이란 존재하지 않는다. 하지만 다른 관점에서 보자면 트로츠키가 과거 전체를 조망하는 준거점으로 삼았던 완전한 순간은 혁명적 폭발의 순간이다. 그렇다면 우리는 '철학적으로' 모순을 극복해 줄 수도 있을 그런 순간을 위해 '정치적으로' 생기는 문제들은 희생시켜야 하는가?

"프롤레타리아트의 탄생과 성장이라는 역사적 사실과 역사 전체의 의미 속으로 뛰어들었던 것"은 환상이었다고들 말할 것이다. "프롤레타리아트 단독으로 변증법 그 자체였고, 변증법에 의한 판단에 상관없이 우선 그들을 권력에 올려놓는 것 자체가 변증법을 권좌에

---

32   Ibid., p.279.

올려놓는 것이라고 믿었던 것이다."[33] 우리는 혁명이라는 신화를 제쳐 놓았다. 그런데 이 신화에 따르면 혁명은, 그것이 질문과 비판을 제기할 수 있는 힘이기 때문에, 곧 진리 그 자체라는 것이다. 우리는 공산주의를 땅으로 끌어내렸다. 그리고 여러 체제를 서로 비교하는 것이 필요하다는 사실도 알게 되었다. 그렇다면 변증법에는 무엇이 남는가? 바로 우리가 변증법에 대한 형식적인 정의définition formelle라고 불렀던 것이 남는다. 그것은 상황에 대한 의식의 창조적 반응과 역사적 현실을 구성하고 있는 의식들 사이의 대화이다. 역사의 진리를 영구혁명이나 프롤레타리아의 '실천'에서 발견하고자 했던 시도는 과거 전체를 동질적 사회와 혼동되는 '특권적 국가'에 연관시켜 해석하려던 시도와 마찬가지로 실패하고 말았다.

물론 무익한 실패는 아니다. 이런 실패를 통해 신화가 제거되고 또 합리적 사고와 행동에로의 길이 열렸던 것이다. 하지만 철학적으로 메를로퐁티는 마르크스주의를 극복한 것이 아니라 그것의 다른 쪽으로 물러선 것이다. 그에 따르면 역사는 진실로 의식들의 투쟁이며 유산에 대한 부정과 재발견이지만, 현재의 철학은 우리에게 여러 가치의 원칙도, 본질적으로 인간적인 행동에 대한 결정도, 생성의 구조에 대한 인식도 마련해 주지 못하고 있다. 그러니까 여전히 변증법이라고 불릴 수 있기는 하지만, 칸트적 이성 개념(동질적 사회)이나 프롤레타리아의 '실천' 등에서 조화를 기대하지 않는 개방적이고 산발적인

---

33   *Ibid.*, p.276.

변증법 속에서 우리가 우리 자신을 정향定向 지을 수 있을 그 어떤 것도 마련하지 못하고 있는 실정이다.

우리가 역사적 인식에 대한 관점주의의 극한, 즉 행동에 대한 특수주의의 극한에 도달한 것이 아닐까?

견딜 수 없는 딜레마

그렇다면 왜 이런 결말일까? 나는 개인적으로 메를로퐁티가 그의 사상의 성격에 대해 잘못 생각하고 있다고 생각하고 싶다. 그는 자신의 사상이 역사적이고 구체적이기를 원한다. 하지만 사실 그의 사상이 칸트적 유산에 기대고 있음에도 그는 그릇되게도 이 점을 부인하고 있다. 『휴머니즘과 테러』의 오류는 인정이라는 개념을 참고한 데 있는 것이 아니라, 이 개념을 앞으로 다가올(또는 최후의) 역사 운동의 단계와 혼동한 데 있다. 그러니까 특정한 개념(프롤레타리아트, 집단경제 등)에 보편적이고 초역사적인 개념(계급 없는 사회)을 결합시켰다는 데 오류가 있는 것이다. 하지만 만일 특수한 것(혁명적 프롤레타리아트, 영구혁명)과 동시에 보편적인 것(인정)을 내던진다면, 무엇이 남아서 인간의 나아갈 방향을 안내할 것인가?

메를로퐁티가 상기하고 있는 저작들을 보면 청년 마르크스는 이런 딜레마에 빠지지 않았다. 헤겔의 체계에서 출발한 마르크스는 철학적 인간학을 자기 사상의 토대로 삼을 수 있었다. 그런데 이 인간학에 의하면 역사는 시간이 지남에 따라 최종적인 종합을 향해 움직이면서 통일성을 획득해 왔다. 마르크스는 현재의 역사와 합리적 역사 사이의 일치성에 대해 스스로 묻고 있다. 아마도 마르크스는 헤겔의 인간학을 그대로 답습한 것이 아니라, 노동과 전쟁의 관계를 수정했고, 또 역사적 변증법의 한가운데에 자기의 노동에 의해 환경을 창조하고 도구를 제작하는 인간을 위치시켰다는 느낌을 가졌을 것이다. 인간은 현 사회에서 임금 노동에 의해 소외되어 있다. 따라서 프롤레타리아 혁명의 철학적 의미는 즉각 주어졌으며, 마르크스는 주로 노예화에 대항하는 프롤레타리아트의 반항과 소외에 대항하는 인간의 반항이 자본주의 사회의 모순과 발전에 따라 어느 정도로 필연적이 되어 가는가의 문제에 관심을 가졌다.

메를로퐁티는 사회를 마치 하나의 사회적 준-자연 현상quasi-nature sociale인 것으로 여기면서 거기에 변증법을 온전히 투사하는 것은 마르크스주의의 영감을 진정으로 이해하지 못하는 것으로 보았다. 하지만 내가 보기에 그는 두 가지 절차를 혼동하고 있는데, 하나는 정당한 것이고 다른 하나는 그렇지 않다. 변증법적 역사 개념은 유물론적 형이상학과 양립하기 어렵다. 그리고 사르트르는 많은 사람의 뒤를 이어 유물론의 애매함을 보여 주고 있다. 사르트르에 의하면 유물론은 실재론(객체의 우위), 모사적 형이상학(두뇌가 사고를 만들어 낸다), 그리고 보다 더 모사적인 인식론(사고는 외계의 반영이다) 사이에서 방황하고 있다. 만일 마르크스주의가 역사의 유의미한 총체성에 대한 해석으로 규정된다면, 마르크스주의는 개체들로 흩어진 물질만을 이해하는 철학과는 양립할 수 없을 것이다. 하지만 변증법의 객체화는 그 자체 내에서 모순적이 아니다. 사실상 대규모의 사회적 소여들 —생산력, 생산관계, 자본주의의 기능— 이 만들어 내는 상황이 프롤레타리아트의 혁명적 과업 성취를 고무하는 것이 중요하다. 그런데 만일 경제나 사회의 준-자연 현상이 저절로 혁명적 상황으로 나아가지 않는다면, 프롤레타리아에 의한 부정은 예견할 수 없는 것일 뿐만 아니라 자의적인 것으로 보이게 될 것이다. 역사를 이성이 마지막 결론을 내리게 되는 대화에 비교할 수 있기 위해서는 질문도 대답만큼 합리적이어야 하며, 과거의 대답에 의해 만들어진 상황 또는 사물 자체도 결론만큼이나 합리적이어야 한다.

분명히 마르크스 자신은 모순의 한계점에 서 있다. 만일 혁명과 프롤레타리아의 승리가 필연적이라면, 자유는 어떤 자리를 차지할까? 만일 프롤레타리아에게 자유의 몫이 있다면, 어떻게 파국적인 종말을 말할 수 있을까? 그렇지만 마르크스주의에서 자유와 준準-필연성quasi-nécessité의 종합을 발견해 낼 수 있다. 생산력과 생산관계가 서로 작용해 자동적으로 프롤레타리아가 오직 혁명에 의해서만 자신의 운명을 개선시킬 수 있는 상태에 도달하게 되는데, 이 혁명은 프롤레타리아의 반항에 일종의 합리성을 부여하는 동시에 프롤레타리아트가 스스로를 배반할 가능성도 준비한다.

메를로퐁티는 하나의 인간학을 참조하면서도 사회 구조의 분석도, 본질적인 사실에 대한 결정도 그의 역사 해석 속에 통합시키지 못하고 있다. 모든 것은 마치 이 두 절차가 결정적으로 중요한 것이기는 하지만, 그가 생각하는 철학적 사상 외부에 머물러 있는 듯이 전개된다.

　그로부터 마르크스주의 이론 자체의 발전에서 이상한 전망 — 가령 서구적 마르크즈주의, 청년기의 마르크스주의라는 딱지가 붙은 루카치의 마르크스주의—이 기인한다. 역사적으로 보면 서구의 마르크스주의는 제2인터내셔널의 마르크스주의였고, 그 정신적 지주는 카우츠키[34]였으며, 그 실행 대리인은 사회당, 특히 독일 사회민주당이었다. 이 마르크스주의는 1914년에 치명적인 타격을 입었으며, 그 이후로 회복하지 못했다. 이 마르크스주의는 조직화된 계급, 사회주의 정당이 노동자들의 요구를 지지하고 또 자본주의 사회 안에서 자리 잡게 되는 것을 금하지 않는 객관적 변증법에 대한 믿음에 의해 규정되었다. 이 시기의 마르크스주의에 의하면 혁명은 예견할 수 없는 어느 날에 일어날 것이며, 그동안 엄격히 개량주의적인 운동에 참여해야 한다는 생각이 용인되었다.

　1914년 이후에 개혁과 혁명 사이의 망설임이 공산주의와 사회민주주의 사이의 선택이라는 형태로 나타났다. 혁명적 성향의 지식인들은 부르주아화 성향을 보이는 사회민주주의에 가담할 수 없었다. 그들은 또한 볼셰비키의 정통성에도 쉽게 동의할 수 없었다. 레닌과 그의 동료들의 유물론이 질質, qualité의 철학자들[35]을 반박했기 때문이

34　카를 카우츠키(Karl Kautsky, 1854-1938): 체코계 오스트리아인이며 독일에서 활동한 철학자, 언론인, 마르크스주의 이론가이다.
35　유물론(matérialisme)은 세계의 근본이 되는 실재는 정신이나 관념이 아니라 의식이 외부의 그것과

다. 다만 루카치의 『역사와 계급의식』은 공식적 이론에 만족하지 않으면서 공산주의를 정당화시키려 했던 처음이자, 어쩌면 마지막 시도일 것이다(이 공식적 이론이란, 사고는 외계의 반영이라는 주장, 그리고 유물론적 철학 위에 기초하고, 실제 사건들의 흐름 속에 기입되었으면서도, 총체성을 포괄하고 또 인간 역사의 궁극적인 의미를 제공해 주는 아주 엄격히 객관적인 변증법을 말한다). 루카치가 『역사와 계급의식』을 출간한 것은 마르크스의 모든 초기 저작이 알려지기 전이었다. 하지만 마르크스주의를 (루카치와 메를로퐁티가 말하는 의미에서의) 변증법으로 해석하는 데는 헤겔의 『정신현상학』에까지 거슬러 올라가는 것으로 충분하다. 루카치와 메를로퐁티에게 있어서는 생산력과 생산관계의 모순보다는 오히려 주체이자 동시에 객체인 프롤레타리아트의 역할이 더 강조되고 있다. 게다가 볼셰비키는 루카치의 이론을 높이 평가한 적이 없다. 루카치는 소련에서 오래 살았지만, 아무것도 출간하지 못했다. 그는 2차 대전 종전 후에 헝가리에서 살았는데, 여기에서도 그의 활동은 자유로운 시기에는 무관심속에서 용인되었고, 당이 이데올로기적인 공격을 할 때마다 스스로 자아비판을 해야만 했다. 그는 공산주의에 거의 아무런 환상을 갖고 있지 않으면서도 공산주의에 계속 충실했고, 진짜 철학자답게 공산주의에 동경할 만한 겉모습을 부여했다. 또한, 그는 공산주의에 대한 하

는 독립하여 존재하는 물질이라고 보는 이론으로, 정신을 우선시하는 관념론과 대조된다. 그리고 변증법적 유물론은 엥겔스의 자연변증법의 한 계기인 양의 질로의 전환을 받아들인다. 여기에서 '질의 철학자들'은 이런 변증법적 유물론을 거부하는 대신 관념론을 내세우는 철학자들을 가리키는 것으로 보인다.

나의 개인적 해석을 발전시켰는데, 이 해석을 통해 그는 정통이론에서 의미를 찾게 되었고, 생활은 이중으로 하면서도, 즉 겉으로는 신앙인[36]으로 살고 속으로는 교회[37]에 대해 회의하면서도 자기의 신념을 잃지 않을 수 있었다.

이런 헤겔화된 마르크스주의는 청년 마르크스의 저작에서 유래했지만, 반드시 수치스러운 볼셰비즘으로 귀착하지는 않는다. 어떤 사람들은 마르크스의 같은 저작들에서 출발했으면서도 사회민주주의로 기울어졌다. 또 다른 사람들은 메를로퐁티처럼 두 정당의 가장자리에 머물면서 마르크스주의에 대한 동조(공산주의자들과의 연합)와 비공산계 좌파 사이에서 동요했다. 10년 이래로 메를로퐁티와 실존주의자들은 두 번째로 정신적인 위기를 겪었다. 그런데 이 위기는 사회적 맥락에서는 마르크스주의에로 기울면서도 레닌주의나 스탈린주의의 독단에서 기인하는 미숙함에 반발하는 유럽의 철학자들이나 학자들이 겪은 위기였다. 그들 중 한 명인 루카치는 "서구 마르크스주의"의 대표자가 아니라 이데올로기를 미묘하게 만들어 서구 지식인들이 소련의 마르크스주의와 재결합하는 것을 도왔던 인물이다.

1914년과 1917년 사이에 발생한 여러 사건, 가령 제2인터내셔널의 여러 국민 정당으로의 분열과 공산당의 권력 장악 이래로, 역사적으로 두 가지 길밖에 없었고, 그중 하나를 선택해야 했다. 소련과 관계

---

36   공산주의자로 살았다는 의미이다.
37   공산당을 가리킨다.

를 유지하면서 혁명의 길을 선택하는 것과 국가의 틀 안에서 사회민주주의적 개혁의 길을 선택하는 것이 그것이었다. 대부분의 서구 국가에서 지식인들과 대다수의 노동자가 두 번째 길을 선택했다. 양차대전 사이의 독일과 2차 대전 후의 이탈리아, 프랑스에서는 선택을 해야만 하는데도 선택할 수 없다는 위기를 겪었다. 소련에의 종속은 진정한 국제주의의 희화화와 맞먹는 것이었다. 하지만 사회민주주의에는 얼마만큼의 국제주의적 요소가 있었을까? 자기들에게 충실한 추종자들의 '지금, 여기'에서의 생활 조건의 개선에 온 힘을 기울이는 당이나 노동조합의 진부한 활동에서 계급의식을 거의 찾아볼 수 없었던 것처럼, 볼셰비키 당의 우상화에도 계급의식은 사라지고 없었다.

　　정치적으로 보자면 청년 마르크스에로의 회귀는 아무런 도움이 되지 못했다. 우리는 1848년 이전, 특히 1846년 이전에 마르크스의 마음을 프롤레타리아트에게 기울게 했던 철학적 주제들을 메를로퐁티에게서 다시 발견하게 된다. 프롤레타리아트는 모든 착취를 한꺼번에 극복하지 않고는 스스로를 극복할 수 없는 완전히 박탈된 계급이라는 주제 등이 그것이었다. 마르크스는 그의 생의 나머지 기간에 그의 혁명에 대한 의지 밑에 놓여 있는 철학적 토대와 윤리적 이유에는 흥미가 없는 것처럼 보였다. 그는 현실 속에서 이성에 의해 추구될 수 있는 방법을 모색하고자 했다. 만일 변증법 ―모순과 궁극적인 종합― 이 준-사회적 자연에 속하는 것이 아니라면, 보편적 계급으로서의 프롤레타리아트에게 부여되는 역사적 임무라든가 프롤레타리아 혁명의 독특한 성격은 이데올로기에 불과하게 된다. 마르크스가 생각한 인간학적 변증법이 청년의 꿈이냐 아니면 생성에 대한 천재적인 영감이냐를 결정할 수 있는 것은 역사적 현실 자체인 것이다. 한 세기 전에 집필된 『경제학-철학 수고』는 현재의 정세 속에서 방향을 잡고 나아갈 수단을 누구에게도 제공해 주지 못하고 있다. 마르크스의 역사 도식 속에서 결합되었던 여러 요소는 오늘날 제각기 흩어졌고, 그의 철학적 저작들은 단념한 태도로 사회민주주의를 받아들이는 것과 마지 못해 볼셰비즘에 가담하는 것을 정당화시켜 줄 수 있다.

메를로퐁티는 그 나름대로 혁명적 상황에서 출발해 청년 마르크스의 저작까지 거슬러 올라갔다가 현재에 이르는 과정을 막 마쳤다. 하지만 그는 스스로에게 제기했던 문제들에 대한 답을 찾지 못했다. 정치적으로 그는 비공산계 좌파로 선회했는데, 이들은 사회민주주의를 선택하는 한 방식으로서 의회에 참여한다. 이런 선택에는 다른 것들과 마찬가지로 논란의 여지가 있다. 하지만 이 논란은 역사적이며 정치적이어야 한다. 이렇게 질문해야 한다. 특정한 시기에, 특정한 국가에서 이런 좌파는 어떤 의미를 갖는가? 메를로퐁티는 철학적으로 변증법을 배반한 최초의 사람이 마르크스 자신이라는 것을 확신하면서 그의 긴 여정을 마쳤다. 1848년부터 이미 변증법을 대상에 투사해 '변증법적 유물론'이라는 괴물을 탄생시킨 장본인이 바로 마르크스였다.

우리는 분명히 마르크스와 앵겔스의 저작들에서 이런 비판을 정당화해 주는 수많은 구절을 발견할 수 있다. 성숙기나 노년기에 들어 마르크스는 계급투쟁을 생물학적 질서의 특징인 일종의 생존 경쟁과 혼동했던 것으로 보인다. 그는 경제적 모순의 결과가 자연결정론과 같은 방식으로 나타나는 것처럼 말했다. 유물론적으로 해석된 변증법은 실제로 메를로퐁티가 바랐던 것 ㅡ주체와 객체, 개인과 집단, 과거와 미래 사이의 모순을 극복하는 인간 행동 덕분에 여러 사건이 유의미하게 전개되는 것ㅡ 이 되기를 그친다. 만일 변증법이 현실의 구조와 역사적 주체의 주된 활동을 파악하는 데 이르지 못한다면, 그것은 단지 단편적인 결정들이나 특별한 행동들로 분해된다. 역사의 생성은 변증법의 객체화(각 체제 또는 각 시기의 구조화된 통일성, 계급투쟁으로 표현되는 구조 내부의 모순, 다음 체제에서 해소되는 모순 등)에 의해 제시되는 결합을 제시해야 한다. 인간 또는 사회의 본성의 표현인 이런 구조가 없다면, 우리는 현상학에 의해 출발점에서 기술되었던 무조건적인 상호주체성에 머물게 될 위험이 있다.

내가 보기에는 메를로퐁티의 현재 입장이 바로 그런 것이다. 그는 혁명의 희열을 거부하면서 동시에 행동이 대립들을 해소하는 "고귀한 순간들" 또한 거부한다. 막스 베버의 해석에 따르면, 역사는 인간에게 부분적인 총합, 즉 부분적인 총체성을 제공해 준다. 하지만 신칸트적이든 니체적이든 간에 베버는 그의 결정이 모든 합리성을 뛰어넘는 것임을 알았다. 메를로퐁티는 그의 모험의 과정에서 인간학의 원리도 역사 생성의 구조도 발견하지 못했고, 상호 인정과 계급 없는 사회라는 형식주의를 포기했으며, 혁명적 행동의 "완전한 순간"에 대한 신념도 상실했으므로, 결국 경제학자에게 자신이 길을 선택하는 데 도움이 되도록 일반 경제학을 정립시켜 달라고 부탁하게 되었다.

『존재와 무』와 초볼셰비즘

1955년의 메를로퐁티가 1948년의 메를로퐁티에 대해 벌였던 논쟁, 즉 "마르크스적 관망주의"에서 "비공산주의"에로의 이행은, 만일 『변증법의 모험』에서 "사르트르의 초볼셰비즘"이 100여 쪽에 걸쳐 다루어지지 않았다면, 그렇게 많은 해설을 불러일으키지는 않았을 것이다. 철학적 좌파는 '메를로퐁티와 사르트르'라는 두 대가 사이에서 분열되었고, 또 이들의 분열에 관심을 가지게 되었다. 또한 사람들이 두 대가의 사생활에 대해 가지는 불건전한 호기심으로 인해 그들의 비장한 대화에 대한 관심이 증폭되었다.[38]

사르트르는 몇 년 전부터 PCF에 가입하지 않은 채 이 당과 연합으로 활동했다. 반면, 메를로퐁티는 다른 길을 걸었다. 이 사실로부터 PCF에 가입하지 않되 연합 활동을 하는 사르트르의 입장에 대한 그의 비판이 나온다. 이런 순수히 정치적인 논의가 메를로퐁티의 책에서 많은 부분을 차지하고 있는 것은 아니다. 그의 책은 핵심적으로 다음과 같은 두 가지를 입증하는 데 할애되고 있다. 사르트르는 오늘날 볼셰비즘이나 초볼셰비즘에 대한 정확한 이론을 가지고 있다. 하지만 사르트르의 철학과 공산주의자의 실천을 조화시키려는 것은 곧 그의 철학과 공산주의자의 실천을 모두 비난하는 것이 되는데, 그 이

---

38 우리 시대에 정치적 의견이 다르면 우정이 유지될 수 없고, 우정을 유지하려면 정치적 입장을 바꾸어야 한다는 것은 이해할 수도 없고 불행한 일이다.

유는 이 둘이 변증법이라는 최고의 가치를 희생시켰기 때문이다.

　　우선 나는 이런 논증에 놀란다. 사르트르의 정치적 입장은 수없이 바뀌었다. 반면, 메를로퐁티에 따르면 사르트르의 정치적 입장의 토대가 되는 철학적 사상은 먼 과거로까지 거슬러 올라간다.『존재와 무』의 존재론이 필연적으로「공산주의자들과 평화」의 주장들로 귀결된다는 것을 믿기 힘들다. 분명 사르트르의 모든 저작은 앞선 저작에 비해 독창성을 가지고 있다는 것을 강조한 장본인은 정확히 메를로퐁티가 아닌가? 어쨌든 사르트르의 순수 의지와 고독한 의식의 존재론과 볼셰비키의 실천, 즉 신비하면서도 정당화될 수 없는 '명령fiat'에 의해 분산된 대중으로부터 당을 탄생시키는 행동 사이에 조화가 있을 수도 있다. 사르트르가 반드시 그의 존재론 때문에 공산주의와 연합하게 된 것은 아니다. 하지만 일단 공산주의자들과 연합하게 되자 그는 존재론에서 공산주의를 자신의 목표에 통합할 수 있는 수단을 발견했다. 또한 그는 주체를 타자에, 형태 없는 계급을 통합된 하나의 당에, 사물을 인간에 대립시키는 완강한 하나의 철학적 틀, 하지만 이처럼 외관적으로 대립되는 개념들을 결합시켜 줄 변증법을 무시하는 완강한 하나의 철학적 틀 속에 공산주의적 행동을 통합시킬 수 있는 수단을 발견하기도 했다.

　　이제 '형식적 변증법'과 '유물 변증법' 사이의 구분, 또는 달리 표현하자면, 한편으로 의식들 사이의 관계에서 나타나는 변증법적(또는 대화적) 성격과 다른 한편으로 이 의식들이 서로 그리고 인간화된 사물들과 불화하면서 변증법적으로 전개되어 나타나는 생성의 가능한 총체와의 구분으로 다시 돌아가자. 사르트르가 본 인간 세계는, 메를로퐁티가 변증법이라는 단어에 부여하는 의미에서, 형식적으로 변증법적인가? 내가 보기에 이 질문에 대한 대답은 확실히 긍정적이다.

사르트르가 "역사, 상징, 형성해야 할 진리 등으로 불리는 사물과 인간 사이의 상호 세계"를 무시한다고 주장하는 것은 지나치다.[39] 보부아르가 그랬던 것처럼, 사르트르가 이런 상호 세계를 분명히 인식하고 있었다는 것을 알 수 있는 구절을 그의 책에서 인용하는 것은 쉬운 일이다. 인간적인 의미를 가지기는 하지만, 이 상호 세계는 객관적이고, 인간에게는 거의 하나의 즉자卽自로서 나타난다. 예컨대 "우리는 노동의 힘으로 사물을 지배하지만, 환경은 우리가 그 위에 새긴 고정된 풍부한 사상을 결정화해 다시 우리를 지배한다."[40]

그와 마찬가지로 나는 사르트르의 다음과 같은 주장을 의심한다. 모든 의미는 의식에 의해 규정되며, 또 "의식의 행동은 하나의 절대이고 또 의미를 부여한다"[41]는 주장이 그것이다. 사르트르는 도처에서 애매한 의미들을 인식하는데, 이 의미들은 사실과 분리될 수 없을 만큼 엉켜 있고, 의식이 창조하거나 구성하는 것도 아니며, 주체가 발견하는 것이고, 또 이 주체는 이 의미들 안에 상황 지어져 있다.

또한 그와 마찬가지로 사르트르는 개인들이 소통 없이 시선을 통해 서로 맞서는 관계 이외에도 나와 타자 사이에는 다른 관계가 있

---

39   *Ibid.*, p.269.
40   『레 탕 모데른』, 1955년 6~7월호 2078쪽에서 보부아르가 인용한 것이다.
41   *Les Aventures de la dialectique*, p.156.

다는 것을 인정한다.[42] 사르트르는 "문화, 문학 등으로 불리는 다양한 분야 사이의 매개 지역"이었다는 것을 부정하지 않는다고 말한다.[43] 헤겔은 이것을 "객관 정신"이라고 부른 바 있다. 환경이 작품을 결정한다고 하는 텐[44]의 생각에서와 똑같은 방식으로 사회가 의식을 결정하는 것은 분명히 아니다. 사실상, 사르트르와 메를로퐁티는 상황과 작가(또는 철학자, 정치가) 사이의 관계를 정확히 같은 방식으로 해석하고 있다. "사회적 영역은 의식 이전과 이후에 동시에 나타나는데, 그럴 수밖에 없다. 그 이유는 사르트르에게 있어서는 과거와 미래가 서로 밀접하게 얽혀 있기 때문이다."[45]

만일 객관적 의미가 존재한다면, 만일 다수의 주체만이 있는 것이 아니라 상호주체성이 존재하고, 만일 상호 세계가 있다면, 사르트르가 왜 역사를 부정하는가를 이해하기 어렵다. 그는 역사가 자신도 역사적이라는 사실, 제도의 의미가 변할 수도 있다는 것, 그리고 역사적 총체는 실재적이며, 자아는 그가 태어나는 환경이 결합되어 주어지는 한계 내에서 형성된다는 것을 알고 있었다. "역사적 총체는 매 순간 우리의 힘을 결정하고, 우리의 행동 영역과 현실적 미래의 한계

42　앞에서도 언급했듯이, 사르트르는 나와 타자 사이의 존재론적 관계를 각자의 시선을 통해 상대방을 객체화시키면서 주체성의 자리에 있으려고 하는 갈등, 투쟁으로 보고 있다. 하지만 사르트르는 이런 존재론적 관계에서 벗어나 인간들의 평화 공존을 추구하고 있다. 이런 추구가 그의 윤리 정립과 밀접하게 연결되어 있다는 사실을 지적하자.

43　『레 탕 모데른』, 1955년 6–7월호 2082쪽에서 보부아르가 인용한 것이다.

44　이폴리트 텐(Hippolyte Taine, 1828-1893): 프랑스의 철학자, 비평가, 역사가이다. 19세기 프랑스 실증주의에서 가장 존경받는 사상가의 한 사람으로, 콩트의 실증주의적 방법을 응용해서 과학적으로 문학을 연구했으며, 인종, 환경, 시대가 작품을 결정한다는 이론을 정립했다.

45　Ibid., p.2083(보부아르의 인용).

를 정하며, 가능한 것과 불가능한 것, 실제적인 것과 상상적인 것, 존재와 당위, 시간과 공간에 대한 우리의 태도를 결정한다. 그로부터 출발해서 우리가 우리와 타자의 관계, 즉 우리의 삶의 의미와 죽음의 가치를 결정하는 것이다. 우리의 자아Moi가 최종적으로 나타나는 것은 이런 한계 안에서이다. 어떤 사람들에게는 길을 열어 주고, 다른 사람들은 닫힌 문 앞에서 제자리 걸음하게 하는 것이 바로 역사이다."[46]

　　만일 사정이 이렇다면, 즉 사르트르가 해석한 역사에 메를로퐁티의 해석에서와 같이 사물의 객관적 의미와 제도의 의미 변화, 상호주체성, 매개적 문화 지역, 사회의 실재성이 포함된다면, 의심할 수 없는 성실성을 가진 메를로퐁티가 어떤 이유로 사르트르 사상의 그런 측면을 이해하지 못했을까?

　　보부아르가 자신의 글의 끝부분에서 그 첫 번째 이유를 제시하고 있다. 메를로퐁티가 사르트르에게 귀속시킨 몇몇 개념은 진실일 수 있다. 만일 메를로퐁티가 그것들을 '자아' 또는 '인간' 또는 역사적 주체에 적용하면서 존재론 차원에서 대자對自 또는 의식, 즉 순수한 현존을 참고하는 것이라면 말이다. 원래 대자가 모든 드러냄의 원칙이고, 또 이런 의미에서 세계가 대자와 공존한다는 것은 사실이다. 의식 —'체험Erlebnis'— 은 전적인 반투명성이며, 자신을 대상화하는 시선 속에서만 타자를 발견할 뿐이다. 어떤 관점에서 보면 의식을 존재론적으로 기술하는 것은 역사에 참여하는 인간들을 존재적[47]으로 이해하

46　　*Ibid.*, p.2089(보부아르의 인용).

는 것과는 서로 대립된다. 모든 것은 마치 메를로퐁티가 그에게 낯설게 보였던 하나의 역사적 정치적 태도에 대한 설명을 『존재와 무』에서 발견한 것처럼 진행되었다. 하지만 그는 이런 존재론을 사르트르의 당과 행동 이론에 대한 가능한 설명(철학적이라기보다는 차라리 심리학적인)으로 제시하는 대신에, 이 존재론의 단편들에 기초해 인간 조건에 대한 사르트르의 존재적 이론을 재구성했는데, 사르트르에게는 이렇게 재구성된 이론을 거부할 권리가 있는 것이다.

      사르트르의 「공산주의자들과 평화」를 보면, 계급은 당의 외부에 존재하지 않는다. 프롤레타리아트는 당에 등을 돌릴 수 없다. 왜냐하면 프롤레타리아트는 오직 당에 의해서, 그리고 당 안에서만 통일된 계급으로서 존재할 뿐이기 때문이다. PCF가 아닌 다른 당은 오직 프롤레타리아트의 포기를 의미할 뿐이다. 궁극적으로 당이란 무형의 대중을 용해시켜 수동성이나 분산된 상태를 창조적 의지로 변형시키는 순수 행위인 것으로 보인다. 게다가 공산주의자의 행동은 역사의 전체적인 움직임과 연관을 갖지 못하면서도 혁명적이고, 계급 없는 사회를 확실하게 제시하지도 못하면서 현재 사회와 주어진 것을 부정하는 것처럼 보인다. 계급과 당과의 관계와 혁명적 행위와 역사적 진리와의 관계, 메를로퐁티는 바로 이 두 주제에 대해 볼셰비키의 실천

---

47   '존재적(ontique)'과 '존재론적(ontologique)'은 하이데거가 인간 존재에 대한 분석에서 사용한 용어이다. 전자는 철학적 자각 이전의 객관적, 대상적 태도를 가지는 입장이며, 후자는 주체적인 철학적 자각의 입장이다. 사르트르의 경우에는 '존재적'으로는 『존재와 무』의 차원에서는 사물, 곧 즉자의 방식으로 존재하는 인간에 대한 분석에, '존재론적'으로는 의식의 담지자, 곧 대자의 방식으로 존재하는 인간에 대한 일반 연구에 적용되는 것으로 보인다.

과 사르트르의 존재론 사이의 유사성을 보았던 것이다.

첫 번째 문제 ―'계급과 당'― 를 놓고 볼 때, 「공산주의자들과 평화」 중의 몇몇 구절은 정확히 보부아르가 사이비-사르트르주의 pseudo-sartrisme이라고 부르는 것과 유사하다. 사르트르는 프롤레타리아트가 다른 정당과 연합하지 않는 공산당을 배격하는 것을 금지한다. 이것은 당으로 조직되지 않은 계급 존재를 최소한으로 축소시키는 것이기 때문이다. 하지만 근본적으로 사르트르는 "계급의 통일성이 수동적으로 주어지는 것도 자발적으로 형성되는 것도"[48] 원하지 않는다. 달리 말해서 사르트르는 노동자와 당 사이의 관계, 대중과 지도자 사이의 관계가 변증법적이 되기를 원하는 것이다. 지도자는 대중이 그를 따르지 않으면 아무것도 아니며, 대중은 그들을 결속시켜 줄 당이 없으면 통일체가 될 수 없다.

이제 마지막 문제, 어쩌면 가장 중요한 문제를 살펴볼 차례이다. 역사는 진리를 창조하는가? 만일 역사의 진리가 사라진다면, 그 경우에 프롤레타리아트가 당의 도움으로 계급을 형성하는 것은, 그것이 여러 사건에 의해 준비되었다고 해도, 자의적인 결정이며, 또 역사 자체는 "우리가 아는 한에서는 우리 의지의 직접적인 결과이며, 다른 사람들에게는 이해할 수 없는 불투명한 존재가 된다."[49]

메를로퐁티는 친구[50]에게 제기했던 문제에 대해 스스로 답을

---

48   *Ibid*., p.2097(보부아르의 인용).
49   *Les Aventures de la dialectique*, p.134.
50   사르트르를 가리킨다.

했는데, 이것은 어떤 의미에서였는가? 달리 말해서 어떤 의미에서 그가 해석하는 역사는 진리를 창조하는가? 어떻게 해서 사건이 역사를 판단하는가? 앞에서 살펴본 것처럼, 메를로퐁티의 대답은 형식적 관념 —상호 인정— 과 모순이 극복됨으로써 의혹이 사라지는 "완전한 순간"에 대한 참조 사이에서 왔다갔다 하고 있다. 1955년의 메를로퐁티는 칸트적인 색채가 짙은 형식적 관념을 포기했다. 그는 일단 "혁명적 환희"가 지나가고 자아와 타자가, 계급과 당이, 계시와 행동이, 힘과 비판이 더 이상 일치되지 않는다면, 완전한 순간이란 궁극적으로 속임수라는 것을 고백한다. 그때부터 메를로퐁티는 변증법을 형식적 의미에서는 보존하지만, 그 자신도 명백히 고백하고 있는 것처럼, 변증법의 결말 —모순의 해결— 이라는 생각뿐만 아니라 또한 계시의 관점주의와 행동의 특수성을 회피할 수 있는 모든 수단까지도 내팽개쳤던 것이다.

사르트르 또한 인간이 혁명 속에서, 그리고 혁명에 의해서 완성될 수 있다는 것을 포기했는가? 이 점에 대해 사르트르와 메를로퐁티 사이에 항상 차이가 존재해 왔다. 사르트르의 마르크스주의는 "존재적"이었지 "존재론적"이 아니었다. 어떻게 계급 없는 사회에 대한 추구(존재적 차원에서)가 '무용한 정열'로서의 인간이라는 존재론적 명제와 부합하는지 이해하기 어렵다. 사르트르는 모든 사람이 자기의 삶과 죽음에 자유롭게 부여하는 '하나의' 의미를 알고 있다. 인간은 '전체 역사'의 '그' 의미le sens를 아는 것이 아니고, 더군다나 역사 또는 전前 역사의 종말을 고할 특권적 국가와 동일시되는 것의 의미를 아는 것도 아니다. 그런데 사르트르 자신도 모르는 것은 아니지만, 마르크스주의에서의 역사 또는 전前 역사의 종말은 한 사람, 몇 사람 또는 심지어 한 계급이 바라는 목적 이상을 의미한다. 그것은 인간사의 흐름에서의 단절, 한 유형의 사회에서 다른 유형의 사회로의 이행이다. 사르트르는 이 전례 없고 굉장한 사건에 비추어 과거와 그의 행동을 해석하고 있는 것일까?

오늘과 마찬가지로 어제도 사르트르는 항상 '한 명의 로마인'이기보다는 오히려 '한 명의 정복자'였다.[51] 그는 자기의 자리가 자신들의 상황에 반항하는 피착취자들 가운데에 있다고 생각하지 않았으며, 미래 사회가 계급 없는 사회와 일치하리라는 확신을 결코 내보인 적도 없다. 이런 의미에서 사르트르는 부정하는 행동에 함축된 긍정성보다는 오히려 혁명적 부정성을 믿었던 것이다.

이런 사실은 메를로퐁티가 비난하는 것처럼, 사르트르는 자신이 무엇을 선택하는지도 모르면서, 다만 현재 억압이 존재한다는 사실 외에는 아무런 정당한 이유 없이 혁명을 선택했다는 것을 말하는 것인가?

세 차례에 걸쳐 연재된[52] 「공산주의자들과 평화」를 보면 이상하게도 공산주의에 대한 공감(심지어는 가입하지도 않은 채)이 철학적으로

---

51 앙드레 말로의 『정복자(Les Conquérants)』에서의 선택에 따른 것이다. (타민족과의 평화 공존을 실천하려는 로마인의 이미지보다는 오히려 타민족을 정복하려는 로마인의 이미지를 빌어, 타인을 시선을 통해 객체화시키고 또 폭력에 의해 융화집단을 형성하려는 사르트르의 주장을 비유적으로 표현한 것을 보인다.)

52 각각 『레 탕 모데른』지 n. 81, juillet 1952, n. 84-85, octobre-novembre 1952, n. 101, avril 1954에 연재되었다.

그리고 정치적으로 이해될 수 있기 위해서는 분명히 밝혀져야 할 몇 가지 점에 대해 모호하다는 것을 알 수 있다. 소비에트 체제는 혁명의 이념에 어느 정도로 충실한가? PCF의 활동은 마르크스주의가 부여하고 있는 혁명이라는 의미에 어느 정도 부합하는가?

소련에 충성하는 한, PCF는 혁명과 평화 공존을 동시에 추구할 수 없다. 비공산 국가와 공산 국가 사이의 평화 공존은 서로를 힘으로써 개종시키고자 하는 의도를 포기한 가톨릭과 개신교 사이의 평화와 같은 것이다.

더군다나 사르트르는 다음과 같은 문제도 제기하지 않는다. 소비에트 체제는 위로부터 폴란드와 루마니아에 강제로 부과되었고, 만일 프랑스가 PCF에 의해 지배되는 날이면 프랑스에도 강제로 부과될 텐데, 과연 이 소련 체제는 혁명적 이념의 완수를 보여 줄 것인가?

사르트르가 혁명을 선택한 이유가 정치적으로 애매하며, 또 그 밑바탕에 굳건한 토대가 없는 것처럼 보인다는 사실을 인정하자. 하지만 메를로퐁티가 자유의 존재론을 참고해서 행하고 있는 사르트르의 선택에 대한 해석은 나를 설득시키지 못한다. 당의 조직화된 의지가 대중의 자발적인 의지보다 더 중요한가? 당의 의지는 혁명 이후의 사회에 대한 구체적인 결정 없이도 다만 현실의 부정에 의해서만 규정되는가? 확실히 그렇다. 하지만 이런 두 가지 요소는 레닌에서 사르트르에 이르는 모든 볼셰비키 이론가에게서 항상 찾아볼 수 있다. 그 이유는 단순히 이 이론가들이 대중의 자발적인 혁명에 대해 항상 의심을 품어 왔기 때문이다.

다만 한 가지 점에 있어서 나는 메를로퐁티를 따르고, 사르트르의 정치적 견해를 『존재와 무』의 존재론에 따라 설명하고 싶어진다. 사르트르는 역사적 사건의 의미는 행위자의 '의도intention'에 달려 있다고 거듭 강조했다. 사르트르의 글에 의하면, 소련과 PCF의 정책이 혁명적인 것이 아니라는 사실을 보여 주기 위해서는 "소련의 지도자들이 더 이상 러시아 혁명을 믿지 않고 있다는 사실, 또는 그들이 그 실험을 실패로 끝났다고 생각한다"는 사실을 보여 줄 필요가 있다. 이 문장을 읽으면서 독자는 왜 소련 지도자들의 의도가 현실의 의미를 결정하는 데 궁극적인 기준이 되어야 하는지를 자문할 것이다. 어쨌든 사르트르가 객관적 의미와 주관적 의미 사이의 기본적 구별을 몰랐다거나 또는 주관적 의미가 무조건적으로 타당한 것으로 여겼다고 보기는 어렵다.

사르트르는 역사적 판단의 불확실성을 주장했기 때문에 최종적으로 주체성(또는 기투)에서 확신을 찾았다. 소련에 대해서는 무엇이든 다 말할 수 있고, 프롤레타리아 정당이 권력을 장악하고 있지만 그와 동시에 [소련 내에] 집단수용소가 존재하고 있는 상황인데, 대체 어디에서 이의를 제기할 수 없는 확실한 의미를 찾아야 할까? 만일 혁명가들이 더 이상 '혁명'을 믿지 않는다면, 이제 내기는 끝났으며, 소련은 단지 여러 체제 중의 하나에 불과하게 될 것이다.

사르트르가 그의 적들을 판단할 때도 똑같은 현상이 다시 나타난다. 만일 반공산주의자가 사르트르를 집단수용소가 또 생겨나기를 '바라는' '비열한 자식salaud'[53]으로 취급한다면, 사르트르는 ─정당하게도— 자기는 혁명과 프롤레타리아의 해방을 '원하는' 반면, 집단수용소는 자기의 목표도 아니고, 또 그가 부분적으로 동의하고 있는 공산주의의 목표도 아니라고 항의할 것이다. 하지만 그는 주저하지 않고 반공산주의자들이 마크로니소스,[54] 식민지 탄압과 경찰이 행사하는 폭력을 '원한다'고 비난한다. 공산주의자들과 반공산주의자들의 행동을 해석하기 위해 '의도'나 '기투'에 호소하는 것은 분명히 아주 비공산주의적인 사고방식에 속하는 것도 아니고 또 마르크스주의적인 생각에 속하는 것도 아니다. 우리의 행위는 뒤엉킨 여러 사건의 한 부분이며, 타자의 의식 속에서만 의미를 찾을 수 있을 뿐이다. 그렇다고 해서 '타자'에 대한 지각이 결정적인 의미를 확정하는 것은 아니다. 행동의 첫 순간부터 타자를 지각하는 것이 행위자의 의도만큼이나 중요하다. 그리고 관찰자의 이해의 폭이 넓어지고 보다 확장된 기간을 포용하게 됨에 따라, 이런 이해가 '상대적으로' 행위자의 원래 기투보다 더 우월하게 된다. 이런 지적은 사르트르와 메를로퐁티(그리고 다른 사람들) 모두에게 공통된 것이어서 사르트르가 그것을 다 잊어버리고 의식의 의도에 특권을 부여했다고 생각할 수는 없다.

이런 정치의 맥락에서 우리는 사르트르가 다시 존재론적 차원

---

53   사르트르가 『구토』에서 사용한 표현으로, 우연히 이 세계에 존재하면서 자신의 존재 이유와 존재 근거를 평생 추구해야 하는 힘든 실존의 조건을 정면으로 마주하기보다는 이 조건을 피하는 삶을 선택한 사람을 지칭한다.
54   마크로니소스(Makronissos)는 에게해에 있는 그리스의 섬 이름이다. 1920년대부터 1970년대까지 이곳에 있었던 정치범 수용소로 유명하다. 여기에서는 소련의 집단수용소를 비유적으로 가리키는 것으로 보인다.

과 존재적 차원 사이에서 동요하고 있음을 보게 된다. '대자'는 근본적으로 자유롭고, 개인은 매 순간 세계와 연루되어 있다. 아마도 사르트르는 가끔 의식의 절대성으로 거슬러 올라가면서 역사적 의미의 모호성을 극복하고자 하는 유혹에 굴복했던 것 같다. 하지만 그는 자신의 철학에 반하는 잘못을 저질렀다.[55] 나는 개인적으로 사르트르가 인간의 의도를 참고한 것이 철학자로서의 그의 사상이었다기보다는 자기자신의 정열을 통해 공산주의자들을 구제하는 반면, 반공산주의자들을 비난했던 것이라고 설명하고 싶어진다. 사르트르의 자발적 도덕주의와 무의식적 칸트주의는 공산당에 대해 그가 가지는 공감과는 일치하지 않는 표현들을 통해 갑작스럽게 펼쳐지곤 한다.

내가 보기에 사르트르의 정치 이론은 그의 반대자[56]가 상기하고 있는 이유보다 덜 중요하고 단순한 이유로 인해 취약해 보인다.

사르트르는 당적 없이 '지금, 여기에서' PCF에 동조하는 것과 PCF의 전반적인 행동 방법에 동조하는 것 사이에서 동요하고 있다. 그는 분명히 스스로 현재의 결정에 대해서만 말하겠다고 언명하지만, 사실 계급을 '실천'과 의식으로 끌어올리기 위해서는 당이 필요하다는 것을 입증하려 했던 그의 논증들이 반드시 프랑스의 상황과 연결되는 것은 아니다. 만일 그의 논증들이 타당하다면, 그것들은 모든 곳에서 타당할 것이다. 하지만 어떻게 그 논증들을 선진 자본주의 국

---

55   이 점에서는 내가 잘못 생각했었다. 그는 『변증법적 이성비판』에서도 이 오류를 계속 범하고 있다.
56   메를로퐁티를 가리킨다.

가들에 적용할 수 있을까? 이 국가들에서는 노동자들과 그들이 선출한 지도자들이 볼셰비키식의 행동과 일당 독재 이론을 완강하게 거부하고 있는데 말이다. 사르트르의 오류는, 메를로퐁티가 그랬던 것과는 달리, 공산당의 행동[57]에 대해 자기식의 해석을 가한 것에 있지 않다. 언어상의 문제를 별도로 하면, 사르트르가 당을 정당화한 것은 레닌의 잘못과 크게 다르지 않다. 사르트르의 오류는, 공산당의 지도하에 소련 사회의 건설이 대부분의 서구 프롤레타리아트가 볼셰비키식의 방식, 더 넓게 말해서 혁명적 방식을 거부했다는 사실을 염두에 두지 않은 채, 1903년에 레닌이 했던 정당화를 그대로 받아들였다는 점에 있다.

　　과연 공산당은 현재 철의 장막과 이 장막의 서쪽에 있는 구대륙에서 무엇을 할 수 있을까? 우리는 프랑스 정부를 보다 효과적으로 마비시키기 위해 공산당을 강화시키고 싶어 하는가? 아니면 우리는 공산당이 정권을 장악하기를 희망하는가? 그렇다면 프랑스에서 공산당의 승리가 양 진영의 평화 공존에 어떤 결과를 가져올 것인가? 1955년에 우리가 합리적인 결정을 내리기 위해서는 형이상학적이 아니라 구체적이고 현실적인 이런 물음들에 대해 반드시 답을 했어야 한다.

　　메를로퐁티가 단순한 반론, 말하자면 비철학적인 반론만을 주장했다면, 그는 근거를 가질 수 있었다. 어떻게 소비에트 체제의 의미와 성격을 설명하지도 않고서도 공산당에 대한 동조를 정당화할 수

57　　그는 『변증법적 이성비판』에서 '융화집단'에 대한 향수를 가지고 이 행동을 계속 강조하고 있다.

있는가?[58] 만일 양 진영을 다 비판하지 않고 철저하게 한편만을 옳다고 한다면, 어떻게 평화 공존에 이바지할 수 있을까? 공산당은 얼마 동안이나 당적 없는 협조를 받아들일까? 사르트르가 자신의 기세등등한 논리에 따라 반대를 용납하지 않는 당이 옳다고 하는 것은 잘못이 아닌가? "당에 소속되지 않은 채 당과 스스로를 연결시키는 사람은 누구든지 이념에는 복종하지 않으면서 행동에 협조하는 것이다."[59]

　　반면, 메를로퐁티는 철학적으로 사르트르의 태도를 비판하고 나서 곧바로 그를 설득하는 작업을 그만둔다. 왜냐하면 편견 없는 독자라면 메를로퐁티가 사르트르를 비판한 것만큼 그도 역시 비판받을 여지가 있다는 느낌을 갖기 때문이다. 예컨대 메를로퐁티는 이렇게 쓰고 있다. "행동으로서의 공산주의를 단순한 사상의 차원에서 다루는 것은 아마도 큰 의미가 없을 것이다."[60] 하지만 모든 정치철학자는 다른 사람들의 행동에 대해 생각하고, 따라서 사상에 의해 행동을 다루며, 또 이 사상은 비록 실천에 옮겨지지는 않을지라도 그 자체로서 하나의 행동이다. 행동을 해석함으로써 그 의미에 대한 다른 사람들의 관점을 변화시키고, 또 그렇게 해서 인간 실재를 변화시키게 된다. 다시 말해 행동하는 것이다.

58　보부아르는 메를로퐁티에게 답하면서 이렇게 소리쳐 말한다. "소련은 어떻게 해야 했을까?" 우리는 이 말에서 나타나는 무의식적인 유머를 그냥 넘길 수는 없다.
59　*Les Aventures de la dialectique*, p.232.
60　*Ibid.*, p.237.

메를로퐁티는 이렇게 쓰고 있다. "사르트르의 입장의 취약성은, 그것이 장래에 있게 될 공산주의 사회에 사는 사람의 입장이 아니라 자본주의 세계에서 사는 사람의 입장이라는 점에 있다." 하지만 메를로퐁티의 비공산주의도 동일한 비판을 받을 여지가 있다. 만일 그가 철의 장막 저편에 산다면, 그는 양 진영을 같은 차원에 놓을 수 있는 자유를 갖지 못할 것이다. 하지만 어째서 두 사람은 자본주의 사회에 살기 때문에 누릴 수 있는 권리를 사용해 양 진영을 동등하게 비교하지 않는 것일까?

메를로퐁티는 그의 책 절반을 자신이 여전히 공산주의자인 듯이 썼고, 나머지는 반은 그렇지 않은 것처럼 썼다. "레닌은 결코 의식 때문에 자발성을 포기하지는 않았다. 그는 마르크스주의자였기 때문에, 즉 프롤레타리아들의 정책이 되면서 진리를 확인하는 정책을 믿었기 때문에, 프롤레타리아는 당의 공동 사업에 협조할 것이라고 전제했다."[61] 하지만 이런 의미에서 메를로퐁티 자신은 여전히 마르크스주의자인가? "역사는 이미 만들어진 진리의 전개는 아니지만, 때로는 스스로를 만들어 가고 또 스스로를 인식하고 있는 진리와 조우하기도 한다. 그렇게 되는 까닭은 혁명적 계급이 적어도 전체로서는 가능하며, 이런 계급에서 사회관계는 계급 없는 사회에서처럼 불투명하지 않기 때문이다." 이런 진리와의 만남과 프롤레타리아에 의한 진리를 인정하는 순간은 모순이 해결되는 완전한 순간이다. 하지만 메를로퐁

61   *Ibid.*, p.173.

티는 우리가 완전한 순간을 믿을 수 없는 두 가지 이유를 제시했다. 첫째, 그것은 지속적이지 못하다. 둘째, 프롤레타리아의 의지는 개개인에게 모두 똑같이 피와 살을 가진 구체적 인간으로서의 프롤레타리아에게 일의적으로 나타나는 것이 아니다. 당이 제시하는 행동 속에서 자신을 인식할 때조차도 프롤레타리아들은 '타자', 즉 직업적 혁명가들, 지식인들, 조직 자체에 의해 요청되고, 영향을 받기도 하며, 때로는 강요되기도 한다. 철학자는 경험적 프롤레타리아트에게 자신의 소명에 충실해야 한다고 호소할 자유를 결코 버리지 않는다.

메를로퐁티는 스스로도 프롤레타리아트와 당 사이의 일치를 진리의 기준으로 삼기를 포기했으면서 무슨 권리로 사르트르가 그렇게 한 것을 비난할 수 있는가? 일단 이런 일치가 포기되거나 또는 불확실한 것으로 파악되었을 때, 두 가지 길이 열린다. 하나는 볼셰비즘의 길 ―당의 권위에 복종하는 것― 이며, 다른 하나는 민주주의의 길 ―계급도 정당도 신뢰하지 않지만, 상황에 따라 전자나 후자에 의지하는 것― 이다. 설령 두 번째 길을 택한다고 해도 마르크스의 역사 도식(자본주의의 모순은 혁명에 이른다)을 간직하고 있는 것은 여전히 필요하다. 사르트르의 경우는 모르겠지만, 메를로퐁티는 이 역사 도식을 사르트르보다 더 잘 간직하고 있는가?

메를로퐁티가 그렇지 못하다고 비난하는 것이 아니다. 나는 메를로퐁티 자신이 포기한 철학에 근거해 사르트르를 비판하고, 또 그의 연구의 현재 결과와 객관적 지식의 한 계기를 포함하고 있는 계시와 행동에 대한 변증법의 발견 등을 이용하지 않는 것을 비판하는 것이다. 역사적 해석의 관점주의, 즉 이해의 모호성은 실증적 방법에 근거한 현실 파악에 의해 제한되고 통제되지 않는다면 자의성에 빠지게 된다. 메를로퐁티는 자발적인 반항과 의식적인 행동 사이의 경험적 탐구가 필요하다는 소박한 사실을 점차 의식하게 되었다. 그는 "공산주의와 자본주의가 그 특수한 사례가 될 일반 경제학"을 엿보기 시작한 것이다.[62]

과학적 탐구는 마르크스주의적 사이비-과학의 너비와 비교될 만한 너비의 결론을 제공하지는 않는다. 과학적 탐구는 전체 역사의 비밀이라든지, 바람직한 것과 불가피한 것의 필연적인 일치도 드러내 보이지 못한다. 하지만 과학적 탐구는 메를로퐁티가 합리적인 성찰을 통해 파악한 경제 체제들을 우리가 비교할 수 있게 해 준다.

그 반면에 보부아르는 부르주아의 '다원주의적' 사상이 가진 이런 미묘성에 빠져들지 않는다(그녀는 조용한 확신을 가지고 "진리는 하나뿐이다"라고 말한다). 서구 사회는 노동자계급에 가해지는 착취에 의해 완전히 부패했다. 서구 사회는 어떤 가치를 실현할 때 더욱더 죄악에 빠지게 된다. 사르트르와 마르크스의 종합적 사고는 착취에서 자본주의적 질서의 본질을 발견한다. 페기[63]도 하나의 불의가 전 사회를 부패시키기에 충분하다고 말한 바 있다. 하지만 적어도 그는 자기가 '과학적 사

---

62   그는 일반 경제 이론을 염두에 두고 있는데, 여기에서 두 체제는 하나의 유(類)에 대한 두 종(種)으로서 또는 하나의 주제에 대한 두 변수로서 이해된다.

63   샤를 페기(Charles Péguy, 1875-1914): 프랑스의 시인이자 사회 참여적인 지식인이다. 무정부주의적 사회주의자, 반교권주의자, 드레퓌스 지지자로 활동했고, 후일 가톨릭과 민족주의로 기울어졌다.

회주의자'로서 말한다고 주장하지는 않았다.

이런 종류의 종합적 사고는 우리를 꿈꾸게 한다. 우리는 사회를 하나의 전체로서 이해하고 예비 분석도 없이 이 사회 전반에 대한 판단을 내릴 수 있는 능력을 신에게 귀속시키고, 그런 습관은 원시인에 귀속시킨다. 그렇다면 사회의 각개의 요소를 분석하지 않고도 사회 전체를 파악할 수 있는 정신을 가진 사람들은 어떤 다른 범주에 속한다고 해야 할지를 자문해 본다.

광신주의, 신중함 및 신앙

사르트르와 메를로퐁티[1]가 1945년 이후에 각각 취한 정치적 태도를 뒤돌아볼 때, 일종의 발레나 스퀘어 댄스를 보고 있다는 느낌을 갖게 된다. 1955년의 메를로퐁티의 '신좌파gauche nouvelle'는 1948년의 사르트르의 민주혁명연합RDR과 비슷하다. 메를로퐁티의 마르크스주의적 방관주의는 『변증법적 모험』에서 자세히 설명된 것 같은 비공산주의보다 사르트르의 현재 친공산주의에 더 가깝다.

직업적인 철학자들인 두 사람은 각자의 현재 의견을 앞으로 몇 세기 동안 마모磨耗에 맞서면서 진리로 통용될 주장을 통해 정당화한

---

1   아롱은 메를로퐁티의 이름 바로 뒤에 주(註)를 달고, "『프리브』지 1956년 2월호에 게재되었다"고 쓰고 있다. 하지만 이는 아롱의 오류로 보인다. 실제로 아롱의 이 글은 『프리브』지 1956년 5월호에 게재되었다.

다. 마르크스와 레닌의 사례에 사로잡힌 그들은 자신들의 삶의 여러 일화를 영원한 것의 수준으로 끌어올리려고 하는 경향이 있다. 하지만 메를로퐁티의 실존주의와 마찬가지로 사르트르의 그것도 '본질적으로' 역사철학이 아니다.

실존주의에서 교조주의로

사르트르와 메를로퐁티의 정치적인 논의 이전의 저작들은 키르케고르와 니체의 전통에 속하며, 헤겔주의에 대한 반항에 속한다. 사르트르와 메를로퐁티의 사상의 중심 주제는 개인과 그의 운명이다. 두 사람은 철학자의 지혜의 출발점이 되는 총체적 인식을 무시한다. 아직 끝나지 않는 역사는 진리를 부과하지 않는다. 인간의 자유는 자기 창조의 능력이다. 최소한 『존재와 무』에서는 이런 창조가 어떤 법칙을 따라야 하는지 또는 어떤 목표를 향해야 하는지를 알 수 없지만 말이다.

사람은 누구나 상황에 대한 답을 책이나 다른 사람들에게서 얻기보다는 스스로 찾는다. 그렇지만 이런 답은 고독하고 책임 있는 행위자에게 주어진다. '진정성authenticité' ─달리 말해 자기 자신과 자기의 천성과 자기의 재능에 대해 스스로 책임질 줄 아는 용기─ 과 '상호성réciprocité' ─타인을 인정하는 것, 타인을 존중하고 그가 스스로를 완성하는 것을 도와주려는 배려─ 이 '실존적 인간homo existentialis'의 두 가지 주요 미덕이다.

실존주의자들은 역사적 특수성을 참조하여 인간의 실존을 기술하지 않고 체험되는 그대로 기술한다. 이런 기술은 독창적인 경험에서 나오는데, 마치 작품이 예술가와 연관된 것처럼 기술이 경험과 연관된 것은 확실하다. 자유의 문제이든 진정성의 문제이든, 의식의 완성은 스스로의 해방을 통해 이루어지고 또 이 해방은 스스로를 책임있게 떠맡으면서 이루어진다는 사실은 모든 시대, 모든 사람에게 진리이다.

드 왈랑스[2]는 이런 견해에 대한 뢰비트[3]의 반대를, "나는 뭔가 하려고 결심했지만 무엇을 해야 할지를 모른다"는 한 학생의 말을 인용하면서, "부적당한 농담"으로 물리쳐 버린다. 드 왈랑스는 이렇게 쓰고 있다. "실존주의든 아니든 철학이 의식을 형성하기를 포기하면서 모든 사람이 어떤 경우에서나 자신의 문제를 해결할 수 있는 비법recettes을 제공해 준다고 주장한다면, 이때 철학은 스스로를 파괴할 것이다. 게다가 우리가 어떻게 생각하든, '죽음을 향한 존재Sein-zum-Tode'는 단지 하나의 영감이며 빛일 따름이다. 자신의 상황에 직면한 모든 사람은 잘못되거나 불성실하게 될 위험을 계속 무릅쓰면서도 이 빛

---

2   알퐁스 드 왈랑스(Alphonse de Waelhens, 1911-1981): 벨기에 출신의 철학자로, 루벵대학 교수를 역임했으며, 하이데거, 후설, 메를로퐁티, 나아가 현상학 전문가로 알려져 있다. 아롱은 드 왈랑스의 이름을 'de Wahelens'로 표기하고 있으나, 이는 오기(誤記)이며, 'de Waelhens'가 맞는 것 같다.

3   카를 뢰비트(Karl Löwith, 1897-1973): 독일의 대표적인 현상학 전문가로, 후설과 하이데거의 제자였다. 유대인이었던 그는 나치의 박해를 피해 일본 동북제국대학에서 철학을 가르치다 미국으로 건너갔고, 2차 세계대전 이후 하이델베르크대학 교수로 재직했다.

아래에서 자유롭게 결정할 특권과 의무를 가지게 될 것이다."[4] 뢰비트의 반대는 나에게도 부적당한 농담 이상은 아닌 것으로 보인다. 어떤 철학도 상황이 제기하는 문제를 해결해 줄 수 있는 '비법'을 제공해 준 적은 없다. 하지만 미덕이나 지혜라는 이상理想이라든가, 정언명령 또는 선의를 참고하는 철학은, 자유와 선택과 창조를 강조하는 철학이 주는 것과는 다른 '영감과 빛'을 준다. 만일 철학자가 자신의 제자들에게 "자기 자신이 되라"라고 명령한다면, 이 제자들이 결단을 내리는 행동이 이 결단의 내용보다 중요하다고 결론짓는 것이 잘못일까?

실존주의자들은, 그리스인들이나 기독교 신도들이 이상으로 여겼던 미덕이나 내적 완성을 무시하고, 또 주관적 의도를 지배할 도덕적 법칙을 배제한 다음, 각 개인은 자기 나름의 법칙에 따라 구원을 얻어야 한다는 사실을 암시한다. 실존주의자들은 또한 거기에서 나타날 수 있는 무정부 상태에서 빠져나올 수 있는 것은 오직 개인들이 서로를 그들의 인간성 속에서 인정하는 공동체라는 관념을 통해서뿐이라고 암시한다.

개인이 자신의 가치와 심지어 자신의 운명도 창조한다는 사실을 강조하는 철학에서의 진정한 공동체라는 관념은, 의식들의 투쟁이라는 현실에 맞서려는 조화에의 호소, 즉 인간들의 개별적인 숙명성[5]

---

4   *Une Philosophie de l'ambiguïté*, p.306, note.

5   특히 사르트르에 의하면 인간들은 만나자마자 서로를 객체화시키면서 자신의 주체성의 위치를 확보하기 위해 투쟁할 수밖에 없는 실존적 조건 속에 놓여 있다고 본다. 이것이 바로 각자가 떠맡아야 하는 숙명성이라고 할 수 있다. 사르트르는 이런 숙명성을 벗어날 수 있는 길을 『변증법적 이성비판』에서는 융화집단이라는 공동체의 건설에서 찾고 있다. 반면, 메를로퐁티는 인간들의 실존 조

이라는 현상에서 보편성을 찾으려는 꿈인 것처럼 보인다. 어쨌든 완전히 형식적인 이 관념은 (칸트의 어휘를 사용하자면) '이성Raison'이라는 관념이다. 그런데 이 관념은 단일 의지의 대상 또는 역사 운동의 목표가 아니며 또 그렇게 될 수도 없다.

이런 철학에서 출발해서 철학자들은 서구식 민주주의와 소련식 민주주의 중 어느 쪽을 더 우호적으로 평가할까? 어느 쪽에 더 우호적이든 간에 그들은 어쨌든 어느 한쪽에 절대적 가치를 부여해서는 안 된다. 사실, 어느 한쪽도 개인들의 상호 인정을 완전히 이룩할 수는 없다. 어느 쪽이 이 관념에 가장 가까운가 또는 가장 멀리 떨어져 있는가의 문제는, 『존재와 무』도 『지각의 현상학』도 대답에 도움을 주지 못하는 정치적이고 역사적인 문제이다. 소유권의 상태, 경제의 기능 또는 일당제와 다당제가 문제가 된다면, 이 경우에는 사회학적 기술이 선험적 현상학보다 우리에게 더 많은 정보를 가르쳐 줄 것이다.

철학자 사르트르와 메를로퐁티의 마르크스주의는 부분적으로 우연한 동기의 산물이라고 할 수 있다. 철의 장막 이편에 살고 있는 두 사람은 부르주아 민주주의에는 적대적이면서도 정통 공산주의를 거부하는, 따라서 공산당에 가입할 수도 없는 상황에 있었다. 하지만 마르크스주의의 유혹이 이 키르케고르의 후계자들에게까지 미치지 않았더라면, 또 선험적 의식과 공포와 관심에서 출발한 실존주의자들이

건 자체가 상호주체성을 전제로 하고 있다는 논리, 즉 '세계-내-존재'로서의 자격으로 모두 이 세계'에' 뿌리를 내리고 있다는 논리를 펴고 있다.

자신들의 비체계적인 철학에 헤겔-마르크스주의적인 역사적 총체성의 단편들을 끌어들일 필요를 느끼지 않았더라면, 사르트르와 메를로퐁티는 정치적으로 어느 체제를 지지하는가의 문제가 그들의 철학적 저작에 나타나지 않았을 것이다.

레오 스트라우스[6]는 『자연법과 역사*Droit naturel et Histoire*』에서 버크[7]에게 할애된 장章의 끝부분에 이렇게 쓰고 있다.

"정치 이론은 실천이 형성한 것의 지성, 현실에 대한 지성이 되었고, 이제 더 이상 당위의 탐구가 되길 그쳤다. 실천적 이론은 더 이상 '이론적으로 실천적'(즉, 한 걸음 떨어져서 생각하는 것)이길 그쳤고, 형이상학(그리고 물리학)은 전통적으로 순수하게 이론적으로 이해되어 왔다는 의미에서 순수하게 다시 이론적으로 되었다. 이때 새로운 이론 또는 새로운 형이상학이 나타났는데, 그 특징은 결코 인간 활동의 대상일 수 없는 총체성보다는 오히려 인간의 활동과 이 활동에 의해 형성되는 것들을 주제로 삼는다는 데 있다. 총체성과 그것에 기초한 형이상학에서도 인간 활동은 중요하긴 하지만 부차적인 자리밖에 차지하지 못한다. 형이상학이 인간의 행동과 그 결과를 모든 존재와 모든 과정이 지향하는 목표로 간주할 때, 형이상학은 역사철학이 된다. 역사철학은 본질적으로 이론이다. 다시 말해 사람들의 실천에 대한 조망

---

6   레오 스트라우스(Leo Strauss, 1899~1973): 미국에서 활동한 독일 태생의 유대계 미국 정치철학자로, 미국 신보수주의 형성에 큰 영향을 끼쳤다는 평가를 받고 있다. 아롱은 레오를 'Léo'로 표기하고 있다. 이는 레오를 불어식으로 표기한 것으로 보인다.

7   에드먼드 버크(Edmund Burke, 1729~1797): 아일랜드 출신의 영국 정치가이자 정치철학자로, 최초의 근대적 보수주의자로 '보수주의의 아버지'로 불리운다.

이며, 따라서 필연적으로 총체적이고 완전한 인간 실천에 대한 조망인 것이다. 그리고 역사철학에는 특권적인 인간 행동인 '역사'는 완전하다고 전제된다. 실천이 철학의 최고의 주제가 될 때, 이 실천은 더 이상 진정한 의미에서의 실천, 즉 '어젠다agenda'에서 결정되는 문제이길 그친다. 키르케고르와 니체의 헤겔주의에 대한 반항은, 그것이 오늘날 여론에 강력한 영향력을 행사하는 한 실천, 즉 유의미하고 불확실한 미래 앞에 선 인간 생활의 가능성을 재건하려는 시도로 나타난다. 하지만 이런 시도는 혼란을 가중시킬 뿐이다. 이런 시도의 일환으로 이론이 성립할 수 있는 가능성 자체를 없애 버리기 위한 온갖 노력이 이루어졌기 때문이다. 우리에게는 '교조주의'와 '실존주의' 양자 모두 오류의 가능성이 있는 양 극단인 것처럼 보인다."

사르트르와 메를로퐁티는 레오 스트라우스가 '극단'이라고 부른 두 가지 태도를 이상스럽게 결합시켰다. (1948년의) 메를로퐁티와 (오늘날의) 사르트르는 교조주의자들의 방식으로 상호 인정이나 계급 없는 사회라는 유일한 진리(또는 보편성)에 경도되었다. 사르트르와 메를로퐁티는 버크에 의해 비난받았던 이론가들과 마찬가지로 혁명을 찬미한다. 버크가 그들을 비난한 이유는, 그 이론가들이 역사적 다양성, 서서히 진행되는 창조, 예견할 수 없는 사건들, 같은 주제에서 볼 수 있는 무수한 다양성 등을 무시했기 때문이다. 하지만 그와 동시에 사르트르와 메를로퐁티는 헤겔의 후계자라기보다는 키르케고르의 후계자이다. 왜냐하면 사르트르와 메를로퐁티는 개별 의식을 가장 중요한 실체, 즉 모든 철학의 기원으로 보고 있기 때문이다. 또한 역사적 총체성 ―총체적이고 완전한 인간 실천― 은 사르트르와 메를로퐁티의 사고방식과는 양립할 수 없는 것으로 보인다. 어떤 점에서 볼 때 마르크스와 니체는 '대립되는 극단'이지만, 그들의 후계자들은 다양한 경로를 통해 서로 결합된다.

마르크스는 "총체적이고 완전한 인간 실천"에서 얻을 수 있는 장점은 포기하지 않으면서도 '어젠다', 즉 "유의미한 미래"에 대한 관심을 다시 불러일으켰다. 부정하는 행동이 인간성의 본질이므로 미래는 예측에서 벗어난다는 것, 그리고 프롤레타리아 혁명은 인간사의 흐름에서 근본적인 단절을 형성하리라는 것만을 주장하는 것으로 그에게는 충분했다. 우리는 공산주의 사회가 어떤 것일지에 대해서는 모르지만, 프롤레타리아트가 지배계급이 되는 때가 전前 역사의 종말에 해당한다는 것을 알고 있다. 이렇게 해서 마르크스는 "인간의 실천"이 완성되기 전과 후에 대해 동시에 그의 입장을 정하게 된 것이다.

마르크스가 "인간의 행동과 그 결과를 모든 존재와 모든 과정이 지향하는 목표"로 여길 때, 그는 여전히 헤겔을 추종한다. 이는 그가 인간의 역사를 우주가 지향하는 목표로 여긴다든가, 공산주의를 그 이전 사회가 열망하는 귀결점으로 파악하기 때문은 아니다. 마르크스는 특히 그의 생의 후반기에 엄격한 결정론을 파악했다고 주장한다. 하지만 엥겔스의 자연변증법을 참조해 보면, 현실의 여러 차원은 질적인 위계질서에 따라 등급이 매겨져 있는 것이 분명해 보인다. 그와 마찬가지로 역사의 여러 순간은 인간성의 완성과 사회의 인간주의화를 지향하고 있다. 비록 개인적이거나 집단적인 정신이 이런 결과를 원하지 않았고, 또 이 결과가 인간의 양심 속에 결국은 충족될 욕구를 일깨우지 않았다고 해도 말이다.

마르크스 이전에는 역사가 진리를 창조한다고 생각한 사람이 아무도 없었지만, 그렇다고 이것이 마르크스 철학의 독창성을 이루는 것은 아니다. 집단적인 선이 의도치 않은 부도덕한 개별적 행동들의 필연적인 결과일 수도 있다는 생각은 현대의 대다수의 정치, 경제 사상가에게 공통된 것이다. 마키아벨리 철학의 본질인 그것은 정치경제학의 토대로 사용된다. 자유주의자들과 고전 경제학자들은 마르크스주의자들 못지 않은 확신을 가지고 이 점을 받아들인다. 그 결과, 그들 사이의 근본적인 차이에도 불구하고 그들 모두 '교조주의'의 제물이 되는 것이다.

사실, 이들은 모두 인간의 행위를 반드시 번영과 평화로 귀결케 하는 메커니즘을 보여 주었다. 자유주의자들이 보여 주는 메커니즘은 가격 메커니즘이며, 그들 가운데 몇몇은 주저없이 국가의 개입이 예속 상태를 초래함으로써 이 메커니즘의 기능을 마비시킬 것이라고 예견했다. 반면, 마르크스에 따르면 이런 메커니즘 —사적 소유와 경쟁 — 은 반드시 스스로를 마비시키는 결과에 이르게 된다. 자본주의의 자기 소멸의 변증법에서 이 이행이 완성되기 위해서는 한 체제에서 다른 체제로의 불가피한 이행이 균형 상태라든가(고전 경제학자들에 의하면) 또는 점진적인 마비(마르크스에 의하면) 등과 비교될 수 있는 결정론에 따라 일어난다는 사실을 덧붙이는 것으로 충분하다.

마르크스주의자들은 자본주의의 작동과 기능의 법칙을 인식했기 때문에, 형성된 역사를 그들 나름대로 해석할 특권과 앞으로 이루어질 역사에 대한 해석의 의무를 동시에 요구할 수 있게 된다. 마르크스주의자들에게 있어서 미래는 갈등을 해소한다는 점에서는 유의미하다. 또한 그들에게 있어서 미래는 그 완성의 양식과 시기에 대한 예견이 불가능하고 또 아주 엄밀히 결정되지는 않는다는 의미에서 부분적으로 미결정의 상태에 있다.

이런 철학[8]은 그 모호성 때문에 여러 가지로 해석될 수 있는데,[9] 그중 어떤 것은 실존주의자들이 받아들일 수 없는 것이다. 실존주의자들은 우주와 인류 전체를 포괄하는 사변적 형이상학이라는 의미에서의 이론을 모른다. 하지만 적어도 프랑스의 실존주의 학파는 그 인간학적 개념에서 마르크스주의자들과 가깝다. 마르크스주의자들은 사변적 사고와 내적 삶을 혐오하고, 인간을 본질적으로 자연의 힘을 길들이고 자신의 환경을 변화시키는, 노동하는 존재라고 본다. 그렇다면 실존주의자들은 왜 생산력의 증가가 역사를 지배하며, 또 역사는 인간이 자연을 완전히 지배하게 된다는 마르크스주의적 시각을 받아들이려 하지 않는 것일까?

마르크스주의자들과 실존주의자들은, 키르케고르의 전통과 헤겔의 전통이 양립할 수 없는 지점에서 서로 충돌한다. 어떤 경제 체제나 사회 체제도 역사의 신비를 풀지 못할 것이다. 그리고 개인의 운명

---

8   마르크스주의를 가리킨다.
9   아롱이 마르크스 출생 150주년을 기리기 위해 UNESCO에서 했던 강연문을 참조하기 바란다. 이 강연문은 이 책의 제2부 마지막에 "모호하고 고갈되지 않는"이라는 제목으로 실려 있다.

은 집단적 생활의 범주를 뛰어넘는다.[10] 인간이 지구를 아무리 공동으로 잘 이용한다 해도, 개인의 의식은 항상 삶과 죽음의 신비와 대면하고 있을 것이다. 계급 없는 사회가 필연적으로 성취된다고 해도 인간의 모험의 궁극적인 의미가 이 사회에 의해 주어지는 것은 아니다.

실존주의자들은 청년 마르크스의 저작들을 통해 마르크스주의에 접근했다. 그들은 소외와 자아의 재정복 사이의 변증법을 채택했다. 프롤레타리아트는 완전히 소외되어 있는데, 정확히 그런 이유로 이 계급은 진정한 상호주체성을 실현할 수 있다는 것이다. 하지만 또한 실존주의자들은 의식하지도 못한 채 "교조주의"에 빠지게 된다. 그들은 특정한 사회들을 보편적 유형에 비추어 본 다음, 그들 나름의 이중의 자의적인 기준에 따라 어떤 사회는 비난하고, 또 어떤 사회는 보편적 유형을 대표하면서 초역사적supra-historique 진리에까지 고양되었다는 구실로 찬미하기도 한다.

마르크스주의는 그 안에 교조주의의 잠재성을 안고 있다. 마르크스는 미래의 혁명을 전前 역사의 종말이라고 부르면서, 생성에서 인간 조건에 고유한 불확실성을 띠는 인간 행동에 이론적 진리라는 위엄을 부여한다. 그런데 이 진리는 우주와 완결된 역사를 포함하는 총체의 의미를 생각하는 철학자의 전체적 세계관에서 나타나는 그런 진리이다. 마르크스는 또한 계급들의 분열에 종지부를 찍는 역할을 하

---

10   이런 원칙은 『존재와 무』의 저자에게는 자명한 것이겠지만, 그렇다고 해서 『지각의 현상학』의 저자에게도 아무 유보 조건 없이 그대로 적용될 수는 없다.

나의 특별한 계급에 귀속시킴으로써, 한 집단의 인간들을 공동의 구제를 위한 대리인들로 변형시키는 것을 정당화하고 있다. 또한 오직 폭력을 통해서만 자본주의에 내재적인 모순들이 해결될 수 있을 뿐이라고 주장한다. 이렇게 해서 우리는 평화가 전쟁에 의해 달성되고, 계급투쟁의 심화가 계급 간의 화해, 심지어는 계급의 소멸을 위한 전제 조건이 되기도 하는 기이한 철학에 이르게 된다.

마르크스의 사상에는 근본적인 오류라고 할 수 있는 하나의 해석이 있다. 그것은 모든 소외를 단 하나의 기원으로 돌리고 또 경제적 소외의 종말이 결과적으로 모든 소외의 종말이 될 것이라고 가정하는 것이다. 『유대인 문제』[11]에서 마르크스는, 정치적 천국에서 시민이 향유하는 자유와 평등을 '부르주아 사회bürgerliche Gesellschaft'에서, 즉 직업적 활동을 하면서 겪어야 하는 예속 상태와 정확히 대조시켰다. 시민의 형식적 권리가 기아飢餓 임금 수준에 몰린 프롤레타리아에게는 한낱 환상에 불과한 것이 심오한 진리처럼 여겨진다. 하지만 만일 어떤 사람이 노동자의 해방에는 정치적 자유가 함축되어 있고, 또 그것이 어떤 재산 소유 형태와 동일하다고 가정한다면, 이 심오한 진리는 끔찍한 환상으로 변하게 될 것이다.

마르크스주의가 교조주의가 될 가능성을 억제한 것은 바로 제2인터내셔널의 사상가들이 단언했던 것과 같은 역사의 결정론이다. 생산력의 발전, 생산관계의 상태, 프롤레타리아트의 혁명적 능력

---

11   *OEuvres philosophiques*, trad. Molitor, t. I, p.187.

사이의 일치를 받아들이는 한, 행동은 임의로 바뀌지 않는 환경이나 이미 예정된 흐름을 벗어나지 않기 때문이다. 저개발국은 사회주의에 도달할 수 없고, 민주주의 없는 사회주의는 사회주의가 아니다.

프랑스 실존주의자들은 역사에 대한 이런 '객관적 결정론'을 다시 취하지 않았다. 그렇기 때문에 그들은 점점 '교조주의'를 부풀렸고, 보편과 특수를 더욱더 혼동하게 되는데, 이런 혼동은 정치 사상의 주된 죄악이 되었다.

나는 '교조주의'라는 단어를 특수한 이론에 보편적 가치를 부여하는 것이라는 의미로 사용한다. 오늘날 교조주의에는 두 가지 양상이 담겨 있다. 첫 번째 양상에는 이상적 질서라는 원리가 몇몇 제도와 동일시된다. 예컨대 민주적 원리 —통치자들의 정당성은 피지배자들의 자유에 의한 인정을 전제한다— 는 영국이나 프랑스에서와 같은 절차에 따른 자유선거와 동일시된다. 그리고 황금 해안[12] 또는 뉴기니섬[13]에 선거제도를 '지금, 여기에서' 어떤 형태로 도입할 수 있는지를 연구하는 대신, 사람들은 한 나라의 선거 또는 의회제도가 시간적, 공간적 환경을 고려하지 않고 모든 곳에서 똑같이 되풀이되어야 한다는 것을 독단적으로 요구한다.

---

12   황금 해안(Côte-de-l'Or): 서아프리카 가나의 아크라에 있는 기니만 연안의 해변을 지칭한다. 금(金)의 주산지였기 때문에 '황금 해안'이라는 지명이 붙었다. 17세기 이후 치열한 식민지 경쟁의 대상지였으며, 19세기에 영국에 복속되어 지배를 받았다. 황금 해안 식민지는 1957년에 '가나'라는 이름으로 영국연방의 자치령이 되었으며, 1960년에 '가나공화국'으로 독립했다.

13   뉴기니섬(Nouvelle-Guinée): 오스트레일리아 북쪽에 있는 섬으로, 세계에서 두 번째로 큰 섬이다. 역사적으로 포르투갈, 네덜란드, 일본, 인도네시아, 오스트레일리아의 쟁탈 대상이 되었으며, 현재는 파푸아뉴기니와 인도네시아가 분점하고 있다.

이런 식의 교조주의에는 두 가지 오류가 내포되어 있다. 동의라는 민주적 원칙이 정치 질서의 유일한 원리로 승격되고, '한' 문명에서의 제도적 표현 —서구의 선거제도와 의회제도— 이 민주적 원리와 동일한 것으로 잘못 해석되어 이런 원리와 동등한 타당성을 얻게 된다.

교조주의의 두 번째 모습은 역사주의이다. 도시의 이상적 질서는 이성이나 인간의 의지보다는 역사의 필연적인 발전에 달려 있다. 관념의 여러 작용과 사건들에 의해 인간 공동체가 저절로 구현될 것이다. 그런데 철학자는 역사의 종말을 이룰 수 있을 체제의 뚜렷한 특징들을 예견하거나 알기만 하면, 역사의 섭리적 성격을 주장할 수 있게 되었다. 그러나 역사의 진리가 오직 과거를 회고함으로써만 알 수 있는 것이라면, 역사의 다음 단계가 종말이 되리라는 것을 어떻게 알 수 있을까? 또 만일 미래가 정의상 우리에게 예견 불가능한 것으로 남아 있다면, 우리는 무슨 권리로 역사의 완성을 예고할 수 있을까? 다만 헤겔 철학에서는 체계의 순환성으로 인해 이런 모순이 완전히 극복되지는 못하더라도 상당히 완화된다. 종말이 다시 시작에 연결되고, 체계를 작동시켰던 여러 모순이 종말에 가서는 극복된다면, 역사의 완성이라는 개념은 입증되지는 못한다고 할지라도 의미를 가질 수 있게 된다.

헤겔의 주제들이 통속화됨에 따라 이런 사고방식에 내포되어 있던 교조주의가 더 악화된다. 만일 역사의 종말이 보편적이고 동질적인 국가와 동일시된다면, 결과적으로 특수성이나 집단의 권리에 대한 부정이 이루어지거나 이루어질 위험이 있다. 어떤 경제적, 정치적 체제가 법령으로 이 보편적이고 동질적인 국가와 유사하다고 규정되어 보편적 위엄을 다시 갖게 된다. 여기에서는 몽테스키외의 지혜 — 같은 법칙이 모든 곳에서 유효한 것은 아니다— 가 사라지게 된다. 왜냐하면 역사의 우연성이 이른바 생성의 논리에 종속되기 때문이다. 내가 앞에서 '역사주의적 교조주의'라고 부르자고 제안했던 이런 역사철학은 분명히 모순적인 특징을 내보인다. 이런 철학은 역사주의적인 한에 있어서는 관습과 정치 체제와 가치의 다양성을 보여 준다. 그리고 이런 철학은 정치적 진리가 반성에 의해 결정될 수 있다거나, 어떤 하나의 관습을 어느 때 어느 곳에서든지 항상 타당한 규범에 따라 평가할 수 있다는 것을 부정한다. 하지만 그와 동시에 이런 철학은 다음과 같은 사실을 가정한다. 역사적 우연성은 합리적인 법칙에 따르고, 또 역사는 그 자체로 인류에게 제기된 문제들을 해결하기에 이른다는 사실이 그것이다.

　　서구의 민주주의는 정치에만 국한된 도덕적 교조주의 쪽으로 기운다. 체제들은 인류의 이상에 일치하는 유일한 체제인 민주주의(자유선거와 대의제도)에 얼마나 가까운가에 따라 그 가치가 매겨진다. 이것은 겉으로 확언되기보다는 보통 어렴풋이 느껴지는 교조주의로, 오늘날의 미국이나 프랑스의 생활 방식과 호텐토트족[14]이나 피그미족[15]의

14　　호텐토트(Hottentots): 남아프리카의 비(非)반투족 목축민족들을 가리키던 말이다. 오늘날에는 인종주의적 차별어로 여겨진다. 어원은 확실하지 않으나, '말더듬이'라는 의미를 가졌다고도 한다.

15　　피그미족(Pygmées): 성인 남자의 평균 신장이 150cm도 되지 않는 아프리카 및 동남아, 뉴기니에 걸쳐 분포하는 저신장 종족의 총칭이다. 어원은 고대 그리스어의 '피그마이오스(pygmaios)'로, '주먹(pygme)'만 한 사람을 뜻한다.

생활 방식 사이에 가치의 위계질서가 있다는 주장을 명백히 거부하는 교조주의이다. 소련의 교조주의는 역사주의적이다. 그것은 전 세계적으로 확장될 수 있는 수준까지 고양된 이상적인 체계의 도래를 완성하는 역사적 변증법이다.

이 두 가지 교조주의에는 진보의 철학이 암묵적으로 포함되어 있다. 역사의 어떤 순간에 인간은 스스로 진리를 파악하고 또 자연의 힘을 정복할 수 있다. 도덕주의에서는 이런 발견과 소유권 쟁취의 여러 단계가 뚜렷이 규정되지 않는 반면, 역사주의에서는 이따금 필요한 경우에 어떤 단계를 뛰어넘거나 다른 한 단계를 덧붙이기는 하지만 여러 단계의 순서가 뚜렷이 규정된다. 도덕주의에서는 이런 절대적이고 항상 가능한 순간에 필수불가결한 조건들을 찾지 않는다. 역사주의는 이론상 각 단계의 이로운 단절이 상황에 달려 있다고 말한다. 하지만 실제로 이 두 교조주의에서는 인간 의지의 힘과 기술의 무한한 능력에 똑같은 신뢰를 보내고 있다.

실존주의자들의 교조주의는 특히 계시적인 성격을 가진다. 희화화될 정도로 과장된 이 교조주의는 정치적 성찰을 마비시키는 지적 오류를 보여 주고 있다. 실존주의자들은 모든 인간과 사회의 일관성을 허무주의에 가까운 부정négation으로부터 시작해서 유일한 진리가 있을 수 없는 분야에서 "유일한 진리"에 대한 독단적인 주장으로 막을 내린다. 독단주의를 비판하는 것은 또한 허무주의를 비판하는 것이기도 하다. 적어도 내가 썼던 책[16]에서 주장하고자 했던 것이 바로 이것이다. 비록 사람들은 이 책에서 오직 회의주의의 증언만을 보았다고 해도 말이다.

경제적 진보와 정치적 일관성

많은 비평가는 『지식인의 아편』에 대해 —이 책에 공감을 표하는 자들조차도— 부정적이고, 또 건설적인 것은 하나도 제시하지 않으면서 반박 타령만 하고 있다고 비난한다. 이 책의 마지막에 이렇게 썼으므로 나는 이런 비난을 받을 만하다. "만일 회의주의자들이 광신주의를 잠재울 수 있다면 그들의 도래를 위해 기도를 올리자." 하지만 마지막 쪽 전체에서 내가 주장한 것은 성급한 독자들이 읽은 내용과는 정확히 반대되는 것이다. 사실, 나는 이른바 절대적 진리를 상실한 지식인들이 회의주의로 이끌리게 될 것이라는 사실에 대해 희망이 아니라 두려움을 표명했었다. "하지만 이미 혁명이나 경제 계획에서 기적적인 변화를 기대할 수 없는 사람은 정당화되지 않는 것에 복종해야 할 의무가 없다. 그는 추상적인 인간성, 전제적인 당, 부조리한 교조주의를 위해 그의 영혼을 내주지 않는다. 왜냐하면 그는 사람들을 사랑하고, 살아 있는 공동체에 참여하며, 진리를 존중하기 때문이다."

내 눈에는 "건설적"이라고 일컬어지는 많은 저작이 실제로는 세계 정부나 기업의 새로운 지위를 위한 계획들처럼 쓸모없는 것으로

16   『지식인의 아편』을 가리킨다.

드러난다. 심지어는 실현 불가능한 계획에까지 '건설적'이라는 용어가 사용되고, 가능한 것의 범위를 정하고 또 옳은 정치적 판단을 내릴 수 있게 해 주는 분석에 '부정적'이라는 용어가 붙여진다. 그런데 이 정치적 판단이란 본질상 역사적인 것이며, 현실에 초점을 맞추거나 실현할 수 있는 목적을 세워야 하는 것이다. 사람들은 종종 가치의 위계질서를 전복시키고 또 '부정적'이라는 용어를 찬사로 간주하려는 경향이 있다.

부정적이라고 불리어 마땅한 유일한 비판은, 환상을 배제하면서도 현실을 판단하거나 영원한 실재를 발견하는 데 아무런 도움이 되지 못하는 비판이다.

1917년 이전에는 어떤 마르크스주의자도[17] 공업 프롤레타리아의 숫자가 겨우 300만 명으로 전체 국민 중 소수에 불과한 나라에서 사회주의 혁명이 가능하다고 믿지 않았다. 물론 보충적인 가설을 도입해 해석을 현실과 일치시키는 것은 언제나 가능한 일이다. 러시아는 경제 발전이 늦었으며, 그로 인해 자본주의라는 사슬 중 가장 약한 고리였다. 러시아의 산업은 외국 자본에 크게 지배되고 있었다. 이런 이유로 러시아의 산업은 비록 후진 단계에 있었지만 서구에서보다 대중의 반발은 더 컸다.

이런 모든 가설도 어떤 중요한 사실들을 제거하지 못한다. 만일

---

17   마르크스가 혁명은 서구에서가 아니라 그 사회 및 정치 구조가 취약한 러시아에서 일어날 것이라고 예언했던 구절들을 발견할 수 있다. 하지만 이런 생각은 『정치경제학 비판을 위하여』의 서문에서 볼 수 있는 고전적 이론과는 양립하기 어려운 것이다.

좌파 지식인들이 고의로 잊어버리지만 않는다면 여기에서 다음과 같은 사실을 다시 상기할 필요도 없을 것이다. 스스로 마르크스주의를 요구하는 혁명은 자본주의의 전형적인 발전이 이뤄지지 않은 나라들에서만 성공했을 뿐이라는 사실이 그것이다. 서구에서 공산당 세력은 자본주의의 발전과 반비례하는 것처럼 보인다. 프랑스와 이탈리아에서 혁명 정당의 세력이 커진 것은 자본주의의 역동성 때문이 아니라 이 역동성의 마비 때문이다.

　　이런 주요 사실들로부터 두 가지 결론이 즉각 도출된다. 하나는 이론적인 것인데, 즉 『정치경제학 비판을 위하여』에서 발견되는 역사적 유물론에 대한 고전적 해석 중 하나와 관련된다. 인류가 스스로 해결할 수 있는 문제만을 제기한다는 관점은 분명 잘못이며, 생산관계가 생산력의 발전에 따라 결정된다거나, 소유권의 형태가 생산력의 발전 정도에 따라 규정된다거나, 경제의 움직임이 자동적이거나 또는 그 자체의 결정론에 따른다는 주장도 오류이다. 프롤레타리아트와 자본주의가 팽창하기도 전에 볼셰비키 정당의 힘이 강해진 것은 예외적인 환경(전쟁, 식량 통제의 어려움, 전통적 체제의 붕괴)의 덕분이었다. 레닌과 그를 추종한 볼셰비키가 권력을 장악했고, 국가의 형태와 통치자들의 생각은 경제 조직의 반영일 수도 있지만 또한 경제 조직을 결정할 수 있다는 것을 입증했다.

　　두 번째 결론은 역사적인 것으로, 생산력의 발전과 자본주의에서 사회주의에로의 이행 사이에는 평행론이나 일치가 존재하지 않는다는 것이다. 누구라도 이른바 자본주의 체제(생산수단의 사적 소유와 시장

제도)를 가진 국가가 언젠가 이른바 사회주의 체제(생산수단의 공적 소유와 시장 제도의 철폐나 축소)에 도달하게 될 것이라고 독단적으로 언명할 수 없을 것이다. 이런 의미에서 스탈린주의에 따르지 않는 마르크스주의자라면 제너럴 모터스General Motors사는 더 이상 개인 소유를 대표하지 않는다고 말할 수 있을 것이다. 왜냐하면 이 회사의 주식을 수천 명이 나누어 가지고 있기 때문이다. 경영진을 주주와 노동자와 국가로 구성된 총회 밑에 두기만 하면, 어떤 마르크스주의자라도 주저 없이 사회주의적이라고 이름 붙일 수 있는 상태에 이르게 된다. 시장의 메커니즘에 대해서도 이런 종류의 지적을 할 수 있는데, 현재는 그 영향권이 점차 줄어들고 계획경제 영역이 점점 늘어나고 있다.

장기적으로 이런 전망이 아무리 타당해 보인다고 해도, 사회주의가 소비에트 체제를 의미하고, 자본주의가 서구 국가들의 체제를 의미하는 것이라면, 사회주의와 자본주의 사이의 현재의 경쟁은 미래와 과거의 투쟁, 즉 산업사회의 발전의 두 단계 사이의 투쟁과는 아무런 공통점도 가지지 않을 것이다. 지금 당장에 문제가 되는 것은 산업화의 두 방법 사이의 경쟁이다. 미국 경제를 가장 효율적으로 운영하는 가장 좋은 방법이 반드시 인도나 중국의 산업화를 진행하거나 촉진시키는 것이라고 말할 수는 없다.

바꿔 말해서 마르크스적 방법에 따라 세계의 정세를 스탈린주의적으로 해석하는 것을 방해하는 것은 아무것도 없다. 경제 성장 단계를 참조해 보면, 소련식의 계획경제는 19세기 초반에 서구의 산업화가 부과했던 희생보다 더욱 가혹한 희생을 대중에게 강요하는 대가로 앞선 국가들을 따라잡으려는 조잡한 기술이었던 것이다.

이처럼 생산력의 우위를 주장하는 마르크스주의적 비판은 여러 가지 사회 경제체제에 대한 전망을 제시하고 있다. 이런 전망에서 서구식의 체제가 가장 앞선 형태이고, 19세기 유럽의 자유주의와 20세기의 소비에트주의는 시대에 뒤진 두 가지 양식이다. 이런 비판에 동의하지는 않더라도, 대중의 생활 수준을 낮춤으로써 거대한 산업을 건설한 사회주의와 생활 수준을 향상시키고, 노동 시간을 단축했고, 노동조합의 결속을 허용한 자본주의를 다음과 같은 태도로 평가할 수 없다는 것은 사실이다. 즉, 이 두 체제가 한 세기 전에 마르크스가 고려했던 것 그대로라든가 또는 여러 사건에 반박되어 온 체제에 의해 그가 미리 상상했던 것 그대로라고 생각하는 태도가 그것이다.

따라서 사회주의-자본주의 사이에서의 선택과 소비에트주의-서구 유형의 사회 사이에서의 선택을 구별하는 것이 합당하다. 또한 그와는 별개로 급속히 확장하는 서구 사회(미국), 완만하게 확장하는 사회(프랑스), 그리고 여러 저개발 사회에 어떤 개혁이 도입되어야 하는가의 문제를 제기하는 것도 합당하다. 중국, 소련, 북한, 체코를 사회주의라는 같은 범주에, 프랑스, 미국, 이집트와 인도를 자본주의라는 같은 범주에 넣는 것은, 분명 아무것도 이해하지 못하면서 모든 것을 뒤섞는 것이다. 경제 성장 이론과 성장 단계를 참조하면, 최소한 다른 사람들이 혁명적이라고 불렀고, 우리가 수십 년간 비난해 왔고 또 메를로퐁티가 오늘날 비난하고 있는 오류는 피할 수 있게 된다. 소련을 공기업에 따라 규정하고, 미국을 사기업에 따라 규정하는 오류를 말이다.

　　이런 역사적 오류를 비판함으로써 우리는 자본주의-사회주의의 변증법과 동일시되는 소외에 대한 마르크스주의의 변증법에 초역사적 가치를 부여하는 철학적 오류를 피할 수 있다. 이는 소외의 변증법에 초역사적 진리가 없기 때문이 아니다. 인간은 제도를 창조하지만, 자신의 창조물인 제도 속에서 자신을 상실한다. 자신의 실존에서 스스로를 낯설게 느끼는 인간이 제도를 문제 삼는 것은 역사적 운동의 원천이 된다. 교조주의는 다음과 같은 암묵적이거나 명백한 주장으로부터 기인한다. 즉, 경제적 소외가 모든 소외의 핵심적인 원인이며, 생산수단의 사적 소유가 모든 경제적 소외의 일차적 원인이라는 주장이 그것이다. 일단 이런 일원론을 배제하고 나면, 여러 체제의 경제적, 사회적, 정치적인 장점과 단점을 이 체제들 내에서, 또 그 성장의 단계에 따라 합리적으로 비교하는 것이 가능해진다.

　　우리 시대에 가장 공통적으로 추구되는 두 가지 목표 또는 경제적 가치는 국민총생산의 증가와 소득의 평등한 분배이다. 국민총생산의 증가에 대한 관심이 평등한 분배에 대한 관심에 대해 동일한 조치를 취한다는 영감을 주는가? 산업 사회가 여러 발전 단계에서 소득의 균등화를 위해 똑같은 조치를 취하는가? 임금의 편차를 확대시키는 것이 생산성에 유리한가? 전체적으로 두 가지 목표 —부와 평등적 정의— 는 부의 증가와 함께 불평등이 감소한다는 사실로 보아, 서로를 배척하는 것은 아니다. 하지만 각 시기마다 이 두 가지 목표에 대한 참조가 근본적인 선택은 아니더라도 애매한 절충을 강요할 수 있다.

하지만 우리가 방금 지적한 두 가지 기준만이 있는 것은 아니다. 집단 노동의 관리자들에게 부여되는 힘을 제한하는 것은 정치적인 성격을 가진 기본적인 요구와 일치하는 것처럼 보인다. 하지만 엄격한 훈련과 지도자의 권위가 생산성에 유리하게 작용할 수도 있다. 사적 소유제도와 공적 소유제도의 산출량을 비교해 보고, 또 절대 권력이 지배하는 공적 소유제도와 민주화된 사적 소유제도의 산출량을 비교하다 보면, 효율성과 인간의 이상理想 사이의 모순이 드러날 수도 있다.

이런 식의 문제 제기는 분명히 두 가지 비판으로부터 비롯될 수 있다. 그 하나는 '사회학적 비판'이다. 이 비판은 하나의 요소(소유권의 형태, 균형을 이룩하기 위한 절차)가 경제 체제의 주요 특징을 결정한다고 보는 인과적 일원론에 대한 비판이다. 다른 하나는 '철학적 비판'이다. 이 비판은 실존주의자들이 소외의 변증법, 즉 마르크스가 사회학적 해석을 함으로써 구체적인 가치를 가질 수 있었고, 이런 해석이 없다면 단지 형식적일 뿐이고 또 모든 체제에 적용될 수 있는 변증법에 대한 비판이다.

이런 다원적인 생각은 총체를 파악하고, 하나의 정치경제 체제, 나아가 소련이나 미국의 체제를 통일적으로 또는 핵심적으로 포괄하는 것을 금지하지 않는다. 이런 절차는 아무리 불확실하더라도 과학적으로 정당하며, 또 정치적으로 반드시 필요하다. 그리고 이런 절차는 모든 체제에 공통되는 특징과 각 체제에 고유한 장점이나 단점을 드러내는 분석이 선행된 후에 이루어져 할 것이다.

현대의 모든 경제 체제의 특징은 수백만에 달하는 공장 노동자의 존재에 있으며, 비숙련 노동자에 대한 숙련 노동자의 비율은 소유권의 상태보다는 기술에 더 좌우된다. 공장 노동자들은 자신이 수행하는 과업의 의미를 완전히 파악할 수 없는 상태에서 집단적 행정 조직에 통합되거나 노동에 파묻히게 될 것이다. 그렇지만 노동자들이 처한 상황은 임금의 액수, 임금 편차의 폭, 공장이나 사업 내에서의 인간관계, 노동조합과 그 지도자와의 관계에 따라, 그리고 이 노동자들이 갖는 참여 또는 소외의 감정(이 감정은 여러 요인 중에서 그들이 받아들이는 이데올로기와 사회에 대한 관념에 따라 결정된다)에 따라 상당히 다양하다. 프랑스나 미국의 자본주의식 공장에서 일하는 노동자는 착취당하고 있고, 소련식의 공장에서 일하는 노동자는 착취당하지 않는다고 말하는 것은 종합적 사고가 아니라 넌센스에 속한다. 그것은 현실을 탐구하는 수고를 언어의 유희로 대체해 버리는 편리한 방법일 뿐이다.

비판에서 합리적 행동으로

　　정치는 행동이다. 정치 이론은 사건에서 결정화되어 나타나는 행동에 대한 이해이거나 주어진 상황에서 가능하거나 바람직한 행동을 결정하는 것이다. 만일 완결된 행동이 법칙이나 변증법을 따르지 않는다면, 나는 여기에서 과거와 미래, 지식과 실천이 하나의 체계 안에서 통일되는 마르크스주의의 이론과 맞먹는 그런 이론을 제시할 수 없을 것이다. 세계의 현재 상황을 경제적 해석의 맥락을 기준으로, 저개발국, 뒤쳐진 서구의 여러 나라, 그리고 가속적으로 성장하고 있는 서구 국가에서[18] 제기되는 문제가 각각 다르기 때문에, 진정한 이론은 다양한 해결책을 보여 주고 또 보여 주어야만 한다.

나는 분명 우리가 겨냥해야 할 목표들이나 그 위계질서를 가리키지는 않았다(나는 일부러 목표들에 대해 논의하는 것은 삼갔다). 하지만 이 목표들은 실제로 근대 문명에 의해 이미 절대적인 방식으로 규정된 것이다. 그것들은 앞으로 승리를 거둘 좌파에 속한 자들의 목표이다. 그런데 그들은 자신들의 승리 그 자체에 의해 패배할 위험을 안고 있다. 나는 그들의 가치를 문제 삼지는 않았다. 만일 그들의 가치들이 서로 모순될 수 있다는 것과 동시에 우파의 이론이 그 가치들이 부분적으로만 옳다는 것을 보이고자 한다면, 단지 그들이 가진 '모든' 가치를 명확히 제시하는 것으로 충분하다.

우리 시대에 가장 주요한 사실은 사회주의도 자본주의도 아니며, 국가 혹은 기업의 개입도 아니다. 그것은 산업과 기술의 거대한 발전이다. 그리고 디트로이트, 비양쿠르, 모스크바, 코벤트리[19] 등과 같은 도시에서 볼 수 있는 노동자들의 모임이 그 상징이다. 산업 사회는 유類 개념이고, 미국과 소련의 사회는 거기에 속하는 종種 개념이다.

어느 국가나 어느 당도 의식적으로 산업 문명을 거부하지 않고

18　물론 이 세 유형의 나라들만 있는 것은 아니다. 나는 단순화된 유형을 제시하고 있을 뿐이다.
19　코벤트리(Coventry): 영국 웨스트 미들랜즈주의 도시로 버밍엄 남동쪽에 있는 위치해 있다.

또 거부할 수도 없다. 산업 문명은 대중의 생활 수준의 기반일 뿐만 아니라 또한 군사력의 토대이다. 엄밀하게 말해 이슬람 또는 아시아 국가들의 지배계급은 그들 민중의 빈곤을 감내할 수 있을지도 모른다(만일 출산율이 너무 높은 수준으로 유지된다면, 서구의 기술로도 빈곤을 퇴치할 수 없을 것이다). 하지만 자기 나라가 산업의 부재로 인해 다른 나라에 예속된다면, 그 국가들의 지배계급이 이것을 감내하기는 어려울 것이다. 간디의 모국인 인도의 통치자들이 소련에서 깊은 인상을 받고 또 가끔 매혹을 느낀 것은 풍요의 본보기로서라기보다는 오히려 힘의 본보기로서인 것이다.

경제적 진보라는 지상 명령을 받아들이면서 우파 사상가들도 인류의 생존 조건이 한 세대에서 다른 세대에 이르기까지 불안정하다는 사실을 인정하게 되었다.[20] 좌파에서도 역시 이 지상 명령을 받아들이면서 자신들의 다양한 목표 사이의 양립 가능성이나 불가능성을 생각하게 된다.

노동자의 생활 수준은 기업의 소유 형태보다는 오히려 노동 생산성에 달려 있다. 그리고 소득 분배가 반드시 계획경제 체제에서보다 개인 기업과 자유 경쟁 체제하에서 더 왜곡되지 않는 것으로 나타나고 있다. 좌파가 경제적 영역에서 성장과 공정한 분배라는 두 가지 목표를 추구하는 경우, 공적 소유와 계획경제가 필수적인 수단이 아

---

20   경제적으로 진보적인 사회에서 보수주의가 어떤 의미를 가지는가에 대해서는 한번 생각해 볼 만하다.

니다. 사회주의적 교조주의는 시대착오적인 이데올로기에 대한 애착에서 기인했다. 신화에 대한 비판이 곧바로 선택으로 이어지는 것은 아니다. 신화에 대한 비판을 통해 우리는 오히려 국민이 경험하게 될 체제에 대해 합리적으로 생각해 볼 수 있게 된다.

하지만 어째서 나는 선택의 문제를 다뤄야 하는가? 미국인들도 영국인들도 프랑스인들도 소련인들도 여러 체제 중 하나를 선택해야 했던 것은 아니었다. 미국인들과 영국인들은 그들 체제에 만족하고 있고, 앞으로 일어나는 사건에 따라 이 체제를 수정해 나갈 것이다. 만일 위기가 발생한다면, 그들은 주저 없이 개입할 것이다. 이것은 그들이 인정하든 부인하든 간에 일종의 계획경제로 이행하는 것이라 할 수 있다. 혁명적 신화의 위광을 없애고, 또 사람들이 이데올로기적이라기보다는 기술적인 문제를 합리적으로 해결하려고 노력하게끔 하기 위해 좌파 경제의 목표가 서구의 체제에서 성취될 수 있다는 사실을 보여 주는 것만으로도 충분할 것이다.

프랑스의 경우는 특별하다. 프랑스 경제는 활력의 부족으로 어려움을 겪고 있다. 프랑스의 지리적 환경과 국민 감정은 소련 체제의 모방이나 도입을 배제한다. 더구나 대다수의 프랑스인이(PCF에 투표하는 사람들까지 포함해) 소련 체제를 직접 경험하자마자 가지게 되는 혐오감은 더 말할 나위가 없다. 그때부터 비판은 유익한 사회적 격변에 대한 향수를 흩어 버림으로써 건설을 위한 노력에의 길을 열어 주게 될 것이다.

프랑스에서는 소비[21]와 같은 소위 좌파 경제학자나 나 같은 소위 우파 경제학자 사이에 큰 차이가 없다. 분명 소비는 가끔 사회 정체의 주요 요인이 봉건적인 세력이라고 주장한다. 그는 강자들뿐만 아니라 약자들도 변화에 저항하며, 또 사용자조합과 마찬가지로 공무원조합이나 농민조합이나 노동조합도 맬서스주의로 경도된다는 사실을 모르지 않았다. 그는 1936년의 인민전선[22] 정부가 무지 때문에 어느 정도까지 맬서스적이었는지를 누구보다도 잘 보여 주었으면서도, 맬서스주의적 우파에 맞서 팽창주의적 좌파의 전설을 조장하곤 한다.

내가 보기에 한 정당에의 가입은 근본적으로 중요한 문제가 아니다. PCF에 가입하는 것은 세계와 역사를 이해하는 하나의 체계를 선택하는 것이다. 사회당이나 인민공화운동MRP[23]에 가입하는 것은 정신적 가족이나 사회를 대표하는 어떤 것에 충성심 또는 적어도 공감을 증명해 보이는 것이다. 나는 공산주의자들의 체제에 비교될 만한 어떤 체제의 정당성을 믿지 않는다. 그러니까 나는 우파나 좌파, 사회주의자나 급진주의자, MRP나 독립주의자들의 세계관Weltanschanung이나 정치적 입장에서 동떨어져 있다고 느낀다. 상황에 따라 나는 특정 정당이나 특정 운동에 찬성하기도 하고 반대하기도 한다. 1941년인가

---

21   알프레드 소비(Alfred Sauvy, 1898-1990): 프랑스의 인구 경제학자, 역사가로, 냉전 기간에 소련 진영이나 미국과 서유럽 진영에도 속하지 않은 국가들을 언급하여 '제3세계(Tiers Monde)'라는 용어를 고안해 냈다.

22   인민전선(Front populaire): 1936년 프랑스 제3공화국에서 사회주의 정당인 SFIO(Section française de l'internationale ouvrière; 국제노동자협회 프랑스 지부)와 좌파 자유주의 정당인 급진당(Parti Radical), 그리고 PCF가 연합해 수립되었다. 그해 총선에서 승리해 집권에 성공했으며, SFIO의 당수인 레옹 블럼을 총리로 하는 연립 내각을 구성했다.

23   MRP(Mouvement République Populaire): 자유쥬의적 가톨릭 신도들이 해방 직후에 형성한 단체로, 정치적 입장이 뚜렷하지 않으며, 때로는 좌파와 때로는 우파와 연합했다.

1942년에 나는 드골주의자들이 국외에서 비시Vichy 정권의 '반역'을 규탄하는 것을 그다지 탐탁하게 여기지 않았다. 1947년에는 RPF(프랑스국민연합)[24]가 추진하는 헌법 개정이 바람직하다고 판단했다. RPF의 시도가 실패로 돌아가자 사회공화주의자들은 체제의 결점을 더 악화시켰고, 나는 그들의 행동에 보조를 맞출 수도 없었으며, 그 불행한 결과에 대해 침묵을 지키고 있을 수도 없었다. 아마 이런 태도는 정치적 행동의 윤리(또는 비윤리)에 위배되는 바일 것이다. 하지만 이런 태도가 저술가의 의무에 위배되는 것은 아니다.

좌파는 계몽시대의 운동의 산물이다. 좌파는 지적 자유를 모든 것의 우위에 두고, 바스티유 감옥을 부수고자 하며, 천연자원의 이용을 통해, 그리고 미신의 추방과 이성의 지배를 통해 부富와 정의가 동시에 꽃피기를 열망한다. 내가 보기에 사이비-합리주의적인 미신을 공식적 이데올로기로 끌어올린 일당 독재에 대해 유리한 편견을 갖는 것은 좌파 지식인들의 명예를 떨어뜨리는 것이다. 그들은 계몽시대의 유산의 정수精髓 —이성의 존중, 자유주의— 를 희생시키고 있다. 그리고 그들은 그 어떤 것도 정당화할 수 없는 시대에 이런 유산을 희생시키고 있다. 왜냐하면 최소한 서구에서는 경제적 팽창으로 인해 의회나 정당이나 사상의 자유로운 토론이 억압되는 결과가 발생하지 않았기 때문이다.

여기에서 다시 신화에 대한 비판은 직접적으로 긍정적인 기능

---

24   RPF(Rassemblement du peuple français): 1947년에 샤를 드골에 의해 창립된 프랑스 정당이다.

을 갖게 된다. 그렇다면 지식인들은 어떻게 이런 부정으로 이끌렸을까?[25] '일원주의적' 오류를 통해서이다. 그러니까 마르크스주의자들은 궁극적으로 정치를 무시한다. 그들은 경제적 지배계급이 권력을 소유한다고 주장한다. 프롤레타리아가 지배계급의 반열에 오르는 것은 대중의 해방을 의미할 것이다. 경제적 소외의 기원을 생산수단의 사적 소유에서 찾아낸 것처럼, 마르크스주의자들은 일련의 언어상의 등식에 의해 생산도구의 공적 소유와 한 정당의 전지전능한 지배가 계급 없는 사회와 동등하다는 어이없는 결론에 도달한다(당의 권력 = 프롤레타리아트의 권력 = 사적 소유제의 철폐 = 계급의 철폐 = 인간 해방).

소련의 방법으로든 서구의 방법으로든 경제가 팽창한다고 해서 정치적 가치의 존중이 보장되는 것은 아니다. 전체적인 부의 증가나 심지어 경제적 불평등의 감소에 지적 또는 개인적 자유의 보장이 함축되어 있는 것도 아니고, 대의제도의 유지가 함축되어 있는 것도 아니다. 토크빌[26]과 부르크하르트[27]가 한 세기 전에 분명하게 보았던

---

25   그 심리적인 이유에 대해서는, 그것이 의식적이든 무의식적이든, 여기에서 언급하지 않겠다. 『지식인의 아편』에서는 그 심리적인 이유가 암시되었을 뿐인데, 그에 대해 수많은 비판이 쏟아졌다. 좌파 지식인은 사업가들이나 모든 우파 작가를 노예주의 지지자들이나 비꼬기만 하는 사람들이라고 여길 권리를 가지고 있다. "계급적 이익"이 한편에만 국한된 것이 아니라고 말하는 것은 커다란 반역이 된다. 그리고 뒤베르제는 주저하지 않고 오직 피억압자들을 옹호하고, 불의에 맞서 싸우고자 하는 이상화된 지식인상을 그려 낸다. 참으로 교훈적인 모습이다.

26   알렉시스 드 토크빌(Alexis de Tocquville, 1805-1859): 프랑스의 정치철학자, 역사가로, 외무장관을 역임했다. 제정기로부터 왕정복고, 7월 왕정, 제2공화제, 제2제정이라는 격동의 시대를 살았다. 자유주의 정치 전통을 옹호하면서 영국의 자유주의자들과 교류했고, 존 스튜어트 밀에게 큰 영향을 주었으며, 미국의 민주주의 제도에 큰 관심을 가졌다.

27   야코프 부르크하르트(Jacob Burckhardt, 1818-1897): 스위스의 미술, 문화사 분야의 전문 사학자로, 문화사의 중요한 선구자의 한 사람으로 평가된다. 특히 르네상스 시대에 대한 연구로 유명하다.

것처럼, 귀족 정치의 요소 없이 단지 상업 정신과 부에 대한 끝없는 욕망에 의해 활성화되는 사회에서는 다수의 획일적 전제와 괴물 같은 국가에 의한 권력 집중이 나타나기 쉽다. 프랑스에서 경제적 진보의 지연으로 인해 어떤 긴장이 발생하든지 간에, 장기적인 역사적 관점에서 가장 어려운 과제는 집단적인 부의 증가를 보장하는 것이 아니라 대중사회가 전제정치로 미끄러질 위험을 피하는 것이다.

나는 프랑스에서 경제 성장의 가속화를 주장하는 좌파 지식인들에 반대하지 않는다. 어쩌면 내가 그들보다 성장의 대가代價에 더 민감할 수도 있다. 그들이 소련이라는 모델에 대한 유혹을 가지고 있지 않다면, 나는 본질적인 문제에 대해서는 그들에게 동의한다. 나는 그들에게 항상 그들로 하여금 서구에 반대하게 하는 편파성을 비난한다. 그러니까 그들은 저개발국의 공업화를 촉진시키기 위해 공산주의를 받아들일 준비가 되어 있으면서도, 모두에게 공업화에 대한 교훈을 줄 수 있는 미국에 대해서는 적대적이다. 소련이 문제일 때는 경제적 진보가 아시아나 심지어 유럽의 국가적 독립을 파괴하는 것을 정당화시킨다. 반면, '유럽의 식민지'가 문제일 때는 민족자결권이 엄격히 적용된다. 서구인들이 키프로스 공화국[28]이나 아프리카에서 행한 반쯤 폭력적인 탄압은 가차 없이 비판되지만, 소련에서의 가혹한 탄압과 주민 이주는 무시되거나 용서된다. 서구의 민주적 정부에 대항

28 키프로스(Chypre)[영어로 사이프러스(Cyprus)] 공화국: 지중해 동부에 있는 섬나라로, 북쪽으로는 튀르키예, 동쪽으로는 시리아, 레바논, 이스라엘, 서쪽으로는 그리스, 남쪽으로는 이집트와 접한다. 키프로스는 지중해에서 세 번째로 큰 섬이며, 인기 관광지이기도 하다.

하기 위해 민주적 자유를 내세우지만, 이 민주적 자유가 자칭 프롤레타리아적인 정부에 의해 사라지는 것은 용서가 되는 것이다.

회의주의와 신념

　나는 『지식인의 아편』이 부정적인 책으로 여겨지는 이유를 전체적으로 설명했을까? 분명 그렇지 않다. 그리고 내 자신이 다른 이유가 있다는 것을 알고 있다.

　많은 독자는 나의 반대자들 중 한 사람이 가톨릭 지식인 센터 Centre des Intellectuels catholiques에서 "나의 극적인 무미건조함"이라고 부른 것에 대해 짜증이 날 것이다. 나는 이런 식의 주장에 답을 하는 것을 아주 싫어한다는 것을 밝힐 필요가 있어 보인다. 자기의 감정이 고귀하다거나 자기 반대자의 감정이 이기적이고 저열하다고 말하고 다니는 사람들은 노출주의자들이다. 나는 결코 고통에 어떤 미덕이나 어려움이 있다거나, 또 타인의 고통에 대한 동정이 『르몽드』, 『레 탕 모데른』, 『에스프리』, 『지적 생활La Vie intellectuelle』 등에 기고하는 사람들의 특권이라고 생각한 적이 없다. 정치적 분석은 감정이 배제될 때 가장 훌륭한 것이다. 명석함에는 노력이 동반되지만, 정열은 저절로 빠른 속도로 나아간다.

　나는 나와 가깝게 느껴지는 메를로퐁티가 사르트르를 반박하면서 "멀리서 혁명을 환호하기만 한다고 빈곤이 없어지는 것은 아니다"라고 쓴 것을 비판한다. 물론 그렇게 쉽게 빈곤을 없앨 수 있는 것은 아니다. 하지만 어떻게 특권을 누리고 있는 우리가 빚을 모두 청산할 수 있는가? 내 생애 동안 다른 사람들의 불행 때문에 살아갈 수 없었던 단 한 명의 사람을 보았다. 시몬 베유[29]가 그 장본인이다. 그녀는 자기의 길을 걸어갔고, 끝내 성자이기를 추구했다. 인간들의 불행으로 인해 살아가는 데 방해를 받지 않는 우리는 적어도 그것이 우리의 사고에 방해가 되지 않게 하자. 우리는 우리가 고귀한 감정을 입증하기 위해 어리석은 말을 해야 한다고 믿지 않는다.

나는 또한 여러 적대자와 심지어 나의 친구들까지도 나를 성급한 비난으로 끌어들이려는 것을 거부한다. 나는 뒤베르제[30]처럼 "좌파는 약자들, 피억압자들, 희생자들의 정당이다"라고 말하기를 거부한다. 왜냐하면 이런 정당, 즉 시몬 베유가 속한 정당은 우파도 좌파도 아니기 때문이다. 그런 정당은 영원히 피정복자들의 편에 있으며, 모두가 아는 것처럼 뒤베르제는 거기에 속해 있지 않다. 나는 "현재 사회의 불의에 대해 유일한 포괄적인 이론을 제공하는 것은 마르크스주의뿐이다"라고 말하기를 거부한다. 그렇게 말하는 것은 생물학자들이

---

29   시몬 베유(Simone Weil, 1909-1943): 프랑스의 철학자, 신비주의자, 정치 활동가로, "가장 인간적인 문명은 육체노동을 최고의 가치로 삼는 문명"이라고 주장하면서 직접 공장에서 일을 하기도 하는 등, 20세기 좌파 지식인으로서는 이례적인 행보를 선택하기도 했다. 사회의 기저에는 항상 정신노동과 육체노동의 이분법이 도사리고 있고, 육체노동에 비해 정신노동을 높이 평가하는 생각이 팽배하며, 또한 이 사회의 최고의 상급자는 가장 정신적인 노동을, 그리고 최하의 계층은 가장 육체적 노동을 담당하게 된다고 주장 끝에, 이런 사회의 구조를 붕괴시키는 것을 투쟁 목표로 삼고 활동했다.

30   모리스 뒤베르제(Maurice Duverger, 1917-2014): 프랑스의 정치학자이자 법학자로, 정당 체제와 선거 제도 등에 대한 연구로 유명하다.

종의 진화에 대해 유일한 포괄적인 이론을 제공해 준 것은 다윈의 이론뿐이라고 말하는 것과 같다. 나는 자본주의 자체 또는 부르주아지 자체를 비난하고, 또 지난 반세기 동안 프랑스에서 저질러진 잘못에 대한 책임이 '봉건 영주들'에게(어떤 봉건 영주들인가?) 있다고 주장하기를 거부한다. 모든 사회에는 지배계급이 있으며, 오늘날 그 뒤를 이어 지배해 보겠다고 나서는 정당은 현재 사회보다 더 나쁜 사회를 낳을 것이다. 나는 사회의 불의'들'을 비난하는 데에 동의한다. 하지만 마르크스주의 이론에 의해 생산수단의 사적 소유에 그 원인이 있다고 여겨지는 사회적 불의 '그 자체를' 비난하는 데에는 동의하지 않는다.

나는 나에 대해 선의의 감정만을 가진 에티엔 보른[31]이 우정을 담아 다음과 같이 말로 나를 책망한 것을 알고 있다. "사물이 현재와 다른 어떤 것이 될 수 없다는 것을 반박할 수 없는 이유를 들어 설명하는 데 대단한 재능을 펼쳤다." 내가 보수주의보다는 유토피아주의를 더 자주 공격한 것은 사실이다. 하지만 내가 보기에 현재 프랑스에서는 이데올로기를 비판하는 것이 개혁을 촉진하는 한 방법이다. 르블롱 신부Père Leblond뿐만 아니라 에티엔 보른도, 내가 현재는 양립할 수 없는 가치들이 역사의 지평선에서 조화될 수 있다는 것을 보여 주지 않는다고 일간신문이 아니라 철학의 차원에서 비난한다. 이런 책망은 세상이 죄악으로 부패했다고 믿는 가톨릭 신도로부터 제기된 기이한 비난이다.

---

31   에티엔 보른(Etienne Borne, 1907-1993): 프랑스의 철학자로, 민주기독 계열의 저널리스트로 활동했다.

나는 정치적, 경제적 행동의 기반이 되는 사고의 다원성을 드러내 보이는 것이 핵심이라고 생각한다. 나는 이런 다원성을 일관성이 없는 것으로 여기지 않는다. 경제적 영역에서 생산성과 공평한 분배에 대한 관심은 영원히 모순적인 것도 아니고 또 일치되지 않는 것도 아니다. 정의와 성장의 조화에는 공과에 따른 적당한 상벌의 비율과 평등 사이의 타협이 요구된다. 보다 나은 생활이라는 경제적 목표는 종종 권력이라는 정치적 목표와 대립된다.

그렇다면 정치 영역에서 모든 사람의 공동체의 참여와 그들이 수행하는 과업의 다양성을 어떻게 조화시킬 것인가? 인간들은 이런 모순의 해결책을 다음과 같은 두 가지 노선 속에서 찾고자 했다.

첫 번째 노선은 각자가 수행하는 기능에 따르는 불균등한 위세에도 불구하고 모든 개인은 사회적, 정치적으로 평등하다고 선언하는 것이다. 현대 사회는 이 노선을 끝까지 추구할 것이다. 고대 도시국가에서는 시민에게만 국한되었고, 로마 제국에서도 노예나 모든 피정복자에게는 적용되지 않았던 평등의 원리를 현대 사회는 보편적으로 확대해 왔다. 하지만 민주주의가 글을 모르는 소수의 주민들에 의해 겨우 유지될 수 있었던 경제적, 사회적 평등을 복잡한 사회에서 다시 만회하려고 하면 할수록, 현실과 권리 사이의 대조는 더욱더 두드러진다. 민주 사회와 소련 사회는 현실의 중압감 때문에 사람들이 그런 이상理想을 효과적으로 실현할 수 없게 하므로, 정도는 다르지만 모두 위선에 빠지지 않을 수 없는 상황이다.

두 번째 노선은 조건의 불평등을 인정하고, 비특권자들에게 사회의 위계질서에는 보다 높은 차원의 우주적 또는 종교적 질서가 반영되어 있으며, 또 이 위계질서로 인해 개인의 기회가 박탈되거나 존엄성이 손상되지 않는다는 것을 확신시킴으로써, 불평등한 조건을 받아들이게 하는 노선이다. 카스트 제도는 불평등한 해결 방법의 극단적인 형태이다. 이 제도는 타락해 끔찍한 현상을 불러일으키기도 했다. 하지만 이 제도의 주요 원리 자체는 아주 증오할 만한 것은 아니다. 만일 불평등한 해결 방법이 본질적으로 불완전한 것이라면, 다른 해결 방법도 상황 덕분에 효과적으로 기능하지 않는 한 불완전한 것은 사실이다.

사실, 역사를 통해 보면 구원의 종교는 양 극단 사이에서 움직여 왔다. 한 극단에서 종교는 일시적 불평등의 중요성을 축소시킴으로써 그것을 허용하거나 묵인했다. 단 하나의 중요한 문제인 영혼의 구원과 비교해 볼 때, 현세의 재화나 부나 권력 같은 것이 무슨 의미를 가지고 있을까? 또한 다른 극단에서 종교는 복음의 진리라는 이름으로 사회, 경제적 불평등을 비난하고, 인간들이 그리스도와 교회의 가르침에 따라 제도를 재조직할 것을 엄격히 요구했다. 이런 두 가지 태도에는 모두 종교의 진정성이 손상될 위험이 포함되어 있다. 첫 번째 태도는 일종의 정적주의quiétisme; 靜寂主義[32]나 자기 만족적인 불의에 대

---

32   정적주의는 인간의 자발적, 능동적 의지를 최대로 억제하고 초인적인 신의 힘에 전적으로 의지하려는 수동적인 사상으로, 17세기 후반에 프랑스, 이탈리아, 스페인 등지에서 인기를 끌었던 일련의 신앙 양상이다. 특히 미겔 드 몰리노스(Miguel de Molinos, 1640-1697)의 교리가 대표적인데, 이 교리에 의하면 인간이 완전한 신도가 되는 길은 그의 능동적 노력에 있는 것이 아니라 자기를 완전히 하나님께 내맡긴 상태, 곧 완전한 수동성 상태에 있다. 한때 이단적 신앙 양상으로 여겨졌으나, 지

한 인정, 심지어는 기존 질서의 신성화로 기울어질 수 있다. 두 번째 태도는 결국에 가서 혁명적 의지를 뒷받침해 주게 된다. 그 이유는 지금까지 사회가 시민에게 장엄하게 인정한 영적 권리인 조건이나 기회의 평등을 줄 수 없었기 때문이다.

기독교 사회주의자들은(진보주의자들도 영감에 의해 여기에 속한다) 자신들만이 불의와의 타협에서 교회를 구할 수 있고, 또 자신들만이 그리스도의 가르침에 충실하다고 확신한다. 구원의 교회까지 포함해 모든 교회는 베르그송이 정적 종교religion statique[33]라고 부르는 상태에 빠지는 것을 결코 완전히 피할 수는 없다. 그들은 자기들이 청년 교육 또는 성찬식(또는 우리 시대에는 몇몇 특권)의 독점을 인정해 주는 권력을 정당화하려는 경향이 있다. 정치적으로 보수적인 성향의 기독교인들과 학교나 수도원에 관심을 가지는 성직자들은, 자기들이 사회적 불평등에 대한 반半무관심을 정당화할 목적으로 진짜 문제는 정치의 광장Forum에서 해결되지는 않는다는 점을 종종 상기시킨다. 그 반대의 극단에서 진보주의자들은 역사적 희망, 즉 세속적인 희망을 끝까지 추

---

[33] 베르그송이 『도덕과 종교의 두 원천』(1932)에서 제시하고 있는 두 유형의 종교 중 하나로, '동적 종교(religion dynamique)'와 대조되는 종교이다. 실제로 베르그송은 도덕과 종교의 두 근원을 '닫힌 사회'와 '열린 사회', 그리고 이에 대응하는 '정적 종교'와 '동적 종교'에서 찾고 있다. '닫힌 사회'는 개인과 사회의 생존 본능에 충실하며 타자와의 생존 경쟁과 자기 보호에 몰두하는 사회다. 반면, '열린 사회'는 이기적인 생존에 몰두하는 폐쇄성을 넘어서 탈국가적인 인류 전체에 대한 사랑을 실천하며 인류의 진보를 열망하는 사회이다. 그 연장선상에서 '정적 종교'는 '닫힌 사회'의 종교로서, 억압의 수단이나 방법으로 변질될 가능성이 많은 폐쇄된 종교로 이해되는 반면, 동적 종교는 '열린 사회'의 종교로서, 인류애를 지향하는 열망의 도덕을 강화하는 무한한 열림의 종교로 이해된다. 요컨대 '정적 종교'가 자연적 본능에서 유래하는 비합리적 미신의 성격을 지닌다면, '동적 종교'는 깨어난 직관에서 유래하는 신비주의의 성격을 지닌다.

금은 로마 가톨릭의 수도원 등에서 영성 프로그램으로 그 생명력을 유지하고 있다.

구하고 있다.

나는 두 가지 태도 사이에서 어느 하나를 선택하지 않도록 주의할 것이다. 이 두 가지 태도가 진지하게 추구된다면 마땅히 기독교적이라고 불릴 수 있을 것이다. 아마 가장 충실한 기독교적인 정치인은 매 순간 이 두 요구 사이에서 긴장을 느끼는 사람일 것이다. 그는 인류의 정의를 위해 충분한 일을 했다고는 결코 느끼지 못할 것이고, 또 이런 끊임없는 노력의 결과가 보잘것없다고 느낄 것이다(정말로 문제가 되는 것과 비교해서 그렇게 느낄 것이다). 그는 또한 인간의 비참함에 대해 체념하지도 않을 것이고 죄악도 잊지 않을 것이다.

우리 시대에 프랑스의 추세는 복음주의적 사회주의로 기울고 있는데, 적어도 파리의 가톨릭 지식인 사회에서는 그렇다. 사람들은 '교단'이 학교에 너무 많은 관심을 가지고 있고, 또 국가로부터 보조금을 얻으려고 헛된 노력을 하면서, 무니에[34]의 표현을 따르자면, "기존의 무질서"와 위험한 관계를 맺고자 한다고 비난하고 있다. 나는 이런 토론에서 어느 편도 들지 않았고, 또 그렇게 할 이유 또한 없다. 가톨릭이 좌파에 투표할지 우파에 투표할지는 나에게 중요한 일이 아니다. 내가 관심을 가지는 것은, 어떤 가톨릭 신도들은 지상에서 하나님의 왕국을 실현하겠다고 약속하는 정당에 매력을 느끼는 나머지 아시아나 동유럽에서 자행되고 있는 기독교 탄압마저 용인한다는 사실이다.

34　에마뉘엘 무니에(Emmanuel Mounier, 1905-1950): 프랑스의 기독교 철학자로, 『에스프리』지를 창간했다.

나는 '가톨릭 지식인 센터'에서 진보주의와는 아주 거리가 먼 한 예수회의 신부가 지상에서의 하나님의 왕국 건설을 반드시 믿지는 않더라도 희망해야 한다고 말하는 것을 듣고 적잖이 놀란 적이 있다. 그렇다면 이런 하나님의 왕국을 어떻게 규정해야 할까? 나는 가톨릭 사상가들이 마르크스주의에 의해 세속화되고 확대된 계몽시대의 낙관주의를 그렇게 쉽게 받아들이는 것을 보고 놀라움을 금할 수 없다. 내가 보기에 좌파의 편에서 공산주의자들에게 선수를 치려고 하는 것은 정치적으로 헛된 것으로 보이고, 독단이 아닌 교리의 관점에서 보아도 이론異論의 여지가 있다. 게다가 이런 기술적技術的 낙관주의는 오늘날의 전위대가 아니라 과거의 전위대의 것이다.

나는 이런 낙관주의 자체를 비판한 적은 없다. 다만 계급 없는 사회로부터 ―지상적 하나님의 왕국에 대한 유물론적 해석으로부터 ― 역사 생성의 도식으로, 하나의 계급으로, 그리고 구원의 대리자로서의 한 정당에 이르는 여러 과정을 추적해 보는 선에서 그쳤다.

결국, 세속적인 역사의 제 단계 ―사회 체제의 연속― 와 신성한 역사의 계기들인 신과 인간들(또는 개인)사이의 대화가 혼동되고 있는 것이다. 이 두 역사의 차이점을 드러내고, 또 전자의 역사만을 전적으로 믿는 사람이 후자를 믿지 않는다는 것을 상기하는 것이 합당한 일이다.

내 친구인 뒤발르 신부Père Dubarle는 뉘앙스가 풍부한 한 편의 글에서 나의 의견에 대체로 동의하면서, 이 문제는 너무 명백하므로 입증할 필요도 없다고 말하고 있다. "마지막으로 역사, 즉 인간의 경험과 이성의 수준에서 나타나는 실제적이고 구체적인 역사는, 그 꿈으로 너무나 많은 현대인을 매료시켰던 신성에 대한 세속적 대체물이 아니라는 것이 명백하다. 이런 사실들에 대해서는 충분히 많이 논의되었다. 게다가 생각해 보면, 그것들이 우리 시대에 이렇게 논의되어야 하는 사실을 보고 놀라지 않을 수 없다(아롱도 이런 놀라움을 표시하고 있다)…." 그러고 나서 그는 미묘한 물음을 제기하면서 일시적인 것과 영원한 것, 세속적인 것과 신성한 것을 엄격히 구분하는 것은 우리에게 진정한 지혜가 아니라 외관적인 명쾌함만을 가져다 줄 수도 있다고 지적하고 있다. 내가 이 물음을 제대로 이해하는지는 모르겠지만, 여기에서 답해 보도록 하자.

뒤발르 신부는 이렇게 쓰고 있다. "그렇기 때문에 기독교인은 아롱에게 다음과 같은 질문을 던질 것이다. 즉, 영원함에 대한 설교가 일시적인 인류 역사에 인간적으로 중요한 의미를 (상대적이고 부수적인 방식일지라도) 부여하려고 한다는 생각을 받아들일 수 있느냐고 말이다." 나는 "인류 역사에 인간적으로 중요한 의미를 부여하려 한다는 것"을 부정하려고 생각한 적이 결코 없다. 단어의 일반적 의미에서 신도가 아닌 내가 어떻게 철저한 허무주의에 빠지지 않고 이런 중요성을 부정할 수 있겠는가? 여기에서 토론의 대상은 "일시적인 역사의 중요성"이 아니다. 여기에서 토의의 대상은 어떤 하나의 역사 해석, 즉 인류는 계급 없는 사회를 향해 나아가고, 이런 모험에서 한 계급과 한 정당이 구세주의 역할을 할 것이라고 보는 역사 해석이 과연 진리이냐 하는 문제이다. 일단 이런 신화가 제거되면, 역사는 여전히 중요한 것으로 남아 있지만, 더 이상 예정된 결정론이나 변증법에 따르지 않게 된다. 이제 역사는 인간들에게 매 순간 항상 새롭고 영원한 과업을 부과한다. 인간들은 제도를 정의에 대한 의지에 종속시키고자 하는 노력을 결코 포기하지 않을 것이다.

국교를 배격하는 사회에서의 교회의 역할이나 성직권 존중주의의 문제는 제쳐 놓자. 뒤발르 신부는 몇 가지 이유로 이 문제를 암시했지만, 나는 그것을 다루지 않았다. 20세기 프랑스에서 교회는, 국가가 선언한 종교는 "사적인 일"이라는 점을 받아들인다. 교회는 그들이 옳다고 믿는 보편적 진리를 국가가 국민들에게 강요해 주기를 요구하지 않는다. 교회는 또한 비신도들에게도 공민권과 정치적 권리가 평등하게 주어지는 데 동의한다. 나는 뒤발르 신부가 나보다 '라이시테 laïcité',[35] 곧 세속주의에 덜 우호적이라고 생각하지 않는다.

교회가 세속적이 된다고 해서 성찬식을 관리하는 일만 하거나 정치나 경제에 대해서는 침묵을 지켜야 하는 것도 아니다. 교회는. 현세의 조직체에 기독교 정신을 불어넣고자 한다. 이런 의미에서 모든 기독교 신도는 —진보적인 기독교 신도들뿐만이 아니다— "일시적인

---

[35] 세속주의, 정교(政敎)분리, 종교 중립성 등으로 번역되는 라이시테는 1789년 프랑스대혁명 이후 국교였던 가톨릭의 특권과 정치적 영향력 배제를 위해 등장했다. 이민자가 많이 유입된 20세기 들어서는 여러 종교의 평화로운 공존을 위해 공공 영역에서 개별 종교의 표현을 자제하는 근거가 됐다. 라이시테 원칙은 1905년 법으로 제정됐고 이후 프랑스 헌법에도 반영됐다. 공공장소에서 대형 십자가나 유대교의 '다윗의 별'을 전시할 수 없는 이유다. 학교 내 히잡 금지법(2004년), 공공장소 부르카 금지법(2010년), 해변과 공공 수영장에서의 무슬림 수영복 부르키니(부르카+비키니) 착용 금지(2016년) 등도 거기에 해당한다. 문제는 이런 원칙이 특히 무슬림에 대한 차별의 수단으로 이용될 수 있다는 점이다. 그로 인해 무슬림의 반발이 커지고 있는 실정이다.

것에 영원한 것을 도입하기"를 원한다. 하지만 그들 모두가 이런 도입이 결정론적 또는 변증법적 질서에 따라 지상에서의 하나님의 왕국으로 귀결된다고 생각하는 것은 아니다. 그런데 내가 변화는 차례대로 진행된다는가 또는 이런 도입이 전체적이라는 사실을 부정하게 되면, 나는 즉각적으로 생성에 의미를 부여하는 것을 거부한다고, 또 영원한 것과 일시적인 것 사이의 교섭을 거부한다는 의심을 받는다. 이것은 이상한 오해이다. 아니, 차라리 아주 많은 사실을 드러내 주는 오해이다! 인간과 사회의 본성을 이해하는 사람이면 누구나 "기독교주의"에는 세속적인 노력이 포함되어 있고, 또 역사라는 게임에서 인간이 떠맡는 역할을 인정한다는 것을 알고 있다. 게다가 이 역사라는 게임에서 누구도 완전히 승리할 수 없고, 어쨌든 세속적인 역사는, 그것이 경제사든 사회사든, 궁극적으로 완성될 수 없다는 것도 알고 있다. 그런 만큼 기독교인도 합리주의자도 현세를 외면할 수 없다. 왜냐하면 비록 그들이 미래에 대해 아무것도 모른다 할지라도, 인간 사회의 몇몇 원리까지 모를 리가 없기 때문이다. 만일 많은 가톨릭 신도가 역사적 변증법을 거부하는 것을 두려워한다면, 그것은 그들 역시 자신들의 원리를 상실했기 때문이고, 또 실존주의자들의 방식으로 자기들에게 부족한 확신을 신화에서 찾으려 하기 때문이다.

진보주의적 가톨릭 지식인들이 신도들 사이에서 하는 역할은 실존주의자들이 불신자不信者들 사이에서 하는 역할과 유사하다. 실존주의자들은 마르크스주의의 단편들을 극단적인 개인주의와 준準허무주의적 철학에 통합시켰다. 그 이유는 그들이 인간 본성에 영원한 것이 있다는 것을 부정하면서, 법칙을 인정하지 않는 의지주의 volontarisme[36]와 신화에 기초한 교조주의 사이를 왔다 갔다 했기 때문이다. 진보주의적 기독교인들은 한 체제를 그 안에서 교회가 처하게 되는 조건에 의해 판단하기를 거부하면서 경제적 기술, 계급투쟁, 일종의 행동 방법 등에 거의 신성하기까지 한 가치를 부여하는 쪽으로 기운다. 내가 키르케고르의 후계자들이 교조주의로 전향한 것을 고발하거나, 또는 진보주의자들이 자유로운 사회에 맞서는 "혁명주의"와 공산주의 사회를 위한 "세속적 성직권 존중주의" 사이에서 동요하는 것을 고발할 때, 사람들은 나의 회의주의를 비난하고, 마치 내가 진정한 신앙을 겨냥하는 것과 같은 오해를 받는다. 하지만 나의 회의주의는 도식, 모델, 유토피아를 겨냥한다.

이런 회의주의는, 우리가 광신주의와 무관심 중 어느 것을 더 두려워해야 하느냐에 따라 유익할 수도 있고 해로울 수도 있다. 어쨌든 추상적 정열의 피해에 마침표를 찍을 수 있고, 또 인간의 원리와 시의적절한 판단을 구분할 수 있게 하는 한에서, 이 회의주의는 철학적으로 필요하다. 실존주의자들과 진보주의적 기독교인들은 모두 원칙을 가지지 못했기 때문에 계급이나 역사적 변증법에 의지해서 확신을 찾으려 한다. 현명해야 할 때 독단적인 실존주의자들은 스스로 긍정

---

36   의지라는 정신적 작용이 세계의 근본적인 원리이며, 이것으로 세계가 만들어지고 온갖 것이 나타난다고 주장하는 관념론 철학의 세계관이다. 이 주장에는 의지를 비합리적, 맹목적으로 발동한다고 보는 것과 의지는 일정한 목적 아래 세계에 질서를 부여한다고 보는 두 가지 주장이 있다. 여기에서는 전자의 주장과 관련되는 사르트르로 대표되는 무신론적 실존주의자들의 세계관을 지칭하는 것으로 보인다.

했어야 하는 것을 부정함으로써 출발한다. 그들은 '지상에서의 신'인 신중함prudence을 무시한다. 그리고 인간에게서 이성을 빼앗아 역사에 부여한다. 진보주의자들은 이제 더 이상 신앙생활이나 영혼의 모험에서 찾을 수 없을 것 같아 보이는 신성함을 혁명에서 찾고자 한다.

그렇다면 내가 반대하고 있는 것은 광신주의들이 아니라 그 안에서 드러나는 허무주의라는 것을 이해하기가 그렇게 어려운 것인가?

제2부

마르크스에 대한 실존주의적 읽기:
『변증법적 이성비판』에 대하여

사르트르는 『변증법적 이성비판』에서 마르크스주의의 진리를 계속 주장하며, 적어도 우리 시대에는 이 진리를 넘어설 수 없다고 말한다.[1] "데카르트와 로크의 '계기', 칸트와 헤겔의 '계기', 그리고 마지막으로 마르크스의 '계기'가 있다. 이 세 철학은 각각 그 시대에 독특하게 나타났던 모든 사고의 부식토, 모든 문화의 지평이 되었다. 이 세 철학은 그것을 통해 표현된 역사적 순간들이 극복되지 않는 한 뛰어넘을 수 없는 철학이다. 나는 '반마르크스주의적' 논쟁이 마르크스 이전 사상의 명백한 회생일 뿐이라고 종종 주장한 바 있다. 이른바 마르

---

1   사르트르가 『변증법적 이성비판』의 집필을 준비하고 출간했던 1950년대 중반부터 1960년까지 마르크스주의를 태동한 현실적 여건이 완전히 극복되지 않았다는 사실을 의미한다. 간단히 말해 계급투쟁과 계급 없는 사회의 건설이 여전히 유의미하다는 의미이다.

크스주의의 '극복'은 최악의 경우 마르크스 이전으로의 복귀일 뿐이며, 최선의 경우에도 극복되었다고 생각했던 마르크스 철학 속에 이미 내재된 사고의 재발견일 뿐이다."(p.17)[2] 이와 유사한 말잔치가 『변증법적 이성비판』의 곳곳에서 이루어지고 있다. "인류의 역사에 대한 유일한 해석은 변증법적 유물론이라고 나는 말했고 또 반복했다."(p.134) 나[3]는 "가치와 실천에 대한 마르크스 이론을 확실한 것"으로 여긴다(그런데 이런 표현은 소련을 지지하지 않는 마르크스주의자가 최소한의 경제적 소양을 가지고 있다면 사용하는 데 주저할 수도 있는 표현이다). 게다가 마르크스의 정통 교리에 그다지 들어맞지 않는 것으로 보이는 희소성rareté[4]을 분석한 후, 사르트르는 『변증법적 이성비판』의 한 주註에서 다음과 같은 내용을 서둘러 덧붙이고 있다. "경험에서 희소성의 재발견은 마르크스주의 이론에 반대하거나 그것을 보완하려는 뜻이 아니라는 사실을 여기에서 반드시 밝혀야겠다. 희소성의 재발견은 다른 차원에 속한다. 마르크스주의의 중요한 발견은 역사적 현실로서의 노동, 이미 한정된 사회적, 물질적 환경에서의 한정된 도구 사용으로서의 노동이 사회관계 형성의 현실적 토대fondement réel라는 것이다."(p.225)

그렇다면 마르크스주의에 대한 사르트르의 이런 충성은 어떤

2　본문에서 쪽수가 표시된 인용은 모두 『변증법적 이성비판』에서 가져온 것이다. 다만, 저자가 사용한 판본이 첫 번째 판본이라는 사실과 그 뒤에 이 책이 사르트르의 양녀 아를레트 엘카임 사르트르(Arlette Elkaïm-Sartre)에 의해 새로이 출간되었다는 사실을 지적하자. 그리고 아롱은 이 책을 인용하면서 종종 주에서 C.R.D.로 약기하고 있기도 하다.

3　사르트르를 가리킨다.

4　마르크스는 그의 경제 이론의 정립 과정에서 '희소성'에 대해 중요성을 거의 부여하지 않는 반면, 사르트르는 이 개념에 큰 중요성을 부여하고 있다.

이론에 호소하는가? 바로 위의 인용문에 따르면 마르크스주의의 중요한 발견은 노동이야말로 "사회관계 정립의 현실적 토대"라는 것이다. 이 "현실적 토대"라는 개념은 엥겔스에게 소중한 "최종 분석에서"라는 표현만큼이나 애매하기는 해도, 나는 개인적으로 이 중요한 발견을 참된 것으로 여길 준비가 되어 있기는 하다. 그렇다고 해서 내가 마르크스주의자가 되는 영광을 바라는 것은 아니다. 이와 마찬가지로 나는 아무런 어려움 없이 사르트르의 예를 따라가고, 또 "엥겔스가 마르크스에게 보낸 편지에서 제시한 주장들을 유보 없이 받아들인다." "인간들은 스스로 자신들의 역사를 만들지만 그들을 조건 짓는 주어진 환경 속에서이다."(p.60) 나는 사르트르와 더불어 기꺼이 이 문장이 아주 분명하지는 않으며, 또 이 문장에 대한 여러 해석이 가능하다는 사실을 덧붙이고자 한다. 사르트르의 『변증법적 이성비판』에서 볼 수 있는 앞의 표현보다 더 화려한 또 다른 마르크스주의에 대한 다음의 지지의 표현(p.31)이 비마르크스주의자들을 동요시키지는 않는다. "우리는 마르크스가 '유물론'을 정의하려 한 『자본론』의 표현을 유보 없이 지지한다. '물질생활의 생산양식이 사회적, 정치적, 지적 생활의 발달을 총체적으로 지배한다.'" 여기에서 '총체적으로'와 '지배한다'는 두 용어는 정확한 정의에서 벗어난다. 하지만 이런 형태로 제시된 사회적, 정치적, 지적 생활에 대한 물질생활의 생산양식의 우위는, 그로 인해 어쩔 수 없이 상실되는 부분이 있음에도 사실상의 진리가 된다.[5]

---

[5]   마르크스는 사회 구성과 변화에서 경제가 지배적인 심급이라는 주장, 곧 하부구조가 상부구조를

마르크스주의를 구성하는 것으로 보이는 사르트르에 의해 덧붙여진 추상적이고 모호한 문장들은 독자에게 강한 인상을 주지 못한다. 그도 그럴 것이 「방법의 문제Questions de méthode」[6]가 사이비 마르크스주의들에게 맞서 여러 영역에서 인간이 갖는 '환원 불가능성'[7](이 단어는 여러 차례 사용된다)을 옹호하는 경향이 있기 때문이다. 사드 후작[8]과 그의 사상에 대해 사르트르는 이렇게 쓰고 있다. 즉 "하나의 이데올로기

결정한다는 주장을 펴고 있다. 하지만 사르트르는 마르크스주의를 그가 살던 시대의 뛰어넘을 수 없는 철학으로 여기면서도 경제결정론을 온전히 수용하지는 않는다. 그 대신에 사르트르는 인간 각자가 불의에 반항하는 역량, 나아가 인간들이 힘을 합쳐 하나의 반항하는 집단, 곧 융화집단을 형성하는 역량에 오히려 더 큰 기대를 걸고 있다. 아롱은 여기에서 이런 점을 감안해 사르트르가 마르크스의 경제결정론에 완전히 의지하지는 않으면서도 마르크스주의를 여전히 진리로 여기고 있다는 것을 강조하고 있는 것으로 보인다.

6   이 글은 1957년 폴란드의 한 잡지사가 '1957년의 실존주의 상황'이라는 주제로 사르트르에게 청탁한 원고에서 비롯되었다. 그는 이때 「실존주의와 마르크스주의(Existentialisme et marxisme)」를 썼다. 이 글은 수정을 거쳐 「방법의 문제」라는 제목으로 『레 탕 모데른』지 1957년 6월호에 실렸으며, 다시 '결론'이 더해져 1960년 『변증법적 이성비판』에 포함되기에 이른다. 사르트르는 이 글에서 그의 '구조적, 역사적 인간학' 정초를 위한 방법을 구축한다. 이를 위해 사르트르는 그 당시의 뛰어넘을 수 없는 철학이라고 규정했던 마르크스주의에 그 자신의 무신론적 실존주의, 프로이트의 정신분석, 미국의 사회학 등을 가미하고 있다. 처음에 「방법의 문제」는 『변증법적 이성비판』의 결론으로 기획했던 것으로 보인다. 하지만 이 글은 그 분량과 논리적 연관성으로 인해 서론 자리에 놓이게 된다.

7   사르트르가 「방법의 문제」에서 시도하는 것은 교조화되고 굳어 버려 사회 구성과 변화, 역사 흐름의 법칙과 방향 등에 대한 총체적 비전을 제시하지 못하는 상태에 빠져 버린 마르크스주의, 곧 작동이 멈춰 버린 마르크스주의에 신선한 피를 주입해 그것을 되살리는 방법을 고안하는 것이다. 이를 위해 사르트르는 마르크스주의에 자신의 무신론적 실존주의, 프로이트의 정신분석, 미국의 여러 사회학 이론을 접목시키고 있다. 그 과정에서 사르트르는 각자에게 고유한 실천 능력, 각자가 다른 사람들과 뭉쳐 희소성을 극복하기 위해 집단을 구성하는 고유한 능력, 그러면서 역사를 형성해가는 주체로서의 고유한 능력을 강조하고 있다. 그런데 이런 인간의 능력은 자신을 다른 모든 인간과 구별시켜 주는 능력, 다시 말해 그 어떤 인간, 그 어떤 존재로도 환원 불가능하게 만들어 주는 능력에 다름 아니다. 그러니까 인간은 그가 속해 있는 집단에서도 다른 인간들과 모든 면에서 구별되고 차별화되어 획일적이고, 몰개성적인 존재가 되는 것을 거부한다.

8   사드 후작(Marquis de Sade, 1740-1814): "사디즘"이란 용어로 알려진 프랑스의 작가이며 사상가이다. 사드 후작에 대한 평가는 극과 극을 이룬다. 미치광이, 성도착자라는 평가에서부터 성본능에 대한 날카로운 관찰로 인간의 자유와 악의 문제를 극단까지 파고든 뛰어난 작가라는 평가, 그리고 로마 가톨릭교회 고위 성직자들과 귀족들의 위선을 까발긴 폭로자라는 평가에 이르기까지 다양한 평가를 받고 있다.

체계는 환원될 수 없고"(p.76), 관념은 그것의 발전의 전 과정에서 연구되어야 하며, "이 관념의 '주관적' 의미(다시 말해 이 관념을 표현하는 이를 위한 의미)와 그 의도를 발견해야 한다. 이것은 이 관념의 일탈을 이해하고, 마지막으로 그것의 객관적 실현으로 이행하기 위함이다"라고 말하고 있기도 하다. 이런 방법을 따를 경우, 우리는 정신의 작품을 드물지만 단 하나의 계급이 표방하는 이데올로기와의 관계 속에 "상황 지을" 수 있다는 것을 알게 될 것이다. 그 이상은 아니다. 사르트르는 "이렇게 형성된 사회 정치적 집단들의 독창성을 인정하고", 또 "이 집단들의 불완전한 발전과 객체화를 통해 심지어 그 복잡성 속에서 그것들을 규정하는 것"을 주저한다. 사르트르는 또한 이렇게 말하고 있다. "실존주의는 역사적 '사건'이 가지는 특수성만을 단언할 수 있을 뿐이고, 또 이 사건의 기능과 다양한 차원을 복원하고자 노력한다."(p.81) 마지막으로 플로베르에 대해 체험된 여러 의미작용의 해석 도식에로의 비환원성이라는 주제가 같은 강도로 말해지고 있다. "『보바리 부인』을 통해 우리는 지대地代의 동향, 상승하는 계급의 성장, 프롤레타리아트의 완만한 성숙 등을 엿볼 수 있어야 하고 또 엿볼 수 있다. 모든 것은 이 소설 속에 들어 있다. 하지만 가장 구체적인 의미들은 가장 추상적인 의미들로 완전히 환원되지 않는다."(p.111)

이렇듯 사르트르는 한편으로는 마르크스주의(그 내용이 다소 한정된 마르크스주의)에 대한 무조건적인 충성을 선언하고 있다. 그러면서도 그는 다른 한편으로 역사 속에서 사건, 개인, 사회 정치적 집단의 자율성, 정신의 산물의 비환원성을 다시 통합시킨다. 그런데 개인의 경우에 "그 역할은 완전히 결정되지 않는다. 각각의 상황에서 이 역할을 결정하는 것은 고려된 집단의 구조이다."(p.84) 사르트르의 말을 믿는다면 문제가 되는 것은 분명 마르크스의 원전에로의 회귀이다. 마르크스주의자들이 원전을 읽는 방법을 모른다면, 이것은 그들의 잘못이지 마르크스의 잘못이 아니다. 특히 스탈린주의의 시대에 마르크스주의자들은 일종의 주지주의적 관념론에 빠졌을 수도 있다. 그들은 인류 역사의 복잡한 현실을 해명하고 또 사실들을 정확하게 알리려고 하는 수고를 하기는커녕, 그들이 가진 해석을 기계적으로 적용시키면서 명령에 따라 행동했을 수도 있다. 그들은 생산과정과 실제 경험 사이의 다양한 매개에 대해서는 여전히 무지했을 수도 있다. 우리 시대의 넘어설 수 없는 철학으로 여겨졌던 마르크스주의는 20세기에 와서 완전히 불모의 이념이 되어 버렸다.[9] 사르트르는 "사실 오늘날 마르크스주의는 좌표 체계를 설정해 하나의 사고를 어떤 분야에서든지, 즉 정치경제로부터 물리에 이르는, 그리고 역사에서 도덕에 이르는 모든 분야에 위치시키고 규정한다"고 말하는 가로디가 옳다는 것을 인정한다.(p.30) 하지만 사르트르는 이런 양보를 하고서도 마르크스주의자들에게 무관심한 태도를 보이며 마르크스주의를 소생시키는 자신의 고

---

[9] 이 표현에는 약간의 주의가 필요하다. 사르트르가 마르크스주의를 우리 시대의 뛰어넘을 수 없는 철학으로 선언한 것이 『변증법적 이성비판』의 출간, 곧 1960년이라면, 마르크스주의가 완전히 불모의 이념으로 드러난 것은 그 이후의 일이기 때문이다. 이런 이유로 여기에서 "20세기에 와서"는 20세기 후반, 더 정확하게는 1960년대 이후로 이해해야 하는 것으로 보인다. 물론 이에 대한 반론은 가능하다. 비록 데리다 같은 학자는 "마르크스의 유령"을 언급하고 있지만, 지구상에는 여전히 ―21세기로 진입한 지 20여 년이 지난 지금에도― 마르크스의 사상을 추종하는 이가 많다는 사실을 부인할 수는 없을 것이다.

유한 문제로 되돌아온다. 게다가 사르트르는 이 과제를 우리가 살고 있는 시대에 대한 독창적인 해석을 통해 해결하려 하지 않으며, 오히려 유물론보다는 실존주의를 통해 마르크스주의에 철학적 기초를 제공함으로써 해결하고자 한다.[10]

사르트르 자신이 규정하고 있는 것처럼, 그의 시도는 인간을 마르크스주의적 지식에 다시 통합시키는 경향이 있다. "키르케고르가 헤겔에 대해 그랬던 것처럼 마르크스는 개인의 비합리적인 개별성을 보편적 지식에 대립시키지 않는다. 단지 인간 존재의 극복할 수 없는 개별성을 지식 자체와 개념의 보편성 안에 다시 도입하고자 한다." 이 구절은 『존재와 무』의 저자인 사르트르로 하여금 존재론l'ontologie에서 존재학l'ontique으로, "무용한 정열"[11]의 인간에서 자신과 진리를 탐사하는 역사적 인간으로 이행하도록 촉발한 여러 사건 이후에[12] 사르트르의 철학적 노력이 어떤 방향으로 나아가는지를 여실히 보여 준다.

10 앞에서 지적했듯이, 사르트르에 의하면 마르크스주의는 인간 각자의 존재를 등한시하며, 특히 이 인간의 인격 형성과 미래에 이루어질 기투에 커다란 영향을 미치는 어린 시절이 가진 중요성을 경시한다. 이런 이유로 사르트르는 개인으로서의 인간을 주요 연구 대상으로 여기는 자신의 무신론적 실존주의와 이 인간의 어린 시절에 많은 관심을 갖는 프로이트의 정신분석을 결합시켜 마르크스주의에 새로운 피를 주입하고자 한다.

11 "무용한 정열(passion inutile)"은 사르트르의 전기 사상이 집대성된 『존재와 무』의 결론이라고 할 수 있다. 그에 의하면 인간은 신과의 단절된 관계로 인해 자신의 존재 근거와 존재이유를 찾아야 하는데, 죽을 때까지 그것을 찾지 못하는 상황에 처해 있다. 사르트르의 용어로 인간은 '대자-즉자'의 융합 상태, 곧 신의 존재에 도달하고자 하나 이런 시도는 결국 실패로 끝나게 된다. 이런 실패를 지칭하기 위해 사르트르는 인간을 무용한 정열로 규정하고 있다. "무용한 수난"으로도 번역된다.

12 그중에서도 특히 2차 세계대전은 결정적인 사건이라고 할 수 있다. 사르트르는 이 전쟁을 계기로 그의 삶이 크게 두 부분으로 구분되며, 이렇게 구분된 각 부분에서 다른 부분에서의 자신의 모습을 알아볼 수 없을 정도라고 말하고 있다. 특히 그는 이 전쟁을 기점으로 고립된 개인의 실존에 대한 이해로부터 역사적, 사회적 지평에 서 있는 인간들에 대한 이해로 이행한다. 이런 의미에서 그는 이 전쟁을 그의 삶에서의 '전회(conversion)'의 계기로 여기고 있다.

1940년 전에 사르트르는 헤겔이 아니라 키르케고르나 니체의 뒤를 잇는 것처럼 보였다(사르트르는 고등사범학교 시절에 니체를 더 많이 읽었다). 후설은 사르트르가 자기 자신의 철학 목표를 알게 되고 또 자신의 고유한 방법을 정립하는 데 큰 도움을 주었고, 하이데거는 사르트르에게 개념적 도구를 제공해 주었다. 물론 사르트르는 이런 도구의 도움으로 1933-1934년 사이에 베를린에 체류[13]하기 전에 벌써 자기만의 고유한 세계관[14]을 형성하게 되었다. 1945년 이전의 철학적 저작도 문학 작품도 의식들 사이의 화해 가능성을 암시하지 않았다. 각개의 의식은 다른 의식을 객체화시키며, 그 결과 타자의 존재는 그 출현만으로도 그저 공격으로 느껴질 수밖에 없었다.[15]

하지만 1945년 이후부터는 사정이 완전히 달라졌다.[16] "각개의 의식이 다른 의식의 죽음을 추구한다는 것은 사실이 아니고, 타자의 생명을 추구한다는 것 역시 사실이 아니다. 결국 모든 결정은 물질적 상황 전체에 달려 있다."(p.371)

13 　앞에서 언급한 것처럼 사르트르는 이 기간에 아롱의 뒤를 이어 베를린 소재 프랑스 연구소에서 머물면서 주로 후설 현상학을 연구했고, 이와 병행해 1938년에 출간될 소설 『구토』를 계속 집필했다.

14 　무신론적 실존주의를 바탕으로 한 존재의 무상성, 잉여성, 존재 정당화의 필연성, 실존의 본질에 대한 우선성 등이 그것이다.

15 　사르트르의 현상학적 존재론에서 나와 타자와의 관계는 서로를 자신의 '시선(regard)'으로 바라보면서 객체화시키려는 '갈등', '투쟁'으로 나타난다. "타자는 나의 지옥이다"라는 문장에 내포된 의미가 바로 이것이다.

16 　사르트르는 1945년 이후부터 1960년, 즉 『변증법적 이성비판』의 출간까지 (또는 그 이후에도) 이른바 '융화집단'의 형성을 통한 의식들, 인간들의 평화적 공존과 융화 상태의 실현을 강조하고 있다. 다만, 이런 실현을 위한 수단의 모색에 있어서 폭력에 호소하는 길과 비폭력에 호소하는 길 사이에서의 선택의 문제가 제기된다.

20세기에 마르크스주의는 다음과 같은 두 개의 주요 방식으로 해석되었다. 제3인터내셔널의 마르크스주의와 마찬가지로 제2인터내셔널의 마르크스주의도 다음 네 개의 주요 텍스트에서 기원한다.『공산당 선언』(효율적인 거의 모든 역사적 관념이 포함되어 있다),『정치경제학 비판을 위하여』와『자본론』(가치-노동 이론, 임금 이론과 착취 이론과 더불어 마르크스가 살아 있을 때 출간된 제1권에는 자본주의에 대한 신랄한 비난이 포함되어 있다), (한 장章을 제외하고) 엥겔스가 편집하고 마르크스가 읽고 동의한『반뒤링론』이 그것이다.

　　제2, 제3인터내셔널에 관여한 마르크스주의자들의 공식 철학은 근본적으로 이 마지막 책에서 영감을 얻었다. 소련에서 오늘날에도[17] 여전히 통용되고 있는 이른바 마르크스 철학에 대한 설명은 엥겔스가 구상한 대로의 "변증법적 유물론"('디아마트')에서 파생되었다. 물질의 우위, 인식-반영이론, 우주적이고 사회적인 변화에 대한 객관적 법칙, 즉 변증법적 특성(양의 질로의 전환 법칙, 대립물에 대한 해석의 법칙, 부정의 부정의 법칙)을 보여 주는 가장 일반적 법칙이 그것이다. 사르트르는 자신의 실존주의와 양립 불가능한 이런 종류의 유물론적 철학을 항상 배격했다(『레 탕 모데른』지에 실린 「유물론과 혁명」에서처럼 말이다). 철학자로서의 사르트르는 정치 활동에서와는 전혀 다른 완강함을 보여 준다.

17　　아롱이 이 글을 썼던 1964년이라는 점을 지적하자.

그는 여러 사태에 대해서는 가끔 엄격한 태도를 보인다. 하지만 그는 주저하지 않고 엥겔스와 그의 제자들의 유물론, 과학주의, 실증주의를 비난한다. 사르트르는 이번에 겨우 하나의 양보를 한 것이다.[18] 사르트르는 생명이 없는 자연 속에서 변증법적 관계의 존재를 무조건적으로 부정하지 않았다. 우리는 우리의 지식의 현 상태에서 이런 관계에 대해 단호하게 긍정할 수도 부정할 수도 없다. 하지만 사정이 이와 같다면 분명하게 주어진 것 —개인적 의식과 역사의 변증법— 으로부터 출발하는 것보다는 불확실한 것 —자연변증법— 으로부터 출발하는 경우에 모종의 부조리가 있을 수 있다.

내가 보기에 마르크스가 그의 생의 말년에 동시대의 과학주의에 패배했을 개연성이 크다. 용어의 소박한 의미에서 역사학자는 텍스트에 그친다. 누구도 마르크스와 엥겔스를 과격하게 대립시킬 수 없고 또 마르크스가 엥겔스의 철학적 관념에 과격하게 반대했다는 것을 가정할 수도 없다. 자연과 인간의 역사에 대한 엥겔스의 변증법적 해석은 당연히 마르크스에게로까지 거슬러 올라간다. 하지만 반드시 이의제기에 부딪치게 되는 이런 역사에 대한 사실은 일단 제쳐 두자.

30여 년 전부터 그 전모가 알려지기 시작한 마르크스의 청년 시절의 저작들, 특히 『헤겔 국법론 비판』,[19] 『경제학-철학 수고』, 『독

---

18   사르트르가 변증법적 유물론과 역사적 유물론을 받아들였다는 의미로 보인다.
19   『헤겔 국법론 비판(*Critique de la philosophie de l'Etat de Hegel*)』의 원제목은 "Kritik des Hegelschen Staatsrchts"이다. 불어 제목으로는 "Critique de la philosophie de l'Etat hégélien" 또는 "Critique de la philosophie politique de Hegel" 등이 사용된다. 1843년에 쓰인 이 책은 헤겔의 『법철학』의 261절-331절에 대한 비판적인 고찰로 구성되어 있다. 마르크스

일 이데올로기』(저자들이 포기한 이 마지막 책은 "생쥐들이 갉아먹는 비판critique rongeuse des souris"[20]에 맡겨져 있었다)이 발굴되고 또 수없이 주해註解되고 있다. 소련의 마르크스주의-레닌주의자들은 『독일 이데올로기』에서 마르크스가 좌파 헤겔주의에서 마르크스주의로 거쳐 온 과정 이외의 다른 것을 보기를 늘 거절했다. 그 반대로 마르크스의 청년 시절의 텍스트는 소련에서 공식적으로 마르크스주의라고 이름 붙인 철학의 빈곤성을 반박했던, 또 자신들의 눈에 프롤레타리아트와 그들의 미래를 유일하게 구현하고 있는 마르크스주의 운동과 분리되지 않기를 바랐던 혁명주의자들이나 동반자들에게 큰 도움을 주었다.

이 점에서도 용어의 겸손한 의미에서 역사학자는 몇몇 유보를 기꺼이 할 수도 있을 것이다. 헤겔화된 마르크스주의의 중심에서 나타나고 있는 '소외' 이론은 1846년 이후의 텍스트에서는 동일한 비중을 차지하고 있지 않다. '소외Entfremdung'라는 단어 자체는 『자본론』에서 여러 번 등장한다. 이제 더 이상 '종적種的 인간Gattungsmensch'이 문제되지 않는다. 그리고 마르크스와 엥겔스는 『독일 이데올로기』에서부터 역사적-사회적 분석을 이 모호하고 거창한 단어[21]로 대체하는 독

는 이 비판서를 통해 헤겔의 국가론과 그 당시의 정치 현실에 대한 비판, 그리고 자신의 정치철학적 입장을 명확히 드러내고자 한다.

20　『독일 이데올로기』는 1845년 봄과 1846년 말 사이에 편집되었으나 출판사를 찾지 못했다가, 1932년에 모스크바의 마르크스-엥겔스연구소를 통해 데이비드 리아자노프(David Riazanov)에 의해 처음으로 출간되었다. 마르크스는 『정치경제학 비판을 위하여』(1859)의 서문에서 『독일 이데올로기』에 대해 언급하면서 주요 목표에는 도달했으나 원고를 "생쥐들의 갉아 먹는 비판"에 맡기고 있다고 말하고 있다. 여기에서 이 표현은 문자 그대로 받아들여야 한다. 즉 생쥐들이 발간되지 못한 원고를 갉아먹고 있다는 의미로 말이다.

21　'소외'라는 단어를 가리킨다.

일인들을 조롱한다.

　　청년 마르크스의 비판적이고 인간주의적인 영감은 분명 성년 시절의 저작에서 다시 발견된다. 『자본론』은 부르주아 정치경제학에 대한 비판을 형성한다. 마르크스는 또한 자본주의 체제에서 인간의 소외 조건을 보여 주는 것을 목표로 한다. 하지만 그는 무엇보다도 먼저 자본주의의 모든 기능을 과학적으로 이해하고자 하고 또 그것의 불가피한 변화를 예견하고자 한다. 『자본론』에서 무엇보다도 실존적 분석을 발견하는 것은 아마도 오늘날 우리에게 가장 흥미로운 것을 구해 내는 것이기는 하다. 하지만 그것은 분명 마르크스 자신의 의도를 등한시하는 것이기도 하다.

　　이와 유사한 하나의 제안은 사회학과 역사학에 대해서도 유효하다. 일단 하나의 철학이 완성되었다고 가정하면, 그다음에 중요한 것은 그것을 실천에 옮기는 것이다. 마르크스는 경제학자, 사회학자, 역사학자로서 그 당시에 활동하던 여러 학자가 이 단어에 부여한 의미에서 '과학'을 정립하겠다는 의지를 가지고 작업을 했다. 또한 이렇게 말한다면 그는 철학자로서 작업을 하기도 했다. 그도 그럴 것이 철학적 결단이 그를 이끌었으며, 그의 과학적 의지를 활성화시켰기 때문이다. 어쩌면 사회와 역사에 대해 성찰하면서 이 철학자는 오늘날 자기에게 주어진 소명을 완수했다고 말할 수도 있다. 하지만 마르크스는 그에게 총제적이고 동시에 과학적으로 증명된 것으로 보이는 경제사회적 해석을 철학으로 여기는 것을 용인하지는 않았을 것이다.

　　게다가 엥겔스를 알았던 사람들에 의해 정립된 제2인터내셔널의 마르크스주의는 본질적으로 자본주의에 대한 하나의 사회-역사적 해석으로 제시되었다. 생산력과 생산관계 사이의 잘 알려진 모순 테제, 빈곤화와 계급투쟁 등의 테제와 더불어서 말이다. 1917년 이전의 마르크스주의에 대한 토론에서는 가치-노동 이론이나 빈곤화와 같은 테제가 주로 다뤄졌다. 또한 이런 토론에는 자본주의의 실제 변화와 마르크스의 예측 사이의 비교도 포함되어 있었다.

청년 마르크스의 저작들이 독일에서는 1921년과 1933년 사이에, 프랑스에서는 사회주의자, 진보주의자나 공산주의자가 되고자 했던 지식인들이 마르크스와는 반대 방향으로 나아갔던 1945년 이후에 갑자기 중요하게 여겨지기 시작했다. 일종의 헤겔적 실존주의로부터 출발했던 마르크스는 사회-경제학에 도달했다. 그에 반해 이 지식인들은 이런 사회-경제학으로부터 실존주의로 거슬러 올라갔다. 그도 그럴 것이 이 지식인들은 경제를 잘 알지 못했고, 마르크스의 경제 이론은 낡았고(모든 과학적 저작의 운명이다), 역사는 예견치 못한 흐름을 보였으며, 객관적 결정론이 그들을 부인했기 때문에, 그들은 청년 마르크스의 사유에서 "뛰어넘을 수 없는" 마르크스주의의 비밀을 발견했던 것이다. 하지만 마르크스 자신은 30세 무렵에 이미 그 마르크스주의를 "뛰어넘었다"고 생각했다.

그렇다면 그때부터 누군가가 마르크스주의자이거나 아니라는 것을 어떻게 결정하는가? 우리가 사회과학에 대한 마르크스의 기여를 상기한다면, 우리는 모두 어느 정도 마르크스주의자라고 말하는 쪽으로 기울 것이다. 성스럽든 아니면 저주받았든 '마르크스주의자'

라는 수식어를 받기 위해 레닌이나 스탈린의 철학적 사유를 진지한 것으로 여길 필요가 있다면, 어떤 철학자가 과연 이런 수식어에 합당할 수 있을까? 『자본론』을 경제학의 마지막 논의로 여겨야 한다면, 가치-노동 이론과 착취 이론을 받아들여야 한다면, 1966년에[22] 선택받은 이들에 속했던 경제학자들의 수는 다섯 손가락으로 헤아릴 수 있을 것이다.

마르크스주의에 대한 사르트르의 태도는 다음과 같은 네 개의 판단 속에 표현되어 있다.

1. 유물론적 형이상학이나 객관적 변증법에 대해 사르트르는 명백하고 단호하게 부정적인 입장에 있다. 그가 스탈린주의자들과 협력하고자 하는 욕망이 아무리 컸다고 해도 그가 자신의 철학적 원칙을 양보한 적은 결코 없다.

2. 마르크스의 경제-역사적 사회학에 대해 사르트르는 이 사회학이 이미 확립되어 있거나 또는 자명한 진리가 문제라고 본다. 예컨대 사르트르는 이렇게 쓰고 있다. "물론 이런 모든 형태를 지적함으로써 마르크스가 『자본론』에서 정립한 종합적 재구성의 명증성에 '무엇인가'를 덧붙일 수 있다고 주장하는 것은 아니다. 그렇다고 해서 이 모

---

22   1964년의 오기(誤記)로 보인다. 아롱이 이 글을 쓴 것이 1964년이기 때문이다.

든 지적이 『자본론』에 대한 주변적 설명인 것도 아니다. 실제로 이런 재구성은 명증하기 때문에 모든 주석을 거부한다."(p.276) 이런 표현(많은 주석자에게는 참기 어려운)을 통해 사르트르 개인으로서는 관심이 없지만 마르크스 자신에게는 중요했던 것 —예컨대 "자본주의에 대한 종합적 재구성"— 을 모두 쉽사리 받아들이고 있음이 드러나고 있다.

3. 정치 활동에 대해 말하자면, 만일 마르크스주의자라는 용어가 당 안에서 투쟁하는 이들에게 적용되는 것이라면, 사르트르는 1945년 이래로 줄곧 준-마르크스주의자para-marxiste였던 것처럼 보인다. RDR에서의 짧은 활동을 제외하면 그는 공산당의 전형적인 "동반자"였다. 물론 그는 자신이 생각하는 자유를 결코 포기한 적이 없다. 하지만 그는 당파적인 태도를 취했다. 그리고 이런 태도는 종종 그가 투사인 것을 거부한 만큼 더욱더 화를 돋우는 방식으로 표현되었다. 그는 때때로 —예컨대 헝가리 사태 때— 소련을 비판했지만 의식적으로 "상황에 따라 다른 두 가지 상이한 판단 기준"을 적용했다. 고문이나 집단 수용소는 체제의 색깔 또는 집권당에 따라 그 의미가 달라졌다. 사람들은 자유의 철학자인 사르트르가 흐루쇼프 이전에 스탈린의 개인숭배를 비난하는 것을 보고 싶어 했을 것이다. 사르트르는 그의 비순응주의에도 불구하고 좌파 순응주의에서 완전히 벗어나지 못했다.

4. 우리는 이렇게 해서 문제의 가장 어려운 지점에 이르렀다. 『변증법적 이성비판』에서 사르트르는 여전히 역사적 유물론과 계급투쟁이나 『자본론』에 충실하다. 『변증법적 이성비판』의 제2권이 출간될 것이라고 예고되었다. 제1권의 목표는 마르크스주의에 실존 개

념을 도입하고 개인의 의식을 출발점으로 삼음으로써 마르크스주의를 다시 세우는 것이다. "만일 우리가 개인 속에서, 그리고 스스로의 삶을 창조하고 객체화시키려는 개인의 계획 속에서 이런 원초적인 변증법 운동을 보기를 거부한다면, 변증법을 포기하거나 또는 변증법으로 역사의 내재적 법칙을 만들어야 할 것이다."(p.101) 우리가 학교에서 배운 표현에 의하면, 사르트르는 마르크스주의에 대한 그의 비판이 뉴턴의 물리학에 대한 칸트의 비판처럼 되게 하려고 한다. 사르트르는 진리의 점진적인 실현 과정일 '하나의' 역사의 가능성을 보여 주고자 한다.[23]

✳

이제 사르트르는 『변증법적 이성비판』에서 개별적 행동을 기술하는 데 '실천'이라는 개념을 기꺼이 사용하며, 심지어 이 책의 몇 쪽을 생물학적 존재와 욕구besoin에 할애하고 있다. 하지만 용어가 바뀌었다고 해서 잘못 판단해서는 안 된다. 사르트르가 오늘날 개별적 실천 또는 구성하는 변증법dialectique constituante[24]이라 부르는 것과 『존

---

23 사르트르는 마르크스를 따라 헤겔이 주창한 절대정신의 자기실현으로 보는 역사철학을 비판한다. 하지만 사르트르는 헤겔과 마르크스와 마찬가지로 '역사'는 최종 단계에서 '하나의 진리'를 가지며, 이 진리의 총체적인 모습이 '인지 가능하다(intelligible)'고 생각한다.

24 사르트르의 『변증법적 이성비판』에서 생물학적 욕구의 주체인 인간은 주위의 물질세계와 관계를 정립하면서 비(非)존재, 곧 죽음의 나락으로 떨어지지 않기 위해 이 욕구를 충족시키는 한편, 이 물질세계에 자신의 주체성을 투사하면서 뭔가를 만들어 내고 창조하면서 그의 삶을 영위해 나간다. 이런 과정이 '기투'로 이해되고, 나아가 '실천'으로 이해된다. 그리고 이 인간은 이전의 기투와 실천

재와 무』에서의 대자존재[25] 사이에는 본질적인 차이가 없다. 개별적 '실천'은 의식과 마찬가지로 기투pro-jet이다.[26] 즉 과거를 간직하는 동시에 미래를 향한 초월이며, 그 자체에 투명하고 상황과 목적에 대한 총체적 파악이다. 만일 역사가 한 사람의 역사라면, 이 역사는 완전히 변증법적일 것이다. 다시 말해 그것은 완전히 이해 가능할 것이다. 또한 이 역사는 완전히 인지 가능할 것이다. 그도 그럴 것이 역사는 인간들의 행동으로 구성되고, 이런 행동 하나하나는 개별적 '실천'이나 투명한 의식으로서 이해 가능하기 때문이다.

사르트르의 변증법은 대화, 즉 '나'와 '너'의 만남과 더불어 시작되지 않는다. 그와 정반대로 타자와의 만남은 각자의 자유에 대한 위협을 창출한다.[27] 이것은 타자가 나를 자연스럽게 굴종시키고 또 나를

의 결과물을 흡수해 달라진 물질세계에서 또다시 자신의 생물학적 욕구 충족을 위해 기투, 창조를 해 나가게 된다는 것이 사르트르의 주장이다. 그런데 이 인간이 이처럼 주위 물질세계에서 기투, 창조, 실천해 나가는 과정이 바로 변증법적 과정으로 이해되며, 사르트르는 이 변증법을 '구성하는 변증법'이라고 명명한다. 그리고 대자존재를 가능케 하는 의식은 텅 비어 있는 것으로 여겨지며, 의식은 지향성을 통해 자신의 내부를 항상 채워야만 하는 것으로 이해된다. 이처럼 의식이 자신의 존재 결여를 채우는 과정이 곧 '기투'와 '실존'과 동의어로 여겨지며, 이 과정이 『변증법적 이성비판』에서는 '실천'으로 여겨진다.

25 사르트르는 『존재와 무』에서 의식의 유무를 기준으로 존재를 크게 두 영역으로 구분한다. 대자존재(l'être-pour-soi)와 즉자존재(l'être-en-soi)가 그것이다. 대자존재는 의식을 가진 인간 존재를 가리키고, 즉자존재는 의식을 가지지 않은 사물 존재를 가리킨다. 그리고 대자존재는 다시 나와 타자로 구분되는데, 타자는 '대타존재(l'être-pour-autrui)'를 구성한다. 사르트르는 이 세 개의 존재를 존재의 세 영역으로 여긴다.

26 사르트르는 『존재와 무』에서는 인간은 자기 자신을 미래로 향해 '기투'하는 존재, 항상 무엇인가에 대한 의식으로 있어야 하는 의식의 주체로 여긴다. 이런 기투의 과정에서 의식의 담지자인 인간은 그가 존재하고 있는 이 세계와의 관계의 관계 정립을 주도하는 입장, 곧 이 세계와의 관계에서 '구성하는 변증법'의 주체로 기능한다는 것이 사르트르의 주장이다. 그리고 방금 지적했듯이, 이는 『변증법적 이성비판』에서 인간이 자신의 생물학적 욕구를 충족시키기 위해 그를 에워싸고 있는 물질세계와 관계를 맺는 것과는 본질상 차이가 없다.

27 이 책에서 여러 차례 반복되는 주장으로, 사르트르에게 있어서 '나'와 '타자' 사이의 관계는 '함께 있는 존재(Mitsein)'가 아니라 서로를 자신의 시선을 통해 객체화시키고자 하는 '갈등', '투쟁'이다.

그의 기도企圖의 대상으로 취급하기 때문이 아니다. 이것은 차라리 '실천'이 된 의식은 노동하는 의식, 즉 인간이 가공된 물질(도구)을 매개로 자연 및 타자와 맺는 관계이므로, 소외의 위험이 개인들 사이의 관계에 내재해 있기 때문이다. 개인들 사이의 관계가 유일하게 '인간적인' 관계가 되기 위해서는 이 관계에 상호성이나 평등이 포함되어야 한다(이 두 표현은 『변증법적 이성비판』에 등장한다). 인간의 본성을 부정하는 철학에서 우리가 '비인간적'이라고 선언할 수 있을 다른 기준을 찾아야만 할 것이다.[28] 이 기준이 바로 상호성이다.(p.207) "… 한 사람의 실천은 그의 실질적인 구조 속에서, 그리고 그의 기투의 완성을 위해서 타자의 '실천'을 인정한다. 다시 말해 결국 그의 실천은 활동의 이원성을 비본질적인 특징으로서 판단하며, 그런 것으로서의 '실천'의 통일성을 본질적 특성으로 판단한다." 하지만 인류의 실제 역사에서 이런 상호성은 거의 나타나지 않는데, 그 이유는 '타자'를 적으로 변화시키는 '희소성' 때문이다. 인간에게 있어서 자기의 생계 수단을 앗아 가려 하는 지능적이고 능수능란한 동물보다 더 위험한 동물이 어디에 있겠는가? 그런데 이런 동물이 바로 인간이다. 희소성의 희생자이자 포로이며, 그로 인해 각자가 타자의 적이 되는 그런 인간 말이다. 이렇듯 마

---

28 그리고 이런 갈등, 투쟁이 『변증법적 이성비판』에서는 희소성과 다수의 인간 존재로 인해 개인적 차원을 넘어 집단적 차원으로까지 확대된다는 것이 사르트르의 주장이다.
사르트르의 사유 체계는 무신론의 배경 위에 세워졌으며, 그로 인해 인간에게 있어서는 실존이 본질에 앞서는 것으로 이해된다. 그렇기 때문에 사르트르에게 있어서 한 인간이 다른 인간에게 본질상 '비인간적'이 될 수는 없으며, 살아가면서, 실존하면서 비인간적이 되며, 인간적 또는 비인간적인 본질을 구분하는 기준이 바로 뒤에 나오는 문장에서 제시된 것처럼 그들 사이의 상호성이라는 의미이다.

르크스와 엥겔스(잉여분이나 '저주받은 몫part maudite'에 더 관심을 가졌다)에게는 아니지만 고전 경제학자들에게 소중한 이 희소성 개념은 우리로 하여금 홉스의 인간관, 즉 "만인은 만인에 대한 늑대homo homini lupus"라는 생각으로 되돌아가게 된다.

그런 만큼 역사는 필연성에 의해 지배되지 않는다. 역사는 인류의 지구에서의 생활과 공연장적共延長的인 하나의 우연한 사실에 그 기원과 토대를 두고 있다. 그것은 바로 부양해야 할 입의 수에 비해 자원이 부족不足하다는 사실이다.[29] 이런 부족 때문에 모든 사회는 그 실제 구성원이나 장차 태어날 수 있는 구성원 중 일부를 생전이나 생후에 제거해야만 하는 입장에 있다. 이런 부족이 희미하게 인간의 의식에 내재화되어 희소성이 지배하는 풍토가 조성되었다. 이런 풍토가 바로 그 안에서 인류의 모든 역사가 진행되는 폭력의 풍토이다.[30]

사르트르의 비판에서 이런 첫 번째 계기는 분명 마르크스주의자들에게뿐만 아니라 엥겔스나 마르크스에게도 낯선 것이다. 엥겔스와 마르크스는 고대 사회, 즉 사회화된 인간 이전으로 거슬러 올라가지 않는다. 두 사람은 노동의 분화 또는 폭력(전자를 더 강조했다)을 계급

---

29   사르트르는 『변증법적 이성비판』에서 희소성과 다수의 인간의 존재를 우연성의 질서에 속하는 사태로 파악한다.

30   이런 점에서 사르트르의 전기 사상을 대표하는 『존재와 무』와 후기 사상을 대표하는 『변증법적 이성비판』 사이에 이른바 '인식론적 단절'이 없다고 할 수 있다. 그도 그럴 것이 『존재와 무』의 차원에서와 마찬가지로 『변증법적 이성비판』의 차원에서도 인간들 사이의 관계는 대립, 경쟁, 갈등, 폭력으로 귀착되기 때문이다. 다만, 전자의 경우에는 존재론적 이유, 즉 자유와 주체성을 지키기 위해서이고, 후자의 경우에는 비존재, 곧 죽음의 나락으로 떨어지지 않기 위함이라는 차이점이 있을 뿐이다.

투쟁의 원천으로 보았으며, 또한 그들은 계급투쟁의 원인이 인간 본성(홉스처럼)이나 헤겔의 주인-노예 변증법에 있다고도 분명히 말하지 않았다. 이렇게 말하자면 엥겔스와 마르크스는 계급투쟁에 대한 선험적 연역보다는 역사적인 메커니즘에 더 큰 관심을 가졌다. 하지만 사르트르의 희소성 개념이 재론의 여지 없이 마르크스의 마르크스주의에 낯설다고 해도(『자본론』의 모든 이론에는 가격 형성에서 희소성이 수행하는 상대적인 역할에 대한 일종의 무관심이 내포되어 있다. 그리고 오늘날에도 여전히 소련의 가장 과감한 수정주의자들도 감히 가격의 형성을 시장에서 드러난 대로의 희소성과의 함수관계 속에서 파악하는 것을 권하지 않는다), 내가 보기에는 이 개념이 위치한 수준에서 마르크스의 영감과 반드시 상충하는 것만은 아니다. 어쨌든 이 희소성 개념은 사르트르에게 이중으로 도움을 준다. 우선 이 개념은 사르트르로 하여금 『존재와 무』와 『닫힌 방』[31]의 절망적인 세계에서 탈출할 수 있는 길을 열어 준다. 인간에 대한 인간의 비인간성은 '역사적으로 보면 항구적'이지만 '존재론적으로 보면 우연한' 사실인 희소성에 그 원인이 있다. 그다음으로 『변증법적 이성비판』 제2권은, 만일 이 책이 출간되었더라면, 추측하건대 희소성을 넘어서 풍요와 의식들의 상호성의 시대가 동트고 있음을 보여 줄 수도 있었을 것이다.

만일 개별적 '실천'의 자유가 타인의 '실천'에 의해 즉각 위협당하지 않는다면, 인간들 사이의 모든 관계의 비인간성을 보여 주고 또

---

31   앞에서 언급했던 "타자는 나의 지옥이다"라는 문장이 들어 있는 사르트르의 극작품의 제목이다.

역사의 변증법을 작동케 하는 희소성이 그런 결과를 가져오지는 못할 것이다. 또는 달리 말하자면 우리 각자는 기투이다. 그러니까 상황에 대한 인식과 실현하고자 하는 목적에 비추어 우리의 환경을 총체적으로 파악한다. 그런데 서로가 서로를 굴종시키지 않으면서 어떻게 수많은 자유가 평화적으로 공존할 수 있을까? 실제로 이 자유들은 평화적으로 공존할 수 없으며, 적어도 희소성의 세계에서는 그렇다. 의식들은 그 결과물에서 객체화된다. 그리고 이 객체화는 소외로 바뀐다. 왜냐하면 다른 의식들이 이 객체화된 의식의 결과물을 빼앗거나 그 의미를 왜곡하기 때문이다. 결국 모든 의식은 사르트르가 '실천적-타성태'라고 부르는 상태, 즉 사물이 되어 버린 사회 조직 속으로 빠지게 된다. 그리고 개인들은 물질적 필연성에 종속하는 것처럼 거기에 종속하게 된다. 물론 이 필연성은 인지 가능하다. 그도 그럴 것이 이 필연성은 개인의 자유로운 '실천'에 그 기원을 두고 있기 때문이다. 하지만 이 필연성은 경우에 따라 이 실천에 대립되는 '반실천anti-praxis'이나 '반변증법anti-dialectique'이 될 수도 있다. 루소는 이렇게 썼다. "인간은 자유롭게 태어났으나 도처에서 사슬에 묶여 있다." 사르트르에 따르면 인간은 본성상 자유롭거나 본질을 가지고 있지 않다. 왜냐하면 인간은 스스로를 창조하기 때문이다. 하지만 인간은 다른 인간의 도구이며, 도처에서 대중 속에서 혼자이고, 또 어느 곳에서도 다른 사람의 자유를 침해하지 않고 자신의 자유를 행사할 수 없다.

생제르맹데프레 대로[32]에서 버스를 기다리는 승객들에 의해 형성된 줄이라는 그 유명한 예를 통해 기술된 '집렬체série' 개념은, 실천적-타성태에 포획된 개인들 간의 관계의 특징을 잘 보여 준다. 이 승객들은 함께 있지만 서로 아무런 관련이 없다. 그들은 앞뒤로 줄을 서 있고, 그들이 버스에 오르는 순서는 그들의 도착 순서(용무의 긴급성이 아니다)에 의해 결정될 뿐이다. 각자는 자기 일에 몰두해 있고, 옆에 있는 승객의 일에 대해서는 전혀 모른다. 그들 사이에는 같은 교통수단을 필요로 한다는 것 이외에는 아무런 공통점이 없고, 희소성(버스에는 모두를 위한 자리가 없다)으로 인해 그들은 서로 잠재적인 적敵이다.

분명 사르트르가 차례로 분석하고 있는 여러 집합태collectif가 모두 이렇게 거의 희화화될 정도로 단순한 것은 아니다. 그렇지만 계급 자체도 최종 분석에서는 하나의 전형적인 집렬체적 집합태일 뿐이다. 투쟁하고 있지 않은 객체적 존재로서의 프롤레타리아트는 그 자체로 뿔뿔이 흩어져 있으면서 내적 갈등 상태, 자유로운 '실천들'이 종속 상태에 있는 복수성일 뿐이다.[33] 이는 단지 고용주 때문만이 아니라 또한 프롤레타리아트를 구성하는 수많은 개인이 필연적으로 실천적-타성태에 연루되기 때문이기도 하다. 어떻게 그렇지 않을 수 있겠

---

32 생제르맹데프레 대로(Boulevard St. Germain-des-Prés): 파리 16구를 관통하는 대로 이름으로, 사르트르는 한때 이곳에 있는 아파트에서 살았으며, 이 대로변에 있는 카페 드 플로르와 카페 드 되마고 등에서 많은 시간을 보냈다. 사르트르가 『변증법적 이성비판』에서 '집렬체'를 설명하기 위해 들고 있는 버스를 기다리는 승객들의 예에서 문제가 되는 버스 정류장이 바로 이곳의 정류장이다.

33 사르트르에 의하면 '계급'은 두 종류의 지위를 갖는다. 집렬체와 융화집단으로서의 지위가 그것이다. 계급이 계급투쟁에 이르는 과정에서는 집렬체의 지위를 유지하고, 그 구성원들이 공통된 목표를 실현하기 위해 하나로 뭉쳐 계급투쟁을 하는 단계에서는 융화집단으로서의 지위를 갖는다. 물론 융화집단으로서의 지위를 가진 이후의 과정은 다시 집렬체로 떨어지는 과정으로 이해된다. 그러니까 사르트르는 계급이 이처럼 집렬체 → 융화집단 → 집렬체로 이행하는 과정을 『변증법적 이성비판』에서 조금 더 구체적으로 집렬체 → 융화집단 → 서약집단 → 조직화된 집단 → 제도화된 집단으로 이행으로 세분화시키고 있다고 할 수 있다.

는가? 프롤레타리아 한 명 한 명은 자기가 선택하지 않은 어떤 사회적 상황 속에서 태어나고, 자신을 프롤레타리아로 만들고, 또 이런 객관적인 상황을 내면화하게 된다. 그 이유는 그가 자유를 상실했기 때문이 아니라 이 자유를 달리 행사할 수 없기 때문이다. 기존의 틀 안에 머물러 있는 한, 프롤레타리아트의 구성원들은 어느 정도까지는 공동존재이다. 하지만 그들은 바로 사회적 분화로 인해 기업의 분야별로 또는 생산 단위별로 분열되어 있다.

개별적 '실천들'이 고립, 경쟁, 상호 간의 예속과 실천적-타성태에의 예속을 극복하게 되는 것은 오직 공동의 기도企圖 속에서일 뿐이다. 그런데 이 공동의 기도란 집단적 기투이다. 즉 융합된 모든 의식은 하나의 동일한 의지로 하나의 유일한 목표를 향해 나아가고자 한다. 버스 정류장에 늘어선 승객들의 줄은 집렬체적 집합태의 상징인 반면, 바스티유 감옥을 향해 달려가는 군중은 '집단groupe', 곧 융화집단의 상징이다. 융화집단에서는 인간들의 숫자의 의미가 갑작스럽게 바뀐다. 그러니까 집합태에서는 분산과 고독과 예속의 원천이던 사람들의 수가 융화집단에서는 신뢰와 역동적인 행동의 요인이 된다.[34] 바스티유 감옥을 탈취하는 군중은 단 하나의 영혼, 하나의 믿음, 이렇게 말하자면 단 '하나의' 의식만을 가질 뿐이다. 프롤레타리아트는 존재의 한 방식, 즉 하나의 '존재태exis'[35] 형태로 환원된다. 그런데 이런 존재

---

[34] 버스를 기다리는 승객들의 예, 곧 집렬체에서 볼 수 있는 것처럼, 이들의 숫자의 증가는 이들 사이의 경쟁과 투쟁의 가능성의 증가를 의미한다. 하지만 그와는 정반대로 바스티유 감옥을 공격하는 파리 시민들로 이루어진 융화집단에서는 시민 한 명의 증가는 이 집단의 힘의 증가로 이어진다.

태 안에서 의식들은 소외된다. 하지만 바스티유 감옥을 탈취하는 군중과 같은 행동하는 집단은 개별적 '실천들'에게 더 높은 차원에서 그 주체들이 상실했던 자유를 되찾게 해 준다. 이렇듯 개인들이 혁명 군중에 융합되는 것은 집단적 해방의 상징이 된다. 이런 분석은 서양의 고전철학자들의 어안을 벙벙하게 만들어 버릴 수도 있을 것이다.

그렇지만 우리가 매일같이 바스티유 감옥을 탈취할 수는 없는 노릇이다. 설사 내가 오늘 나의 전우들 옆에서 싸우고 있지만 그만큼 나의 자유를 소외시킨 것은 아니다. 내가 내일 그들을 배신할지도 모르며, 적어도 내가 배신을 하지 않으리라고 장담할 수도 없다. 이 집단의 구성원의 한 명으로서 나의 고유한 자유는 나로 하여금 나의 미래를 내 마음대로 결정하지 못하게 한다.[36] 나는 나 자신을 의심할 수밖에 없다. 정확히 이런 이유로 이런 형태의 집단이 형성되려면 그 구성원들 각자는 자기가 약속을 어긴 경우에 다른 구성원들이 자기를 처벌할 수 있는 권리를 준다는 서약을 해야만 한다.[37] 집단은 서약을 요

---

35   실천(praxis)과 대조되는 말이다. 'praxis'가 사회, 경제적 세계에서 기투하는 대자(對自)의 적극적 행동을 의미하는 것인 반면에, 'exis'는 진실한 초월 없이 현상태를 단순히 재생산하는 일을 가리킨다. '상태', '습성'을 뜻하는 이 그리스어는 라틴어 'habitus'에 해당한다.

36   사르트르의 『존재와 무』 차원에서는 인간의 자유가 거의 절대적으로 여겨진다. 사르트르가 자유의 철학자로 불리우는 이유이다. 하지만 이런 사르트르에게서도 인간 스스로 자신의 자유를 제한하는 경우가 없지 않다. 『존재와 무』 차원에서는 자기를 타자의 주체성 앞에서 스스로 객체화시키고자 하는 마조히즘이 거기에 해당한다. 그리고 『변증법적 이성비판』에서는 융화집단의 구성원 중 한 명이 이 집단의 안위와 이익을 배반하지 않겠다고 이 집단으로 이름으로, 또 모든 구성원들 앞에서 맹세를 하는 경우가 거기에 해당한다. 이런 맹세가 바로 '서약'이고, 이 서약 이후에 융화집단은 '서약집단'이 된다는 것이 사르트르의 주장이다.

37   사르트르에 의하면 인간들 사이의 '강제력(force coércitive)'은 이런 상호적인 자유의 포기, 즉 자신에 대한 처벌의 인정에 그 기원을 두고 있는 것으로 이해된다.

구하고 또 공포[38]를 부른다. 이 집단은 외부의 적들에 의해, [또는] 그 이상으로 내적 붕괴 가능성에 의해 위협당하면서 모든 구성원이 공동으로 도모하는 기도의 법칙에 대한 복종 덕분에 의지와 행위의 표현으로서 존속한다. 그런데 이들의 복종은 여기에서는 그들의 자유로운 동의하에 이루어진다.[39]

프롤레타리아트-집단이 계급-집합태에서 생겨나는 것은 행동에 의해서, 그리고 행동 속에서이다.[40] 하지만 이 집단은 일단 생겨나면 이번에는 사회적 존재로서의 의무를 짊어져야 한다. 이 집단도 거부의 대상이었던 타성태 속으로 추락할 위험이 있다. 따라서 이 집단 역시 필요한 제도를 마련해야 하고 또 스스로 준準-유기체가 되어야만 한다. 다시 말해 이 집단은 오직 한 명의 개인의 실천과 융화집단의 실천(바스티유 감옥을 탈취하는 군중의 실천)이라는 완전히 이해 가능한 두 종류의 '실천'을 상실하게 된다.[41]

---

38   서약집단에서 서약을 한 구성원들 모두는 서로 '동지'(또는 '형제')이다. 그리고 이들은 동지애(또는 형제애)의 이름으로 서약을 하며, 서약을 위반할 경우에 자기를 집단의 이름으로 처벌 —여기에는 생명을 앗아 가는 처형도 포함된다— 해도 좋다는 강제력을 집단과 다른 구성원들에게 일임하는 것이다. 물론 서약은 상호적이며, 따라서 다른 구성원들 역시 그들이 서약 위반을 했을 때 처벌을 받고, 나아가 처형을 당하게 된다. 이렇듯 '동지애'의 이름으로 행해지는 이런 종류의 처벌 또는 처형이 바로 '공포'이다. 사르트르는 이 두 개념을 합해 '동지애-공포(Fraternité-Terreur)'(또는 '형제애-공포)라고 지칭한다.

39   사르트르는 『변증법적 이성비판』에서 구성원 각자가 자신의 자유를 집단에 '저당 잡힌다'(hypothéquer)'고 말하고 있다.

40   앞에서 언급한 것처럼 융화집단은 그 구성원들이 공동으로 하나의 목표를 위해 공동의 실천을 하는 동안에만 존재할 뿐이다. 가령, 바스티유 감옥을 공격하는 파리 시민들에 의해 조직된 융화집단은 오직 그들이 이 감옥을 공격하는 동안에만, 즉 공동의 실천을 수행하는 동안에만 그 존재이유를 가질 뿐이다.

41   바스티유 감옥을 공격하는 대중의 실천은 이 대중을 구성하는 각자의 실천과 구별되지 않으며, 또한 이 대중의 실천은 그들이 '우리', 즉 하나'가 되어 이루어지는 공통 실천이라고 할 수 있다. 그렇기 때문에 이 대중 각자의 실천과 융화집단을 이루고 있는 이 대중의 실천은 동일하며, 완전히 이

그렇다면 이 제도화된 집단은 실천적-타성태에 빠진 집합태와는 어떤 점에서 구분되는가? 이 구분이 이루어지는 것은 바로 이 집단 내부에서 공동의 기도가 기인하는 '단 하나'의 의지와 같은 무엇인가가 남아 있는 한에서이고, 또 이 집단 구성원들이 서로를 이어 주는 충성에 대한 서약을 잊지 않는 한에서이다.

'집렬체'와 '집단' 사이의 이런 변증법, 또 '실천적-타성태'와 혁명적 '실천' 사이의 이런 변증법은 분명 사르트르적이지 마르크스주의적이 아니다. 이런 변증법에는 오직 개인의 행동만이 실천적, 변증법적이고, 모든 것의 원동력이다. 또한 이렇게 말하자면 반항에는 "인간성의 시작"(p.453)이라는 사실이 전제되어 있다.

그런데 사르트르는 이런 변증법이 역사의 생성에 대한 마르크스의 견해와 상충되지 않는다고 주장한다. 하지만 이런 변증법에 의해 제시되는 것은 오히려 소외와 혁명의 끊임없는 교체이다. 왜냐하면 개인들은 점점 물질적 필연성에 비교되는 사회 질서의 포로가 되기 때문이며, 또한 그러다가 그들은 반항을 통해 자신들의 인간성을 재천명하고 다시 혁명을 수행하게 된다. 그리고 이 혁명은 일단 제도화되면 다시 타성태에 빠지며, 또 이런 실천적-타성태와 차별화시켜 줄 수 있을 유일한 '하나'의 의지를 잃게 된다.[42]

---

42   해 가능하고, 투명하다. 하지만 시간과 더불어 이 대중 사이의 유대 관계가 느슨해지면 거기에 비례해 그들의 공통 실천과 각개의 실천 사이의 동일성, 이해 가능성, 투명성이 줄어들 수밖에 없다. 앞에서 언급했던 사르트르가 역사를 이해하는 방식, 즉 인류의 역사는 집렬체와 융화집단 사이의 끊임없는 왕복 운동에 의해 지배된다는 것을 의미한다.

사실, 집단의 이론, 집합적 존재로서의 노동자계급과 혁명적 집단-'실천' 사이의 대비는 볼셰비키가 계급 대신 당을 역사의 주체로 내세운 것을 사르트르가 철학적으로 정당화하고 있다고 생각할 수도 있다. 하지만 나는 이런 정당화가 모스크바나 북경의 이데올로그들을 안심시키리라고는 생각하지 않는다.

사르트르는 회고적으로 스탈린주의의 불가피성을 인정한다.[43] "역사적 경험은 다음과 같은 사실을 분명하게 보여 준다. 건설 중에 있는 사회주의 사회의 첫 시기는, 이 시기를 여전히 추상적인 권력의 측면에서 고찰해 보면, 관료주의, 공포, 개인숭배의 확고한 응집에 불과할 뿐이라는 사실이 그것이다."(p.630) 일부 독자들은 분노를 느끼면서 이 문장을 읽을 것이다. 그도 그럴 것이 아직도 핏자국이 선명한 역사적 사건[44]에다 역사적 필연성을 갖다 붙이기 때문이다. 하지만 나에게는 이 문장이 특히 천진난만하게 보인다. 고백컨대 예전에 일어난 사건이 달리 일어날 수는 없었다는 것을 증명해 보이려는 것은 나에게 특별한 인상을 주지 못한다. 재능이 있는 철학자라면 누구라도 그런 증명을 할 수 있다. 물론 이런 증명을 미래에 대해 반복하지 않는다는 조건하에서 말이다. 모스크바나 북경의 정통 이론가들로 말하자면, 그들은 우리가 방금 요약한 그런 증명을 도입한 이단적 생각을 받

43　심지어 사르트르는 『변증법적 이성비판』에서 스탈린의 개인숭배까지 정당화하고 있기도 하다. 물론 사르트르는 1956년 헝가리 사태와 1968년 체코 사태를 기점으로 이런 태도를 포기하고 있다는 사실을 지적하자.

44　정치재판, 정치범 숙청, 강제 노동소 수용 등이 거기에 해당한다.

아들이지 않을 것이다. "프롤레타리아 독재가 그 어떤 순간에도 (노동계급의 총체화를 통한 실질적인 권력 행사로서) 출현하지 못한 이유는, 바로 이 프롤레타리아 독재라는 개념 자체가 불합리한 데 있다. 왜냐하면 그 것은 활동적이고 주권적인 집단과 수동적인 집렬체성 사이의 사생아 적 절충의 산물이기 때문이다."

　대체 『변증법적 이성비판』은 마르크스주의의 갱신에 어떤 기 회를 제공해 주는 것일까? 사르트르처럼 분석적 이성raison analytique 과 변증법적 이성raison dialectique,[45] 자연과학과 인문학, 자연 현상의 인 지 불가능성과 역사의 본질적인 인지 가능성 사이를 과격하게 대립시 키는 것은, 레닌과 엥겔스의 마르크스주의뿐만 아니라 마르크스 자신 의 마르크스주의와도 결별하는 것이다. 개별적 '실천'이 인지 가능성

[45]　사르트르는 『변증법적 이성비판』에서 '분석적 이성'과 '변증법적 이성' 개념을 제시한다. 그는 이 책에서 "구조적, 역사적 인간학(anthropologie structurelle et historique)"의 정립을 시도하고 있다. 이 인간학의 주요 목표 중 하나는 인간들에 의해 형성되는 역사의 의미, 진리 파악, 곧 역사의 가지 성 파악을 검토하는 것이다. 이를 위해 사르트르는 변증법적 이성 개념을 이용한다. 그에 의하면 인간들은 주위 환경과 관계를 맺으면서 지금까지 존재하지 않았던 것을 만들어 내면서, 곧 '실천 (praxis)'을 하면서 역사 형성에 기여한다. 하지만 그들은 또한 그 과정에서 자신들이 만들어 낸 결 과물의 영향을 받기도 한다. 또한 그들은 다양한 군집을 이루어 역사 형성에 참여하기도 하고, 또 그 군집들에 의해 생산된 결과물의 영향을 받기도 한다. 그렇기 때문에 역사의 의미, 나아가 진리 를 파악하기 위해서는 역사 형성에 참여하는 개별적 인간들과 군집들의 실천과 역사를 모두 아우 르는 것, 즉 총체화(totalisation)가 필요하다. 사르트르에 의하면 이때 이런 총체화를 파악할 수 있 는 논리나 법칙이 바로 '이성'으로 명명되며, 이런 이성은 변증법적, 종합적, 총체적 이성일 수밖에 없는 것으로 규정된다. 사르트르는 이 변증법적 이성을 구체적으로 제시하기 위해 '분석적 이성' 또는 '실증적 이성'과 비교한다. 그에 의하면 분석적 이성은 자연과학의 실험 과정을 기술하는 데 적용되는 이성으로 이해된다. 자연과학의 실험에서 관찰자는 실험 체계의 '외부'에 있게 된다. 그 로 인해 이 관찰자는 실험 과정을 객관적인 거리를 두고 분석적으로 기술할 수 있게 된다. 하지만 역사의 의미 파악을 시도하는 인간은 자연과학의 실험 관찰자와는 달리 역사의 내부와 외부에 동 시에 있으며, 이런 이유로 분석적 이성으로는 총체화의 과정으로서의 역사의 의미를 제대로 파악 할 수 없게 된다. 이렇듯 사르트르는 『변증법적 이성비판』에서 자연과학의 분석적 이성과는 다른 이성, 곧 변증법적 이성을 제시하면서, 그것의 한계와 유효성을 살펴보고자 한다. 곧 변증법적 이 성에 대한 '비판'을 시도하고자 한다.

의 궁극적 조건이고 또 유일하게 실천적이고 변증법적인 현실이라는 반복된 주장은, 역사를 총체적으로 이해하고자 하는 철학에 사르트르 자신도(그의 노력에도 불구하고) 완성할 수 없었던 과제를 부여하는 것이다. 체험한 모든 경험을 마르크스주의적 지식에 통합시키려 할 때, 어떻게 이 지식이 붕괴되지 않거나 또는 경험들 그 자체가 사라지지 않을 수 있겠는가? 만일 참된 현실이 오직 인간들과 그들의 행동들과 고통이나 꿈으로 이루어지는 것뿐이라면, 그들의 개별적이고 대체 불가능한 실존을 어떻게 총체화할 수 있겠는가? 어떻게 우리가 이런 다양한 관점으로부터 ―모든 인간은 자기 나름의 관점에서 세계를 보기 때문에― 단일한 진리로 옮겨 갈 수 있겠는가? 이 단일한 진리는 지식의 체계를 구성하고, 또 전쟁과 혁명이 실제 세계에서 개인들을 무자비하게 제거해 버리는 것처럼, 사고의 영역으로부터 개인들을 제거해 버리지 않겠는가? 어째서 실천적-타성태와 행동, 집렬체와 집단 사이의 형식적이고 정적인 변증법은 희소성이 사라지기 전에 끝날 수 있는가? 사실, 사르트르 자신은 이런 변증법이 끝날 수 있을지에 대해 자주 의문을 품었던 것 같고, 『변증법적 이성비판』의 394쪽에 있는 한 주註의 아래 부분에서 직접 이렇게 질문을 던지고 있다. "자본주의적 형태의 소외가 사라지는 것은 모든 형태의 소외가 사라지는 것과 동일시되어야 하는가?" 실제로 그렇다. 그렇다면 왜 그래야만 할까?

사르트르가 보기에 개인은 고독 속에서만 또는 혁명적 대중 속에서만 자유로울 뿐이며, "실천의 자유로운 전개는 총체적이거나 아니면 전적으로 소외될 뿐이다."(p.420) 사르트르는 개인들 사이의 다양하고 복잡한 관계를 상호성 또는 평등에 대한 형식적 개념을 참고해서 판단한다. 사르트르가 희소성의 종말을 기다리면서도 혁명적 행위 속에서 구원을 찾는 것을 보고 어떻게 놀라지 않을 수가 있을까? 그것도 이런 행동 이후에 대해 커다란 환상도 가지지 않은 채, 어쨌든 부르주아 민주주의와 진보적 개선에 굴복하지 않기로 결심한 채로 말이다. 혁명에서 배출된 주권자가 부르주아 민주주의의 주권자보다 더 전제적이고 더 억압적임에도 불구하고 말이다. 그 이유는 인간성은 반항과 더불어, 따라서 서약과 공포와 더불어 시작되기 때문이다. 그런 만큼 역사는 폭력적이고,[46] 계급들은 적敵으로만 존재할 뿐이다. 그렇지 않다면 계급은 집렬체적 수동성 속으로 용해되어 버릴 것이다. 소외를 받아들일 것인가 아니면 투쟁할 것인가? 사르트르는 이 두 행동 사이에서 제3의 노선을 생각하지 않는다.

---

[46] 사르트르가 제시한 인류의 역사 흐름을 지배하는 하나의 법칙, 즉 집렬체와 융화집단 사이의 왕복은 결국 이 역사가 처음부터 끝까지 폭력의 지배하에 있다는 것을 극명하게 보여 준다. 그러니까 집렬체 내부에서는 이미 이 집렬체의 부를 가진 자들과 못 가진 자들 사이의 대립과 투쟁이 극단적으로 심화될 때, 못 가진 자들이 한데 뭉쳐, 곧 융화집단을 형성하게 된다. 그런데 집렬체에서 융화집단으로의 이행에는 이미 기존폭력과 이를 극복하는 대항폭력이 개입되어 있다. 또한 이처럼 폭력에 의해 출현한 융화집단은 이 집단을 보존하고 유지하기 위해 서약에 배태된 '동지애-공포'에 의지하게 되는데, 이 동지애-공포는 또 다른 형태의 폭력에 다름 아니다. 그리고 이 서약집단은 점차 조직화된 집단과 제도화된 집단을 거쳐 또다시 집렬체의 형태로 추락하게 되고, 이 집렬체에서는 또다시 가진 자들과 못 가진 자들 사이의 대립, 투쟁이 발생하고, 또 그것이 극단적으로 심화될 때 못 가진 자들은 다시 힘을 합쳐 가진 자들과 싸우면서, 즉 폭력에 호소하면서 융화집단을 형성하게 된다. 이렇듯 사르트르에 의하면 인류의 역사는 희소성이 지배하는 한 폭력의 악순환에서 벗어날 수 없다.

우리는 왜 한 철학자의 사상이 다른 철학자의 사상과 일치하는지 아닌지를 묻는가? 나의 의도는 분명 사르트르에게 자신을 마르크스주의자라고 선언할 수 있는 권리를 주거나 거부하는 것은 아니다(그에게는 나의 허가가 아무런 소용이 없다). 나는 그저 그가 어느 정도까지 그 자신으로 남아 있는가를 보여 주고자 할 뿐이다. 그렇다고 『존재와 무』에서 『변증법적 이성비판』의 내용을 미리 예측할 수 있다는 것은 아니다. 그와 반대로 『존재와 무』에서 『변증법적 이성비판』까지는 변화가 있다(그것이 진보인지 퇴보인지는 각자가 결정해야 한다).[47]

사르트르는 『변증법적 이성비판』에서 딱 한 번(p.288) 『존재와 무』의 주장을 분명하게 부정할 뿐이다. "『존재와 무』에서 잘못 그렇게 생각할 수 있는 것처럼 근본적 소외는 출생 이전의 선택으로부터 유래하지 않는다. 근본적 소외는 실천적 유기체로서의 인간을 그의 환경에 연결하는 내면성의 한결같은 관계로부터 유래한다." 소외란 의식들 간의 갈등과 마찬가지로 사회에 그 기원이 있다. 그렇지 않으면 우리는 마르크스가 아니라 홉스에게로 돌아가야 할 것이다. 하지만 사르트르는 실제 역사에 대한 마르크스의 구체적 해석을 비판 없

47 　앞에서 언급한 것처럼 사르트르 연구자들은 『존재와 무』과 『변증법적 이성비판』 사이에 이른바 인식론적 단절이 있는가의 여부를 놓고 늘 논쟁이 있다. 옮긴이는 이 두 저작 사이에 이런 단절이 없다는 의견에 동조한다. 그 이유는 『존재와 무』에서의 나와 타자 사이의 시선 갈등과 투쟁이 『변증법적 이성비판』에서의 복수의 인간들 사이의 갈등과 투쟁(가령, 계급투쟁)이 그 발생 이유, 그 형태, 그 깊이와 규모 등에서 차이가 있지만 본질적인 면에서는 차이가 없는 것으로 보이기 때문이다.

이, 또 검토 없이 받아들이기 때문에 자신의 모든 노력을 현상학적-실존적 분석에 쏟아붓는다. 그런데 이 분석은 마르크스 사상에서 헤겔적 요소에만 관련되며 또 전형적으로 사르트르적이다. 이 분석은 원한과 추상적인 관대함으로 가득 찬 미묘하고 신랄한 분석이며, 어떤 때는 경탄할 만하고, 어떤 때는 분노를 살 정도로 말솜씨가 빛을 발하고 있다. 또 어떤 때는 이율배반 속에서 너무 단순하기도 하다. 그도 그럴 것이 현실 사회에서 인간의 삶은 불가피하게 집렬체와 집단, 소외와 자유 사이에서 이루어지기 때문이다. 그리고 상황에 따라서는 개인들 사이의 관계의 인간화, '실천들' 사이의 상호성을 향한 운동은 폭력을 요구하거나 아니면 개선될 수도 있다.

사르트르는 그의 바람대로 스탈린주의자들에 의해 불모의 독단주의로 굳어진 마르크스주의의 쇄신에 기여했을까? 마르크스의 영감과 방법은 오늘날 공동 의식의 일부에 속하며 또 계속 열매를 맺고 있다. 모스크바와 이른바 사회주의 국가들에서는 한 무더기의 원칙, 즉 국가적 진리의 수준에까지 고양된 이데올로기적 교리문답이 만들어졌다. 자의적이든 아니든 이 국가적 진리에 따르는 마르크스-레닌주의자들은 정확히 자신들의 관점에서 『변증법적 이성비판』에 나타나는 어느 정도 마르크스화된 사르트르주의, 말하자면 사르트르적인 방법으로 다시 쓴 마르크스주의를 거부한다.

755쪽에 달하는 『변증법적 이성비판』에서[48] 행해진 비판적 경

---

[48]   앞에서 언급했듯이 이 책의 제1권 초판의 쪽수이다.

험은 아마도 철학자들의 흥미를 불러일으킬 것이다. 하지만 사회학자, 경제학자, 역사가에게는 크게 도움이 되지 않을 것이다. 이들은 이 책에서 난해한 언어로 표현된 익숙한 사상을 발견하게 되든가, 아니면 신비한 변증법적 이성에 대한 단언적인 주장들을 발견하게 될 것이다. 그런데 사르트르는 이 변증법적 이성이 없다면 "오늘날 동양에서건 서양에서건 우리 자신이나 다른 사람들에 대해 큰 실수가 아닌 말 —한 문장이나 단 한 단어라도— 을 할 수가 없다"고 쓰고 있다.

나 자신도 이런 포괄적인 비난에 포함되는 것은 당연하다. 하지만 이제 결론을 내려야 하므로 나만의 방식대로 결론을 내리겠다. 그런데 보부아르의 말을 믿는다면 나의 이런 태도는 젊은 시절에 끊임없이 이야기를 나누면서 나에게 발견되던 다음과 같은 특징이 가미된 태도 이외에 다른 것이 아니다. "양단간,"[49] 하나는 사르트르가 소련 사람들이 마르크스주의-레닌주의라고 부르는 것에 대해 섬세한 해석을 하고 싶고, 또 젊은 철학자들에게 그들의 지성을 희생시키기지 않으면서 공산당에 가입하도록 원하는 경우이다. 이 경우라면 『변증법적 이성비판』은 『휴머니즘과 테러』와 「공산주의자들과 평화」의 연장선상에 있다. 우리는 『변증법적 이성비판』에서 마르크스주의보다는 마르크스주의에 대한 사르트르의 설명을 발견한다. 다른 하나는 서구에서 마르크스의 사상을 갱신하고자 하는 것이다. 이 경우라면 마르

---

[49]   젊은 시절에 아롱이 사르트르와 토론하면서 결론을 맺을 때 "양단간(兩端間)", "이렇게 되든지 저렇게 되든지 둘 중 하나"의 뜻을 가진 이 표현을 자주 사용했다는 의미이다.

크스를 본보기로 삼아야 할 것이다. 다시 말해 마르크스가 19세기의 자본주의 사회를 분석했던 것처럼 사르트르는 20세기의 자본주의 사회와 사회주의 사회를 분석해야 할 것이다. 『자본론』에서 『경제학-철학 수고』로 거슬러 올라가거나 또는 키르케고르와 마르크스 사이의 불가능한 절충을 시도하면서 마르크스주의를 갱신할 수는 없는 노릇이다.

간단히 말해 19세기의 『자본론』에 대한 충성을 선언하느니 20세기의 『자본론』을 다시 쓰는 것이 나을 것이다.

이 글은 축약되어 『르피가로 리테레르』에 1964년 10월 29일부터 11월 4일에 걸쳐 J. P. 사르트르가 노벨 문학상 수상을 거절한 때에 발표되었다. 거기에는 피에르 브리송에게 쓴 다음과 같은 내용의 편지가 실려 있다.

친애하는 친구에게

『구토』,『닫힌 방』,『존재와 무』,『말』의 저자는 분명 뛰어난 정신의 소유자입니다. 단지 글을 모르는 사람들만이 이 사실을 알기 위해 그가 노벨상을 받는 것이 필요했을 따름입니다. 게다가 『구토』가 출판되기 전에는 사람들이 사르트르를 몰랐을지도 모르지만, 그가 낮게 평가되었던 적은 한 번도 없었습니다. 우리는 이미 고등사범학교에서 그의 천재성을 느꼈습니다. 하지만 나는 최근 그에게 집중되는 진부한 찬양을 좋아하지 않습니다(그도 역시 그럴 겁니다.) 그의 경우에 이런 찬양은 초점이 빗나간 겁니다. 이런 찬양이 참여 작가인 사르트르에게 관련된 것이면서도 그가 어떤 대의명분을 위하는가는 무시되고 있기 때문입니다.

이 편지에서 우리의 젊은 시절 기억을 되살리려고 하는 것은 적당한 일이 아닌 것 같습니다. 우리의 우정은 15년 전에 이미 끝났습니다.[50] 그리고 비록 지금 우리가 서로 욕을 하는 대신 악수를 교환하기는 하지만, 우리는 여전히 다른 세계에 살고 있습니다. 사르트르는 그가 몸담고 있는 부르주아 민주주의가 어느 정도 존중해 주는 형식적 자유를 누리면서도 계속 혁명 체제에 동조하고 있습니다. 그의 눈에는 이 체제가 실질적인 자유를 준비하고 있는 것으로 보이는 것입니다. 하지만 나는 전혀 다르게 생각합니다. 오늘날 누구의 정치적 입장이 옳은가를 따져 보는 것은 짐짓 서로 화해한 척한다든가 먼 옛날로 돌아가는 것만큼이나 소용없는 일입니다.

사르트르의 저작에 대한 해설을 [내가 아닌] 다른 사람에게 맡기는 것이 좋았을 것 같습니다. 그의 저작은 내용이 아주 풍부하고 복잡해서 서둘러 쓴 저널리즘 스타일의 글로는 제대로 다룰 수가 없기 때문입니다. 나는 결국 당신의 종용에 못 이겨 이 글을 쓰긴 했지만 약간의 후회가 남기는 합니다. 이 글에서 나는 지난 여름에 다시 읽은 『변증법적 이성비판』만을 다루었습니다. 이 책의 제목에서 말하고 있는 주제를 내가 완전히 다루었다고 주장할 생각은 없습니다. 사르트르가 그의 노력에도 불구하고 훌륭한 마르크스주의자가 되지 못했음을 밝혀내기는 쉬운 일입니다. 그럼에도 불구하고 그가 마르크스주의자라는 사실에 왜 그렇게 많은 중요성을 부여하고 있는가는 짚고 넘어가야 할 문제입니다. 그의 말에 따르자면 그가 마르크스주의자가 아니라면, 그것은 인간은 현재 있지 않은 것으로 있거나 또는 현재 있는 것으로 있지 않는 존재 방식 때문입니다. 조금 더 평범한 말로 하자면 그가 하나의 마르크스주의를 믿고 있다고 할 때 그는 정말로 그렇게 믿

---

50   사르트르와 아롱 사이의 이념적 논쟁과 그로 인한 우정의 파탄을 가리킨다.

고 있는 것입니다. 그런데 이 마르크스주의는 마르크스주의자들에 의해 배척당한 마르크스주의이고, 또 아마도 마르크스 자신도 놀랐을 그런 마르크스주의입니다.

알튀세르 또는 마르크스에 대한 사이비–구조주의적 읽기[1]

알랭 바디우[2]는 "변증법적 유물론의 (재)시작"에 할애된 한 편의 글에서[3] 이렇게 쓰고 있다. "우선 나에게 있어서 다음과 같은 사실은 분명하다. 침묵하는 현실(이론'에서' 침묵하는)이 우리에게 말을 걸고 또 우리를 역사적으로 결정된 기능의 '담지자들'로 만드는 것에 대해 최소한 사람들이 목소리를 낼 수 있기를 원한다고 해도, 현재 그 어떤 다른 도움도 존재하지 않는다는 사실이 그것이다. 사람들이 '우리의' 역

---

1   나는 이 글의 주요 부분을 1967년 8월에 집필했으며, 1968년 8월에 끝마쳤다.
2   알랭 바디우(Alain Badiou, 1937-): 모로코에서 태어난 프랑스의 철학자로, 공산주의자의 입장에서 자본주의를 혹독하게 비판하는 대표적인 인물로 널리 알려져 있으며, 동시에 서구식 민주주의의 기만성을 숨기고 있는 '민주주의 신화'의 실상을 폭로하는 역할을 하고 있다. 바디우는 자신을 포스트 레닌–마오주의'(Post-léniniste-maoiste)'로 일컫는다.
3   *Critique*, mai 1967, p.464 *sq.* 알튀세르의 인식론이 어떤 점에서 '이론적으로' 현재의 정세를 이해하는 데 도움이 되는가 하는 점에 대한 판단은 완전히 나의 능력 밖의 문제이다.

사적 정세conjoncture를 구성하는 것, 즉 탈스탈린화와 소련 체제에 의해 규정되는 '이런 형태의 퇴행적 이동'과 관련된 '평화 공존', 미국의 제국주의, '또 다른 종류의 이행'인 중국 혁명[4]에 대해 사유하고자 해도 다른 도움 역시 존재하지 않는다. '우리'가 처한 이론적 맥락에서 이런 정치적 정세에 대해 성찰할 수 있는 것은 바로 알튀세르의 주위에서 연구하는 마르크스주의자들의 인식론적 명석성 덕분이고, 또 그 역도 마찬가지다." 2쪽 뒤에 또 다른 핵심적인 문장이 나온다. "지역적, 역사적, 퇴행적 인식론과 구조의 효과라는 총체적인 이론과의 어려운 접목을 생각해야 하는 문제가 남아 있다. 알튀세르 또는 마르크스를 사유하기 위해 스피노자 안에서 칸트를 생각하기." 위의 두 구절의 대비는 2차 세계대전 이후에 파리에서 꽃을 피웠던 다양한 마르크스주의 학파를 희화화시킬 정도로 특징적이다. 독일인들은 그들의 철학적 풍요로움을 상실했다. 마르크스주의는 1933년에 히틀러에 의해 폐기되었고, 그 이후로 소련의 현실에 대한 경험을 통해 위태로워졌다. 프랑스인들은 보편적 의도를 가진 정치-철학적 이데올로기 제공자로서의 역할을 떠맡았다. 방금 인용한 바디우의 말을 빌자면 프랑스인들은 "역사적 기능의 담지자들"이다. 현재 유행 중인 이른바 구조주의 학파는 12년여 정도 프랑스 지성계를 지배했던 현상학적-실존주의 학파와는 다르다. 하지만 구조주의 학파가 현상학적-실존주의 학파를 계승하면서 그 스타일, 주장, 무지 등을 차용하고 있다.

4   마오쩌둥이 일으킨 문화대혁명을 말한다.

이 두 학파는 역사적 현실보다는 철학적 '선험a priori'에 더 큰 관심을 가진다. 사르트르도 알튀세르도 그들 각자의 저작으로 미루어 보면 정치경제학에 대해 문외한이며, 경제계획이나 시장의 메커니즘에 대해서도 관심이 없다. 두 사람 모두 마르크스의 사후에 이루어진 마르크스주의의 파리로의 이입移入 이전에 진정으로 마르크스적이라고 여겨진 영감에 충실한 마르크스주의자들의 방식을 채택하지 않았으며, 우리 시대까지 『자본론』에 대한 비판적 분석을 연장하고자 하지도 않았다. 사르트르와 알튀세르 모두 마르크스가 썼거나 사유한 것과 우리가 살고 있는 세계 사이의 관계가 아니라, 오히려 고등사범학교 학생이 칸트적이라고 부를, 그리고 엥겔스는 프티부르주아적이라고 불렀을 질문을 던지고 있는 것으로 보인다. 마르크스주의는 어떻게 가능한가? 또는 바꿔 말하자면, 사람들은 어떻게 마르크스주의자가 되는가? 또는 같은 말이지만, 사람들은 어떻게 마르크스주의자가 되지 않는가? 메를로퐁티는 이미 마르크스주의자인 것도 마르크스주의자가 아닌 것도 불가능하다는 결론을 내린 바 있다.

설령 사르트르와 알튀세르가 중심인 두 학파의 마르크스주의가 철학 교수자격시험 합격자들의 필요(시험에 필요한 교육을 받지 못한 이들에게는 거의 이해가 안 되는 철학 교수자격시험에 도전하는 이들을 위한 저작)에 동일하게 부응한다고 해도, 설령 과학주의에 대한 사르트르의 비난과 경험주의에 대한 알튀세르의 비난이 동일하게 철학적 질문을 사회적, 경제적 또는 역사적(또는 이렇게 말한다면, 경험적) 탐구로 대체하는 기능을 가진다고 해도, 즉각적으로 눈에 띄는 스타일과 내용에서의 대립은 한 세대에서 다른 세대로의 이행,[5] 파리 상황의 변화와 더불어 세계 상황의 변화[6]를 여실히 보여 준다.

현상학적–실존주의적 마르크스주의는 『자본론』을 청년 시절의 저작, 무엇보다도 1844년의 『경제학–철학 수고』에 종속시킨다. 그런데 이 수고의 비밀, 미완성, 여러 부분에서의 모순이 A. 코제브[7]와 페사르 신부[8]의 가르침을 받은 독자들을 매혹시켰다. 분명 사르트르는 『변증법적 이성비판』에서 『자본론』의 진리를 선언하고 있다. 하지만 그는 이 진리를 불투명하게 선언하고 있어 모든 주석이 그것의 분명함이나 순수성을 약화시키고 있을 정도이다[9](이것은 그가 『자본론』을 읽지 않았다는 것을 암시해 준다. 게다가 그가 이 책을 읽을 이유가 어디에 있는가?) 그와는 반대로 알튀세르에게서 『자본론』은 확실히 그의 철학에 걸맞은 첫 번째 자리를 차지하고 있다. 1848년 혁명[10]의 실패 이후에 런던으로 망명한 마르크스는 가장 활기차게 이 책을 집필했다. 젊었던 그는 종

---

5   사르트르는 1905년에, 알튀세르는 1918년에 태어났다는 사실을 고려하면, 두 사람 사이에는 한 세대에 해당하는 30년은 아니라고 해도 13년의 차이가 있다.

6   파리 상황의 변화는 실존주의에서 구조주의로의 이동을, 세계 정세의 변화는 냉전에 이은 데탕트 분위기를 의미한다.

7   알렉상드르 코제브(Alexandre Kojève, 1902-1968): 러시아에서 태어난 프랑스 철학자, 정치인으로, 그의 철학 세미나는 20세기 프랑스 철학에 큰 영향을 미쳤다. 그의 헤겔 철학 세미나에는 라캉, 메를로퐁티, 바타유 등을 포함해 20세기의 주요 철학자, 작가들이 참석했다.

8   가스통 페사르(Gaston Fesssard, 1897-1978): 프랑스 예수회이자 신학자이다.

9   *C.R.D.*, p.276.

10   '국민국가들의 봄'이라고도 불리는 1848년 혁명은 프랑스 2월 혁명을 비롯하여 빈 체제에 대한 자유주의와 전 유럽적인 반항 운동을 모두 일컫는 표현이다. 이 혁명의 주요 원인은 크게 다음 네 가지를 들 수 있다. ① 프랑스 대혁명으로 달성된 자유, ② 평등의 근대 시민 사상의 정착, ③ 영국 산업혁명의 진전에 의한 자본주의 경제의 급속한 발전, ④ 노동자계급의 성립에 의한 사회주의의 광범한 전개 등이 그것이다.

교, 예술, 정치를 비판하고자 했다. 그는 최종적으로『정치경제학 비판』의 제1권(독일어판에서『자본론』의 부제[11])만을 집필했을 뿐이다.[12]

청년 시절 저작들에 대한 우위 ―『자본론』의 우위― 라는 첫 번째 대립으로부터 주제와 용어의 대립이 기인한다. 현상학적-실존주의적 마르크스주의는 '실천', '소외', '인간주의', '역사', '역사성' 등과 같은 개념들을 취한다. 알튀세르의 마르크스주의는 인간주의와 역사주의를 비판한다. '실천'은 (일시적으로) 사라진다. 구조만이 유일하게 인식의 대상으로서의 가치를 지닐 뿐이다. 그때부터 문제를 어렵게 만드는 것은 바로 생성(통시성diacronique 또는 역사)이다.

하지만 대립은 실제로 보이는 것보다 근본적이지 않다. 알튀세르는『자본론』이나 자본주의 경제나 소련 경제에 대해 사르트르보다 더 잘 알지 못한다.『자본론을 읽자』는 개별적이고 구체적인 한 경제에 대해 알튀세르 자신에게도 또 이 책을 읽는 독자들에게도 아무것도 가르쳐 주지 않는다. 바디우는 "통속적인 마르크스주의에 대한 기술記述"이라고 말할 것이다. 사르트르는『변증법적 이성비판』에서 '역사적 총체성에 대한 이해'로서 마르크스주의를 정립하고자 했다. 알튀세르는『자본론을 읽자』로부터 이론(또는 이론적 실천), 즉 그의 말을 믿는다면,『자본론』에 포함되어 있다고 여겨지는 이론을 도출해 내고

---

11   『자본론』의 독일어 제목은 "Das Kapital. Kritik der politischen Ökonomie"이다.
12   『자본론』은 총 3권으로 구성되어 있는데, 1권은 1867년에 마르크스에 의해 출간되었고, 2, 3권은 엥겔스가 마르크스의 유고를 모아 집필, 각각 1885년과 1894년 출간했다.

자 한다.[13] 달리 말하자면 그는 『자본론』의 '과학성'을 정초하고자(또는 보여 주고자) 한다. 이런 서로 다른 두 기획은 그 내적 모순에 의해서는 아니라고 해도 최소한 그 무상성無償性에서는 서로 닮았다. 대자 (또는 각개의 경험)의 명석하고 총체화하는 (변증법적) 특징을 출발점으로 삼는 철학이 어떻게 미완성의 역사적 총체성에 대한 이해를 회고적으로 정초할 수 있을까? 경제학에 문외한인 한 철학자가 어떻게 개념적 추론을 통해 『자본론』의 과학성을, 또한 마르크스의 추종자들과 반대자들에 의해서도 잘 알려지지 않은 과학성을 드러낼 수 있을까?

어휘의 변화 ―세 번째 대립이다― 는 한편으로 현상학적-실존주의적이고, 다른 한편으로 구조주의적인 두 세계의 이질성에서만 기인하는 것이 아니다. 사르트르와 메를로퐁티는 결코 PCF에 가입한 적이 없다. 두 사람 모두 여러 사건에 의해 정치 영역으로 떠밀린 것뿐이다. 『존재와 무』와 『지각의 현상학』에는 어떤 정치적이거나 사회적인 입장이 포함되어 있지 않다. 게다가 의식들의 투쟁 ―각개의 의식의 주체는 다른 의식의 주체에게 시선을 던지면서 그를 객체화하고 또 그에게서 자유를 빼앗는다[14]― 은 마르크스주의(파리에서 유행하는 것이

---

13   알튀세르에 의해 고안된 이른바 '징후적 독해(lecture symptomale)'를 통해서이다. 알튀세르가 프로이트에게서 차용한 이 개념을 이용해 마르크스의 저서 가운데 은폐되어 드러나지 않는 고유한 철학을 찾아내고자 했다. 이를 위해 알튀세르는 눈앞에서 발견되는 것에 주목하지 않고 말해지지 않은 침묵과 공백에 주목할 필요성을 강조하고 있다.

14   사르트르에 의하면, 타자는 나를 바라보는 자, 즉 시선의 주체로 여겨진다. 그리고 이 시선은 단지 눈동자의 움직임이 아니라 그 끝에 와 닿는 모든 것을 객체로 사로잡을 수 있는 힘으로 이해된다. 그런데 사르트르의 체계에서 인간 각자는 예외 없이 주체성, 자유, 초월의 상태에 있어야 한다. 그런데 시선의 주체인 타자는 나를 바라보면서 나를 객체로 사로잡고, 나의 자유와 초월을 앗아 간다. "타자는 나의 지옥"이라는 말이 갖는 의미가 바로 이것이다. 그로부터 사르트르의 그 유명한

아닌)에 의해 예고된 인간들 사이의 화해[15]와는 조화가 잘 안 된다. 또한 사르트르는 『변증법적 이성비판』에서 존재론적 비관주의와 존재적 낙관주의 사이의 뚜렷한 모순을 해결하지 못했다. 오직 '집단'[16]에서만, 다시 말해 행동과 폭력 속에서만 의식들은 상호적 적대성을 극복할 뿐이다.[17] 게다가 의식'들'이 서로 적敵이 되기를 그치는 것은 오직 행동 속에서 화해한 '다른' 의식들을 적으로 여기면서일 뿐이다.[18] 『변증법적 이성비판』에서 볼 수 있는 마르크스주의는 악의적인 사람들이 파시스트적이라고 부를 수 있는 폭력의 철학으로 귀결된다.

알튀세르와 그의 친구들은 PCF에 소속되었거나 여전히 소속되어 있다. 그들은 당을 떠나지 않은 채 마르크스-레닌주의를 (재)사유하고자 한다. 그들은 현상학적-실존주의적 동반자들의 방식과는 달리 당의 외부에 머물러 있지 않다. 그들은 자신들의 선의의 감정과 협력 의지로 마르크스-레닌주의자들을 설득하려는 야심을 가지고 있지 않

시선 투쟁이 기인하며, 그로 인해 나와 타자 사이의 관계는 함께-있음이 아닌 갈등과 투쟁이라는 결론이 도출된다. 하지만 사르트르는 또한 타자를 나와 나 자신 사이를 연결해 주는 필수불가결한 매개자로 규정하기도 한다. 그로부터 나와 타자 사이의 갈등과 투쟁을 넘어설 수 있는 가능성이 싹튼다. 이런 가능성이 바로 사르트르의 윤리 정립의 가능성과 시도로 이어진다. 다만, 앞에서도 언급한 것처럼, 이런 인간들 사이의 공존과 화해의 가능성이 『변증법적 이성비판』에서는 융화집단의 형성 가능성으로 나타나는데, 다만 이 융화집단의 형성이 폭력을 통해서만 가능할 뿐이다.

15   계급 없는 사회를 가리킨다.

16   앞에서 지적한 것처럼 여기에서 '집단'은 사르트르의 '융화집단'을 가리킨다.

17   앞에서 언급한 것처럼 사르트르는 『변증법적 이성비판』에서 폭력을 통한 의식들의 융화를 제안하고 있다. 가령, 구제도(Ancien Régime)하에서 인간답지 못한 삶을 영위하고 있던 자들이 하나로 뭉쳐 그들을 그런 상태로 몰아넣은 자들과의 싸움에서 대항폭력(contre-violence)으로 승리를 거둘 수 있다는 논리이다. 이런 대항폭력은 바스티유 감옥의 탈취로 상징된다.

18   사르트르에 의하면 융화집단 형성 이후에 이 집단은 그 구성원들 사이의 서약과 서약 위반자에 대한 처벌, 곧 공포에 의해서만 존속될 수 있을 뿐이다. 이때 동지애의 이름으로 이루어지는 서약과 공포에는 이들 구성원들이 모두 서로 적이 될 수 있다는 사실이 함축되어 있다.

다. 마르크스-레닌주의자들은 자신들의 참여로부터 출발하고(또는 출발했고?), 또 그들의 신앙의 지킴이들에 대한 검열에 호소하지 않은 채 성찰을 통해 자신들의 참여를 설명하고자 한다. 그로부터 새로운 의미를 부여하면서 성스러운 단어[19]들을 지키고자 하는 성향이 기인된다. 그로부터 과학(또는 과학성)에 대한 주장 속에서 신학적 간계奸計로 가득 찬, 종종 외관적으로 보면 현재 사건에 대한 모든 고려와는 낯선, 하지만 사실상 기이한 야심에 의해 방향 지어진 하나의 사고에 대한 복합적인 특징이 기인한다. 그런데 이런 기이한 야심은 사르트르의 그것과 마찬가지다. 섬세한 정신을 가진 사람들로 하여금 단순한 교리를 수용할 수 있게끔 한다는 야심이 그것이다. 또는 더욱 난폭한 방식으로이다. 어떻게 철학 교수자격시험 합격자들이 그런 교리에서 혁명에 대한 향수를 달래고 동시에 순전히 지적인 만족을 발견할 정도로 마르크스-레닌주의자들을 변화시킬 것인가?

비록 마르크스주의가 혁명에 대한 향수를 달래 주지 않는다고 해도 지적 만족은 줄 것이다. 마르크스 자신의 저작에 대한 많은 읽기와 마찬가지로 충분히 애매하고 모호한 알튀세르주의는 소비에트주의로도 마오주의로도 빠지지 않고 구별 없이 이것이나 저것에 이르고 있다. 알튀세르주의는 새로운 원리주의intégrisme의 한 시도를 보여 주고 있다. 하지만 이 새로운 통합주의는 아주 추상적인 차원에 위치하고 있어 수정주의révisionnisme라는 단죄를 내리면서도 모스크바와 북

---

19   프롤레타리아 혁명, 계급 없는 사회, 무오류성, 유토피아, 예언주의 등을 가리킨다.

경 사이에서 확실한 선택을 하고 있지 못하고 있다(비록 이념은 아니라고 해도 감정의 논리상 모스크바보다는 오히려 북경 쪽으로 나아가고 있지만 말이다).

I. 다원주의의 (재)발견

19세기 말 이래로 마르크스주의적이라고 여겨졌던 "담론"의 "구조"(내적 형상이라는 의미에서)를 출발점으로 삼아 보자. 이 구조에는 다음과 같은 이름으로 부르게 될 다섯 개의 주요 요소가 포함되어 있다. ① '변증법적 유물론', ② '역사적 변증법', ③ '자본주의에 대한 비판적 분석', ④ 당과 이 당과 연계된 혁명적 행동 이론, ⑤ '사회주의적 예언'이 그것이다. 오직 이 다섯 개의 요소만이 마르크스-레닌주의 속에 나타나고 있다. 많은 마르크스주의자, 가령 루카치 같은 당원들, 다른 사회민주주의자들(H. de 망[20]), 대부분 주변부에 있는 자들이나 또 다른 중간주의자들(코르쉬[21])은 헤겔적 개념, 특히 소외 개념을 이용해 변증법적 유물론을 대체하게 되었다.

이념사에서도 이념의 논리에서도 변증법적 유물론은 자본주의에 대한 비판적 분석과 따로 분리되어 나타나지 않는다. 변증법적 유

---

20   앙리 드 망(Henri de Man, 1885-1953): 벨기에의 정치인으로, 별기에 노동당의 리더였으며, 제2차 세계대전 중 독일에 의해 벨기에가 점령당했을 때 사회주의 이론가로 활동했다.

21   카를 코르쉬(Karl Korsch, 1886-1961): 독일의 마르크스주의 이론가, 정치철학자이다. 그는 카우츠키, 프레하노프, 레닌 등으로 대표되는 마르크스주의에 도전했으며, 루카치와 더불어 1920년대 서구 마르크스주의의 기초를 놓은 주요 이론가로 여겨진다.

물론은 마르크스와 함께 철학 문제를 천착한 엥겔스의 『반뒤링론』에서 파생된다. 변증법적 유물론에는 형이상학(유물론), 자연철학(자연변증법), 인식론(사고-반영 이론, 사유와 동시에 실재에 대한 변증법적 법칙) 등이 대거 포함되어 있다. 『정치경제학 비판을 위하여』의 '서문'에 제시된 역사적 유물론도 『자본론』에 대한 비판적 분석도 변증법적 유물론을 요구하지 않는다. 심지어 생산력의 우위나 생산력과 생산관계 사이의 일치와 모순 이론도 논리적으로 유물론적 형이상학이나 자연변증법을 요구하지 않는다.

마르크스-레닌주의의 자료집은 1917년 이후, 다시 말해 러시아에서 이루어진 볼셰비키의 정권 장악과 레닌의 우상화 이후에 통합적이고 교조적인 담론 속에서 형성되었다. 레닌은 마르크스 사유의 끝까지 나아가 '철학적 일탈'과 '정치적 일탈' 사이에 관계를 정립시켰다. 레닌의 눈에 유물론과 타협하는 것은 부르주아지와의 타협의 초기에 해당한다. 그로부터 마르크스-레닌주의에 의해 확언된 '유물론'과 '혁명' 사이의 끊어지지 않는 관계, 해방 직후에 사르트르가 『레 탕 모데른』지에 게재한 글에서 비난한 바 있는 관계가 도출된다.[22] 그런데 사르트르는 그 시기에 공산당을 자유의 철학으로 개종시키고자 하는 희망을 품고 있었다.

철학 차원에서는 근본적으로 취약한 레닌주의적 분석을 통해 몇몇 역사적 경험이 확인된 것도 사실이긴 하다. 철학적 타협과 정치

---

22   앞서 언급되었던 「유물론과 혁명」을 가리킨다.

적 타협 사이에 모종의 상관관계가 있다. 동유럽에서 볼 수 있었던 현상학적-실존주의적 개념('실천', 소외, 물화)의 성공에는 수정주의적 성향이 수반된다. 게다가 이런 상관관계는 쉽게 설명이 가능하고 사소하나마 의미를 가지기도 한다. 오직 레닌이나 스탈린의 교조주의만이 마르크스주의 담론의 전개를 흔들림 없이 유지하는 것을 가능케 해줄 뿐이다. 그런데 이런 마르크스주의 담론은 변증법적 법칙(양, 질, 부정의 부정), 자연변증법으로부터 시작되고, 역사적 유물론, 생산력과 생산관계의 우위에 의해 계속된다. 또한 이런 마르크스주의 담론은 자본주의 체제와 그 변화에 대한 분석을 통해 역사적 유물론의 진리를 설명하며, 그로부터 당의 조직과 혁명적 행동을 끌어낸다. 그러면서 이런 마르크스주의 담론은 다음과 같은 결론에 도달한다. 자본주의의 필연적인 소멸보다는 오히려 사회주의의 실현, 전前 역사의 종말 또는 자연에 대한 인간의 승리의 도움으로 이루어질 인간들 사이의 화해에 대한 예언주의가 그것이다.

1914년 이전에 사회주의-민주주의자들의 담론은 자본주의에 대한 비판적 분석을 의문시하는 경향이 있었다. 그 당시의 '자본주의에 대한 참다운 과학'으로서의 마르크스주의는 이런 마르크스주의자들의 눈에는 과학적으로 보였다. 이런 마르크스주의는 여러 이상적理想的 사회주의와 차별화되었다. 이런 마르크스주의는 꿈이나 갈망의 '당연히-있어야 함devoir-être'을 현실과 대립시키는 대신에 과거에 있었던 모습을 인식했고, 또 앞으로 있을 수 있는 모습을 예고했다는 점에서 그랬다. 마르크스주의 운동의 내부에서 발생한 첫 번째 투쟁 —벌써 수정주의라고 이름 붙은 투쟁— 은 자본주의 체제의 미래와 혁명의 관점과 연계되었다. 자본주의 체제 내부에서 이루어지는 사회주의적 당의 행동은 혁명에 이르게 되는가? 마르크스에게 귀속된 예견들과 역사적 생성 사이의 대립, 소련 체제를 포함해 마르크스에게서 영감을 얻은 방법에 따른 20세기의 역사에 대한 재해석 등으로 인해 마르크스주의 교리가 와해되기 시작했다. 하지만 이것들은 가능한 여러 마르크스주의 담론 중 하나를 형성했다. 역사적 유물론의 정신에 따른 자본주의에 대한 비판적 분석을 마르크스주의의 핵심으로 간주하는 담론이 그것이다. K. 파파이오아누[23]와 다른 여러 명이 쓴 저작들로서 그 모범적 사례로 등장하는 이 담론은 반마르크스주의적으로 여겨졌다. 이들은 마르크스-레닌주의에 반대한다. 하지만 행동이 꾸준히 변화하는 역사적 정세에 답을 해야 한다면, 이런 마르크스-레닌주의적 담론들은 '하나의' 마르크스적 영감에 충실한 것으로 남아 있다.

사람들은 이런 마르크스주의자들이 혁명적 방향을 가지고 있지 않았다고 말할 것이다. 틀림없이 그렇다. 하지만 모스크바의 마르크스-레닌주의 담론 역시 최소한 동유럽의 여러 나라를 위한 혁명적 방향을 가지고 있지 않았다. 모스크바의 마르크스-레닌주의 담론은 완수된 혁명을 과거에 속한 것으로 치부하고, 따라서 "사회 진보가 이제부터 정치 혁명 없이 가능[24]"한 것이라고 가정한다. 그러나 비록 어

---

23 코스타스 파파이오아누(Kostas Papaïoannou, 1925-1981): 그리스의 철학자, 사학자로, 헤겔, 마르크스, 마르크스주의 전문가이다.
24 Cf. Misère de la philosophie, OEuvres, éd. Pléiade, I, p.136.

떤 충격도 없었던 것은 아니라도 큰 위기 없이 지난 20년 동안 계속해서 성장한 서유럽의 상황이 동유럽과는 다르다는 사실을 어떻게 증명할 수 있는가?

1914년 전에 마르크스주의자들은 자본주의의 틀 안에서 '개혁'과 '혁명'의 관계에 대해 질문하곤 했다. 양차 대전 사이에 그들은 러시아 혁명이 마르크스주의의 예언을 실현한 것인지를 자문하곤 했다. 비록 마르크스의 이론에 의하면 혁명이 일어나야 할 곳에서 일어나지 않았다고 해도 말이다. 게다가 제대로 정착하지 못한 소련 체제와 여전히 그 자체로 불안한 자본주의 체제 사이의 비교보다도 오히려 1930년의 위기, 파시즘, 5개년 계획, 전쟁 분위기의 고조가 사람들의 마음을 더 사로잡고 있었다. 현재, 참다운 마르크스주의적 토론은 체제 —사회주의적이든 자본주의적이든— 에 따라 경제와 산업 사회의 유사성과 차이점에 대해 행해지고 있다. 알튀세르의 시도는 마르크스주의 역사에서 정확히 이 지점에 자리하고 있다. 탈스탈린화와 신자본주의 상대적 성공 이후에 어떻게 '원리주의'를 복원할 것인가?

이런 복원은 경제학자나 사회학자 소관의 작업이 아니라 철학자나 신학자[25] 소관의 작업이다. 이 작업이 "경험적" 탐사(나는 젊은 세대의 무시를 가벼운 마음으로 대한다), 즉 산업화된 사회에게 다양한 경제적

---

25   이 책의 저자인 아롱은 종종 알튀세르와 그를 추종하는 이들에 대해 '신앙', 신앙의 '지킴이들', '신학자' 등과 같은 용어들을 사용하고 있다. 이는 그들이 마르크스의 저작들을 종교적 신앙의 대상으로 삼고 있다는 것은 비유적으로 보여 주기 위해서라고 할 수 있다. 이와 관련해 앞에서 마르크스주의자들이 자주 사용하는 신성한 단어들에 간단한 설명을 덧붙인 바 있다는 사실을 상기하자.

또는 정치적 체제의 '현상태'에 대한 인식을 요구할 수도 있을 것이다. 하지만 이런 작업은 마르크스의 저작 읽기와 재읽기에서 비롯된다. 당원으로서 알튀세르는 그에 앞선 여러 세대에 속한 마르크스주의자들처럼 잘 선택된 인용문을 이용하면서 마르크스에게서 자기가 말하고자 하는 바를 빌려야만 한다. 방법, 곧 신학자들의 방법은 여러 저작 사이에서 마르크스가 자신의 진짜 사상을 [스스로도] 완전히 이해하지 못했다는 것을 인정하는 데까지 과감하게 밀어붙이면서 그에 의해 시작된 '과학적 혁명révolution scientifique'의 범위를 선택하는 것으로 이루어져 있다. 철학으로서의 알튀세르주의는 무엇보다도 『자본론』, 더 정확하게는 『자본론』의 '이론적 실천pratique théorique'에 대한 해석을 가하고 있다. 문제가 되는 것은 전적으로 『자본론』에 적용된 과학적 방법, 즉 이 책의 개념적 구조이다.

이런 점에서 『자본론』의 진리를 설파하긴 했지만 그것을 등한시한 사르트르의 『변증법적 이성비판』과 『자본론』에 대한 읽기 위에 정립된 알튀세르주의 사이의 차이는 점차 좁혀지는 경향이 있다. 적어도 마르크스주의-레닌주의와의 관계에서는 그렇다. 앞에서 지적한 다섯 개의 요소를 다시 한번 보자. 사르트르는 자연변증법을 부정하거나 아니면 그것을 긍정하는 데 조심하기 위해 신중을 기한다. 하지만 알튀세르의 저작에서는 자연변증법이 더 이상 문제시되지 않는다. 분명 알튀세르의 마르크스주의에서 변증법적 유물론의 모습을 뚜렷하게 볼 수 있기는 하다. 하지만 '이론들의 이론Théorie des théories'의 자격(또는 '이론Théorie'이나 철학)으로서이다.

어떤 면에서 알튀세르의 저작들은 모두 그가 변증법적 유물론이라고 부른 것, 즉 모든 실천, 특히 과학적 실천의 철학(또는 '이론')에 속한다. 하지만 이렇게 해석된 변증법적 유물론은 엥겔스의 『반뒤링론』으로부터 출발해서 마르크스-레닌주의자들이 이 이름('디아마트')으로 부르는 것과 큰 공통점을 가지고 있지 않다. 게다가 알튀세르는 역사적 유물론을 정립하기 위해 변증법적 유물론을 이용한다. 그는 또한 역사적 유물론의 정확한 이해를 위해 필요한 변증법적 유물론의 여러 요소를 설명하고 있을 뿐이다. 그 점에 있어서도 사르트르의 행적과의 유사함이 분명하게 드러난다. 아버지[26]와 마찬가지로 아들[27]도 역사적 유물론을 '철학적으로 다시 사고'하고자 한다. PCF의 동반자로서 사르트르는 자신이 직접 해석하는 대로의 역사적 유물론과 엥겔스의 과학주의나 유물론과의 양립 불가능성을 숨기지 않는다. 알튀세르는 훌륭한 신학자로서 변증법적 유물론을 이론들의 '이론'이라고 부른다. 마르크스-레닌주의자들의 '이론'과 '디아마트' 사이의 양립 가능성에 대한 문제조차 제기하지 않으면서 말이다.

사르트르주의자들과 알튀세르주의자들은 적어도 암묵적으로 사회주의적 예언주의를 취한다. 그들이 모두 이런 예언주의에 동의하는 아무런 이유도 제시하지 않음에도 그렇다. 자본주의에 대한 거부와 어떤 논거에 의해서도 정당화되지 않았지만 혁명적 의지를 통

26   마르크스를 가리킨다.
27   알튀세르를 가리킨다.

해 함축된 예언주의가 그것이다. 유행하는 말을 사용하자면 거기에는 '공백un blanc'이 있다. 여기에서 말을 하는 것은 침묵이다. 현전하는 것은 부재이다. 사르트르는 융화집단으로부터 출발해서 주권자에 이르는 변증법을 제시하면서 (스탈린 사후와 흐루쇼프의 연설 후에) 개인숭배는 사회주의의 중요하면서도 필요불가결한 표현을 보여 준다고 선언했다.[28] 물론 사르트르는 나중에 탈스탈린화, 게다가 민주주의화에 대해 우호적 입장을 표명한다. 하지만 그는 중앙집권적 계획경제와 생산도구의 집단 소유를 채택한 체제가 어떤 이유로 실천적-타성태로 다시 떨어지는 것을 피하지 못하는가에 대해서는 설명하지 않는다. 아니, 설명할 수 없다.

사회주의적 예언주의와 혁명에 대한 알튀세르의 침묵은 더 많은 것을 말한다. 물론 알튀세르와 그의 마르크스-레닌주의 동지들은 자본주의를 단죄하고, 사회주의의 도래를 기다리고 있으며, 또 혁명을 고대한다. 하지만 이런 전통적인 교리를 넘어 그들은 중국과 소련의 평화 공존과 분쟁에 대해 무슨 생각을 하는가? 그들은 어느 나라의 편에 서는가?[29] 『마르크스를 위하여Pour Marx』(P.M.)나 『자본론을 읽자』(L.C.)에서 그들이 이런 문제에 대해 답을 하지 않은 것보다 더 비정상적인 것은 없다. 신학자가 자신이 속한 종파를 정확히 밝히지 않고 있는 셈이다. 하지만 침묵은 유의미적인 것이 된다. 그도 그럴 것이

---

28   *C.R.D.*, p.630.
29   앞에서 인용한 바디우의 글을 참고하라.

새로운 종파의 저작들 중 그 어떤 것도 다른 입장이 아니라 정확히 이 입장을 취하는 것을 정당화시켜 주지 않기 때문이다.

사르트르는 집단을 매개로 행동의 집단적 통일체인 당黨에 대한 이론을 정립한다. 그는 실천적-타성태에 맞서 반항에 호소한다. 그는 행동하는 집단에 대한 분석을 통해 투쟁을 미화한다.[30] 왜냐하면 마지막 분석에서 의식들은 폭력의 도움을 받아서만 고독한 상태에서 벗어날 수 있을 뿐이고, 또 분리된 상태에서도 서로 소통할 수 있기 때문이다.[31] 인간은 혁명이 일어난 후가 아니라 혁명 그 자체 내에서 다른 인간들과 화해하게 된다.[32]

『마르크스를 위하여』와 『자본론을 읽자』에서 계급이나 당에 대한 이론을 찾아보았자 헛수고일 것이다. 정치적 실천의 개념은 당을 설명하지 않은 채 당에 대한 하나의 이론을 요청한다. 알튀세르 철학이 배제하지는 않지만 철저하게 무시하는 사회주의적 예언주의는 심리적으로 부재하면서도 현전하고 있다.

먼저 사회주의적 예언주의가 현전하고 있다. 이는 제국주의, 자

---

30 사르트르의 융화집단은 이 집단의 구성원들이 하나가 되어 공동의 실천을 하고 있는 동안에만 그 존재 이유를 가질 뿐이다. 그런데 이 공동의 실천은 대부분의 경우 기존 폭력을 자행하는 자들로 이루어진 적대 세력과의 투쟁을 통해 이루어진다. 이런 의미에서 이 융화집단은 폭력과 불가분의 관계를 맺으며, 이로 인해 사르트르는 투쟁을 미화할 수밖에 없다는 것이 아롱의 생각이다.

31 사르트르에 의하면 융화집단은 '우리'의 세계, 곧 '나'와 '너'가 분리되어 있지만 '하나'를 이루는 세계라는 사실을 지적하자. 그렇기 때문에 이 집단에서는 내가 지금, 여기에 있으며, 네가 지금, 저기에 있는 것과 같은 효과가 나타난다. 이것은 이 집단이 편재성의 세계라는 것을 보여 준다.

32 사르트르는 바스티유 감옥을 공격하는 파리 시민들에 의해 형성된 '융화집단'을 그 예로 들고 있다. 그에 따르면 '우리'와 '편재성'으로 상징되는 이 집단은 실천 중에만, 다시 말해 바스티유 감옥을 공격하는 혁명 중에만 존재할 수 있을 뿐이다. 그 뒤로 이 집단은 이런 융화 상태를 연장시키는 방책을 강구하게 된다.

본주의의 비인간성에 대한 의례적인 비난을 통해서이다. 하지만 과학적이거나 철학적인 성격의 텍스트에는 이런 사회주의적 예언주의가 존재하지 않는다. 모든 것은 마치 잘 태어난 한 명의 지식인이 사회주의자, 혁명론자, 반자본주의자, 반제국주의자 등이 되지 않을 수 없는 것처럼 진행된다.

그렇게 되면 역사적 유물론이나 『자본론』의 인식론적 지위만이 유일하게 철학 교수자격시험 합격자들의 관심에 부합할 뿐이다. 그런데 그들은 마르크스 자신보다는 그가 1845년부터 조롱했던 청년헤겔주의자들에게 오히려 더 가깝다.

우리는 이렇게 해서 마르크스주의적 담론의 두, 세 번째 요소, 즉 '역사적 유물론'과 '자본주의에 대한 비판적 분석'에 이르렀다. 그런데 이 두 요소는 마르크스주의 자료집의 핵심을 구성한다. 이 지점에서 사르트르와 알튀세르는 서로 합류하면서도 갈라지는 다른 길로 접어든다.

1965년의 마르크스주의자는 자신이 아무리 급진주의자이길 바란다 해도 세기 초의 원리주의와 비교해 두 가지의 양보를 피할 수가 없다. 하나는 『공산당 선언』과 『자본론』에서 기술된 것과 같은 자본주의의 생성 도식이 수정되어야 할 필요성이다. 이것은 당장 혁명 이론에 대한 수정을 촉발한다. 이것은 비경험주의자조차 인정해야만 하는 역사적 사실들에 의해 부과된 양보이다(그가 역사적 사실이라는 개념에 어떤 해석을 가한다고 해도 그렇다). 다른 하나는 ―보편사에 의해서가 아니라 철학 교수자격시험에 의해 부과된 양보이다― 생산관계의 우위에 대해 어떤 의미를 부여하는가, 하부구조와 상부구조 사이에 어떤 관계를 정립할 수 있는가 등의 질문에 답을 해야 하는 필요성이다. 물론 이런 질문들에는 독창적이라고 할 만한 것이 전혀 없다. 하지만 거기에는 역사적 유물론의 (재)시작이라기보다는 오히려 반복이 있다. 어쨌든 알튀세르는 ─사르트르도 역시─ 스탈린주의로 다시 추락하지 않기 위해, 또 경제적 실천에 의해 아무런 실천적, 정치적, 예술적, 철학적 실천에 대한 기계적 ─또는 이를테면 거의 자동적─ 설명을 피하기 위해 노심초사하고 있다. 요컨대 이론은 인간적 세계의 특수성(또는 알튀세르의 용어로 말하자면 실천의 특수성)을 보존해야만 하고, 또 순진하게 관찰된 역사에 대한 이해, 가령 생산력의 발전(미국이 가장 앞장서고 있다)과 자본주의적 모순의 악화 사이의 불일치, 산업적으로 선진국이 아닌 국가들에서 마르크스주의적이라고 이름 붙인 혁명의 발발 등을 허용해야만 한다. 그러니까 마르크스의 한 표현을 뒤집어서 인민들이 스스로 해결할 수 없는 문제를 제기하고 있다고 말해 보자. 사르트르적이든 알튀세르적이든 간에 그 어떤 마르크스주의도 이런 사실을 설명하지는 않는다고 해도 최소한 이것을 분명히 알고는 있어야 한다.

사르트르적이고 알튀세르적인, 현상학적이고 구조주의적인 이 두 종류의 시도는 다음과 같은 하나의 공통 과정으로부터 시작된다. '특수한 의미들'의 다원성 또는 '정신적이거나 실천적인' 세계의 다원성에 대한 인정이 그것이다. 게다가 이런 '다원주의'에 대한 인정은 철학적인 동시에 정치적인 기능을 가지고 있다. 이런 다원주의에 대한 인정은 "기계적"이고 "전체주의적"인 마르크스주의를 거부한다. 그런데 이런 마르크스주의는 생산력이나 생산관계의 우위로부터 출발해서 그 어떤 저작에 대한 해석도 가능하다고 주장한다. 가령, 계급(발레리,[33] 프티부르주아)을 참고하거나 생산력의 상태를 참고하면서, 또는 마지막으로 자본주의에서 인간관계의 사물화를 통해 발레리의 시를 해석한다고 말이다. 뤼시앵 골드만[34]이 레비스트로스의 구조주의와 신자본주의 사이의 관계를 정립함에 있어서 스탈린보다 아주 높은 수준에 올라간 것은 아니다.

사람들은 또한 사르트르와 알튀세르에게 공통으로 해당하는 다원주의는 국민의 지혜 또는 어쨌든 광신주의에 의해 눈이 멀지 않은 모든 역사학자나 사회학자에게도 속한다고 말할 것이다. 철학자들은 인류의 역사에 대해, 다양한 사회구성체와 이런 사회구성체들의 생성에 대해 성찰한 이래로 개별적 사실들에 대한 호기심과 총체들 ensembles에 대한 탐구 사이에서 왔다 갔다를 반복했다. 어떤 점에서는 '총체' —사회적, 역사적 총체— 개념에 인문학의 모든 문제가 집약되어 있다. 신칸트주의적 비판의 중심에 해당하는 역사에 대한 이 개념은 레비스트로스의 구조주의에서도 여전히 중심에 위치해 있다. 베버에 의해 구축된 '자본주의의 이상형'과 레비스트로스에 의해 구축된 '친족의 기본 구조들' 사이의 거리에도 불구하고 말이다.

---

33   폴 발레리(Paul Valéry, 1871~1945): 프랑스의 작가, 철학자로, 20세기 프랑스 상징주의를 대표하는 시인 중 한 명이다.
34   뤼시앵 골드만(Lucien Goldmann, 1913~1970): 루마니아 출신 프랑스 철학자이자 사회학자로, 마르크스주의 이론가이자 문학비평가로 활동했다.

사르트르는 『변증법적 이성비판』의 제1부를 통속적 마르크스 주의에 맞서 특수한 세계들의 다원성(베버주의자들이 마르크스주의자에게 증명을 요구하지도 않은 채 동의했을 수도 있는 다원성)을 (재)발견하는 데 할애하고 있다. 하지만 사르트르는 그다음에 역사적 총체들의 통일을 재정립하기 위한 매개 개념만을 이용할 뿐이다. 그런데 사르트르가 범접할 수 없는 천재성으로 토지 연금과 『보바리 부인』 사이의 매개를 배가시켜도 소용이 없다. 그는 독자들의 정신을 불확실한 상태로 있게 방치할 것이다.[35] 사르트르는 하나의 방법을 암시하거나 또는 통속적 마르크스주의의 방법을 금지한다. 그는 사회 상황과 개인의 운명 사이에 정신분석학적 해석을 도입한다. 사르트르는 작품, 인격, 철학으로서의 철학, 시로서의 시의 내재적 이해를 허용한다. 그렇지만 사르트르는 왜 이런 매개의 끝에서 이런 이해(독일인의 'verstehen'의 의미에서)를 끌어모으면서도 생산력이나 생산관계의 우위를 다시 발견하는 것일까? 사르트르에게서는 왜 생산관계(생산수단이나 생산기술에 대한 사적 소유권)가 존재의 질서와 인식의 질서에서 우위를 점하는 것일까? 또한 사르트르는 마르크스주의의 고전적 아포리아aporie, 곧 논리적 궁지에 이르자, 늙은 플레하노프[36]를 조롱거리로 만들고 있다. 플레하노프는 평범하면서도 그다지 만족스럽지 않은 추론에 따라 군사독재는 필

---

35   "『보바리 부인』를 통해 우리는 지대의 변동, 상승하는 계급의 발전, 프롤레타리아트의 완만한 성숙 등등을 엿볼 수 있으며 또 엿보아야만 한다. 모든 것이 이 작품 속에 있다."(C.R.D., p.92) 어쩌면 모든 것이 이 작품 속에 있을 것이다. 그것을 알아보기 위해서는 안목이 좋아야 한다.

36   게오르기 플레하노프(Georgy Plekhanov, 1856~1918): 러시아의 마르크스주의 이론가이며 혁명가로, 러시아 마르크스주의 운동의 기초를 닦았다.

연적으로 혁명적 소요에서 벗어나야 하고 또 "나폴레옹-보나파르트라는 사실"(독재자는 이 개별적이고 유일한 개인이었다는 사실)의 여러 결과가 점차적으로 빠르게 지워졌다는 사실을 단언하고 있다. "우리가 입증하고자 하는 것은, 그 나폴레옹이 필연적 인물이었다는 사실, 대혁명은 독재의 필연성과 이 독재를 실행한 사람의 인격 전체를 만들어 냈다는 사실이다. 또한 이렇게 해서 '보나파르트 장군'에게 ―유일하게 그에게만― 이런 숙청을 하도록 해 준, 선행되어야 할 권력과 기회는 역사적 과정에 의해 마련되었다는 사실이다. 한마디로 문제가 되는 것은, 여러 명의 보나파르트가 '가능했을' 것이라는 잘못 규정된 상황이나 추상적 보편성이 아니다. 문제가 되는 것은 오히려 실재하고 살아 있는 인간들로 이루어지고 또 실재하던 부르주아지가 '이' 대혁명을 쓸어버리게 되는 구체적 전체화, 그리고 이 대혁명에 의해 이 즉자적이고 대자적인 보나파르트 ―다시 말해 그 부르주아들을 위해, 그리고 보나파르트 자신의 고유한 눈에― 라는 개인이 창출되었던 구체적 총체화이다."[37] 이런 종류의 '포괄적 총체화totalisation compréhensive'는 당장에 여러 사건이 정확히 그 세부에서까지 과거에 있었던 것이었다는 사실을 인지 가능하게 만들 수 있다. 이런 종류의 포괄적 총체화는 분명 그 사건들이 과거에 있었던 것 이외의 다른 것이 될 수 없다는 것을 증명할 수는 없다. 그 부르주아지도 그 혁명도 아르콜레 다리에서 젊은 나폴레옹 보나파르트가 오스트리아의 총탄에 피해를 당

37   *C.R.D.*, pp.58–59.

하는 것을 막을 수는 없었다.[38] 요컨대 사르트르는 특수한 세계들의 다원성으로부터 출발하고 또 사건의 이질성과 통시적 질서 속에서 정세의 이질성을 거부하면서 최종적으로 '포괄적 총체화'만을 정립할 뿐이다.

　　집렬체와 집단의 대립, 실천적-타성태와 반항의 대립은 마르크스의 주장이 아니라 사르트르의 주장이다. 이런 대립은 '소외' 개념을 매개로 해서만 마르크스주의적 외관을 가질 뿐이다. 각자는 그를 전체적으로 가로지르는 총체들 속에 붙잡혀 있다. 그리고 각자는 이런 총체들 속에서 그 누구도 자신을 인지하지 못한 채 그것들을 떠맡아야만 한다.

　　알튀세르는 사르트르보다 실천의 다원성(또는 심급, 층위, 분야[39])을 더 강조한다. 어떤 의미에서 보면 알튀세르는 다원주의에서 심지어 사르트르보다 더 멀리까지 나아간다. 왜냐하면 알튀세르는 모든 사회구성체에서 경제적 심급을 '지배적'인 것으로 여기기를 거절하기 때문이다. 또한 이 심급이 지배적인 곳에서조차도 이 심급이 다른 심급들에게 더 많은 자율성의 여지를 주기 때문이다.[40] 여러 다양한 심

38　　아르콜레 다리 전투(Bataille du pont d'Arcole)를 가리킨다. 프랑스 혁명 전쟁의 전투 중 하나로, 북이탈리아(당시 오스트리아가 영향력을 끼치고 있던)의 베로나 근처 아르콜레 소택지 주변에서 나폴레옹 보나파르트가 이끄는 프랑스군이 오스트리아(신성로마제국)군을 격파했다. 프랑스군이 아르콜레 다리를 건널 때의 전투가 특히 유명하다. 일설에 의하면 나폴레옹은 말 위에서 떨어져, 늪지의 진창이 있는 곳까지 흘러갔다고 한다.

39　　이 단어들은 알튀세르의 용어에서는 상호 교환적이다. 내가 징후적 독해(lecture symptomale)를 실행한다면, 나는 거기에서 하나의 "놓쳐 버린 행위", 여러 개념에 의해 무차별적으로 지시되는 것을 하나의 '개념'으로 만드는 것의 불가능성을 보게 될 것이다.

40　　비록 경제적 심급 자체가 '최종 분석'에서 결정적이라고 해도, 비록 이 심급이 어떤 사회구성체에

급에 고유한 시간성이라는 특수성은 레닌에 의해 공식화된 여러 자본주의 국가의 불균등한 발전 법칙에 대한 일종의 일반화를 보여 준다. 알튀세르는 심지어 이런 다원주의를 통해 과거에는 반마르크스주의자들로 여겨진 자들의 논거를 다시 취하는 것처럼 보인다. 하지만 그의 다원주의는 신앙을 지키는 몇몇 지킴이들의 비판에서 벗어나지 못했다.

하지만 더 멀리 나아가기 전에 '사건*événement*'으로 돌아가서 사르트르와 알튀세르의 해결책을 비교해 보자. 사르트르의 해결책은 생성의 주요 노선과 "발생한 것" 사이의 구분을 거절하는 것이다. 우연성을 필연성에 통합시키고, "생성의 주요 노선"에 동일한 필연성을 사건에 결부시키면서 말이다. 알튀세르는 전혀 다른 해결책을 제시하는 것으로 보인다. 그는 문제와 해결책을 동시에 거절한다. 엥겔스, 플레하노프, 사르트르의 용어 속에서는 제기된 문제에 대한 과학적 해결책이 존재하지 않는다. 그런 만큼 문제가 그런 식으로 존재하는 것이 아니다. 여기에서 독자로 하여금 알튀세르의 생각과 그의 스타일에 대한 첫 번째 생각을 이해할 수 있게끔 하기 위해 그의 텍스트 하나를 인용해 보자. "모든 과학적 학문 분야는 어떤 수준, 정확히 말하자면 그 학문 분야의 개념들이 내용을 부여받는 수준에서(내용이 없으면 개념은 아무것도 아닌 것의 개념이 될 것이다. 즉 개념이 아닐 것이다) 정립된다. 마르크스의 역사 이론의 수준이 그렇다. 이 수준은 '구조', '상부구조', 그리

서 '지배적'이라고 해도 그렇다.

고 '그것들의 모든 특수화'라는 개념의 수준이다. 하지만 '동일한 과학적 학문 분야'가 그것의 수준과는 '다른 수준에서', '그 어떤 과학적 인식'의 대상도 되지 않는 수준에서, '그것 자체의 대상과 그것에 부응하는 개념들의 가능성'을 산출하려고 한다면(말하자면 우리가 상황들의 무한성으로부터 출발해서 개인적 의지들의 기원, 평행사변형의 무한성으로부터 출발해서 최종 결과의 기원을 산출하는 것과 같이), 그 학문은 '인식론적 공백'에 빠지거나 또는 현기증 나는 철학적 충만에 빠지게 된다."[41]

그렇다면 인간과 그의 행위의 층위에는 더 이상 하나의 과학도 존재하지 않고, 단지 하나의 이야기만이 존재한다고 말해야 할까? 아니면 역사학은 구조, 상부구조, 생산관계 등과 같은 개념의 확정으로부터 시작하고, 또 사실은 범주에 의해 정의되는 형태를 참고하면서만 즉자적 역사성이나 또는 역사가에게 접근할 뿐이라고 말해야 할까? 아마도 이 두 표현 모두 알튀세르의 사상을 표현해 줄 것이다. 개인들의 차원에서의 역사적 이야기는 과학에 속하지 않는다. 또는 적어도 이런 이야기는 과학적 확정 이후에만, 즉 범주와 사회구성체에 의해서만 개입할 수 있을 뿐이다. 1917년 러시아 사회의 다양한 모순으로부터 출발해서는 레닌을 그의 개별성 속에서 결코 다시 발견할 수 없기 때문에, 사람들은 다음과 같은 두 개의 해결책 사이에서 선택할 수 있다. 비과학적 이야기, 그리고 사건의 세부가 아니라 사건 자체를

---

41   *P.M.*, p.127. 이 경우에 철학은 경멸적 의미, 즉 비합법적이거나 극복된 철학적 기투의 의미로 여겨진다. 사람들은 철학적이라기보다는 오히려 이데올로기적인 의미를 기대한다.

인지 가능하게 하는 과학이 그것이다. 트로츠키는 러시아 혁명사(아마도 비과학적인?)를 쓰면서 다음과 같은 (아마도 비과학적인?) 질문을 스스로 제기하지 않을 수 없었을 것이다. 레닌이 없었다면 과연 볼셰비키당이 1917년 11월에 정권을 장악할 수 있었을까?

이런 첫 번째 분석을 통해 방법과 그 모호성이 드러난다. 우리는 개념적 유희를 통해 문제를 해결하지 않고 단지 제거해 버린다. 다음과 같은 두 해석 사이에서 선택의 여지를 남겨 둔 채로 말이다. 첫 번째 해석은 과학이란 단어의 의미로 비과학적인 문제를 비난하는 것이다. 혁명에 대한 이야기는 분명 분자물리학이나 구조적 음운론과 유사하지 않다. 두 번째 해석은 하나의 영역에서 다른 영역으로 이동하면서, 또 하나의 문제틀을 다른 하나의 문제틀로 대체하면서 문제를 해결하는 것이다. 그로부터 기이한 결과들이 도출된다.

알튀세르주의자들이 "역사적 설명"을 묘사하고 있는 역사적 사건에 대한 거의 유일한 예를 들어 보자. 그들은 레닌에게서 이 설명을 빌린다. 이 설명은 마르크스주의적 문학과 심지어 보편사에서는 고전적인 것이다(어휘는 차치하고서라도 말이다). "'가능한' 혁명을 앞둔 러시아의 특권적 상황은 그 세부적 정황들에 이르기까지 다른 나라들에서는 찾아볼 수 없었던 '역사적 모순의 축적과 악화'에서 기인한다. 러시아는 제국주의 세계에 비해 적어도 한 세기가 뒤졌음에도 동시에 그 첨병이었다."[42] 또는 다시 한번 레닌은 이렇게 쓰고 있다. "모든 마르크

---

42   *P.M.*, p.95.

스주의의 혁명 경험은 다음과 같은 사실을 증명해 준다. 즉, 일반 모순 (하지만 모순은 이미 특수화되어 있다. 그도 그럴 것이 생산력과 생산관계 사이의 모순은 적대적인 두 계급 간의 모순 속에 본질적으로 구현되어 있기 때문이다)이 하나의 상황, 즉 혁명이 '당면 과제ordre du jour'인 상황을 규정하기에 충분하다고 해도, 이 모순은 그 단순하고 적대적인 힘에 의해 '혁명적 상황'을 촉발할 수 없으며, 그리고 말할 나위도 없이 혁명적 단절의 상황과 혁명의 성공을 규정할 수도 없다는 사실이 그것이다. 그 모순이 강한 의미에서 '능동적'이 되려면, 즉 단절의 원리가 되려면, '상황들'과 '흐름들'이, 그 기원과 방향이 어떠하든 간에(그런데 이것들 중 다수는 '필연적으로' 역설적으로 혁명과 무관하고, 더군다나 혁명에 '절대적으로 적대적'이기까지 하다), 하나의 '단절의 통일성'으로 '융합되는' 그런 '상황들'과 '흐름들'의 축적이 필요하다. 그때 그 '상황들'과 '흐름들'이 인민 대중의 거대한 다수를 지배계급이 '방어할 수 없는' 체제에 대한 공격으로 '집결시키는' 결과가 발생하게 된다."[43] 방금 우리가 인용한 표현과 문장에서 동떨어진 "인민 대중 다수"라는 제안 —드물게 참되고, 결코 증명될 수 없으며, 심지어 1917년 러시아 혁명에서도 마찬가지다— 은 1917년의 정세에 대해 마르크스의 용어로 된 사회학적이고 뚜렷하지 않고 평범한 해석을 소묘해 준다. 1917년 전의 도식과 같은 간단한 도식에 —혁명은 자본주의의 경제적 모순이 무르익은 끝에 발생할 것이다— 심급의 다원성과 이런 다원성에 따르는 역사적 정세를 결합시키는 복잡한 도

---

[43]   *P.M.*, p.98[아롱의 오기(誤記)로 보인다. 해당 부분은 같은 책의 pp.97-98에 해당한다.]

식이 대체된다. 고유한 의미에서 역사적 사건, 혁명, 하나의 사회구성체에서 다른 사회구성체로의 이행이 주요 모순(이런 경우에는 혁명이 미국에서 일어날 수 있을 것이다)으로부터가 아니라 심급들의 총체와 그것들의 관계로부터 도출된다.

　　이런 노선에서 보면 알튀세르에게서 가끔 사르트르의 언어가 발견되기도 한다. "마치 레닌에게 있어서 제국주의가 바로 그런 시의적인 모순들, 그것들의 구조, 그것들의 현재의 관계들이 아니었다는 듯이, 마치 그 구조화된 시의성이 그의 정치적 행동의 유일한 대상을 구축하지 않았다는 듯이! 마치 한 단어로 대체할 수 없는 실천의 현실을, 혁명가들의 현실을 마술적으로 지적할 수 있다는 듯이! 그것도 이 혁명가들의 생명, 고통, 노력, 요컨대 그들의 구체적 역사를 그 실천에 근거한 다른 실천, 즉 한 역사가의 —즉 반드시 필연성의 기정 사실을 성찰하는 과학의 인간의— 실천을 이용해서 말이다.[44] 『변증법적 이성비판』으로 되돌아가고 싶은 유혹을 느끼지 않는가? "왕정복고하에서 살아가며 고통받고 투쟁했던 모든 사람, 그리하여 마침내 왕권을 전복시켰던 이 사람들에게는, 만일 나폴레옹이 쿠데타를 일으키지 않았더라면, 그 누구도 실제로 존재했던 그런 모습은 아니었을 것이며 또 실존하지도 않았을 것이다. 빅토르 위고의 부친이 제정 시대의 장군이 아니었더라면, 과연 위고는 무엇이 되었을까?[45] 그리고 알프레

44　　*P.M.*, p.181.
45　　빅토르 위고(Victor Hugo, 1802–1885): 프랑스의 시인, 소설가, 극작가로, 그의 아버지는 나폴레옹 군대의 고급 장교였다.

드 뮈세는?[46] 우리가 앞에서 지적했듯이 회의주의와 신앙 사이의 갈등을 내면화했던 플로베르는? 그런데도 이런 변화들이 지난 세기의 생산력과 생산관계의 발전을 변화시킬 수는 없었다고 말한다는 것은 뻔한 소리일 뿐이다.[47] 하지만 그런 발전만을 인류사의 유일한 대상으로 삼는다면, 우리가 피하려고 했던 '경제주의'로 빠져들고 말 것이다. 또한 마르크스주의는 비인간주의inhumanisme가 되어 버린다."[48]

알튀세르는 이런 비인간주의에 여느 때처럼 적응하고 있다. 비록 쓰인 지 몇 년 된 텍스트가 여러 실제 경험의 이해에 대한 모종의 향수鄕愁 —게다가 알튀세르 학파가 그 존재를 확언하기 때문에 사라져 버리는 것처럼 보이는 향수—를 배반함에도 그렇다.

요약하자면 알튀세르와 마찬가지로 사르트르도 다원주의 —하나의 어휘에서 '의미'의 다원주의, 다른 어휘에 있어서 '실천'의 다원주의— 에 대한 강조를 통해 스탈린적 마르크스주의를 배척한다. 이런 다원주의의 도움으로 두 사람 모두 제2인터내셔널의 역사적 도식을 거부했고, 또 레닌 자신이 1917년 전에 포기하기를 주저했던 역사적 사건을 설명한다. 알튀세르와 사르트르는 모두 특정한 정세를 파악하는 수단과 한 사람은 '실천'으로, 다른 한 사람은 '정치적 실천'(또는 새로

---

46 알프레드 뮈세(Alfred de Musset, 1810-1857): 프랑스의 시인, 소설가, 극작가로, 낭만파 시인 가운데 가장 시인다운 시인이라 일컬어진다.

47 이런 "뻔한 소리(truisme)"가 가짜 제안이라는 것을 알아채기 위해서는 잠깐 생각해 보는 것으로 충분하다. 생산력의 자율성은 정치 체제가 적어도 발전의 속도에 대해 영향을 주는 것과 같은 것은 아니다.

48 *C.R.D.*, p.85.

운 생산관계)으로 부르는 혁명적 행위에 각자의 몫을 줄 수 있는 수단을 스스로에게 부여하기를 원한다. 하지만 사르트르는 개별적 의식들을 역사의 주체로 삼고, 또 우연적인 것의 필연성을 상정하고, 인지 가능성과 필연성을 혼동하고, 매개를 다원화하면서 필연성 속에 우연적인 것을 통합시키고자 노력한다. 반면, 알튀세르는 생산이나 실천 개념을 원초적인 개념으로 여기고, 실천의 다원성을 단언하며, 역사적 유물론의 기본 범주로부터 출발해서 역사를 과학으로 만든다고 주장한다.

알튀세르의 담론에서 변증법적 유물론은 역사적 유물론의 과학성을 보여 주는 것 이외의 다른 목적을 가지고 있지 않다.

II. 통일성을 추구하는 다원성

막스 베버는 다원주의를 역사적 관찰의 즉각적인 자료로 여긴다. 그는 이 다원주의를 가치의 현실과 가치의 세계에 대한 신칸트학파의 이론 위에 세운다. 사르트르는 다원주의를 스탈린적 마르크스주의에 대항해 싸우는 전쟁의 무기로 이용함과 동시에 그 풍부함과 섬세함이 무한히 갱신되는 역사-사회학적 분석의 '조정적 이념'으로 이용한다. 생산관계의 "최종 심급"에서 인과성을 일단 인정하게 되면, 여러 종류의 무수한 매개에 주목할 필요가 있다. 그렇게 해서 심리학, 정신분석학이 그 정당성을 다시 발견하게 된다.

방금 살펴본 것처럼, 알튀세르의 다원성 역시 무엇보다도 먼저 스탈린적 마르크스주의를 비난하고, "세기의 사건"에 대한 설명을 가능하게 하며, 마르크스주의적 용어로 러시아 혁명에 대한 설명을 가능하게 하는 데 도움이 되고 있다. 생산력과 생산관계, 경제적 모순과 혁명적 긴장의 평행 운동이라는 원초적 도식은 그 반대의 도식, 즉 심급, 차이, "뒤짐"과 "앞섬"[49]에 따르는 발전의 불균등이라는 도식을 위해 사라진다.

하지만 이런 다원주의는 완전히 다른 범위를 가지고 있다. 첫 번째 단계에서[50] 다원주의는 몇몇 언어적 기교의 매개를 통해 역사적 유물론(또는 역사 과학)에 속하기보다는 변증법적 유물론('이론')에 속한 하나의 개념 체계를 제공해 준다. 두 번째 단계에서 다원주의는 참다운 문제, 즉 "전체"의 통합에 관련된 문제를 새롭게 제기하도록 해 준다. 그리고 다원주의는 이 문제에 대한 독창적인 해결책을 제공해 주는 것으로 추정된다. 마지막으로 경험적으로 관찰된 것이 아니라 개념화된 다원주의는 경험주의, 역사주의, 인간주의를 동시에 거절하면서 작동 중인 '이론'을 보여 준다. 전쟁 이후 세대에 속했던 고등사범학교 출신의 여러 이론가가 사라진다.[51]

알튀세르가 사용하는 용어는 완벽한 마르크스주의의 외관을 가지고 있다. 그도 그럴 것이 그가 '생산'과 '실천'이라는 두 개의 핵심

---

49   알튀세르주의자들은 이 단어들을 사용한다. 비록 이 단어들이 모든 발전주의(진보주의)에 대한 그들의 거절과 잘 일치하지 않음에도 그렇다.
50   시간적인 것이 아니다. 문제가 되는 것은 개념적 체계의 전개이다.
51   1968년 5월 사태 이후에 그들이 다시 태어날 것인가?

단어, 두 개의 근본 개념을 다시 취하기 때문이다. 이로부터 그 어떤 것도 현저히 다른 하나의 사유를 표현하기 위해 마르크스주의자들에 익숙해진 언어로 말하는 데 방해되지 않는다. 예컨대 『마르크스를 위하여』의 51쪽에서 우리는 다음과 같은 구절을 읽을 수 있다. "다음과 같이 말하는 것은 완전히 정당하다. 즉 이론적 실천의 목표인 인식의 생산이, '모든 조건이 같다면', 경제적 생산과정이 완전히 경제에서 일어난다고 말할 수 있는 것과 같은 방식으로 사유에서 완전히 발생하는 과정을 구성한다고 말이다." 물질의 물리적 변화 과정이 경제에서도 똑같이 발생하는가? 어쨌든 가장 덜 모호한 답도 경제 개념에 선행하는 정의를 전제할 것이다. 하지만 하나의 의미를 제시하기 때문에, 알튀세르는 이 문장에서 인식과 경제라는 두 과정 사이의 확연한 이질성을 지적하고자 한다. 그 반면에 이론과 실천의 통합적 교리와 관련해서 보면 같은 용어의 사용으로 인해 어느 정도 일탈의 위험이 감춰진다.

실천과 생산이라는 개념이 동일하지는 않다고 해도 적어도 분리 불가능한 것으로는 보인다. "우리의 주장은 실천 일반을 주어지고 확정된 일차 재료의 '생산물'로의 변화, 즉 확정된 ('생산') 수단을 이용하면서 확정된 인간의 노동에 의해 이루어진 변화로 이해한다."[52] 과학이나 이론이나 예술 작품은 "생산물"이 된다. 그 어떤 것도 노동 개념을 일반화하는 것, 이 개념에 시인이나 학자의 활동을 포함시키는

52   *P.M.*, p.187[p.167. 아롱의 오류이다.]

것, 생산물 개념을 일반화하는 것, '일차 재료'(그것이 하나의 이데올로기일지라도)의 모든 변화를 생산으로 여기는 것 등등을 방해하지 않는다. 마르크스는 심지어 상업과 서비스업에 대해 생산 활동의 특징을 부여하기를 거부하는 성향이 있다(국민 회계라는 소비에트적 개념에 이런 거부의 흔적이 남아 있다). 하지만 이런 일반화에 대해 사람들이 어떻게 생각하든 —나는 개인적으로 이런 일반화가 천재적이지만 동시에 무의미하다고 판단한다—, 이런 일반화는 문제들의 공식화를 변경하며, 또 이 문제들을 전혀 해결하지 못한다. 이론과 실천의 관계에 대해 질문하는 대신에 사람들은 이론적(또는 과학적) 실천, 경제적 또는 정치적 실천의 관계에 대해 질문할 것이다.

생산은 세 가지 요소를 전제한다. 일차 재료, 변형시키는 노동, 생산물이 그것이다. 모든 생산은 다음과 같은 점에서 동질적인 구조를 갖는다. 물질적이든 관념적이든 일차 재료로부터 출발한다는 점, 상품이든 인식이든 예외 없이 하나의 생산물로 귀착된다는 점, 그리고 이 두 계기 사이에 "좁은 의미에서 실천, 특정한 상황에서 인간들, 수단들, 이 수단들을 이용하는 기술적 방법을 작동시키는 변형을 위한 노동의 계기"[53]가 개입한다는 점이 그것이다. 이런 도식은 과학적 또는 예술적 생산과 마찬가지로 경제적 생산에도 분명하게 그리고 어려움 없이 적용된다. 어쩌면 생산production이라는 용어를 창조création라는 용어보다 더 선호할 수도 있다. 이는 심지어 학자나 예술가의 작

---

53   *P.M.*, p.167.

품에 대해서도 마찬가지다. 학자도 예술가도 '무로부터ex nihilo'로부터 창조하지 않는다. 그들 모두 일차 재료를 변형시킨다. 학자의 경우에는 통속적 인식이나 과학적 인식의 이전 상태를 새로운 인식 또는 여태까지 만들어지지 않았던 작품으로 변형시킨다. 그리고 두 번째 경우에는 그들 자신이 겪은 체험이나 사회의 체험을 새로운 인식 또는 여태까지 만들어지지 않았던 작품으로 변형시킨다. 하지만 신학자는 구조의 동질성을 통해 이 과정을 쉽게 은폐한다.[54]

　사람들은 생산이나 실천의 다원성을 인정한 후에 이런 특수한 행위에 대한 엄밀하거나 철저한 차별화 성향이 있는 연구를 자연스럽게 기대할 것이다.[55] 하지만 알튀세르는 이런 과학적(이론적), 경제적, 정치적, 예술적, 이데올로기적 몇몇 생산의 나열에 한정하고 있다. 그는 우선 경제적, 정치적, 과학적 실천 사이의 관계에 흥미를 갖고, 그 다음으로는 이데올로기적, 과학적 실천 사이의 관계에 흥미를 갖는다. 그에게 있어서는 첫 번째 경우에 고전적 마르크스주의와 역사의 흐름을 조화시키는 데 필요한 "실천적 실천"의 다원주의를 재발견하는 것이 문제가 된다. 두 번째 경우에는 이데올로기와 과학 사이의 오래된 마르크스적 구별, 그런데 이번에는 마르크스주의 자체의 내적인 구별을 다시 발견하는 것이 문제가 된다.

54　신의 창조에 대한 비밀을 쉽게 이용한다는 의미이다.
55　쥘리앙 프룬(Kulien Freund)은 여섯 개의 본질이 있다고 지적한 바 있다. 경제, 법, 정치, 과학, 예술, 종교가 그것이다. [쥘리앙 프룬(1921~1993): 프랑스의 철학자, 사회학자로, 레지스탕스 활동을 했다. 막스 베버에 할애된 책과 정치학 분야의 저작으로 유명하다.]

마르크스주의의 과학적 지위를 회복하기 위해 알튀세르는 세 종류의 '일반성généralité'을 도입한다. 그는 통속적인 경험에 포함된 일반적인 개념인 첫 번째 종류의 '일반성 I'에 대해 "생산", "노동", "교환" 개념을 그 예로 제시한다. 일반성 I에 대해 노동하면서 과학은 일반성 III을 생산해 낸다. 이 일반성 III은 특수화된 개념이자 하나의 진정한 인식에 고유한 구체적 일반성이다. 일반성 I과 III의 구분은 이중의 기능을 갖는다.[56] 첫 번째로 경험주의 또는 감각주의의 이데올로기적 환상illusion을 제거해 준다. 과학은 결코 순수한 직접성과 개별성("감각"이나 "개인"[57])을 본질로 가질 수 있을 하나의 실존자에 대해 노동하지 않는다. "과학은 항상 일반적인 것에 대해 노동한다. 이 일반적인 것이 사실의 형태를 지닐 때조차도 그렇다." 두 번째로 구체적인 것은 출발점에서 주어지기는커녕 도착점에서만 존재할 뿐이다. 과학은, 그 이전의 "이론적 실천"에 의해 정립된 이데올로기적 "사실"에 대한 비판을 통해서일지라도, 그것에 고유한 과학적 사실들을 정립한다.[58]

'일반성 I'을 일반성 III으로 전화轉化하는 것은 모든 생산에서와 마찬가지로 개념들의 몸체corps des concepts에 의해 구성된 생산수단 덕택에 이루어진다. 그런데 이 개념들의 몸체의 다소간 모순적인 통일은 고려된 (역사적) 순간에 과학의 "이론"을 구성한다. 그런데 이 이론

---

56   *P.M.*, p.187.
57   이와 같은 반론(réfutation)은 프랑스의 대부분의 고등학교 철학 교실에서 금과옥조에 속한다.
58   이 표현은 모호하다. 왜냐하면 이론은 이데올로기에 대립되기 때문이다. 하나의 이론적 실천이 회고적으로 이데올로기적으로 나타난다는 사실을 전제해야만 한다.

은 과학의 모든 "문제"가 그 안에서 필연적으로 제기되는 장場을 규정한다. 요컨대 "이론적 실천은 일반성 I 위에서 이루어지는 일반성 II의 노동에 의해 일반성 III을 생산한다."[59] 이런 주장을 통해 너무 일반적인(일반성 I) 하나의 특징이 드러나기 때문에, 이 주장은 기껏해야 인식론적 탐구의 하나의 프로그램을 구성할 뿐이다. 우리는 거기에서 가스통 바슐라르[60]의 메아리를 듣는다(과학은 무지로부터 출발하는 것이 아니라 실수로부터 출발한다. 과학은 날것의 사실로부터 출발하는 것이 아니라 잘못 개념화된 사실로부터 출발한다). 또한 우리는 거기에서 푸코의 메아리도 듣는다. 이 텍스트가 쓰인 시기에 마르크스를 아직은 함부로 무례하게 다루지 않은 푸코의 메아리를 말이다. 과학의 장場 또는 일반성 II는 푸코의 '에피스테메épistémé'[61]를 상기시켜 준다. 그런데 부르디외는 '지적장champ intellectuel場' 개념 속에서 이 에피스테메의 사회학적 등가 개념을 발견한다. 과학은 그 자체로 해결할 수 있는 문제가 아니라 해결할

---

59   *P.M.*, p.188.

60   가스통 바슐라르(Gaston Bachelard, 1884-1962): 프랑스의 철학자, 역사학자. 과학철학의 창시자로, 현재 프랑스 및 유럽 철학의 주된 흐름 중 하나를 형성하고 있는 과학철학 분야를 발전시킨 철학자로 유명하다. 그의 과학철학 또는 과학철학적 인식론은 기존의 실증주의적 과학철학 또는 인식론과는 다르다. 그의 철학은 지금까지 인간이 수행한 과학적 행위에 대한 반성과 함께 과학이라는 이름으로 억압되어 왔던 인간의 상상력이 오히려 과학의 발전에 큰 기여를 했다는 주장을 펴고 있다. 알튀세르는 이런 바슐라르로부터 큰 영향을 받았는데, 인식론적 단절 개념의 차용이 그 증거 중 하나이다.

61   철학 용어로서 에피스테메(episteme)는 실천적 지식(phronesis, 프로네시스)과 상대적 의미에서의 이론적 지식, 또는 감성에 바탕을 둔 억견(doxa: 臆見)과 상대되는 '참의 지식'을 말한다. 이런 의미를 가진 에피스테메가 대중에게 널리 알려진 것은 푸코가 이 용어를 자신이 철학의 중요 개념으로 이용하고 나서부터이다. 그에 의하면 이 개념은 특정한 시대를 지배하는 인식의 무의식적 체계, 또는 특정한 방식으로 사물들에 질서를 부여하는 무의식적인 기초로 이해된다. 푸코는 르네상스 시대의 에피스테메로는 '유사성'을, 고전주의 시대의 에피스테메로는 '표상'을, 근대의 에피스테메로는 표상으로 환원되지 않는 독립적 실재인 '실체'로 규정한다.

수 있다고 생각하는 문제만을 제기할 뿐이다. 과학의 비의식적 개념적 체계가 이 과학으로 하여금 보거나 지각하는 것을 가능케 해 주는 문제가 그것이다.

이런 세 종류의 일반성에 대한 이론은 변증법적 유물론에 속한다. 그도 그럴 것이 이 이론이 모든 기술적이거나 과학적 생산에 적용되기 때문이다. 하지만 알튀세르는 이 이론을 오직 하나의 이론, 즉 역사적 유물론이나 경제학이나 역사학에만 적용하고 있을 따름이다. 마르크스의 천재적인 이론적 발견은 다음과 같다. 이데올로기적이 아니라 과학적인 개념에 힘입어 이루어진 과학의 장場에 대한 새로운 정의, 역사적 유물론, 생산관계, 잉여가치 등이 그것이다. 알튀세르는 마법사의 지팡이를 딱 한 번 휘둘러 마르크스주의자들이 해결하지 못하고 헛되이 부딪쳤던 두 개의 문제를 단번에 해결한다. 마르크스는 분명 자각하지 못한 채로 '총체성'의 파악을 목적으로 하는, 또는 알튀세르의 용어로 말하자면 사회구성체에 다름 아닌 "구조화된 전체들touts structurés"을 구체적으로 인식할 수 있는 '과학적 실천'을 정립할 수도 있었을 것이다. '전체에 대한 인식, 과학과 이데올로기의 구분', 이런 이중의 문제 설정은 마르크스의 저작과 마찬가지로 오래된 것이다. 일반성 I(즉 마르크스주의에 대한 다른 "이데올로기적" 해석)에 대한 일반성 II의 효과를 보자.

이런 문제 중 하나에 대해 주어진 해결책은 어김없이 다른 하나의 문제에 주어진 해결책과 연결되어 있다. 우리는 다양한 마르크스주의 학파에 의해 "생산된" 이상적-전형적인 두 개의 해결책을 구분할 수 있다. 구분을 쉽게 하기 위해 우리는 그 가운데 하나를 실증주의적-과학적 해결책, 즉 레닌과 스탈린의 해결책이라고 부르고, 다른 하나는 헤겔적 해결책(현상학과 실존주의에서 빌어 온 수많은 변이체를 포함하고 있는)이라고 부를 것이다.

오늘날 마르크스-레닌주의자들과 심지어 소련에서 유일하게 정통적인 것으로 여겨지는 첫 번째 해결책은 역사의 법칙과 자연과학의 법칙 사이에 인식론적으로 등가가 있다고 주장하는 것이다. 변화의 법칙은 변증법적 특징을 보여 준다. 왜냐하면 가장 일반적인 법칙(끝없는 변화의 법칙, 갑작스러운 변화의 법칙, 양의 질로의 전화의 법칙, 부정의 부정의 법칙)이 거기에서 드러나기 때문이다. 동일한 법칙들이 생명 없는 자연에 대한 과학이나 삶의 과학에서 나타난다. 마르크스주의는 역사의 법칙의 발견에 그 자체의 과학적 특징을 빚지고 있다. 이런 "통시적" 법칙에 대한 해석을 통해 하부구조와 상부구조 사이, 자본주의의 기능과 체제의 변화 사이의 "공시적" 관계에 대한 논쟁이 개시된다. 모스크바의 신학자들은 반세기 이래로 이런 논쟁에 대해 토의를 거듭해 왔다. 이와 마찬가지로 그들은 변증법적 유물론의 기능과 정의에 대해서도 논의를 해 왔다(과학인가 아니면 철학인가? 과학적 결과들의 종합인가 아니면 인식에 대한 분석인가?).

이런 망설임에도 불구하고 통시적 법칙이 실증과학에 속하게 되자마자 본질적인 것은 이미 획득된 것으로 여겨진다. 마르크스주의의 '참다운' 의식은 부르주아의 '허위' 의식에 대립한다는 것이다. 과학의 진리가 이데올로기의 환상(또는 왜곡)에 대립되는 것과 마찬가지로 말이다.

청년 루카치, 즉 『역사와 계급의식』을 쓴 루카치는 또 다른 극점에 있다. 그는 ─과거에 투사였고 또 여전히 투사로 남아 있다─ 역사의 통시적 법칙이 자연과학의 법칙과 동화될 수 있다는 사실을 확실하게 부정하지 않는다. 그는 마르크스주의의 진리를 과거에 대한 인식보다는 오히려 미래에 대한 예측 위에 세운다. 단지 프롤레타리아트만이 미래라는 것이다. 부르주아지는 스스로 뛰어넘는 것이 불가능하다고 자백하는 사회에 속해 있고, 또 이 사회를 비인간화시키며, 그들이 억압하는 계급 역시 비인간화시킨다. 게다가 루카치는 경제의 우위가 다른 어떤 사회보다 자본주의 사회를 특징짓는다고 암시한다. 그는 아주 섬세한 형태로 역사에 대한 마르크스주의적 지각(또는 해석)을 다른 지각(또는 해석)과 대조시킨다. 총체화하는 지각을 부분적인 지각에 대조시키는 것처럼 말이다. 루카치는 『변증법적 이성비판』을 쓴 사르트르와는 다른 방향으로 나아간다. 두 사람 모두 헤겔에서 파생되었다는 의미에서 역사주의자라고 불릴 수 있다. '역사'(현실)는 진리의 완성을 이룬다(우리가 유물론에서 벗어나고자 하지 않는 이상, 인간화된 동물에 의한 인간의 창조[또는 생산]를 말해야 할까?)는 의미에서 그렇다. 엄밀하게 말하자면 이런 종류의 마르크스주의는 승리에 대한 예측보다는 미래에 대한 내기에 이르게 된다. 그리고 이런 종류의 마르크스주의는 인간이나 진리의 완성에 대한 규정을 가능케 하는, 드러나지 않는 철학을 요구한다.

마르크스주의자든 반마르크스주의자든 모든 저자는 마르크

스주의를 본질적으로 역사철학이라고 여긴다. J. 이폴리트[62]나 페사르 신부도 마르크스의 1844년의 『경제학-철학 수고』를 계속 인용한다. 그들은 이 수고에서 마르크스주의 철학의 비밀을 발견했다고 생각한다. "'사적 소유권'의 적극적 극복으로서의 '공산주의', 따라서 '인간 자동-소외'의 극복으로서의 '공산주의', 그 결과 인간에 의한 그리고 인간을 위한 인간 본질의 현실적 전유로서의 '공산주의', 이는 사회적 인간, 즉 인간다운 인간으로서의 인간의 자기에로의 귀환이다. 다시 말해 이 귀환은 앞선 발전의 모든 부富 속에서 이루어진 의식적 귀환이다. 이런 공산주의는 완성된 자연주의이고, 그런 것으로서 공산주의는 인간주의이다. 완성된 인간주의로서의 공산주의는 인간과 자연, 인간과 인간 사이의 갈등에 대한 진정한 해결책이다. 또한 공산주의는 실존과 본질, 자기의 객체화와 긍정, 자유와 필연성, 개인과 종種 사이의 투쟁에 대한 진정한 해결책이다. 공산주의는 해결된 역사의 수수께끼이며, 공산주의는 그 자체가 이 해결책이라는 것을 알고 있다."[63]

일부 예수회 신부들과 마찬가지로 파리의 준準-마르크스주의자들은 실존주의가 대유행하던 시기에 마르크스의 성숙기 저작들을 이런 철학적 유토피아의 빛에 비추어 해석했다. 내가 보기에 그들은

---

[62]   장 이폴리트(Jean Hyppolite, 1907-1968): 헤겔 전공자로 알려진 프랑스의 철학자로, 고등사범학교 총장과 콜레주 드 프랑스 교수를 역임했다. 부르디외, 들뢰즈, 데리다, 발리바르, 푸코 등과 같은 전후 프랑스의 주요 사상가들을 길러낸 것으로 유명하다.
[63]   *Marx*, éd. Pléiade, t. II, p.79.

이런 점에서 틀리기도 하고 동시에 옳기도 했다. 마르크스 사유의 개념 구조는 끝까지 '소외' 개념, 인간에 의한 인간의 고유한 인간성의 재정복이라는 꾸준하면서도 모호한 비전에 의해 특징지어져 있다. 하지만 만일 마르크스가 공산주의의 도래를 엄밀히 '과학적인' 것으로 정초하려는 야심과 희망을 가지지 않았더라면, 그는 30년 동안『자본론』을 집필할 필요가 없었을 것이다(이 책을 완성하지도 못한 채 말이다). 몇 쪽을 더 썼더라면, 몇 주의 시간이 더 있었더라면 마르크스는 자본주의에서 인간 조건에 대한 실존적 분석을 충분히 잘 해냈을 수도 있었을 것이다. 1950년대 파리의 지적 유행을 통해 드러난 진리의 요구를 충족시켜 주면서 말이다.

알튀세르적 해결책은 앞의 두 해결책과 대립된다. 먼저, 그리고 특히 이 해결책은 통시적인 것보다 공시적인 것에 주어진 우위, 또는 더 정확하게는 역사보다는 역사의 이론에 주어진 우위, 생산의 연속에 대한 이론보다 생산양식의 이론에 주어진 우위, 생성에 대한 인식보다 생산의 연속에 대한 이론에 주어진 우위와 대립된다.[64] 그와 동

---

[64] 심지어 레비스트로스까지도 모종의 철학적 과오를 의심하고, 나아가 선형적이고 계속된 시간의 표상에 대한, 그리고 공시태에 대한 영원하지 않은 시간적인 해석에 대한 "이데올로기적" 애착의 잔재에 대해 의심하게 된다. "공시태주의는 '스피노자적 의미에서 영원성', 또는 그 자체의 복잡성에 적합한 인식에 의한 하나의 대상에 적합한 인식이다"(*L.C.*, II, p.57). 그리고 조금 더 뒤에서 이렇게 쓰고 있다. "일단 공시태가 자기 자리로 되돌아가게 되면 통시태의 '구체적' 의미는 바닥에 떨어진다. 그리고 바로 거기에 이 통시태로부터 그것의 인식론적 사용 이외에는 아무것도 남지 않게 된다. 이런 인식론적 사용은 이 통시태로 하여금 이론적 전회를 겪게 만들고, 또 그것을 그 참다운 의미에서 구체적인 것이 아니라 인식의 한 범주로 여기게끔 해 주는 조건에서 가능하다. 이때 통시태는 '과정'의 가짜 명칭 또는 마르크스가 '형태들의 발전'이라고 부른 것의 가짜 이름일 뿐이다. 하지만 거기에서 다시 한번 우리는 현실적인 구체적인 것의 전개가 아니라 '인식' 속으로, 인식의 과정 속으로 다시 떨어지게 된다"(*Ibid.*, p.58).

시에 마르크스주의의 과학적 버전(생성의 법칙으로 일컬어지는 법칙 위에 세워진 "생성에 대한 전체주의적 철학")은 사라진다. 이것은 마르크스주의의 과학적 특징을 부정함에 의해서가 아니라 과학의 다른 하나의 모델 또는 과학성의 다른 정의에 대한 호소를 통해 이루어진다. 이론과 공시태의 우위, 과학성에 대한 (재)정의는 고등사범학교에서 지금 엿볼 수 있는 철학의 분위기와 일치한다. 이제 전혀 다른 분위기에서 살았던 한 사람[65]이 이런 마르크스주의의 재정립의 시도에 어떤 방식으로 반응하는가를 알아보는 문제가 남아 있다. 또한 어떻게 이런 재탄생이 "과학적으로" 가치를 갖는지도 말이다.

영원한 것에 대한 스피노자의 인식을 모델로 삼는 역사에 대한 과학은 무엇으로 이루어지는가? 이런 과학[66]에는 두 개의 장章이 포함되어 있는데, 이 두 개의 장은 마르크스주의의 고전적인 두 개의 장과 맞먹는다. 모든 사회의 "구조"에 대한 일반 이론과 자본주의적 생산방식의 구조에 대한 이론이 그것이다.

그다지 역사주의자도 경제주의자도 사회주의자도 아닌 알튀세르주의자들은 실제로 마르크스가 『정치경제학 비판을 위하여』의 '서문'에서 나열하고 있는 생산양식 이외의 다른 생산양식을 알지 못한다. 노예제, 봉건제, 서구의 자본주의, 인류의 다른 일부에서 볼 수 있

---

65   알튀세르를 가리킨다.
66   이런 과학에는 다른 여러 과학이 포함되어 있다. 이런 과학은 하나의 탐구나 또는 하나의 프로그램이다. 알튀세르와 그의 친구들의 여러 텍스트에서 이런 과학은 더 이상 굉장한 것을 포함하고 있지 않다.

었던 아시아적 생산양식 등이 그것이다. 이런 유형학[67]은 아마도 잉여 가치에 그 기원과 근거를 두고 있다. 다양한 생산양식은 무엇보다도 잉여가치가 선취되고^{prélevé} 분할되는^{répartie} 방식에 따라 차별화된다. 이렇게 말하자면 자본주의는 인간에 의한 인간 착취의 완벽하면서도 동시에 은밀한 형태를 보여 준다. 주인과 노예, 군신과 농노의 구분을 요구하기 전에 잉여가치는 노동자의 법적 자유, 계약의 자유를 요구 한다. 생산수단의 소유자는 시장 법칙에 따라 잉여가치를 전유한다. 일단 이런 생산양식의 유형학이 모든 사람에게 알려진 한 텍스트로부 터 알튀세르주의자들에 의해 차용되면, 철학적 메커니즘이 작동된다.

각각의 생산이 특수성을 가지고 있는 다양한 생산이 존재한다 는 것은 분명한 것으로 용인되고 단언되었다(비록 모든 생산이 그 안에 방 법이나 정의된 실천에 따라 이루어진 일차 재료의 생산물로의 변형을 포함하고 있지만 말이다). 그때부터 우리는 철학 교수자격시험 합격자들이 사용하는 훌 륭한 문제틀을 이용할 수 있다. 과연 다양한 생산관계(심급이든 수준이든 간에)는 다양한 사회구성체 속에서 동일한가? 주어진 사회구성체에서 다양한 생산이나 심급(경제, 정치, 이데올로기) 사이의 관계의 양상을 구조

---

67   이런 유형학은 뒤에서 다시 논의하게 될 『서설(Introduction)』에서의 인식론적 기능에 따르는 '시기 화'가 아니며, '시기화'일 수도 없다. 노예제와 예속은 극단적으로 다른 생산양식들에서는 다시 발 견되지 않는다. Cf. 이 책의 p.166. [이 주(註)에서 『서설(Introduction)』은 1859년에 쓰인 마르크스의 『정치경제학 비판 서설(Introduction à la Critique de l'économie politique)』을 가리킨다. 이 글의 원 제목은 "Einleitung zur Kritik der Politischen Ökonomie"이다. 이 글의 불어 제목으로 "Introduction générale à la Critique de l'économie politique"가 사용되기도 한다. 이 책에서 이 글이 "Introduction" 으로 표기된 경우에는 『서설』로, "Introduction à la Critique de l'économie politique"로 표기된 경우 에는 『정치경제학 비판 서설』로 번역하기로 한다.]

라고 부르자. 그러면 우리는 사회구성체에 대한, 나아가 역사 자체에 대한 '구조적 이론'에 빠져들게 된다. 각각의 사회구성체(또는 체제, 또는 생산양식)는 다양한 심급이 자리하고 있는 각각의 자리에 의해 '구조적으로' 정의된다.

이런 분석을 통해 낡은 구분이 (재)발견되거나 또는 오래된 난점이 드러나게 된다. 만일 구조(앞의 문단에서 정의된 의미에서)가 하나의 사회구성체를 다른 하나의 사회구성체와 차별화시킨다면, 어떤 의미에서 경제적 실천이 결정적이라고 말할 수 있을까? 설령 그것이 최종 심급에서라고 해도 말이다. 이 질문에 답하기 위해 다음과 같은 언어적 구별에 도움을 청하는 것으로 충분할 것이다. 경제적 실천은 항상 '최종 심급에서 결정적'이라는 사실이 그것이다. 비록 몇몇 사회구성체에서는 정치적 실천이 '지배적'일 수 있다고 해도 말이다.

이와 마찬가지로 진부한 관념이 청년 루카치의 글에서 나타난다. 또한 마르크스-레닌주의자들은 결코 몇몇 사실에 대해 눈을 감아버리지 않았다. 그중 하나가 자본주의에서와 마찬가지로 이른바 중세의 사회구성체에서도 경제는 같은 자리를 차지하지 않았다는 사실이다. 중세에는 모든 것은 마치 정치적 실천이 "지배적"이었던 것처럼 진행되었다. 그 이유는 소유자나 영주가 정치권력이나 정신적 지배에 힘입어 잉여가치를 선취해 갔기 때문이다. 그 반대로 자본주의의 사회구성체에서 모든 것은 마치 생산수단의 소유주가 정치적, 군사적 수단을 동원하지 않고 경제적 메커니즘의 작동만으로도 잉여가치를 선취해 갈 수 있는 것처럼 진행된다. 단번에 교수자격시험 합격자들-

신학자들은 다음과 같은 아주 추상적인 질문에 흥미를 갖는다. 모든 수준(또는 심급 또는 실천)이 각각 특수하게 "구조화된 전체" 속에서 하나의 실천은 어떤 의미로 "지배적"이라고 말해질 수 있는가?

과연 이런 질문은 과학적으로 유의미한가? 이 질문에 우리가 쌓은 현재 상태의 지식에 어떤 답이 포함되어 있는가? 심지어 이렇게 제기된 이 질문에 어떤 답이 포함되어 있기는 할까? 어쨌든 무엇보다도 먼저 다양한 "심급"을 망라하는 목록을 작성하고, 이들 심급 하나하나에 대한 "개념"을 정립하고, 어떤 의미에서 특수하다고 일컬어지는 하나의 심급이 개념적으로 다른 사회구성체에서도 같은 것으로 남아 있는지를 알아야 할 필요가 있다. 그다음으로 "지배적인 실천"이나 "최종 심급에서 결정적인 실천" 개념에 대한 이론적 지위(일부 당파에서 사용되는 언어로 말하자면)를 세워야 할 필요가 있다. 그렇지 않으면 정확히 우리가 다른 사람들에게 비난했던 다음과 같은 오류를 범하게 될 것이다. 통속적 개념(일반성I)을 과학적 개념으로 여기는 실수가 그것이다. 또한 가짜 문제나 그 해결책이 일반성의 힘에 전혀 교훈적이지 않은 제안으로 환원되는 문제를 제기하는 오류가 그것이다. 다양한 실천은 각각의 사회구성체 속에서 독창적인 방식으로 연결되는데도 말이다.

이런 유형학을 사이비-구조주의 또는 심지어 하나의 결합 combinatoire —발리바르[68]가 하고 있는 학습훈련— 으로 해석하는 것은 불가능하지 않다. 모든 생산에는 노동자, 노동 수단(대상과 노동 수단으로 다시 구분되는), 마지막으로 비노동자(소유권이나 실질적인 전유 관계에 따라)이 포함되어 있다. 이런 다섯 개의 개념으로 무장한 아마추어-구조주의 자는 관찰된 다양한 생산양식뿐만 아니라 또한 가능하지만 아직 실현되지 않은 생산양식을 생각하는 것을 가능케 해 줄 수도 있는 "결합"을 상상한다.

모든 생산에는 여러 수단(요소3)을 이용해 하나의 대상(요소2)을 변형시키는 노동자(요소1)가 포함되어 있다. 생산과정에는 생산수단의 현실적 전유나 외적 재료(요소4)의 현실적 전유와 동시에 마지막으로 대상이나 또는 수단 또는 노동 생산물에 대한 법적 소유권(요소5)이 포함되어 있다. 이 다섯 개의 요소는 하나의 독창성, 즉 '현실적 전유'와 '소유권의 관계'만을 제시할 뿐이다. 하지만 이는 유용하면서도 동시에 모호한 구분이기도 하다. 노동자에 의한 노동 수단의 '실재적' 전유는 노동 수단에 대한 이런 소유권과 혼동되지 않는다. 노동자는 '법적으로' 주식 소유자에게 속하고, 또 경영자(소유자이든 소유자가 아니든)가 실제로 통제하는 기계를 이용한다. 정당하고 평범한 이런 종류의 구분에 대해 전혀 반론을 제기할 수 없다. 다만 난점은 모든 생산양식의 '불변항'에 대한 개념적 결정에 대한 설익은 주장에서 나온다. 또는 토대나 하부구조에 내재적인 소유권의 관계와 소유권의 사법적 형태

---

68   에티엔 발리바르(Etienne Balibar, 1942-): 프랑스의 철학자이자 마르크스주의 사상가이다. 고등사 범학교에서 알튀세르, 캉길렘, 라캉 등에게 사사했다. 1965년에 알튀세르, 마슈레, 랑시에르, 에스 타블레와 함께 『자본론을 읽자』를 공동 집필해 국제적인 마르크스주의 이론가로 명성을 떨쳤다. 1960-70년대에 마르크스주의를 개조하기 위한 알튀세르의 구조적 마르크스주의의 충실한 동반 자로 활동했다. 1981년 프랑스공산당의 이민자 정책에 대해 비판하는 글을 발표한 이후 출당(黜黨) 되었다.

—"'결합' 속에 들어가지 않는 이 형태는 여기에서 우리가 관심을 갖는 '토대'가 아니라 '상부구조'에 속한다"— 를 구분하기 위한 신학적 노력에서 난점이 나오기도 한다. 이런 "과학적" 분석이 제시하는 "이데올로기적" 목표는 눈에 확 띈다. 생산관계와 소유관계 사이의 이런 불일치를 설명한다는 목표가 그것이다. 하부구조에서 소유권의 관계를 유지하기 위해 마르크스주의자는 생산과정에서의 내재적인 소유권과 용어의 법적 의미에서 소유권을 구분해야 한다는 사실을 덧붙이자. 그런데 법적인 의미에서가 아니라면 소유권은 실재적 전유가 아니고 무엇이겠는가?[69]

    이런 다섯 개의 요소를 이용해 어떤 생산양식의 몇몇 특징, 가령 마르크스가 관찰했던 다음과 같은 특징들을 포착하는 것 외에 무엇을 할 수 있는가? 생산수단, 노동의 편성, 개인적이거나 집단적 노동, 역사를 통한 잉여가치(또는 초과 노동)의 불변성, 다양한 생산방식, 잉여가치의 분할 등이 그것이다. 아시아적 생산양식에서 잉여가치는 국가의 독차지가 되고, 자본주의적 생산양식에서는 자본가에 의해 독점된다. 잡일들의 체제에 의해 노동과 초과 노동은 일시적으로 분리된다. 하지만 자본주의는 이런 분리를 감춘다. 비록 노동의 마지막 시간을 위한 투쟁이 현상의 꾸준함을 드러내고 있지만 말이다.

    현실 너머로 가기 위해 '역사적' 탐구들이 부과된다. 이런 다양한 요소의 양상은 어떤 것인가, 어떤 한 생산양식 내에서 가능한 다양

69   *L.C.*, II, pp.204-210.

한 결합은 어떤 것인가, 다양한 생산양식 자체와 다른 심급들 사이의 "복합 관계"는 어떤 것인가? 예컨대 "경험적" 탐구에 의해서가 아니라면 어떻게 생산수단과 노동의 편성에 따른 자본주의적 잉여가치를 인식할 수 있겠는가? 알튀세르주의자는 봉건적 생산양식과 자본주의적 생산양식 사이의 구분으로부터 출발한다. 왜냐하면 봉건적 생산양식은 그 영속화를 위해 정치적 심급의 효율성을 요구하는 반면, 자본주의에서는 생산관계가 지속되든가 아니면 이 관계들이 재생산되든가 해야 하기 때문이다. 결론은 분명 출발점으로 다시 이어진다. 그도 그럴 것이 이 생산양식들이 "경험적" 현실 속에서 연구되지 않았기 때문이다. 더군다나 추론을 통해 "생산양식들" 사이의 초기의 차별화가 다시 이루어진다. 이 생산양식들 중 하나하나가 하나의 복잡한 전체를 구성하면 할수록, 단 하나의 요소에 의한 "구조"의 결정에 대한 비판의 가능성은 비례해서 더 커진다.

"경험적으로" 현대 산업 사회를 특징짓는 것은 바로 기업의 법적 지위의 다양성에도 불구하고 생산수단의 경이적인 발전, 노동 편성의 유사성(또는 생산수단의 현실적 전유)이다. 분리를 위한 법이 생산력의 발달과 생산관계의 변화가 예견된 "일치"를 드러내지 못하는 방식으로 작동했다. 생산과정과 착취 과정이 상호 관계에서 자율적으로 드러난다. 베텔하임[70]에게 빚지고 있는 법칙, 철학적 우언집寓言集에

---

[70]   샤를 베텔하임(Charles Bettelheim, 1913-2006): 프랑스 마르크스주의 경제학자이자 역사가로, 탈식민화 기간 동안 여러 개발도상국 정부의 경제 고문 역할을 담당했으며, 유럽과 라틴 아메리카의 자본주의 사회에서 가장 많이 읽힌 마르크스주의자 중 한 명으로 알려져 있다.

실릴 만한 법칙을 공식화하는 일만 남아 있을 뿐이다. "생산관계와 생산력의 특징 사이의 일치 법칙 또는 필요한 일치 법칙[71]이라는 공식이 그것이다."[72] 제3의 항을 생각할 수 없이 두 개의 항 —A와 비非A— 를 동시에 용인하는 이런 법칙은 확실히 비판에서 벗어난다. 생산력과 생산관계는 서로 일치하거나 일치하지 않거나이다. 팔리스 원수元帥도 이보다 더 잘 표현하지 못했을 것이다.[73]

III. 유기적 총체성

알튀세르주의자들은 가장 유명하되 또 역사의 흐름과 자신들의 철학적 목표에 가장 불일치하는 내용을 담은 『정치경제학 비판을 위하여』의 '서문'을 과감히 저버린다.

---

71 일치의 필요성도 비일치의 필요성도 존재하지 않는다고 말해야 할 것이다.
72 *C*, II, p.319.
73 자크 드 라 팔리스(Jacques de La Palice 또는 de La Palisse, 1470-1525): 프랑스의 귀족 및 군사 장교이다. 프랑수아 1세의 치하에서 육군 원수로서 이탈리아군에 맞서 싸웠으며, 파비아 전투 중에 사망했다. 그의 이름은 불어 단어 'lapalissade'의 어원을 제공해 주고 있다. 이 단어의 의미는 동어반복적인 '말하나마나'이다. 그의 휘하의 병사들은 그가 전사했을 때 그의 죽음을 아쉬워하며 "애석하도다 / 팔리스가 죽었네. / 파비스 다리 앞에서 죽었다네. / 애석하다 / 그가 죽지 않았다면 / 그는 여전히 부러움을 샀을 텐데(Hélas, La Palice est mort, / Il est mort devant Pavie; / Hélas, s'il n'était pas mort, / Il ferait encore envie)"라는 내용의 무훈시를 지었다. 이에 그의 미방인이 그의 묘비에 다음과 같은 문구를 새겨 넣었다. "여기 라 팔리스 영주가 영면하다/ 만일 그가 죽지 않았다면, 그는 여전히 부러움을 받았을 것이다(Ci-gît le Seigneur de La Palice/ S'il n'était mort il ferait encore envie)". 후일 이 마지막 문구가 "만일 그가 죽지 않았다면, 그는 여전히 살아 있을 것이다(S'il n'était mort il serait encore en vie)"로 바뀌어 많은 사람의 입에 회자되었고, 그로부터 'lapalissade'라는 단어가 유래했다. 여기에서 아롱은 생산력과 생산관계의 일치와 불일치 문제가 동어반복에 해당한다는 사실을 표현하기 위해 팔리스 원수의 이야기를 가져온 것으로 보인다.

예를 들어 보자. "한 사회는 그 내부에서 발전의 여지가 없을 정도로 생산력이 발전하기 전에는 멸망하지 않는다. 보다 우월한 새로운 생산관계는 그 물적 존재조건들이 낡은 사회에서 벗어나 개화되기 전에는 결코 자리잡지 못한다."[74] 사람들은 다른 곳에서 이와 비교될 만한 주장을 발견한다. 사회민주주의자들은 이런 주장을 근본적인 것으로 여긴다. 왜냐하면 이런 주장에는 역사적 생성을 지배하는 모종의 도식이 함축되어 있기 때문이다. 그런데 이런 주장은 그 자체로 프롤레타리아트의 실천을 명령한다.

다른 한편, 이 서문[75]에는 적어도 사회구성체에 대한 '결정주의적déterministe' 해석임과 동시에 말하자면 '전체주의적totalitaire' 해석을 암시하는 주장이 포함되어 있다. 가장 유명한 다음 부분을 상기하자. "사람들은 그들의 삶의 사회적 생산에서 그들의 물질적 생산력의 발전 정도에 일치하는 일정한, 필연적인, 그들의 의사와는 독립적인 관계를 맺는다. 이런 관계 전체가 사회의 경제적 구조, 현실적 토대를 이루며, 그 위에 법적, 정치적인 상부구조가 세워지고, 또 거기에 사회적 의식의 결정된 형태들이 조응한다. 물질적 삶의 생산양식이 일반적으로 사회적, 정치적, 지적 삶을 지배한다."[76] 알튀세르주의자들은 이 구절에서 볼 수 있는 여러 단어로 인해 곤란을 겪는다. '일치하다, 현실

---

74   *Marx*, éd. Pléiade, I, p.273. [이 판본에서는 해당 부분이 『자본론』의 '서언(Avant-propos)'(pp.271-275)으로 사용되고 있다. 하지만 다른 판본에서는 해당 부분이 『정치경제학 비판을 위하여』의 '서문(préface)'으로 사용되고 있다.]

75   『정치경제학 비판을 위하여』의 서문이다.

76   *Ibid.*, pp.272-273.

적 토대, 조응하다, 지배하다' 등이 그것이다. 그 이유는 이렇다. 첫 번째 단어의 경우에는 경험을 통해 정확히 일치가 존재하지 않는다는 사실이 드러나기 때문이다. 두 번째 단어인 '현실적 토대'는 이 단어에 의해 상부구조와 정치적 및 법적 체계의 현실이 최소한으로 지시되기 때문이다. 세 번째 단어 '조응한다'는 그 본성을 정확히 지적하지 못한 채 '현실적 토대'와 '사회적 의식의 결정된 형태들' 사이에 조응을 긍정하기 때문이다.

마르크스가 죽은 후, 카우츠키에 의해 1903년 출간된 「서설」[77]은 『정치경제학 비판 요강』[78](미완의 수고이고, 1939년 이래로 그 존재가 알려졌다) 앞에 놓였을 수도 있다. 그런데 이 서설은 알튀세르의 기획에 정확하게 들어맞는다. 이 텍스트는 1844년 수고[79]가 이전의 마르크스주의를 내세운 한 당파에 의해 정전화되었던 것처럼 다른 당파에 의해 정전화되었다.

이 서설에서 '사회구성체'는 '구조화된 전체'로, 다양성이 그 안

---

77 앞의 주(註) 2부 67번에서 언급했던 「정치경제학 비판 서설」이다. 여기에서는 "Introduction générale"로 표기되어 있다.

78 아롱은 이 책에서 이 글을 붙어 제목으로 "Fondements de la Critique de l'économie politique"를 선택하고 있다. 하지만 이 글에는 "Principes d'une Critique de l'économie politique"라는 불어 제목이 붙기도 한다. 이 글의 독일어 제목은 "Grundrisse der Kritik der politischen Ökonomie"이다. 이 글의 우리말 제목으로는 『정치경제학 비판 요강』, 『정치경제학 비판 개요』, 『그룬트리세』가 사용된다. 아롱도 이 책에서 이 글의 제목으로 "Fondements"과 "Grundrisse"를 같이 사용하고 있다. 여기에서는 "Fondements"인 경우에는 『요강』으로, "Grundrisse"인 경우에는 『그룬트리세』로 표기하기로 한다. 마르크스가 1857년 7월부터 1858년 5월까지 쓴 이 글은 『자본론』의 초고에 해당하며, 3편의 경제학 수고가 실려 있다. 이 수고들은 1939년부터 1941년까지 소련의 마르크스, 레닌주의 연구소에 의해서 처음으로 그 전문이 『정치경제학 비판 요강』이라는 제목으로 출간되었다.

79 『경제학-철학 수고』를 가리킨다.

에 존재하는 하나의 유기적 통일로 제시된다. "우리가 도달한 결론은 생산, 분배, 교환, 소비가 동일하다는 것이 아니라, 이 모든 것이 하나로서의 전체의 요소들이라는 사실, 즉 하나의 통일성 속에서의 차이들Unterschiede이라는 사실이다."[80] 여러 요소 사이의 연결은 동일성을 유도하지 않는다. "한 명의 헤겔주의자에게 있어서 생산과 소비를 동일시하는 것만큼 단순한 것은 없다."[81] 여러 요소의 구분으로 인해 생산의 우위가 방해받지는 않는다. "분배의 구조는 생산의 구조에 의해 전적으로 결정된다. 분배는 그 자체로 대상에 대해서 생산인 것뿐만 아니라 —생산의 결과물만이 분배될 수 있을 뿐이라고 해도—, 또한 형태에 대해서도 생산이다. 왜냐하면 생산에 대한 이런 유형의 참여는 분배의 특수한 형태를 결정하기 때문이고, 그런 양식하에서 사람들이 분배에 참여하는 양태를 결정하기 때문이다."[82] 또는 이렇다. "생산은 그 자체로 생산의 모순적 결정 속에서 스스로를 초월한다. 생산은 또한 그 과정의 다른 계기들 역시 초월한다. 과정이 다시 시작되고 매번 새로워지는 것은 바로 생산으로부터 출발하기 때문이다."[83] 그럼에도 생산 역시 '그것의 특수한 형태에서' 다른 여러 계기에 의해 결정된다. "… 소비자들의 욕구는 생산에 영향을 준다. 다양한 요소 사이에 상호 작용이 있다. 이것이 모든 유기적 총체의 경우이다."[84]

---

80   *Ibid.*, p.253.
81   *Ibid.*, p.247.
82   *Ibid.*, p.249.
83   *Ibid.*, p.253.
84   *Ibid.*, p.254.

"구조화된 총체성"에 대한 이런 설명에 이어 마르크스는 경제학 분야에서, 그러니까 역사학 분야에서 추상적이고 구체적인 것 사이의 관계를 분석한다. 실제로 그는 세 개의 문제를 제기한다. 1. 구체적인 것에서 출발해야 하는가, 아니면 추상적인 것에서 출발해야 하는가? 즉, 직접적으로 나타나는 사회들로부터 출발해야 하는가, 아니면 범주로부터 출발해야 하는가? 답은 범주로부터 출발해야 하는 것이다. 2. 생산양식들의 역사적 질서와 범주들의 이상적인 질서 사이의 관계는 어떤 것인가? 답은 '상관이 없다'이다. 3. 역사적 현실과 우리가 학문에서 갖게 되는 의식 사이의 관계는 어떤 것인가? 곧 보게 되겠지만 이 질문에 대한 답을 한마디로 요약하는 것은 쉬운 일이 아니다.

경제학자이자 사회학자이지만 역사학자는 아닌 마르크스는 다양한 생산양식과 그 기능들을 이해하고자 한다. 따라서 그는 구체적인 것이나 또는 "살아 있는 총체, 인구, 민족, 국가"를 출발점으로 삼은 것이 아니라 "추상적인 것, 즉 경제적 범주들"을 출발점으로 삼는다. 만일 사람들이 다소간 고정되어 있거나 추상적인 여러 계기를 재생산하는 범주들(노동, 분업, 욕구, 교환가치)로부터 출발한다면, "구체적인 것은 종합의 과정에서와 마찬가지로 사유에서도 나타난다. 비록 이 구체적인 것이 참다운 출발점이라고 해도, 그것은 출발점이 아니라 결과로서 나타나고, 또 이어서 직관과 표상의 출발점으로도 나타난다."[85] 누구도 의심하지 않는 것처럼, 『자본론』은 가장 추상적이고

85   Ibid., p.255.

가장 일반적인 개념들인 노동과 가치에서 가격, 이윤율의 경향적 저하,[86] 토지 연금으로 나아간다. 1857-1858년의 『정치경제학 비판』의 기획[87]에 따르면 마르크스는 국가, 국제 교환, 위기를 포함해서 총체를 재구축하고자 했다. 물론 부르주아 사회의 내적 구조를 구성하는 범주들로부터 출발해서 그렇다. 과학적 범주들(노동, 가치, 교환, 분배)은 인구, 국가, 민족과 같은 전前 과학적 일반성에 대립된다. 이런 일반성은 통속적인 경험 속에 주어졌거나 또는 인식의 기술적 국면의 특징들이기도 하다.

물론 사유된 총체성, 사유된 구체적인 것은 실제로 사유의 생산물, 생각하는 행위의 생산물을 구성한다. 사유는 사유된 것의 대상을 사유한다. 그 당시에 마르크스가 순진하게 해석한 헤겔과는 반대로, 구체적인 것은 "그 자체를 생성할 수도 있을 개념의 생산물"이 아니다. 과학에 의해 사유된 총체성은 다른 여러 전유의 방식, 가령 예술, 종교, 실천 중에서 세계를 전유하는 하나의 방식을 드러낸다. 우리는 실천의 특수한 다수성을 재발견한다. 과학 이전과 마찬가지로 그 이후에도 현실적 주체는 정신의 외부에서 자신의 자율성 속에서 지속된다.

그다음으로 범주들의 질서와 생산양식들의 질서 사이의 관계에 대한 분석이 이어진다. 마르크스는 다양한 범주가 동일한 시간성에 따라 전개되지 않는다고 확언한다. 남아메리카 대륙에 있는 페루

---

86   자본주의적 생산이 발달함에 따라 평균(일반) 이윤율이 하락하는 경향이 나타나는 자본주의의 객관적 경제법칙을 가리킨다.

87   『자본론』을 집필하는 기획을 가리킨다.

의 경제는 협력, 분업 등의 영역에서는 발전된 모습을 보이고 있지만, 화폐를 가지고 있지 않다. 가장 추상적인 범주들이 역사적으로 가장 구체적인 범주들에 앞서 발전되지는 않았다. 이렇듯 "역사적으로 가장 간단한 범주가 가장 구체적인 범주에 앞서 존재했을 수 있다고 해도, 가장 추상적인 범주는 그 완전하고, 집중적이고, 외연적인 발전 속에서 하나의 복잡한 사회구성체에 속할 수도 있다. 그 반면에 더 구체적인 범주는 덜 발전된 사회구성체 속에서 더 잘 발전되었다."[88]

범주들의 변동과 현실의 변화 사이의 이런 불일치는 헤겔과 프루동을 한꺼번에 겨냥한다. 이런 불일치는 다음과 같은 두 개의 다른 마르크스적 주제로 이어진다. 우선 이 범주 하나하나의 의미작용 또는 고려된 각각의 사회의 양상이 갖는 의미작용을 이해하기 위해 구조화된 총체성에 대한 참고의 필수성이고, 그다음으로는 각각의 사회구성체에서 하나의 요소가 갖는 우위이다. "토지 연금이 지배하는 모든 사회에서는 자연과의 관계가 여전히 우위에 있다. 자본이 지배하는 사회에서는 사회와 역사에 의해 창조된 요소들에 우위가 있다. … 부르주아 사회에서 자본은 모든 것을 지배하는 경제적 힘이다. 자본은 필연적으로 출발점과 도착점을 이룬다. 그리고 자본에 대한 분석은 토지 소유권에 대한 분석에 앞서 이루어져야 한다."[89] "모든 사회구성체에서 다른 모든 조건에 서열과 중요성을 부여하는 것은 바로

88   *Ibid.*, pp.257–258.
89   *Ibid.*, p.262.

생산을 결정하는 조건들이다."[90]

범주들의 이상적 질서와 사회구성체들의 계기의 질서 사이의 불일치는 학문과 사회의 관계 설정, 경제 지식에 대한 사회학의 소묘를 배제하지 않는다. "주체, 부르주아 사회는 현실에서와 마찬가지로 뇌 속에서도 주어져 있다."[91] 범주들의 도움으로 포착된 가지적可知的인 구조는 사회적 현실에 내재되어 있다. 이렇게 해서 범주들과 현실 사이의 일치가 설명된다. "이런 일반적인 노동의 추상화는 단지 노동의 구체적인 총체성에 대한 심적인 결과가 아니다. 특수한 노동에 대한 무관심은, 개인들이 그 안에서 어떤 노동에서 다른 노동으로 쉽게 이행하고, 또 그 안에서 노동의 결정된 속성이 그들에게 우연적인 것으로, 따라서 무관심한 것으로 보이는 하나의 사회 형태에 일치한다."[92] 가장 추상적인 범주들은 ―일반적으로 노동― 여러 역사적 조건의 산물이고, 이 조건을 위한, 또 그 한계 내에서만 유효성을 가질 뿐이다.[93] "이런 상태는 부르주아 사회의 가장 현대적인 유형, 즉 미국에서 더 잘 발달했다. 정확히 이 나라에서 '노동', '노동 일반', '노동 그 자체travail sans phrase'라는 범주의 추상, 즉 근대 경제학의 출발점이 비로소 실천적 진실이 된다."[94]

90   *Ibid.*, p.261.
91   *Ibid.*, p.261.
92   *Ibid.*, p.259.
93   주지하다시피 현대 자본주의는 그와 같은 것을 전혀 완수하지 못했다. 노동의 단순화는 1850년의 섬유 산업의 특징이었지만, 그것은 1960년의 전자 산업의 특징은 아니었다.
94   *Ibid.*, p.259.

그와 동시에 우리는 구조화된 각각의 총체성의 특수성 또는 각각의 사회구성체, 고전적으로 마르크스에게 귀속되는 부르주아적 경제에 대한 비판적 관념을 다시 발견하게 된다. 그런데 이런 관념에 따르면 자본주의의 법칙들은 그대로 모든 체제에 적용되지 않는다. 더군다나 '과거 사실에 대한 성찰의 특권'도 있다. 그러니까 역사학자나 경제학자는 가장 발전한 사회구성체로부터 출발해서 이전의 사회구성체들을 이해하고, 과거의 경제를 부르주아 경제로부터 출발해서 이해한다. 또한 부르주아 경제가 모순적인 형태로 남아 있다는 사실, 과거에 대한 몇몇 범주는 그 안에서 퇴색하거나 변형된 채 재발견될 뿐이라는 사실을 잊어서는 안 될 것이다. 요컨대 부르주아적 경제는 그 자체를 비판할 수 있게 되는 순간부터 프티부르주아적 경제에 대한 이해와 비판이 될 뿐이다.

몇몇 부분[95]을 제거한다는 조건으로 『자본론』이 알튀세르주의자들에게, 그리고 이 텍스트를 다시 읽거나 아니면 심지어 단지 읽고자 원하는 모든 사람에게 어떤 이유에서 신성한 특징을 갖는지를 우리는 쉽게 알 수 있다. 이 텍스트에는 실제로 반경험주의적, 반역사주의적(유보와 더불어), 반인간주의적 강조가 포함되어 있다. 거기에서는 이제 더 이상 인간관계가 문제가 아니다. 문제가 되는 것은 오히려 "모든 사고"의 "현실적 주체" ―사회구성체이든 아니면 구조이든― 이다. 이것은 범주들로부터 출발해서 얻어진 과학적 종합의 어휘이다.

---

95   생물학적 유비(類比)들과 진화론적 표현들을 제거해야 한다.

모든 과학에 개념적 체계, 대상의 구축이 포함되어 있다는 사실을 우리는 앞선 세대에 속하는 철학 스승들의 수업을 통해 익혔다. 물론 이 스승들은 그들대로 자신의 스승들로부터 그 사실을 배웠다. 50년 전에 수학적 성향을 가진 신칸트주의가 지배했고, 대상의 구축은 판단과 기능적이고 양적인 관계의 정립을 통해 이루어졌다. 오늘날 철학 교수들이 과학적 활동을 설명하기 위해서는 판단보다는 오히려 개념들과 이 개념들의 변증법을 이용한다.

『서설*Introduction*』에서 볼 수 있는 인식론은 독창성을 제시하지 못한다. 이 인식론이 과학적 대상의 개념적 구축을 암시하는 데 그치고 있다는 면에서 그렇다. 이 인식론은 모호하며, 이론보다는 프로그램 수준에 머물러 있다. 그렇다면 그것들로부터 출발해서 "모든 사유"의 재구축에 적합한 가장 단순한 범주들의 특징은 어떤 것인가? 우리가 사유를 통해 마르크스의 지적 세계를 재정립하자마자 그가 부딪쳤던 난점은 쉽게 설명된다. 그는 영국 경제학자들, 특히 리카도의 개념 체계를 사용한다. 영국 경제학자들의 개념은 보편적이고 초역사적으로 보인다. 모든 사회는 어느 정도의 생산, 노동, 교환을 포함한다. 그런데 마르크스는 역사주의의 여러 주장 중 하나를 받아들인다.[96] 그의 눈에는 자본주의가 가능한 유일한 체제이기는커녕, 모순적인 체제들의 진행 과정에서 가장 마지막 단계에 위치해 있다. 자본주의 다음에

---

[96] 알튀세르주의자들 역시 그렇다. 그들은 역사주의에 다른 의미를 부여하는데, 그들은 이 역사주의를 마르크스에게 부여하기를 거절한다.

전前 역사에 마침표를 찍게 될 사회주의가 도래할 것이다. 나름대로 특수한 여러 특징을 보여 주는 다양한 사회구성체는 최종적이든 아니든 간에 하나의 체제에 이르게 되는데, 이것은 과거의 모든 체제에 비해 두드러진 독창성을 보여 주게 될 것이다(이 체제는 비적대적일 것이다). 두 개의 제안이 『서설』에 나타나 있는데, 하나는 뚜렷하고, 다른 하나는 암묵적이다. 두 번째 제안이 과학이 아니라 이데올로기에 속한다면, 그때는 마르크스의 '정치' 사상은 완전히 이데올로기에 속한다(어쩌면 알튀세르주의자들이 그들의 마음속에서 생각하고 있지만 고백할 용기를 갖지 못하고 있는 것이 바로 이것이다).

　　『서설』 전체는 영국 경제에 대한 개념의 보편주의와 사회구성체의 역사적 다양성 사이에서 발생하는 마르크스 사상의 내적 긴장으로부터 출발해서 설명된다. 외관적으로 보편적인(또는 초역사적인) 개념들의 도움을 받아 이질적인 사회구성체들을 어떻게 재구축할 것인가? 마르크스는 이 질문에 다음과 같은 이중의 답을 제시한다. 한편으로 경제적 범주들은 회고적으로 보면 논리적 질서에 따라 역사적으로 전개되지 않았다는 답이다. 어떤 사회구성체에서는 노동의 분업이라는 하나의 범주가 상대적으로 더 많이 발전한 반면, 다른 범주인 화폐는 그렇지 않았다.[97] 다른 한편으로 과거에 대한 성찰은 모종의 특권을 누린다는 답이다. 경제적 범주들은 모두 가장 발전한 사회구성체 속에서 드러난다. 비록 이 범주들이 이런 사회구성체 속에서 완전

97　　앞에서 든 페루의 예를 상기하기 바란다.

히 전개되지 않는다고 해도 그렇다. 만일 이런 사회구성체가 그 자체에 대한 비판적 의식에 이를 수 있다면, 이 사회구성체는 이전의 사회구성체들이 그 자체로 이해되는 것보다 더 잘 그것들을 이해하게 될 것이다. 이런 회고적 성찰의 특권은 그 자체로 보통 역사주의적이라고 명명된 이론에 속한다. 비록 실증주의 정신을 가졌거나 또는 실증주의자의 일원인 시미앙[98]과 같은 경제학자 역시 가장 발달한 사회구성체로부터 출발해서 그 역의 순서를 따라 이해하는 것보다 사회적 현상(가령, 경제)의 기본적 형태를 더 잘 이해했다고 단언하고 있음에도 불구하고 그렇다.

　『서설』에 소묘된 인식론의 주요 난점은 다음과 같은 세 번째 질문에서 기인한다. 사유의 대상인 "구조화된 전체"와 "역사적 주체" 또는 "사회구성체의 구조" 사이의 관계에 대한 질문이 그것이다. 우리는 다음과 같은 내용을 읽을 수 있다. 사유된 총체성은 사유의 산물이고,[99] 구상하는 행위의 산물이다. 사유된 전체로서 정신 속에 나타나는 것과 같은 "총체성"은 사유하는 뇌의 산물이다. "현실적 주체"는 이전처럼 그의 자율성 속에서 "정신이 사변적으로 작동하는 것만큼 오래" 존재한다. 하지만 과학적 전유의 특수성은 무엇으로 이루어지는가? 사유된 전체와 현실적 주체 사이의 "일치"나 "적합성"을 어떻게

---

[98]　프랑수아 시미앙(François Simiand, 1873-1935): 뒤르켐을 도와 모스 등과 함께 프랑스 사회학의 정립에 기여한 사회학자이자 사회학자이자 경제학자이다. 프랑스 역사 경제학파의 일원이었던 그는 이론적 모델과 정책에 대한 엄격한 사실적, 통계적 기초를 제시한 것으로 유명하다.

[99]　*Ibid.*, p.255.

보증하는가?

위의 질문들을 완전히 "이데올로기적" 인식에 대한 이론의 스타일로 제기하지 않도록 주의하자(알튀세르가 말했다dixit[100]). 우리가 과학적 실천 속에서 유효한 이론의 특수성을 간파해 내는 것도 역시 사실이다. 이것은 외부에서 과학의 역사에 "방법의 규칙들"(또는 이론적 생산의 수단들)을 고정시키는 임무가 아니라, 이런 규칙들을 효과적인 실천의 분석을 통해 도출해 내는 임무를 부여하게 될 것이다. 비록 '이론'(또는 변증법적 유물론)이 레옹 브룅스비크[101]와 바슐라르의 노선에서 과학에 대한 이런 성찰로 환원된다고 해도, 여전히 학자들에 의해 그렇게 인정받지 못한 "인식론적 절단coupure épistémologique"[102]의 진정성을 증명해야 할 것이다. 마지막으로 과학이 추상적인 범주들로부터 출발하여 구조화된 전체를 재구축하자마자, 이 구조화된 전체는 현실적 주체와 "일치해야" 하거나, 이 주체를 '반영하거나' 또는 이 주체를 '표현해야' 한다.[103] 요컨대 "사유된 전체"와 "현실적 주체"의 적합성은 무엇으로 이루어지는가? 이 적합성을 어떻게 명명하는가? 그것에 대

---

100   라틴어로 "말했다", "그가 말했다"의 의미이다.

101   레옹 브룅스비크(Léon Brunschwicg, 1869-1944): 프랑스의 관념론 철학자로, 『형이상학과 도덕 잡지 (Revue de métaphysique et de morale)』의 창간인 중 한 명이다. 아롱, 사르트르, 니장 등은 브룅스비크를 직접 사사했으나, 그의 관념론에 대해서는 아주 비판적이었다.

102   알튀세르가 바슐라르에 의해 고안되고, 캉길렘과 푸코에 의해 관념의 역사 연구에서 사용된 "인식론적 단절" 개념을 변형시킨 것이다. "인식론적 단절" 개념은 전(前) 과학적 관념 세계로부터 과학 세계로의 도약을 묘사하고 있다. 이 도약은 전 과학적(이데올로기적) 관념이 모든 유형 및 준거틀과의 철저한 단절과 새로운 유형의 건설을 말한다. 알튀세르는 이 개념을 마르크스가 청년 시절의 헤겔적이고 포이어바흐적인 이데올로기를 스스로 거부하고 후기 저작에서 변증법적 유물론과 역사적 유물론의 기본 개념을 수립한 것에 적용시키고 있다.

103   "반영"이라는 용어는 "사유된 대상"의 구축과 잘 어울리지 않는다.

한 개념을 어떻게 포착하는가?

『서설』의 한 구절에서 과학적 전유는 그것 이전에, 그것 외부에서 존재하는 것을 재발견한다는 사실이 암시되고 있다. "근대 부르주아 사회는 뇌 속에서와 마찬가지로 현실에도 역시 주어져 있다. 범주들은 형태들과 존재 양식들, 종종 이런 사회와 이런 주체의 개별적인 단순한 양상들을 표현한다. 따라서 이런 사회는 '과학적으로 말해' 있는 그대로의 사회가 문제시되기 시작하는 때부터 출발해서 존재하기 시작하는 것이 결코 아니다."[104] 만일 우리가 이 구절을 글자 그대로 받아들인다면, "구조화된 전체"의 구조는 이미 어떤 식으로든 현실적 주체 안에 주어졌을 수도 있다. 이런 해석에 따르면 축출하고 싶어 하는 유령인 헤겔이 또다시 나타나지 않겠는가? 아니면, "현실적 주체"를 일종의 "초월적 대상"으로 여겨야 하지 않겠는가? 이 경우에 "사유된 전체"의 축조 이론이 부과된다. 왜냐하면 범주들이 초월적 도식주의의 수단들이 되기 때문이다. 또는 결국 범주들은 "과학적 전유"에 의해 재포착되기 전에 현실적인 것 속에 기입되고, 그렇기 때문에 사유된 전체와 현실적 전체의 구분은 사라지지 않은 채 일종의 변증법적 관계를 향해 나아가게 된다.

우리가 조금 위에서 제기한 과거에 대한 회상의 특권은 이 마지막 해석의 방향으로 나아간다. 만일 부르주아 사회가 그 자체를 비판한다는 조건에서 단독으로 이전의 사회구성체를 포함한다고 해도, 역

---

104   *Ibid.*, p.261.

사적 인식의 진리는, 비록 이 진리가 생산양식에 관련된다고 해도, 미네르바의 부엉이가 깨어날 때인 황혼에서야 나타날 뿐이다.[105] "인간의 해부는 원숭이의 해부를 위한 하나의 열쇠이다."[106] "그렇지만 근대 경제가 제1열에 위치시키고, 또 모든 사회구성체에 유효한 조상祖上의 존재를 표현하는 가장 단순한 추상화는, 이런 추상화에서 실천적으로 가장 근대적인 사회의 범주인 한에서만 사실로 나타날 뿐이다."[107] 이런 역사적 인식의 역사성에는 그 도착점에서도 결코 절대지가 함축되어 있지 않다. 그 이유는 일단 그 자체에 대해 비판적이었던 가장 발전한 사회구성체가 다른 사회구성체들과 그 자체를 충분히 알고 있기 때문이다. 이런 역사적 인식의 역사성은 실증주의적인 버전, 인식의 사회학적 용어로 된 해석을 배제하지는 않는다. 하지만 이런 역사적 인식의 역사성은 "사유 대상"과 "현실적 주체" 사이의 마르크주의적 관계, 즉 선호도에 따라 칸트나 헤겔을 연결 짓는 관계의 모호성을 보여 준다.

---

105 독일의 철학자 헤겔이 그의 책 『법철학 강요』(1820)에서 남긴 경구(警句)이다. 부엉이(또는 올빼미)는 지혜의 여신 아테나(미네르바)를 상징하는 새로 여겨진다. 헤겔은 여기에 착안해 철학은 앞날을 예측하는 것이 아니라 어떤 현상이 일어난 뒤에야 비로소 그 역사적 조건을 고찰해 그 의미를 분명히 한다고 보며, 이를 위의 경구를 통해 비유적으로 보여 주고 있다. 여기에 더해 다음과 같은 해석도 가능하다. 즉, 절대정신의 구현으로 여겨지는 진리는 마지막 단계에 이르러서야 완성된다는 해석, 황혼을 강조하면서 지혜와 철학이 본격적으로 필요할 때는 세상이 어둠에 휩싸이고 인간성이 사라져 갈 때라는 해석 등이 그것이다.

106 *Ibid.*, p.261. 이 문장은 다른 표현들, 가령 "Entwicklung, mehr oder weiniger entwickelt(발전, 어느 정도 발전됨)"과 마찬가지로 "구조화된 전체"는 "유기적 전체"와 같이 생물학적 모델 위에서 구상되었다는 것을 보여 준다.

107 *Ibid.*, p.259. 무차별적이고, 개별적 노동의 구체적 자질을 참고하지 않는 "추상적 노동" 개념이 문제가 된다.

1873년 1월 24일로 되어 있는 『자본론』의 독일어 제2판 후기에서, 사유와 실재 사이의 적합성 문제가 변증법의 전복 공식에 따라 해결되고 있다. 그런데 이 공식은 알튀세르주의자들에게는 수용 불가능한 것이다(이 점에서 그들은 틀리지 않았다). "헤겔에게 있어서는, 그가 이념Idée이라는 이름하에서 인격화시키고 있는 사유 운동은 현실 세계의 창조자(데미우르고스)이고, 현실 세계는 사고 운동의 외적 현상에 불과할 뿐이다. 그 반대로 나에게 있어서 사유의 운동은 인간의 뇌 속으로 '옮겨지고' 또 '변형된' 현실적 운동에 대한 성찰 이외의 아무것도 아니다."[108] 그렇다면 이런 전이transfert이나 치환transposition의 인식론적 지위는 무엇인가?

마르크스 자신은 이 후기를 쓰면서 "구조화된 전체"와 "현실적 주체" 사이의 적합성에 대해 알튀세르보다는 훨씬 관심을 적게 가졌다. 알튀세르는 『자본론』의 방법을 해석하고 있는 한 러시아 주석자를 높이 평가하면서 그의 말을 인용하고 있다. "이렇게 해서 마르크스는 단 하나의 사실만을 우려했을 뿐이다. 엄격하게 과학적인 탐구에 의해 사회적 관계들의 결정된 질서의 필요성을 증명하고, 또한 가능한 범위 내에서 그에게 출발점이자 지지점으로 사용된 사실을 확인하는 것이 그것이다. 이를 위해 그가 현행 조직의 필요성과 동시에 이 조직이 불가피하게 통과해야 하는 또 다른 조직의 필요성을 보여 주는 것으로 충분했다. 인류가 그것을 믿든 믿지 않든, 또 이 조직이 그것

---

108   *Ibid.*, p.558.

을 의식하고 있든 아니든 간에 말이다. 그는 사회적 운동을 역사적 현상들의 자연스러운 연쇄로서 고려한다. 이런 연쇄는 인간의 의지, 의식, 의도와 독립적일 뿐만 아니라, 또한 그 반대로 그의 의지, 의식, 의도를 결정하는 법칙들에 복종하는 연쇄이기도 하다. … 비록 의식적인 요소가 문명의 역사에서 부차적인 역할을 수행한다고 해도, 이 문명 자체를 대상으로 하는 비판은 그 어떤 의식의 형태도 또 그 어떤 의식의 사실도 가질 수 없다. 이 비판의 출발점으로 소용될 수 있는 것은 관념이 아니라 단지 외적 현상일 뿐이다. 비판은 하나의 사실을 관념이 아니라 다른 하나의 사실과 비교하고 또 대조시키는 것에 그친다. 다만 비판은 두 사실이 가능한 한 정확하게 관찰되는 것, 그리고 현실 속에서 그 사실들을 서로에 대해 다른 발전의 두 국면을 구성하는 것을 요구할 뿐이다. 게다가 비판이 요구하는 것은 일련의 형상들, 이 현상들이 그 안에서 연속되는 진화의 국면들처럼 나타나는 질서가 마찬가지의 엄격함으로 연구될 것을 요구한다."[109] 사회구성체들의 특수성, 사회적 유기체들과 살아 있는 유기체들 사이의 비교, 그리고 단 하나의 동일한 현상이… 소속된 사회적 조직체에 따라 다른 법칙들에 복종한다는 주장이 이어진다. 인구에 대한 법칙은 모든 시대와 모든 장소에서 동일하지 않다. 그리고 마지막으로 알튀세르는 다음과 같은 결론을 내리고 있다. "어떤 하나의 연구가 갖는 특별한 과학적 가치는 주어진 하나의 사회적 유기체의 탄생, 삶, 죽음, 또 다른 우월한 유기

---

109   *Ibid.*, pp.556-567.

체로의 대체를 관장하는 것을 밝히는 것이다. 마르크스의 저작은 정확히 이런 가치를 가지고 있다."[110]

물론 마르크스는 자신이 하고 있던 연구를 이해하지 못했을 수도 있고, 또 한 세기 후에 윌름가[111]의 세미나를 통해 밝혀진 과학적 혁명을 몰랐을 수도 있다. 우리가 방금 인용한 구절 역시 그 당시의 역사적 상황 속에 다시 위치시켜야 한다. 1874년, 철학자들은 실증주의, 과학주의, 진화주의를 요구했다. 마르크스는 그 시기의 유행에 일치했던 해석을 반겼다. 마치 오늘날 모든 연구자가 자신의 사유가 구조주의적이라고 불리는 것을 반기는 것처럼 말이다. 게다가 이런 해석은 마르크스의 '정치적 기획', 사회구성체의 삶과 죽음의 증명, 특히 자본주의의 삶과 죽음을 강조하고 있다.

어떤 의미에서 결코 그 비밀을 내어놓지 않을, 또 다른 의미에서 비밀을 포함하고 있지 않은 이 성스러운 텍스트를 일단 제쳐 두자. 우리는 결코 마르크스 자신이 어떻게 "사유된 전체"의 "현실적 주체" 대한 정합성을 해석하는지 결코 알 수 없을 것이다. 하지만 우리는 『서설』이 무엇을 지향하고 있는지, 또 이 『서설』이 어떤 방법을 정당화하고 있는지에 대해서는 아주 잘 알고 있다. 『자본론』보다는 『정치경제학 비판 요강』[112]이라는 제목이 붙은 1857-1858년 수고를 (다시) 읽

---

110   *Ibid.*, p.557.
111   윌름가(rue d'Ulm): 고등사범학교가 있는 파리의 거리 이름으로, 보통 고등사범학교를 가리킨다.
112   『서설』이 『정치경제학 비판 요강』보다 앞설 것이다. 『서설』에는 이 비판의 토대의 방법이 아주 정확하게 드러나 있다.

는 것으로 충분하다. 마르크스가 제기하고 해결했다고 생각한 문제는 다음과 같은 말로 요약된다. 각각의 사회구성체의 특수성, 자본과 그 법칙의 역사적(그리고 영원하지 않은) 특징을 밝히기 위해 영국 정치경제학의 개념들, 특히 리카도의 개념을 이용한다는 것을 의미한다.

자본주의에 대한 추상적 이론에서 역사적 이론으로의 이행은 1857-1858년 수고[113]에 뚜렷이 나타난다. 화폐를 다루고 있는 첫 번째 장에서는 부르주아 사회, 그리고 그 부르주아 사회의 본질과 환상이 다뤄지고 있고, 두 번째 장에서는 자본이 다뤄지고 있다. 부르주아 경제학자는 화폐의 이론과 혼동되는 교환의 이론에 사로잡혀 있다. 마르크스주의자는 자본의 기능과 동시에 자본주의의 역사성과 착취의 근원을 이해한다.

교환주의 사회는 자유와 평등 위에 세워진다. "교환의 내용은 전적으로 그 경제적 목적과 낯설다. 그렇지만 교환은 개인들의 평등을 위험하게 하기는커녕 그들의 자연적 다양성을 그들의 사회적 평등의 기초로 삼는다. 만일 A가 B와 동일한 욕구를 갖는다면, 만일 A의 노동이 B와 동일한 목표를 갖는다면, 그들을 서로 연결시킬 이유가 없다. 생산의 관점에서 보면 그들은 다른 개인들이 아니다. … 따라서 이런 자연적 다양성은 교환에서 그리고 그들의 생산관계 전체에서 보면 그들의 '사회적 평등'의 선결 조건이다."[114] 자유주의자들의 이상적

113   바로 위에서 언급된 『정치경제학 비판 요강』의 수고를 가리킨다.
114   *Fondements de la critique de l'économie politique*, Paris, 1967, t, p.188. 또한 독일어판 (Dietz, Berlin, 1953)을 참고하기 바란다. 이 독일어판의 쪽수는 괄호 안에 넣는다(p.154).

인 유형인 이런 교환주의 사회에 대한 설명은 헤겔적인 언어로 이루어진다. "두 명의 개인은 다음과 같은 의식을 갖는다. 1. 각자는 다른 사람에게 수단으로 봉사하면서만 그의 목표에 도달할 뿐이다. 2. 각자는 이해관계를 가진 목적이면서(자기를 위한 존재) 다른 사람의 수단일 뿐이다(타자를 위한 존재). 3. 각자는 차례로 수단이고 목표이다. 그리고 사람은 다른 사람의 수단이 되면서만 자신의 목표에 도달할 뿐이다. 따라서 각자는 자신의 고유한 목적이 되기 위해 스스로를 수단으로 삼는다. 각자는 자신의 존재를 다른 사람을 위해 정립함과 동시에 자기를 위해 정립한다. 다른 사람은 자신을 위한 존재이자 동시에 타자를 위한 존재이다."[115] 헤겔의 개념에 의하면, 필요의 체계와 마르크스의 용어 교환 체계는 모두 사람의 자유와 평등 위에 세워진다. "경제적 형태 ―교환― 에는 절대적으로 주체들의 평등이 함축되어 있다. 반면, 교환을 낳는 개인들과 대상들의 내용과 재료에는 '자유'가 함축되어 있다. 평등과 자유는 가치 위에 이루어진 교환에서 존중될 뿐만 아니라, 또한 가치의 교환은 모든 '자유'와 '평등'의 생산적이고 실제적인 기초이기도 하다. 순수한 이념의 자격으로 자유와 평등은 관념화된 표현들일 뿐이다. 자유와 평등이 법적, 정치적, 사회적 관계 속에서 전개될 때, 그것들은 다른 가능성과 더불어 그 관계의 기초이다."[116]

---

115   *Ibid.*, pp.189-190(p.155). '욕구의 체계'를 헤겔의 분석과 비교할 수 있다. 『철학백과(*Encyclopédie*)』 (독일어 제목은 "Enzyklopädie"이고, 우리말로 『철학강요』라는 제목으로 번역되기도 했다)의 524절이나 또는 『법철학(*Philosophie du Droit*)』(독일어 제목은 "Grundlinien der Philosophie des Rechts"이다) 190-193항목에서 말이다.

116   *Ibid.*, p.191(p.156).

교환주의 사회에서 볼 수 있는 이런 이상적인 유형은 교환의 공화국 또는 자유주의적 체제의 이상형으로 변화될 수 있을 것이다. 마르크스가 보기에 부르주아 경제학자들은 이런 변신을 위한 준비가 되어 있거나 또는 이런 변신을 위해 노력한다. "평등과 자유의 실현이 불평등과 전제주의를 야기한다."[117] 관심의 대상이 되든 그렇지 않든 이 모든 실수는 하나의 공통의 기원을 가린다. 각각의 체제, 특히 자본주의가 가진 역사적으로 독특한 특징에 대한 오인이 그것이다. 경제학자들은 모든 곳에서 교환의 자유와 평등을 되찾고, 자본과 이윤을 가치의 교환에 환원시키기를 원한다. 요컨대 그들은 사회구성체 하나하나가 구성하는 "유기적 총체성"을 분해한다. 그러면서 그들은 이 모든 사회구성체를 간단한 동일한 범주들의 도움으로 설명한다.

부르주아적(또는 자유주의적) 경제와 마르크스적 경제 사이의 단절, 정치경제학과 그에 대한 비판 사이의 단절이 자본의 탄생과 더불어 그 고유한 개념과 특수한 기능 속에 개입한다. 알튀세르처럼 말하자면 이처럼 큰 변화를 낳는 발견이 다음과 같은 하나의 간단한 공식으로 표현된다. 자본과 노동 사이의 교환은 상품들 사이의 교환 또는 상품들과 화폐 사이의 교환과 같은 단순한 교환과 '질적으로, 본질적으로' 다르다는 공식이 그것이다. 결정적인 구절을 읽어 보자. "'노동'은 사용가치인데, 이 사용가치는 그것의 교환가치인 자본에 대응한다. 자본은 서로 교환되거나 또는 이런 결정 속에서 비자본과의 관계,

---

117   *Ibid.*, p.195(p.160).

단독으로 스스로를 자본으로 확인하는 것과 관련해 자본의 부정과의 관계일 뿐이다. 진정한 비자본은 노동일 뿐이다. 만일 우리가 자본과 노동 사이의 교환을 고려한다면, 우리는 이 교환이 단순히 형식적인 것이 아니라 질적으로 다르고, 나아가 반대되는 두 과정으로 분리된다고 말할 수 있다.

　　1. 노동자는 그의 상품, 즉 모든 다른 상품처럼 가격을 매길 수 있는 사용가치인 노동을 교환가치의 결정된 총액, 즉 자본이 그에게 양보하는 화폐의 결정된 총액과 교환한다.

　　2. 자본은 교환으로 노동, 즉 가치화 활동activité de valorisation이자 생산적인 노동을 받는다. 달리 말하자면 자본은 교환으로 생산력을 받는데, 이 생산력은 자본을 보존하고 증가시킨다. 그러면서 이 노동은 생산적이고 재생산적인 힘, 즉 자본 그 자체의 힘이 된다."

　　내가 보기에는 이 구절에서 부르주아적 과학에 대한 마르크스적 비판의 논리적이고 동시에 심리적인 기원이 드러나고 있는 것 같다. 부르주아적 과학은 모든 경제를 교환과 보편적 범주에 비춰 보면서 사유한다. 부르주아적 과학은 교환에서 모든 다른 교환과 '질적으로' 차별화되는 교환, 즉 자본과 노동 사이의 교환이 있다는 사실을 보지 못한다. 형식적으로 이 교환은 다음과 같이 구분되는 두 과정으로 분해된다. 노동은 사용가치(노동력)를 화폐(교환가치의 보편적 표상)와 교환한다. 반면, 자본은 시간적으로 첫 번째 과정과 구분되는 하나의 과정에서 가치화 활동으로 정의된다. 화폐, 즉 노동력과 교환되는 사용가치는 사회적 관계와 동시에 하나의 상품을 구성한다. 노동력의 사용은 그 자체 내에서 단순한 교환을 목표로 삼지 않는 교환의 최후 목표를 표상한다. 위의 두 과정 중 첫 번째 과정은 화폐(임금)에 대한 노동의 판매는 교환의 통상적인 영역, 단순한 순환으로부터 도출되지 않는다는 것을 보여 준다. 자본가에 의한 노동력의 확보는 질적으로 단순한 교환과 차별화된다. 두 번째 과정은 있는 그대로의 자본, 즉 '물질적이거나 기술적이 아니라 사회적으로 정의되는 자본'을 특징짓는다는 것을 보여 준다. 자본은 이윤, 또는 이런 표현이 좋다면, 잉여가치를 위한 노동의 사용이다. 정치경제학에 대한 비판으로서의 마르크스주의 경제의 토대는 자본-노동의 교환이 갖는 특수한 성격에 대한 확언 속에 있다. 그 나머지 모든 것, 가령 착취, 잉여가치, 자본주의 법칙의 역사성 등은 그로부터 연역된다.

　　노동-자본의 교환이 분석되는 위의 두 과정이 일단 분리되고 나면, 첫 번째 과정, 즉 노동의 교환 —화폐에 대한 사용가치— 곧 교환가치는 공통의 법칙에 따른다. "상품의 교환가치는 구입자의 사용에 의해 결정되는 것이 아니라 이 상품 안에서 물질화된 노동의 양에 의해 결정된다. 다시 말해 여기에서는 노동자를 산출하기 위해 필요한 노동의 양에 의해 결정된다."[118] 하지만 "한 노동자의 생산"과 하나의 "상품"의 생산을 동일시할 수 있을까? 그런데 이런 동일시는 마르크스 자신에 의해 사유된 것과 같은 마르크스주의 이론에서는 불가피하다.

---

[118]　　*Ibid.*, p.232(pp.193-194).

그와 동시에 자본주의 경제에서 외관과 실재 사이에 모호한 관계가 처음으로 개입한다. 노동자는 자본가와 '외관적으로는' 동등하다. 왜냐하면 모든 교환에서처럼 노동자는 그가 제공한 것과 같은 것을 받기 때문이다. 하지만 이런 동등성은 이미 깨진 것이다. 왜냐하면 이런 동등성에는 노동자와 자본가 사이의 관계가 전제되기 때문이다. "다시 말해 교환가치와는 특별히 다르고, 그런 것으로서 가치에 대립되는 사용가치"가 전제되고 있기 때문이다. "이런 외관은 노동자의 편에서, 그리고 어떤 면에서는 다른 쪽에서도[119] '환상'으로 존재한다."[120] 이런 외관, 어떤 의미에서 환상은 다른 의미에서는 현실이다. 교환의 첫 번째 과정은 노동자의 욕구 충족을 목적으로 삼는다. 노동자는 임금에 그의 몸의 유지와 그의 사회적 욕구의 충족에 필요한 생존 수단을 요구한다. 그는 이 임금에서 교환가치도 부도 요구하지 않는다. 하지만 위의 두 과정이 갖는 이런 근본적인 이질성은 노동자에 의해서도 자본가에 의해서도 의식되지 못한다. 그런데 노동의 가치가 자본주의 법칙에 따라 노동자를 생산하는 데 필요한 노동의 양에 의해 정당하게 측정된다면 이런 이질성은 사라지게 된다.

"따라서 자본가와 더불어 교환 과정에서 실현되는 노동의 가격은 미리 고정되고 결정된다. 그리고 관념적으로 정해진 어떤 다른 가격과 마찬가지로 노동의 가격은, 그것이 실현될 때의 형태 변화를 따

---

119   자본가를 가리킨다.
120   *Ibid.*, p.233(p.195).

를 뿐이다. 노동자에게 있어서 노동은 교환가치일 뿐인데, 이것은 노동이 그 자체로 '교환가치'여서이지 이 교환가치를 생산해서가 아니다. 자본가에게 있어서 노동은 사용가치를 갖는 한에서 교환가치를 갖는다. 따라서 노동자에게 있어서 그의 사용가치는 교환가치와 구분되지 않는다. 이것은 자본에서 발생하는 것과는 반대된다."[121]

위의 구절에서 노동-자본 교환의 '사회적' 특수성이 뚜렷하게 나타난다. 특히 마르크스가 이 글을 썼던 시기의 자본주의 체제에서 이루어지는 것과 같은 교환은, 자신의 노동력 외에 아무것도 가지고 있지 않은 노동자와 자신의 기능을 수행하기 위해 자본-화폐를 축적한 자본가를 정면으로 충돌하게 한다. 자본가는 이윤을 창출할 의도로 노동자에게 임금을 지불한다. 달리 말하자면 이는 자본 그 자체의 가치화를 위해서이다.

이런 근본적인 분석을 통해 『서설』의 여러 주제에 대한 해석이 가능해진다. 하나의 사회, 인구, 생산에 대한 단순한 기술은 본질을 놓치게 할 것이다. 계급들의 구조, 각 계급 형성의 특징 등을 말이다. 가치, 노동과 같은 추상적인 범주에 대한 호소는 생산양식의 "유기적 총체성"을 포착하게 해 준다. 거기에는 중간적이고 결정적인 단계를 놓치지 않는다는 조건이 따른다. '교환 법칙', 즉 노동과 자본의 교환 법칙에 '부합함과 동시에 반대되는 "대립적인" 교환에 대한 인정'이 그것이다. 이런 교환은 자본주의 체제에서 생산의 우위를 설명해 주는

---

121   *Ibid.*, p.254(p.214).

교환이다.[122] 그도 그럴 것이 생산은 자연과 잉여가치의 전유로서만 그렇게 정의될 뿐이기 때문이다. "문명의 모든 발전, 다시 말해 모든 '사회적 생산력'의 증가, 또는 다르게 말한다면 노동 자체의 생산력의 증가는 노동자가 아니라 자본가를 풍요롭게 한다. 그리고 이것은 과학, 발견, 노동의 분화와 결합, 커뮤니케이션 수단의 개선, 세계 시장의 작동이나 기계의 사용 등과 같은 결과이다. 이 모든 것은 유일하게 자본의 생산력을 증가시켰을 뿐이다. 자본이 노동과 반대되는 입장에 있기 때문에 이 모든 것은 노동에 대한 자본의 '지배'를 강화시켰을 뿐이다."[123]

『자본론』에서 다시 발견되는 『그룬트리세』에 대한 분석은 더 엄밀하게 다듬어졌는데, 마르크스의 사유를 정립할 당시의 상태와 그 창조적인 자발성을 보여 준다. 이 분석은 『서설』의 그 유명한 생각[124]을 설명해 주고 또 확언해 준다. 그렇다면 문제가 되는 것은 여러 범주의 역사성과 이 범주들이 역사와 맺는 관계인가? 다음 구절을 보자.[125] "우리의 설명Darstellung 중에 다음과 같은 사실이 드러났다. 화폐가 정해지자gesetzt 곧장 하나의 추상으로 나타난 가치는 추상으로서만 가능할 뿐이라는 것이다. 하지만 다른 한편, 자본으로 이어지는 이런 화

---

122   『서설』에서 거론되고 있는 생산과 소비의 변증법적 통일은 이 텍스트에서 여러 차례 나타난다. 예컨대 t. II, p.379(p.717)를 보라.
123   *Fondements*, t. I, p.256(p.215).
124   헤겔에게는 이념(Idée)이 우선이나, 마르크스에게는 물질이 정신보다 우선이라는 생각인 것으로 보인다.
125   *Fondements*, t. II, p.309. 독일어 텍스트(p.309)에 더 충실했다.

폐의 순환은 자본의 토대 위에서만 완전히 전개될 수 있을 뿐이다. 이와 마찬가지로 화폐의 순환은 자본의 토대 위에서만 생산의 모든 계기를 장악ergreifen할 수 있을 것이다. 그에 이어 진화Entwickubg에서 하나의 결정된 역사적 시기에 속하는 자본처럼 구성체들의 역사적 특징이 드러난다. 그뿐만 아니라 또한 가치와 마찬가지로 순전히 추상적으로 나타나는 몇몇 결정Bestimmungen은 추상적인 이 결정의 역사적 근거를 보여 준다. 그런데 이 결정들은 단지 이 역사적 근거 위에서만 그 추상 속에서 나타날 수 있을 뿐이다. 그리고 어느 정도 모든 시대에 속하는 이런 결정들은 그것들이 겪게 되는 변화를 보여 준다. 가치라는 경제 개념은 고대인에게서는 찾아볼 수 없다. '가격pretium'과는 달리 가치는 손해lésion와 반대되게 사법적 의미에서만 존재했을 뿐이다. 가치 개념은 온전히 근대 경제에 속한다. 왜냐하면 가치는 자본 자체와 이 자본에 근거한 생산의 가장 추상적인 표현이기 때문이다. 가치 개념 속에서 그 (자본의) 비밀이 스스로를 배반한다."

이 부분은 『서설』 전체의 내용을 다시 보여 주고 설명해 준다. 범주들과 현실 사이의 관계, 가장 추상적인 것들이 뒤늦게야 나타날 뿐인 범주들의 역사성, 주어진 어떤 시기에 나타나는 어떤 범주(자본)의 우위, 각개의 체계가 갖는 복잡한 통일성 등이 그것이다. 마르크스가 『서설』에서 "유기적 총체성"이란 말을 통해 의미하고자 하는 것은 바로 통시적 분석과 공시적 분석이 어떻게 결합되는가이다. 이것은 『그룬트리세』에서 완벽하게 설명되어 있다. 공시적 분석은 완성된 체계에 관련된다. "완성된 부르주아 사회에서 이 사회의 각각의 경제적 관계는 부르주아적이고 경제적인 형태하에서 또 다른 하나의 관계를 전제한다. 하나의 관계는 다른 관계를 조건 짓고, 이것은 모든 유기적 체계에서와 같다. 이 유기적 체계 자체는 그 총체, 그 고유한 전제들, 그 전체적인 전개 속에 다음과 같은 사실을 함축하고 있다. 즉 이 유기적 체계가 사회의 모든 구성 요소를 복종시키거나 또는 그 자체로부터 출발해서 이 체계에 여전히 부족한 기관을 만들어 낸다는 사실이 그것이다. 이렇게 해서 이 유기적 체계는 역사적으로 하나의 총체성이 된다. 이런 총체성을 향한 생성은 그 과정, 그 발전의 한 요소를 구성한다."[126]

　　이 구절은 새로운 생산관계가 형성된 여러 상황에 대한 완전히 역사적인 분석으로 이어진다. 자본주의적 총체성은 덜 발전된 관계들로부터 출발해서 점진적으로 구성되며, 결코 이 전체성 자체 위에 근거하지 않는다. 여러 모순에 의해 찢긴 이 총체성은 그 자체를 뛰어넘는 경향이 있다. 마르크스의 칭찬과 더불어 또다시 인용된 한 비판가가 지적하고 있는 것처럼, 체계의 기능에 대한 분석을 통해 이 체계가 가진 모순과 동시에 불가피한 변화가 밝혀지고 있다. 게다가 마르크스 자신이 영국의 경우를 예로 들고 있기는 하지만, 그 어떤 체계도 순수한 상태 그대로 제시되지 않는다. 각각의 구체적이고 역사적인 체계는 다소간 발전된 범주들을 포함하고 있다. 노예제, 농노제와 같은 공통의 유사한 사회구성체들이 현실성을 띠고, 시대에 따라 완전히

126　　*Fondements*, t. I, p.226(p.189).

다른 기능을 하게 된다. 고대 노예제가 미국 남부 지역의 노예제와 차이점을 가지는 것과 마찬가지로,[127] 토지에 대한 공동 또는 사적 소유권의 다양한 양상은 서로 섞이지 않는다. 마르크스는 정확히 다음과 같이 생각하고 있다. 하나의 경제적 관계 또는 하나의 경제적 제도가 역사적 상황 속에서 다시 포착되고 유기적 총체성 속에 포함될 경우, 그것들이 정확히 해석될 수는 없을 것이라고 말이다.

마르크스가 『정치경제학 비판을 위하여』의 서문에서 열거하고 있는 생산양식, 가령 노예제, 농노제, 임금제, 아시아적 생산양식 등은 폐쇄된 총체성들과 세계사에서 분리된 시대들을 구성하지 못했고 또 구성할 수도 없었다. 각각의 생산양식은 잉여가치의 선취라는 특별한 형태로 정의된다. 하지만 마르크스는 자신의 역사적 또는 이론적 연구에서 이런 구분을 오직 개념적 도구로만 이용했을 뿐이고, 그것도 그것들의 복잡성과 모순 속에서 구체적으로 실현된 체계를 포착하기 위함이었다. 만일 내가 그것들을 비판하면서 알튀세르주의자들을 모방하는 것을 겁내지 않는다면, 나는 이렇게 말할 것이다. 마르크스주의적 개념들은 "구체적 전체tout concret"를 재구성하기 위한 이상적인 유형들(또는 모델들)에 소용된다고 말이다. 이것은 이 구체적 전체가 하나의 형태적 구조가 아니라 태어나고 성장하고 죽는 하나의 체계의 이상적인 상태, 곧 그 자체의 항구적인 운동에 의해 규정되는 하나의

---

127 *Histoire des Doctrines économiques*, éd. Molitor, t. IV, pp.134~135. 이와 마찬가지로 『요강(*Fondements*)』(t. I, p.435 이하)에서 같은 내용을 읽을 수 있는데, 거기에서 마르크스는 생산양식의 역사적 변화의 다양한 양상을 소묘하고 있다.

체계의 휴식 상태이기 때문이다.

『그룬트리세』[128]와 『자본론』의 관계는 프루스트의 『장 상퇴유 Jean Santeuil』[129]와 『잃어버린 시간을 찾아서A la recherche du temps perdu』의 관계와 같다. 주제들, 지도指導이념들, 영감 등이 그 자체로 해설자에게 제공되고 있다. 이것은 마르크스의 경우에는 이론의 엄밀한 정립에 이르지 못했고, 또 프루스트의 경우에는 예술적 조화의 완벽함에 이르지 못했다는 단순한 사실로 인해서이다.

과학적 정치경제학에 대한 비판은 『자본론』에서보다 『그룬트리세』에서 이미 도덕적이거나 실존적인 영감을 더 뚜렷하게 받고 있다. 자본주의 체제 내부에서 부富는 외관상 그 자체로 목적이 되고, 또 그로 인해 부르주아 사회는 인류의 과거의 여러 시대에 대한 향수를 불러일으키게 된다. "발전의 앞선 시기에 개인은 훨씬 더 큰 충만을 향유했다. 왜냐하면 정확히 그의 물질적 조건의 충만성이 아직 드러나지 않았기 때문이다. 그에게 자기 자신과는 독립되어 이처럼 많은 사회적 힘과 관계에 맞서게 하면서도 말이다. 이런 과거의 충만성을 갈망하는 것과 마찬가지로 오늘날 이런 충만성의 총체적인 빈곤성을 유지하고자 하는 것 역시 우스꽝스러운 일이다. 그 어떤 부르주아적

---

128   이런 비교는 부분적으로만 옳을 뿐이다. 『요강』에서는 『자본론』의 3권의 재료들이 포함되어 있는데, 마르크스는 『요강』을 쓸 때 『자본론』의 제1권을 마쳤을 뿐이었다. 그럼에도 마르크스는 『자본론』에서 『요강』의 몇몇 요소들을 이용하지 않았다. 마지막으로 『요강』의 형식은 창작에 훨씬 더 가까운데, 내가 보기에는 종종 훨씬 더 만족스러워 보인다. 어쨌든 덜 따분한 것으로 보인다.

129   1895년, 프루스트는 19세기 말 파리에 사는 젊은이에 대한 소설을 집필하기 시작한다. 『잃어버린 시간을 찾아서』의 초안으로 평가받는 『장 상퇴유』는 완성된 작품이 아니다.

구상도 낭만적 향수에 대한 대립을 극복할 수 없었다. 따라서 이런 향수는 정당화된 대립의 자격으로 부르주아지 자체의 다행스러운 종말까지 이 부르주아지를 동반하게 될 것이다."[130] 그리고 조금 뒤에서 이렇게 말하고 있다.[131] "교환가치와 화폐적 관계의 발전은 매관과 일반적인 부패와 일치한다. … 셰익스피어는 돈의 문제를 불평등의 평등이 제기하는 문제로 기가 막히게 묘사했다." 또 다른 기회에 마르크스는 불현듯 이렇게 생각한다. "고대 사람들은 부富에서 가장 생산적이거나 또는 가장 비옥한 것으로 토지 소유권 등의 형태가 어떤 것인지를 탐구하는 데 전혀 관심을 갖지 않았다. 카토[132]는 이익을 가장 많이 창출하기 위해 땅을 개간하는 방법에 대해 자문할 수 있었고, 또 브루투스[133]가 가장 높은 이자율을 받고 돈을 빌려줄 수 있기는 했지만, 부富가 생산의 목표로서 나타나지 않았다. 탐구는 항상 가장 훌륭한 시민을 양성하는 데 가장 좋은 소유의 방식에 대해서만 이루어졌다. 이렇듯 인간 자체를(그의 민족적, 종교적, 정치적 토대가 아무리 보잘 것 없다고 해도) 생산의 목적으로 삼는다는 고대의 생각은 얼마나 숭고한가! 인간의

---

130   *Fondements*, t. I, p.99 80).
131   *Ibid.*, p.100(p.81).
132   마르쿠스 포르키우스 카토[Marcus Porcius Cato Uticensis, Caton le jeune(불), Cato the Younger(영): B.C.95- B.C.46]: 소(小)카토라고 불리는데, 이는 같은 이름을 가진 대(大)카토의 증손자이기 때문이다. 로마 공화정 말기의 정치인으로 율리우스 카이사르와 대적하여 로마 공화정을 수호한 것으로 유명하며, 스토아 학파의 철학자이기도 하였다. 그는 당시 부패가 만연한 로마의 정치 상황에서 청렴결백함의 상징적 인물로 유명했다.
133   마르쿠스 유니우스 브루투스 또는 퀸투스 세르빌리우스 카이피오 브루투스(Marcus Junius Brutus, Quintus Servilius Caepio Brutus: B.C.85-B.C.42): 로마 공화정 말기의 정치인으로, 율리우스 카이사르의 암살자 중 중요한 역할을 맡은 사람으로 더 잘 알려져 있다.

목적이 생산이고, 부가 이 생산의 목적인 근대 사회에 비교해 볼 때 말이다."[134]

알튀세르주의자들의 반대되는 단언에도 불구하고 마르크스는 이런 인간주의를 결코 포기한 적이 없다.[135] 그 반대로 마르크스가 『자본론』에서 화폐나 생산 숭배에 더 이상 기대는 것이 아니라 용어의 두 가지 의미에서 자본주의 경제에 기대는 비판에 과학적 형태를 부여하고자 했다는 것은 여전히 사실이다. 즉 자본주의 그 자체와 경제학자들이 거기에 부여하는 해석이라는 두 가지 의미가 그것이다. '그런데 인간주의적 비판과 과학적 비판의 결합은 잉여가치 개념 속에서 이루어진다.' 우리는 균등한 법칙을 부인함과 동시에 확인하는 하나의 교환, 단 하나의 교환이 존재한다는 사실을 살펴보았다. 노동과 자본의 교환은 두 과정에서 분리되고, 임금에 대한 노동력의 판매는 가치의 법칙에 따라 이루어지며, 자본가에 의한 노동력의 사용은 가치를 창조한다. 이 두 과정의 분리는 임금 속에 구현된 가치와 임금을 받은 자의 노동에 의해 창조된 가치 사이의 불균등을 설명해 준다.

인간주의적 비판가인 마르크스는 노동이 상품으로 전락되는 것에 분개한다. 과학적 국면이 진행되는 동안 자본주의가 정확히 노동을 하나의 상품으로 취급한다는 이유로 죽음을 선고받았다는 것에 그는 감탄한다. 게다가 그는 시장의 법칙에 들어맞는 하나의 교환이

---

134   *Ibid.*, p.449-450(p.387).
135   알튀세르에 의해 확립된 마르크스 사유의 시기 부분에 따르면 1857-1858년에 마르크스는 이미 과학적 시기에 접어들었다는 것을 상기하자.

과학적 문제(이윤, 이자, 금리의 공통된 기원의 발견)의 해결과 동시에 '과학의 이름으로' 자본주의 체제의 내재적이고 환원 불가능한 불의에 대한 격렬한 비난을 가능케 한다는 사실에도 역시 감탄한다.

하지만 나는 이렇게 말하고 싶어진다. 즉 너무 아름다워 진리일 수 없다고 말이다. 하지만 마르크스는 너무 아름다워 이 매혹적이고 순수한 세계에서 결코 빠져나올 수 없었다. 각 세대마다 이런 매혹에 빠지도록 스스로를 방임하는 훌륭한 정신을 가진 몇몇 사람이 있다.

IV. 『자본론』

역사적 변증법 위에 기초한 자본주의적 생산양식에 대한 이론은, 마르크스의 마르크스주의뿐만 아니라 혁명적 혹은 개혁주의적인 추종자들에 이르기까지 그들 모두의 마르크스주의의 본질을 구성한다. 마르크스주의는 자본주의에 대한 이론으로서만 과학적 위엄을 주장할 뿐이다. 모든 사회구성체에 대한 이론으로서의 마르크스주의는 탐구의 프로그램, 호기심의 방향, 지도적인 이념, 헤아릴 수 없이 많은 직관이나 암시 등을 제공해 준다.

알튀세르는 철학적이거나 이데올로기적인 마르크스주의가 아니라 과학적인 마르크스주의를 탐사한다는 논리로 마르크스의 청년 시절의 저작을 성숙한 시기의 저작, 특히 『자본론』에 종속시킨다. 결국 마르크스는 자신의 철학적 회의를 극복했고, 1845년부터 청년 헤겔의 용어를 제거했으며, 30년 동안 『자본론』을 연구했다(1844년의 『수고』[136]에는 단 몇 주를 할애했을 뿐이다). 불행하게도 알튀세르는 자신이 비판한 자들을 생각보다 더 많이 닮았다. 알튀세르는 『자본론』의 내용에 대해서는 그들보다 결코 더 많은 관심을 가지지 않았으며, 이 책에서 '인식론적 절단', 새로운 장場에 대한 정의, 역사과학의 시작을 찾는다. 요컨대 알튀세르는 『자본론』 전체에 대해서보다는 『서설』에 더많은 주의를 기울인다. 파리에서 활동하는 철학자들은 마르크스의 저작보다 초안草案을 더 선호하며, 초고草稿를 좋아한다. 그 이유는 이 초고가 분명하지 않기 때문이다.

사실 우리는 알튀세르의 저작들을 읽으면서 『자본론』이 정치경제학 개론이길 원한다는 것을 겨우 생각할 뿐이다. 단지 P. 비고[137]만이 소외에 대한 이데올로기가 만개하는 시대에 『자본론』의 분석들이 있는 그대로의 경제학에 속하지 않는다는 사실을 암시했을 뿐이다.[138] 알튀세르는 실제로 다음과 같은 두 개의 관념만을 강조할 뿐이다. 바슐라르가 부여한 의미에서 '인식론적 절단'의 예로서의 잉여가

136　『경제학-철학 수고』를 가리킨다.

137　피에르 비고(Pierre Bigo, 1906-1997): 프랑스의 사회사상가 및 종교사상가이다.

138　Pierre Bigo, *Marxisme et Humanisme*, Paris, 1952. 예컨대 다음 구절을 보라. "마르크스에게서 가치에 대한 분석은 하나의 본질에 대한 개념적 분석이 아니다. 이 분석은 변증법적 발전 중에 있는 상황, 상품 경제 속에서 인간의 상황에 대한 실존적 분석이다." 또 p.142를 보라. "따라서 마르크스는 인간을 절대 속에 놓는 것을 피할 수 없었다. 초월이라는 관념이 그의 모든 주장의 기저에 놓여 있다." 또는 마지막으로 p.248를 보라. "이 용어를 일반적으로 이해하는 의미에서 마르크스는 경제학자가 아니다. 그는 정치경제학에 아무것도 기여하지 않았다. 우리는 그에게서 하나의 화폐 이론도 경제 순환 이론도 발견하지 못한다. 우연히 그가 이런 주제들에 대한 고려에 간접적으로 도달할 때, 그는 기이하게 모호하고 모순적인 말을 한다. 그가 '통속적'인 경제에 남겨 둔 것은 바로 거기, 즉 '외관'의 영역이다."

치 개념과, 표현의 통일성[139](하나의 관념의 실현)도 아니고 인과적 통일성(총체는 하나의 결정적인 원인의 기계적 효과이기 때문에)도 아닌 '구조화된 총체성' 개념이 그것이다. 후자는 표현의 통일성도 아니고 인과적 통일성도 아니다. 알튀세르는 경제를 다룬 한 권의 책에 대한 경제적 해석을 갱신하지 않는다. 알튀세르의 주장에 따르면 바슐라르는 이 책이 사람들에 의해 잘못 해석되었다는 것을 증명하고자 한다. 왜냐하면 사람들이 이 책에 함축되어 있는 인식론을 오인했기 때문이라는 것이다. 마르크스와 엥겔스는 『자본론』의 출간 한 세기 후에 바슐라르를 읽었던 철학 교수시험 합격자[140]에게 드러난 것과 같은 자신들의 참된 영감을 때때로 저버렸을 것이다.

잉여가치 개념에 대한 이런 (재)발견의 이데올로기적-정치적 기능은 첫눈에 바로 드러난다. 동유럽의 많은 경제학자를 포함해 오늘날의 경제학자들에게는 두 개의 제도(또는 이를 테면, 두 개의 생산양식)는 다양한 공통된 특징을 가지고 있고, 동일한 분석 도구를 가지고 있다. 이것은 생산도구들의 개인적 또는 집단적 소유권이 사실상 그리고 이론상 유럽의 양쪽 체제를 차별화하는 순수하게 경제적인 결과를 낳기 때문이 아니라, 그와 반대로 생산수단(기계류와 방법)이 서로 닮아가는 경향이 있기 때문이다. 물론 소비에트주의자들은 기업에서의 어느 정도의 자율성, 시장에서의 기업들과 고객들 사이의 직접적인 관

---

139   알튀세르는 헤겔적 총체성은 "표현의 총체성"이라고 주장한다. 『현상학』에 대한 어떤 읽기도 이런 교과서적인 해석을 반대하기에 충분하다.
140   알튀세르를 가리킨다.

계, 게다가 공급과 수요 관계에 의해 변동되는 가격 등을 점차적으로 인정하고 있기는 하다. 물론 두 개의 생산양식의 결합을 들먹이거나 예고하는 것은 섣부르고 또 장기적으로 보면 부정확하기는 하다. 하지만 관찰자들은 이 두 생산양식을 선과 악처럼, 인류가 겪은 두 시대[141]처럼 과격하게 대립시키는 것을 주저하고 있다. 이 두 생산양식이 해결하고자 하는 문제들은 너무도 닮아서 전前 역사의 종말 시기에 하나의 생산양식이 다른 생산양식으로 전환되지 못할 것이다. 또 다른 표현을 선호한다면, 이렇게 말해 보자. 즉 생산수단(생산력의 발전)과 소유권의 관계에 대한 참고만으로는 1967년에 실현된 두 생산양식 사이의 본질적인 모순을 밝히거나 혁명적 실천을 정당화시키는 데 더 이상 충분한 영향을 미치지 못하고 있는 반면, 1867년, 즉 한 세기 전에는 하나의 생산양식이 여전히 꿈이나 유토피아에 속했었다고 말이다. '잉여가치 개념은 소유권과의 관계에 대한 단순한 분석만으로는 드러낼 수 없는 결정적인 중요성을 부여하게끔 운명 지어져 있는 것으로 보인다.' 숨은 자의 학문만이 있을 뿐이다. 그 어떤 학문도 결코 실천에 옮긴 적이 없던 파리의 철학하는 자들이 반복하는 그런 숨은 자의 학문 말이다. 잉여가치는 개량주의자들이 짓눌리는 "경험적" 환상을 불식시키기 위해 학문이 그림자로부터 구출해야 할 숨겨진 현실이 되고 있다.

이 잉여가치 개념이 『자본론』에서 가치-노동 이론과 임금 이

---

141   전(前) 역사 시대와 역사 시대를 가리킨다.

론 이후에 세 번째 자리에 온 것뿐이라는 사실은 잘 알려져 있다. 대략적으로 하나의 상품의 가치가 이 상품 안에 구현된 사회적 평균 노동의 양에 비례한다고 가정해 보자. 그다음에 노동자의 노동력이 다른 상품과 마찬가지로 이 상품에서 노동력의 가치에 비례해서 지불된다고 가정해 보자. 다시 말해 이 노동자와 그의 가족의 삶에 필요한 상품의 가치에 비례해서 지불된다고 말이다. 마지막으로 노동자가 그의 노동을 통해 그의 임금이 표상하는 것보다 더 많은 가치를 가진 상품들을 생산한다고 가정해 보자. 이때 우리는 노동자의 노동에 의해 생산된 가치와 임금의 가치 사이의 차이를 '잉여가치'라고 부를 것이다. 또한 그의 임금의 가치와 동일한 것을 이미 생산해 낸 노동자가 생산수단의 소유자를 위해 사용한 노동 시간을 '초과 노동'이라고 부를 것이다.

　　『그룬트리세』의 첫 버전에서 제시된 이 이론은 마르크스에게 이중의 만족, 즉 지적이고 정치적(또는 도덕적인)인 만족감을 주었다. 그는 노동력을 노동으로 대체하면서 가치에 대한 리카도의 이론을 수정했다. 마르크스는 자본주의적 생산양식의 한복판에서 착취(이 단어의 두 가지 의미에서) ―이 착취는 자본가들의 잔혹함에 책임이 있는 것이 아니라(비록 그가 이런 잔혹함을 비난하지 않은 것은 아니지만) 생산관계의 본질로 인한 것이다― 를 발견하면서 일석이조의 효과를 거두었다. 마르크스는 그의 시대의 경제학자들에게 과학적 교훈을 주었고, 또한 반항에 대한 과학적 토대를 마련해 준 것이다. 『자본론』에서 자본주의에 대한 과학은 혁명적이 된다. 여기에서도 이 단어의 두 가지의 의미에서 그렇다. '부르주아적 경제에 대한 비판'인 이 과학은 학문을 크게 발전시켰고, 그것도 '자본주의적 생산양식에 대한 비판'으로서 그렇게 했다. 왜냐하면 이 자본주의적 생산양식에는 노동자계급에 대한 착취가 포함되어 있고, 이것에 대한 비판은 그 자체로 혁명이 필요하다는 것을 가르쳐 주기 때문이다. 자본주의가 노동계급에 대한 착취에 의해서만 유지되고 또 유지될 수 있을 뿐이라면, 사람들이 어떻게 혁명적이 되지 않을 수 있겠는가? 역사의 지평선에서 착취가 사라질 수도 있을 다른 체제가 그 모습을 드러낸다는 유일한 조건에서라면 말이다.

　　우리가 요약한 것과 같은 잉여가치 이론은 분명 걸작품의 존재 방식을 보여 준다. 이 이론은 과학의 역사에 속하는 동시에 이데올로기의 역사에 속하기도 한다. 이 이론은 수많은 해석과 논란에 직면할 채비가 되어 있다. 특히 논쟁은 엥겔스에 의해 『자본론』의 제2, 3권이 출간된 이후에 계속되었다. 물론 대다수의 서구 경제학자는 이 논쟁에 더 이상 관심을 가지지 않고 있으며, 또 동유럽 경제학자들의 관심도 줄어드는 것처럼 보이기는 한다. 하지만 이 논쟁은 끝없이 계속될 수 있다. 나는 개인적으로 이 이론에 거의 관심을 가지지 않고 있다. 하지만 잉여가치에서 마르크스주의의 진리를 (재)발견한다고 주장하는 자는 막중한 의무를 지고 있다. 그가 "과학성"을 주장한다면, 그는 이 이론에 대해 여러 차례 제기된 반론에 답을 해야 하는 막중한 임무를 지고 있는 것이다.

　　여기에서는 내 판단에 알튀세르에 대한 결정적이라고 보이는 반론에 [서술 범위를] 국한시키고자 한다. 왜냐하면 이런 반론이 무엇보다도 인식론에 관련되기 때문이다. 가치와 가격 사이에 본질적인 차이가 있는가 아니면 없는가?『자본론』제1권에서 이 질문에 대한 부정적인 답을 초래하는 인용들을 아주 쉽게 모을 수 있다. 가치 이론은 가격 이론처럼 보인다. 다만 가격은 공급과 수요에 따라 가치의 '주위에서' 변동한다는 유보하에서이다. 하지만 가치-노동 이론이 가격 이론에 일치한다고 해도, 많은 이론가 중 파레토는 그것에 대한 과학적 한계를 보여 주었다. 하나의 용어 —가격— 가 여러 변수에 따라 변동될 때, 하나의 변수가 고려된 용어의 변동을 지배한다는 결론을 내리기 위해서는 이 변수를 제외하고 다른 모든 변수를 괄호 안에 넣는 것으로 충분하다.[142] 시장에서 공급과 수요 사이의 관계를 고려하지 않기로, 다양한 노동을 하나의 공통분모로 유도하기로(어떻게?), 생산수단의 영향과 이질적인 생산 구조의 영향 등을 모른다고 해 보자. 그렇게 되면 가격을 결정하기 위해서는 사회적 평균 노동의 양만 남아 있게 될 것이다. 이제 이 이론은 반박 불가능하지만, 우리에게는 가격의 실질적인 변동에 대해서는 아무것도 가르쳐 주지 않게 된다(장기적으로 희소성에 대해 이루어진 추상화인 상품들의 상대적 가격이 각개의 상품이 요구하는 노동량에 의존한다는 사실을 제외하고 말이다).

두 번째 선택 용어를 고려해 보자. 가치는 가격과 본질적으로

---

142   다른 모든 변수를 불변이라고 가정한다는 의미이다. 가령, 수요와 공급의 법칙에 의해 가격이 결정된다고 할 때, 수요와 공급 이외의 다른 요소들은 가격 결정에 영향을 주지 않는다는 점을 가정하는 것이다.

구별될 것이다. 가치는 가격의 "실체substance"[143]를 구성할 것이다. 나는 이 점에 동의한다. 다만 사용가치(마르크스에 의해 전제된, 하지만 그 이후로 괄호 안에 넣어진)와 교환의 조건으로 이루어진 추상화인 경제적 가치라는 개념으로 무엇을 말하는지를 정확하게 기술한다는 조건하에서 그렇다. 이것은 우리가 가치의 개념을 그것이 본질적으로 가격과 차별화될 수 있는 방식으로 정의할 수 있기 때문은 아닐 것이다. 이런 정의는 과학성이 아니라 오히려 형이상학, 사회학, 이데올로기에 속한다. 철학자는 경제적 개념을 가치의 총체에 연결시키고, 사회학자는 경제적 가치를 하나의 집단이 그 자체의 문화적 세계를 구축하는 무의식적 또는 자발적인 일종의 특별한 평가로 환원시키는 권리를 가지고 있다. 마지막으로 이데올로그-도덕주의자는 단지 노동의 작품만이 경제적 가치를 가진다고 설파할 것이다. 그도 그럴 것이 노동은 재화나 서비스의 실체 또는 그 최종 기원이기 때문이다.

　　자본주의에 대한 마르크스주의 이론은 스스로를 도덕적인 것 또는 철학적 비판으로 제공하는 것이 아니라 정치경제학에 대한 '과학적' 비판으로 제공한다는 문제가 남아 있다. 마르크스가 『자본론』 제3권에서 이윤율의 경향적 저하 법칙을 해석하고 있는 것은 바로 잉여가치에 대한 '경제적' 이론과의 함수 속에서이다. 그런데 제1권에서 제3권으로의 이행은, 우리가 과학의 차원(오늘날의 경제학자들이 그것을 이해하는 대로의)에 있게 되자마자 극복할 수 없는 어려움을 드러낸다.

143　　마르크스는 종종 이 개념을 정의하지 않은 채 사용한다.

마르크스의 방식을 검토해 보자. 잉여가치가 가변자본에서 선취되기 때문에, 자본의 유기적 구성은 분야에 따라 달라지기 때문에, 자본주의는 평균 이윤율이 형성되지 않는다면 작동될 수 없을 것이다. 달리 말하자면 이윤은 가변자본이 아니라 총자본에 어느 정도 비례적이어야 한다.[144] 물론 이런 지적은 슘페터에 의해 행해졌다. 이 천재 학자는 항상 보완적인 가정을 늘려 가면서 이론적 도식과 현실을 조화시키게 된다. 이런 조화에 불가피한 가정은 너무 많거나 너무 근본적이어서 과학적 요구가 이론적 도식을 포기할 수 없고, 또 그것을 다른 도식으로 대체할 수도 없게 된다.

현재 가치 이론과 잉여가치 이론 사이에 임금 이론이 끼인 만큼 이런 과정이 더욱 필요 불가결해진다. 슘페터는 임금 이론을 단순한 말장난으로 여긴다. 하나의 상품 생산에 필요한 사회적 평균 노동의 양과 노동자의 노동력을 유지하기(또는 재생산하기) 위해 필요한 상품들의 양 사이에 공동 척도가 존재하지 않는다는 것이다. 게다가 슘페터는 이렇게 덧붙인다. 만일 잉여가치의 비율이 마르크스의 수치의 예시에서 암시된 것처럼 100%에 달한다면, 만일 노동자가 생산수단의 소유자를 위해 그의 시간의 반을 일한다면, 누구라도 노동자를 고용하면서 잉여가치를 축적할 수 있는 수단을 가질 수도 있을 것이라고 말이다.

---

144   마르크스는 이것을 항상 알고 있었고, 많은 비평가가 단언하는 것과는 달리, 그는 이 점에서 극복 불가능한 어려움을 보지 않았다. 『자본론』의 제2, 3권에 대한 소묘는 이미 『요강』에서 발견된다.

나는 개인적으로 인식론에서 영감을 받은 또 다른 하나의 논증을 이용하는 것을 선호한다. 노동력의 가치가 노동자와 그의 가족의 생계에 필요한 상품들의 가치에 따라 측정된다는 이론은 잘못된 것이거나 오류를 증명할 수 없거나, 그런 만큼 비과학적이거나이다. 필요한 상품들의 양은 생리학적 최소치나 사회마다 변화하는 최소치를 보여 준다. 여러 텍스트에 따르면 마르크스는 이 두 개의 선택지 중에서 두 번째 용어를 선택했다.[145] 현대적 용어로 말한다면 최소치는 자연적이기보다는 문화적이다. 이 경우에 어떤 수준에서든 임금은 집단적 의식이 요구하는 최소치와 노동자들에 의해 경험된 필요를 상회하지 않는다. 그와 동시에 이론과 임금의 수준 사이에도 결코 모순이 발생하지 않는다. 임금이 아무리 오르더라도 그렇다. 하지만 그렇다고 해서 그 어떤 사실에 의해서도 반박될 수 없는 하나의 이론이 이 단어의 현대적 의미에서 과학에 속하는 것일까?

분명 이론적 총체ensemble théorique 속에 삽입된 '하나의' 제안은 허위화의 시험에서 누락될 수 있다. 하지만 임금 이론은 전체 이론에서 중심의 위치를 차지하고 있다. 왜냐하면 이 이론 위에 잉여가치 이론이 정립되기 때문이다. 이런 사실로 인해 잉여가치 이론은 그 자체로 직접적으로 증명 가능하거나 반박 가능하지 않게 된다. 마르크스는 반복된 여러 예를 통해 잉여가치율은 100% 언저리에 위치한다는

---

[145]   아마도 그의 젊은 시절을 제외하고 그랬다. *Cf.* E. Mandel, *Formation de la pensée écconomique de Marx*, pp.57-58.

사실을 암시한다. 그는 또한 잉여가치율이 안정적으로 머무는 경향이 있다는 사실을 지적한다. 하지만 그 어떤 순간에도 그는 잉여가치율을 계산할 수 있는 방법을 제시해 주지 않는다. 어떤 마르크스주의자도 잉여가치율을 계산해 낸 적이 없다.[146] 누구도 이 계산을 해내지 못할 것이다. 알튀세르 자신이 말한 것처럼 잉여가치 개념은 조작적opératoire이지도 않고 양화 가능하지도 않다.[147]

하지만 사정이 이렇다면, 어떤 권리로 이런 단절을 물리학의 역사에서 뉴턴의 연구가 보여 주는 단절, 또는 화학의 역사에서 라부아지에[148]의 연구가 보여 주는 단절과 비교할 수 있는가? 라부아지에의 연구는 척도를 도입하지만, 그 반면에 잉여가치 개념은 그것을 금지하고, 양적 형식화, 양이나 경제적 조직체의 작동을 그 위상이 모호한 것으로 남아 있는 개념에 종속시킨다. 사실상 라부아지에의 산소와 마르크스의 잉여가치 사이에서 알튀세르는 의도적으로든 그렇지 않든 바슐라르와 아리스토텔레스를 뒤섞는다. 작동적 개념들과 수학적 관계들에 대한 칸트적이거나 신칸트적 구축construction을 개념들에 대한 아리스토텔레스적 정의와 뒤섞는다.

---

146 피에르 나빌(Pierre Naville)의 학위논문 심사에서 나는 한 세기 이래로 어떤 경제학자도 잉여가치율을 계산해 내지 못했다는 사실을 지적한 바 있다. 심사위원으로 참여했던 내 동료 교수 중 한 명이 앞으로 다가올 세기에 아마도 그것을 계산해 낼 것이라고 대답한 바 있다. Sancta somplicitas!(무지몽매함이여! 성스러운 단순함이여!)

147 *L.C.*, t. II, p.131.

148 앙투안로랑 드 라부아지에(Antoine-Laurent de Lavoisier, 1743-1794): 프랑스의 화학자이자 공직자로, 화학 반응에서 질량 보존의 법칙을 확립했으며, 화학에 정량적인 방법을 처음으로 도입한 학자로도 유명하다.

『자본론』의 몇몇 요소를 발견하기 위해서는 리카도의 『원리들Principes』을 펴고 첫 장을 읽어 보는 것으로 충분하다. 그와 동시에 한 세기 후에 분명하게 드러나는 여러 반론에 대한 마르크스의 무관심을 이해하기 위해서도 마찬가지다. "한 나라에서 생필품에 해당하는 음식과 물건의 한정된 양을 생산하기 위해서는 어쩌면 지나간 다른 시기에 충분했을 두 배의 노동이 한 시기에 필요하다. 그럼에도 노동자들의 임금은 거의 감소하지 않을 수도 있다. 노동자가 첫 번째 시기에 그의 급료로 일정량의 양식과 식료품을 받는데 그 양이 줄어든다면, 그는 아마 살아남지 못할 수도 있을 것이다. 생필품에 해당하는 음식과 물건은, 이 경우에 그 가치가 100% 오를 수 있을 것이다. 그것들의 생산에 필요한 노동량에 의해 그것들의 가치를 평가한다면 말이다. 반면, 이런 가치는 다음과 같은 경우에는 겨우 오를 것이다. 사람들이 이 가치를 노동량 ―이것에 대해 생필품의 교환이 이루어진다― 에 의해 측정하는 경우가 그것이다."[149] 리카도는 임금이 생리학적 한계 지점에 위치해 있다고 가정한다. 따라서 임금은 생필품에 해당하는 물건들(무엇보다도 밀)의 동일한 양과 같은 가치를 가지게 될 것이다. 비록 이 물건들이 두 배의 노동량을 요구한다고 해도 그렇다. 리카도의 추론은, 마르크스가 그를 비난한 것처럼, '노동'의 가치('노동력'의 가치가 아니다)를 참고한 것에 의해 방해받는다. 생필품의 생산에 필요한

---

149   *Des Principes de l'économie politique et de l'impôt*, dans *OEuvres complètes de* Ricardo, Paris, Gallimard, 1874, p.11.

노동 시간에 따라 노동 가치가 변화하는 것은 심지어 앞선 추론의 결론을 불확실하게 만들기도 한다. 다시 말해 임금의 교환가치는 거의 변하지 않는다. 비록 생필품의 생산에 필요한 노동 시간이 얼마나 걸리더라도 그렇다.

하지만 조금 더 뒤의 문단에서 필요한 연계가 이루어진다. "만일 노동자의 신발과 옷이 새롭고도 완벽한 과정을 통해 제작된다면, 그리고 그것들이 단지 현재 그 제작에 필요한 노동의 1/4만을 요구한다면, 그것들의 가격은 아마도 75% 정도 하락할 것이다. 하지만 이를 통해 노동자가 한 벌의 옷과 한 켤레의 신발 대신에 네 벌의 옷과 네 켤레의 신발을 갖는다고 말할 수 없다. 오히려 그 반대이다. 즉 경쟁 효과와 생산의 증가에 의해 조정된 그의 임금은 구입해야 할 마지막 식료품의 새로운 가치에 비례하게 될 것이라는 사실은 분명하다. 만일 그와 유사한 개선이 노동자의 모든 소비 품목으로까지 확장된다면, 그의 복지는 아마 증가하게 될 것이다. 비록 이 품목들의 교환 가능한 가치 ─그 제작에서 두드러지게 개선이 안 된 품목들과 비교해서─ 가 현저하게 감소된다고 할지라도, 또 사람들이 이 품목들을 훨씬 더 적은 노동량을 통해 얻는다고 해도 그렇다."[150]

이 구절은 생필품에 해당하는 물건들이 최소한의 노동으로 생산되는 경우, 임금은 그 이전의 수준에 도달하게 될 것이라는 사실을 분명하게 보여 준다. "왜냐하면 임금이 경쟁 효과와 인구 증가에 의해

---

150   *Ibid*., pp.11-12.

조절되기 때문이다." 현대적 용어로 말하자면 '실질'임금('명목'임금이 아니다)은 오르지 않을 것이다. 그다음으로 두 번째 가정이 온다. 그렇지만 만일 유사한 개선(다시 말해 리카도의 말을 빌자면 생필품에 해당하는 재화 생산에 필요한 노동량의 감소, 또는 현대적 용어로 말하자면 생산성의 증가)이 노동자의 모든 소비 물건으로까지 확장된다면, "그의 복지는 향상될 것이다", 또는 현대적 용어로 말하자면, 그의 실질임금은 상승할 것이라는 가정이다. 하지만 리카도가 이와 유사한 개선이 모든 제조에 걸쳐 이루어진다는 것을 가정하지 않았기 때문에, 그는 그로부터 다음과 같은 결론을 내리고 있다. 노동자는 그 제조가 개선되지 않은 재화의 개념으로 보면 더 작은 교환가치를 부여받게 된다는 것이다.

1쪽 뒤에서 리카도는 다시 유사한 추론을 하고 있다. 이번에는 밀과 노동을 가치의 척도로 채택하고 있다. "밀과 다른 물건들 사이에 개입한 변동의 원인은 금과 마찬가지로 일손main d'oeuvre의 경제 속에 있다. 나는 또한 논리적으로 이런 변동을 노동 가치와 밀의 가치 속에서의 하락의 결과로 여기는 쪽으로 기울지, 그것들과 교환되는 사물의 가치 상승의 결과로 여기는 쪽으로 나아가지 않는다. 다음과 같은 가정을 해 보자. 내가 일주일 동안 한 노동자의 노동을 빌리고, 그에게 10실링 대신 8실링을 주었다고 말이다. 게다가 만일 이 돈의 가치에 그 어떤 변동도 일어나지 않는다면, 이 노동자가 그의 줄어든 임금으로 이전보다 더 많은 음식과 옷을 얻는 것이 가능할 수도 있다. 하지만 이 경우에도, 애덤 스미스와 맬서스가 주장했던 것처럼, 이것을 노동자의 임금의 실질적 상승에 귀속시키는 것이 아니라, 노동자가 소비하는 물건들의 가치 하락의 효과로 여겨야 할 것이다.”

　　토의나 결론 모두 우리에게는 흥미가 반감되는 것처럼 보인다. 사람들은 무심코 이렇게 말할 수 있다. 제조 시간이 일정하지 않게 변하는 다양한 물건을 비교한다면, 어떤 물건의 가치는 하락하거나(제조 시간이 가장 많이 줄어든 물건), 아니면 다른 물건의 가치는 올라간다(제조 시간이 늘어났거나 줄어들지 않은 물건)고 말이다. 가격은 상대적이며, 그런 만큼 사실상 노동의 가치가 줄어들었다거나(왜냐하면 밀의 가격이 떨어졌기 때문에) 또는 물건들의 가치가 (밀과는 상관없이) 증가했다고 말하는 것은 아무런 중요성도 없다.

　　오늘날의 독자를 놀라게 하는 것은 바로 분석 ― 모든 제조가 개선되었다― 에서 영감을 받은 가정假定이 제1장에서 분명하게 표현되지 않았다는 사실과 이 가정의 결과들이 제시되지 않았다는 사실이다. 비록 노동의 가치가 몇몇 물건에 대해 상대적으로 하락한다고 해도 전체적으로 생산량의 증가, 따라서 노동자의 확대된 복지라는 결과가 그것이다. 노동의 가치는 일차적 필요의 물건들의 가치에 의해 결정되기 때문에, 노동의 가치는 몇몇 물건에 대해 상대적으로 감소하게 될 것이다. 만일 밀과 옷의 생산에 필요한 노동 시간이 다른 물건들의 생산에 필요한 노동의 시간보다 더 빨리 줄어든다면 말이다. 몇몇 물건과 임금의 등가성은 마찬가지로 오르게 될 것이다. 그렇다면 어떤 이유에서 이런 부분적인 맹목성이 도출되는가? 왜 리카도는 주요 사실 ―가치는 제조에 필요한 노동 시간에 달려 있다― 로부터 장기에 걸쳐 분명하게 보이는 결과를 도출하지 않는가? 개선이 일반화됨에 따라 동일한 노동의 양은 용어의 물리적 의미에서 재화를 더 많이 생산하기에 이를 것이라는 결론, 따라서 복지의 확대에 이를 것이라는 결론을 말이다. 재화들 사이의 가격 관계에 대해 보자면, 장기적으로 이 관계는 개선(생산성의 증가)의 동일하지 않은 속도에 달려 있다.[151] 리카도는 우리의 눈을 멀게 하는 것을 보지 않는다(또는 겨우 볼 뿐이다). 왜냐하면 그에 따르면 임금은 "경쟁의 효과와 인구의 증가에 의해 조정되기" 때문이다. 만일 임금으로 확대된 복지를 구매할 수 있다면, 인구는 증가하고 또 경쟁은 임금을 생리학적 최소한의 수준으로 유도할 것이다. 인구의 증가는 덜 비옥한 토지의 개간을 필수불가결한 것으로 만들고, 또 그와 동시에 생필품에 해당하는 재화의 생산에 필요한 노동량은 증가할 것이다. 리카도의 비관주의는 개념이나 모델에 의해 생겨나는 것이 아니라, 오히려 확인된 메커니즘, 즉 인구, 경쟁, 감소하는 수입의 메커니즘에 의해 생겨나는 것이다.

분명 리카도는 생산성 증가의 뚜렷한 결과를 모르지는 않았다. 달리 말해 동일한 노동량에 의해 생산된 재화의 양의 증가를 모르지는 않았다. 리카도는 이것을 제1장이 아니라 제10장에서 다루고 있다. '가치'와 '부' 사이의 구별을 이용하면서 말이다.

리카도는 먼저 '상대적 가치'에 대해 제1장에서의 추론을 다시

---

151   리카도의 추론은 다음과 같은 결론에 이른다. 즉 밀의 가치가 상승할 때 실질 임금의 하락이 있다. 다만 다음과 같은 유보 조건이 따른다. 즉 만일 임금이 생리학적 최소한을 표상한다면(보여 준다면), 밀의 가치가 오르는 경우에도 실질 임금은 겨우 하락할 수 있을 뿐이라는 조건이 그것이다. 변화하는 것은 계급들 사이의 소득의 분배이다.

취한다. 제조 과정의 개선은 몇몇 재화의 생산에 필요한 노동 시간의 감소를 가져온다. 그 제조가 아직 개선되지 않은 여러 다른 재화 속에 표현된 가치는 감소할 것이다. 비록 사회가 노동의 더 나은 생산성의 도움을 받아 더 증가한 재화의 양을 이용한다고 해도 그렇다. 이런 고전적 추론은 토론에 대한 준비가 되지 않은 상태이다. 이런 추론은 그때부터 가격의 상대적인 변동에 대한 경험적이고 통계적인 연구의 기원에 머물러 있다. 리카도의 언어로 다음과 같이 말할 수 있다. 지난 50년 동안 자동차의 가치는 감소했다. 왜냐하면 제조 과정의 개선이 전체 경제에서보다 자동차 제조에서 더 빨랐기 때문이라고 말이다. 하지만 이런 의미에서 J. B 세[152]가 지적하고 있는 것처럼,[153] 절대적 가치는 존재하지 않는다. 가치는 상대적 가격과 혼동된다. 그리고 자동차의 가치와 이발理髮의 가치 —J. 푸라스티에[154]에게는 소중한 가치— 를 비교함에 따라, 또는 하나의 전구電球의 가치와 비교함에 따라 다음과 같이 말할 수 있을 것이다. 자동차의 가치는 감소했거나 올랐다고

152　장밥티스트 세(Jean-Baptiste Say, 1767-1832): 프랑스의 경제학자이자 기업가이다. 그는 자유주의적 관점을 정식화하였으며, 경쟁, 자유 무역의 활성화와 경제적 규제 철폐를 주장했다. 그의 대표적인 이론적 성과물은 세의 법칙으로 알려져 있다. 이 법칙의 핵심 내용은 "공급이 수요를 창출한다"는 것이다.

153　"가치는 어떤 사물들에 고유한 양이다. 하지만 아주 실제적이기는 하지만 열기처럼 본질적으로 변화하는 것이 바로 양이다. '절대적 가치'는 존재하지 않는다. '절대적 열'이 결코 존재하지 않는 것처럼 말이다. 하지만 하나의 사물의 가치를 다른 하나의 사물의 가치와 비교하는 것은 가능하다. … 가치는 가치에 의해서만 측정될 수 있을 뿐이다." *Principes*, p.249.

154　장 푸라스티에(J. Fourastié, 1907-1990): 프랑스의 경제학자로, 2차 세계대전 이후부터 석유 파동 직전까지, 즉 1947년부터 1973까지를 지칭하는 "영광스러운 30년(Trente Glorieuses)"라는 표현으로 유명하다. 그는 경제에서 무역, 기술 발전에 의한 생산성 증가에 대한 희망을 강조한 것으로 유명하다.

말이다. 상대적 가격의 변화는 장기적이고 희소성을 제거한 상태에서 한 분야에서 다른 분야로 또는 한 산업에서 다른 산업에 이르는 생산성의 다른 여러 증가율에서 기인한다.[155]

논리 전개의 두 번째 계기에서 리카도는, 가치가 새로운 방법의 수익에 의해 결정된 수준에서 형성될 때부터, 옛 방법의 도움으로 생산된 상품들이 겪게 되는 가치의 상실을 드러낸다. "생산의 용이함을 증가시키면서 우리는 계속해서 이전에 생산된 물건 중 어떤 것의 가치를 감소시킨다. 비록 우리가 이런 수단을 통해 국가의 부를 증대시킬 뿐만 아니라 또한 미래를 위한 생산의 용이함을 증가시킨다고 해도 말이다."[156] 전체적인 부의 증가는 제조의 개선된 수단의 도움을 받지 않은 채 생산된 재화들의 '탈가치화'를 야기한다.

리카도는 '가치'와 '부'의 구분을 개념적으로 강조한다. 이 구별은 '명목가치'와 '실질가치' 사이의 구분, 화폐의 흐름과 재화의 흐름 사이의 구분, 그리고 규모의 수준, 즉 한편으로는 재화와 서비스의 양과 다른 한편으로 경제적 실체의 내부와 상관적인 가격 수준에 해당할 수도 있다.[157]

리카도의 어휘는 오늘날 국민총생산이라고 명명되는 것에 적용될 때 역설적인 결론에 이른다. "삶에 유용하거나 유쾌하고 필요한

---

155 이것은 마르크스의 언어로 "시간의 경제", 즉 생산에 필요한 노동의 양의 감소로 번역(이해)될 수 있는 것이다.
156 *Principes*, p.248.
157 또한 하나의 경제적 단위 안에서 가격의 수준과 가격 체계의 관계, 다른 하나의 경제적 단위 안에서 가격의 수준과 가격 체계의 관계에 해당할 수도 있을 것이다.

모든 면에서 동일한 양을 가진 두 나라에 대해 이 나라들이 동일하게 부유하다고 말할 수 있을 것이다. 하지만 한 나라의 부의 가치는 이 부가 비교적 쉽게 생산되었는가 아니면 어렵게 생산되었는가에 달려 있다. 만일 개선된 기계가 우리에게 더 많은 노동을 사용하지 않고서 한 짝 대신에 두 짝의 스타킹을 만들 수 있는 수단을 준다면, 한 온[158]의 홑이불과 교환하면서 두 배의 양에 해당하는 스타킹을 줄 수도 있을 것이다. 만일 이런 개선이 홑이불의 생산에서 일어난다면, 스타킹과 홑이불은 이전과 동일한 비율로 교환될 것이다. 하지만 스타킹과 홑이불 모두 그 가치는 줄어들게 될 것이다. 왜냐하면 그것들을 모자, 금 또는 일반적인 다른 상품들과 교환하면서 이 물건들의 동일한 양을 얻기 위해 두 배의 양을 주어야 할 필요가 있을 것이기 때문이다. 만일 개선이 금과 다른 식료품의 생산에까지 확대된다면, 옛날의 비율이 새로운 비율로 정립될 것이다. 연간 두 배의 생산물이 있게 되고, 그 결과 국부는 두 배가 될 것이다. 하지만 국부의 가치는 전혀 상승하지 않을 것이다."[159]

     이 구절을 현대어로 풀이해 보자. 한 나라의 부, 달리 말해 "삶에 필요하고, 유용하며, 쾌적한 사물들"의 양은 노동의 생산성에 달려 있다. 만일 모든 부문에서 동일한 노동 시간에 의해 이 물건들이 두 배로 생산된다면, 그때 이 나라의 부는 두 배가 될 것이다. 그와 반대로

---

158   '온(aune)'은 프랑수아 1세의 칙령에 의해 1540년부터 사용된 프랑스의 길이의 단위로 118.84cm에 해당한다. 이 단위는 1837년에 폐지되었다.

159   *Principes*, p.252.

물건들의 상대적 가치는 그만큼 변하지 않을 것이다. 왜냐하면 우리는 생산성의 전체적이고 단일한 상승을 가정했기 때문이다. 그렇다면 "이런 부富가 비교적 쉽게 생산되는가 아니면 어렵게 생산되는가"에 달려 있는 나라들 각각의 부의 가치에 대한 표현은 무엇을 의미하는가? 쉽게 생산되는 것은 노동의 최소 지출을 의미한다고 가정해 보자. 그로부터 가치는 부에 반비례적이라는 결론이 도출될 것이다. 생산에서의 어려움이 커지면 커질수록 가치는 더욱 커질 것이다. 하지만 그와 동시에 부富는 감소하게 될 것이다. 가치를 교환 조건과 연결시키면서도(또는 상대적 가격) 또 이 조건을 노동의 양에 의해 결정하면서도 국내총생산의 총합을 분명하게 사유하는데 이르지 못하고, 또 집단에 의해 생산된 가치와 이 가치의 부富의 총합을 혼동하는 것을 거절하는 개념화로부터 도출되는 이상한 결론이다.

분명, 리카도는 노동 생산력의 증가가 풍요(생산물의 가치를 증가시키지 않고서[160])에 기여한다는 사실을 부인하지는 않는다. 그는 이렇게 단언한다. 모든 계층의 소비자들을 위해 풍요로움과 상품들의 낮은 실제 가격에서 기인하는 이익을 자기보다 더 높게 평가하는 사람은 아무도 없다고 말이다.[161] 하지만 사실상 리카도는 노동 생산력의 증가(그로부터 국가의 부富가 기인한다)라는 근본 현상에 대한 최소한의 관심을 보이고 또 최소한의 연구를 수행한다. 리카도는 다음과 같은 원칙

---

160   *Ibid.*, p.254.
161   *Ibid.*, p.259.

에 사로잡혀 있다. 사물들은 그것들을 만들어 낸 노동의 총합으로부터만[162] 그 가치를 부여받을 뿐이라는 원칙이 그것이다. 그리고 국가의 부의 증대에는 두 가지 종류가 있는데 이루어진 종류의 부, 다른 하나는 노동 생산력의 증가에 의해 이루어진 종류의 부— 에서, 리카도는 첫 번째 것을 더 선호한다. 첫 번째의 경우에는 부의 가치가 커지게 될 것이다. 그와 동시에 부, 사치품과 장신구에 대한 지출은 줄어들게 될 것이고, 또 저축의 결과는 재생산에 사용되게 될 것이다. 두 번째의 경우에는 부의 증대는 있겠지만 가치의 증대는 없을 것이다.

주지의 사실이지만 마르크스는 리카도를 훌륭한 고전 경제학자로 여긴다. 부르주아적 경제에 완성된 형태를 부여한 고전 경제학자로 말이다. 헤겔 철학이 고전철학philosophie classique의 완성을 대표하는 것과 마찬가지로 말이다. 두 가지 의미에서 완성이다. 완전한 형태와 최근의 형태라는 의미가 그것이다. 마르크스는 리카도의 고유한 추론의 형식을 사용한다. 그리고 슘페터는 이 추론을 '리카도의 악vice'이라고 부른다. 리카도는 가정상 많은 요인을 고려하지 않아 최종적으로 단순하고 거의 의미가 없는 관계들, 다른 모든 조건이 동일하다면 —하지만 이 조건들은 결코 동일하지 않다— 사실인 관계들에 이르게 된다.

마르크스는 임금 상승으로 야기된 인구의 증가가 일자리의 수요자들 사이의 경쟁, 임금을 생리학적 최소 수준으로 유도하게 될 경

---

162   *Ibid.*, p.260.

쟁을 낳는다는 것을 인정하지 않는다. 마르크스는 어쨌든 작동하기 위해서는 시간이 요구되는 이런 인구학적 메커니즘에 산업예비군의 순수하게 경제적인 메커니즘, 달리 말해 자본가들 사이의 경쟁 효과에 의해 실업의 항구적인 창조 —왜냐하면 자본가들이 자신의 이익을 증가시키고, 필요한 노동 시간을 줄이고, 노동자들을 기계들로 대체(즉, 집적되었거나 또는 죽은 노동-travail cristallisé ou mort을 산 노동-travail vivant[163]으로 대체)하기 위해 모든 노력을 기울이기 때문이다— 라는 메커니즘을 대체한다. 자본주의적 축적의 메커니즘은 생산력의 증가와 동시에 노동 임금 지출에 유리하게 작용한다. 왜냐하면 동일한 과정 —축적의 과정— 은 생산력을 증가시키고 노동 임금을 줄이기 때문이다. 이윤(또는 잉여가치)의 추구 위에 세워진 체제에서 생산력의 발전은 대립적인 특징을 지닌다. 선善 —생산력의 증가— 은 악惡 —산업예비군과 적어도 상대적인(경향적 법칙의 자격으로) 하락— 없이 획득되지 않는다.

비록 마르크스가 분명하게 리카도의 주장 —임금의 생리학적 최소 수준으로의 회귀— 을 자기 것으로 삼은 것은 아니지만,『요강』과 마찬가지로『자본론』에서 제시된 자본주의에 대한 해석은 리카도의 비관주의,『원리들』에서 정립된 분배 이론(한 계급이 더 많이 받은 것, 이

---

163 산 노동은 인간의 직접적인 노동을 뜻하며, 축적된 노동 또는 죽은 노동은 인간 능력이 축적된 결과, 쉽게 말해 기계, 자본을 뜻한다. 자본주의 생산과정에서는 이 두 가지 노동이 결합된다. 두 노동 사이의 구분이 중요한 것은, 산 노동은 최종 산출물에 가치를 새롭게 부가하지만, 죽은 노동은 기존에 창출된 가치를 이전시킬 뿐이기 때문이다. 바로 거기에 노동가치론의 요체가 놓여 있다. 'cristallisé'는 '결정된, 확정된' 등의 의미를 가지고 있으나, 여기에서는 과거의 산 노동이 현재의 기계 설비 등에 쌓여 있다는 의미에서 '집적된'이라고 옮겼다.

계급은 이것을 다른 계급에서 취한다)에 의해 연루된 계급들 사이의 대립이 배어 있다. 리카도의 기계에 대해 할애된 그 유명한 제21장[164]은, 장기적으로 기계의 도입이 가장 가난한 계급을 포함해 모든 계급의 복지에 기여할 수 있다는 사실을 부정하지 않으면서도, 인간을 기계로 대체함으로써 노동자에게 발생하는 다양하고도 지속적인 불편함을 드러내 보여 주고 있다. 이 장章은 프롤레타리아트에 의해 지불되는 필연적인 자본 축적으로 인해 소용되는 인간적인 비용에 대한 마르크스 자신의 많은 논의를 예상하고 있다.

마르크스는 노동을 노동력으로 대체하면서 분명히 리카도적 개념화를 개선하고 있다. 그리고 마르크스는 결정적인 혁명을 완수하고 있다고 믿고 있다. 자본주의의 비밀, 대지와 이자와 이윤의 공통적 기원, 중농주의자들이 자연의 풍부함 속에서 발견했다고 생각하고, 자본과 노동 사이의 사회적 관계 속에 머물러 있는 순수생산의 비밀을 들춰내면서 부르주아 경제로부터 이 경제에 대한 비판으로 이행하고 있다는 것이 그것이다.

그런데 잉여가치 이론은 마르크스가 리카도의 비관주의와 자본의 축적과 생산력의 증가에 대한 장기적인 낙관주의 비전을 결합하는 것을 가능케 해 준다. 예컨대 마르크스는 우리가 위에서 기술한 가치와 부 사이의 구별을 설명하면서 리카도가 어려움을 해결하지 못했다고 쓰고 있다. 마르크스는 이 어려움을 자본주의 체제의 본질적

---

164   이 장은 제4판에서부터 비로소 모습을 볼 수 있을 뿐이다.

인 성질, 또는 이렇게 말한다면, 자본주의 체제의 근본적인 법칙을 참고하면서 해결한다고 주장한다. 그러니까 마르크스는 이렇게 쓰고 있다. "상품을 더 많이 생산하는 것은 결코 부르주아적 생산의 목표가 아니다. 부르주아적 생산의 목표는 '가치'를 더 많이 생산하는 것이다. 따라서 생산력과 상품의 실질적 증가는 어쨌든 부르주아적 생산에도 불구하고 이루어진다. 모든 위기는 그 자체의 고유한 운동에 의해 생산물의 증가로 바뀌는 '가치의 증가' 속에서 볼 수 있는 이런 모순에서 기인한다."[165] 이런 분석을 인정해 보자. 생산물이나 상품의 증가(실제 재화나 재화의 흐름)는 자본가에 의하면 가치나 이윤에서 기인한다. 그로부터 임금 ―이것으로 구입할 수 있는 생산물의 증가에 의해 측정된 임금― 은 상승하지 않는다는 결과가 도출되지 않고, 또 전체적인 부나 집단이 이용할 수 있는 상품의 양 역시 증가하지 않는다.

달리 말하자면 자본의 축적 위에 세워진 하나의 체제와 생산수단의 계속되는 갱신 위에 세워진 하나의 체제에 대한 이론으로서의 자본주의에 대한 마르크스주의 이론은, 장기적으로 보면 어렵지 않게 슘페터의 낙관주의에 이른다. 낙관주의로서 자본주의에 대한 마르크스주의 이론은 다음과 같은 복잡한 동기로 인해 비관주의로 남게 된다. 19세기의 전반 50년 동안 영국의 임금 경험은 생리학적 최소한에 대한 리카도적 버전을 배제하지 않았다. 발전의 메커니즘 ―상품의 양의 증가는 목표가 아니라 이윤 추구의 부수적 결과이기 때문에

165   *Fondements*, t. II, pp.488-489(p.804).

— 생산과 구매력 사이, 노동의 공급과 사용자에게 필요한 자본 사이의 계속적으로 갱신된 모순에 대한 가정을 암시한다. 마지막으로 리카도처럼 교환가치에 대한 분석과 계급들 사이의 가치 배분에 사로잡힌 마르크스는 자신이 알고 있는 과정에 주의를 기울이지 않는다. 즉 오늘날 우리가 성장이나 발전이라고 부르는 과정이 그것이다. 착취의 비율이 일정하게 머무르는 한, 모든 계급이 부富(또는 가용 재화의 양)의 증가에서 각자의 몫을 가지는 것을 방해하는 것은 아무것도 없다. 또한 그 어떤 것도 자본주의 체제를 덜 견딜 수 없는 것으로도 더 견딜 수 없는 것으로도 만들지 않는다. 다만 거기에는 하나의 조건이 따른다. 자본이 그것의 유기적 구성의 변화와 더불어 점차적으로 이윤 추구(잉여가치가 나타나는 형태)만이 가동시킬 뿐인 경제의 마비를 야기시킨다는 조건이 그것이다.

V. 과학성과 비판

마르크스가 구상한 대로의 정치경제학에서, 다시 말해 고전적 정치경제학(부르주아적 지식)과 자본주의(부르주아적 현실)에 대한 비판에서 잉여가치 개념, 또는 더 정확하게는 가치-노동 이론, 임금 이론, 잉여가치 이론은 가장 중요한 자리를 차지하고 있다. 이 세 요소는 그의 이론의 뼈대를 구성한다. 마르크스의 마르크스주의에서 가치-노동 이론을 제거한다면, 그가 본질적이라고 여겼던 것이 사라지게 된다.

그런데 사회주의적 생각을 가진 조안 로빈슨 부인[166]과 같은 현대 경제학자는 실제로 이런 제거를 악의 없이 행하고 있다. 왜냐하면 유일하게 경제 분야에서 교육을 받은 로빈슨 부인은 사회학과 철학을 알지 못하기 때문이다.

가치-노동 이론은 자본주의에 대한 인간학적 비판과 과학적 비판의 결합을 가능케 해 준다. 또한 이 이론은 가격에서 기인하는 통속적인 경제의 외관(또는 환상)과 마르크스주의에 의해 드러난 본질 사이의 구별을 가능케 해 준다. 가치의 법칙에 따르면 노동력(자본가를 '위한' 가치의 창조적인 사용가치)과 화폐 형태의 자본, 곧 노동자가 생필품으로 변형시키게 될 교환가치 사이의 교환은, 노동의 소외에 대해 엄밀하고 과학적인 의미를 부여한다('판매Veräusserung' ―노동자는 자신의 노동을 팔아야만 한다― 와 '소외Entrfremdung' ―그의 활동과 그의 생산물은 자신에게 낯선 것이 되어 버린다― 의 이중의 의미에서이다). 마지막으로 이윤율의 경향적 저하 법칙은 죽은 노동이 아니라 산 노동에 대한 잉여가치의 선취를 요구한다. 그런데 마르크스의 『요강』에 따르면[167] 이 법칙은 "현대 경제에서 가장 중요하며, 더 복잡한 관계들의 이해에 필수적이다. 역사적 관점에서 보면 이 법칙은 가장 중요한 법칙이다." 요컨대 이 법칙을 매개로 가치-노동이론과 잉여가치 이론은 자본주의의 필연적인 자기 소

---

[166] 조안 로빈슨(Joan Robinson, 1903-1983): 영국의 경제학자로, 케임브리지학파와 포스트케인스학파의 주요 학자이다. 마르크스경제학에 대한 최고의 분석가로 꼽힌다. 케인스와 마르크스를 접목시키기 위해 노력했다.

[167] Tome II, p.275(p.634).

멸을 예고한다. "역사의 발전 과정에서 자본에 의해 도입된 생산력이 어느 정도로 확장된 수준에 도달할 때, 이 자본의 자기 가치화는 자본을 생산하는 대신 그것을 무너뜨린다. 어느 지점을 넘어서게 되면 생산력의 발전은 자본에 대해 장애물이 되고, 그리고 자본가와의 관계 자체가 노동 생산력의 발전에 방해물이 된다. 이 지점에 이르게 되면 자본 ―따라서 임금화된 노동― 은 사회적 부의 증가와 생산력에 대해, 노예제, 협동조합, 농노제가 해당 시대의 역사 발전에 대해 갖는 관계와 동일한 관계로 접어들게 된다. 자본주의적 관계는 방해물이기 때문에 필연적으로 제거된다. 인간의 행동이 취하는 마지막 예속 형태는 ―한쪽에는 임금화된 노동이고 다른 한쪽은 자본이다― 그런 모습으로 비늘이 떨어지게 된다."[168] 이 구절은 곧장 이윤율의 경향적 저하 법칙이 역사적 관점에서 가장 중요한 법칙이라는 주장으로 이어진다. 달리 말하자면 자본주의의 기능 방식 ―자본의 축적과 노동자에 대한 착취― 은 가치-노동 이론으로부터 출발해서 분석되며, 그와 마찬가지로 자본의 생성, 필수적인 자기 붕괴는 이 법칙의 결과로부터 연역된다.

그다음으로 현대 경제학자는 그 어떤 신비한 오해로 인해 마르크스주의 경제에 대해 "가치-노동이론을 제거하면서" 토론을 하게 되는가? 이 질문에 이중의 답이 담겨져 있다. 하나의 상품의 가치 ―이 상품과 다른 모든 상품과의 "교환의 등치"에서 기인한 대로의 가치―

---

168   *Ibid.*, p.276(p.635).

와 "가치의 실체substance de la valeur" 사이의 구별이 신실증주의나 분석 철학의 교육을 받은 현대 경제학자에게는 이해 불가능한 것으로 남아 있다. 이 경제학자는 화폐가치 —하나의 상품과 화폐 단위의 등가 — 를 주어진 하나의 상품이 표상하는 다른 상품의 양에 해당하는 이 상품의 실질가치와 구별한다. 이 경제학자는 가격과 본질적으로 다른 가치의 "실체"를 알지 못한다. 아량이 넓은 그는 이 실체에 대한 토론을 형이상학 또는 인간학의 영역으로 보내 버릴 것이다.

가격 이론으로서의 가치-노동 이론은 마르크스 자신이 잘 알고 있는 여러 차례에 걸쳐 제기된 반대에 직면한다. 사회적 평균 노동의 양에 의해 측정된 가치와 가격 사이의 근사치적 일치는 희귀하거나 귀중한 물건의 경우에는 이루어지지 않는다. 이런 일치를 가정하기 위해서는 복수의 요인(수요와 공급의 관계, 평균 노동량과 한계 양 등)을 고려해서는 안 된다. 마지막으로, 그리고 특히 경쟁으로 인해 평균 이윤율이 정해지자마자 자본가 각자에게 돌아가는 전체 잉여가치의 몫은, 그에 의해 고용되는 산 노동의 양에 의해 결정되는 것이 아니라, 그가 가동시키는 가변자본과 불변자본의 합에 의해 결정된다. 그 결과 최종 분석에서 생산비에 연계된 가격은 자본주의에서는 결코 가치-노동 법칙을 입증해 주지 않는다. 달리 말해서 마르크스에 대한 한 해설자의 표현에 의하면,[169] 가치-노동 이론은 실제로 그 자체의 부정을 통해서만 실현될 뿐이다. 이런 종류의 변증법은 오늘날 경제학자를

---

169   E. Mendel, *op. cit.*, p.893.

우둔하게 만든다. 그도 그럴 것이 이 경제학자는 가치(교환의 동등함에 의해 측정된)와 가치의 실체 사이의 구별을 모르기 때문이다. 그가 시장에서 알고 있는 가치, 즉 가격은 우연에 의하거나 또는 단기적이 아니라 수요와 공급의 법칙과 이윤율의 적정화^{péréquation} 법칙의 꾸준한 효과에 의해 차별화되는데, 어떤 사실에 의해, 그 어떤 정신적이거나 역사적 경험에 의해 가치-노동 이론의 옳고 그름을 입증할 수 있는가? 하나의 법칙이나 하나의 과학적 개념은 "현상들을 구제하는 것^{sauver les phénomènes}"을 가능케 해 주고, 또 하나의 "현상"이 그 현상들을 다시 문제 삼을 수밖에 없는 날까지 유효한 것으로 남아 있다. 하지만 "현상들을 구제"하기는커녕 그와 반대되는 외관에 의해서만 드러날 뿐인 하나의 법칙과 하나의 개념은 과학의 영역에 속하지 않는다. 산 노동을 가장 많이 고용하는 분야나 기업이 일반적으로 가장 많은 이윤을 창출하는 것이 아니다. 한 세기 동안 경제학자들은 이윤율의 경향적 저하 법칙을 관찰한 것이 아니라, 오히려 자본과 노동 사이의 국민총생산의 분할 속에서 순환적인 변화를 관찰했다. 빈곤 상태의 지속, 가령 세계에서 가장 산업화된 나라인 '가난한 미국'의 지속에는 착취에 대한 마르크스 이론의 도움과 더불어 임금이나 가격에 대한 모든 이론의 범주에서의 쉬운 설명이 포함되어 있다(슘페터의 노선에 있는 모든 현대 경제학자가 다른 용어를 사용하면서 받아들이는 산업예비군에 대한 이론을 참고하는 것으로 충분하다).

경제학자들은 경제적 분석(공시적이고 통시적인)과 부르주아적 인식과 실재에 대한 비판 사이의 종합 —세 개의 근본적인 이론(가치-노동, 임금, 잉여가치)을 요구하는 종합— 을 포기한다. 하지만 그들은 계속해서 자본의 회전, 발전(또는 자본의 축적), 이윤율의 경향적 저하에 대한 마르크스주의 도식을 해설한다. 실제로 가변자본과 잉여가치가 함께 이른바 부가가치를 구성하기 위해서는 불변자본과 기업의 구매 사이의 등가를 가늠해 보는 것으로 충분하다. 거시적 수준에서 같은 종류의 작동으로 인해 국민총생산에서 자본과 노동 각각의 편으로부터 문제가 제기된다. 이런 의미에서 현대 경제의 개념으로 해석된 마르크스의 도식은 계속해서 분석의 대상이 되거나 아니면 더 나은 경우에는 실재와의 대립의 대상이 되기도 한다. 이윤율의 경향적 저하 법칙[죽은 노동과 산 노동에 대해 행해진 형이상학적 추상화abstraction는 자본의 한계수입의 하락(또는 결국 같은 개념이지만, 자본과 생산물 사이의 관계 증가)]을 암시한다. 여러 학자 중에서 윌리엄 펠너[170]는 『경제 저널Economic Journal』 1957년 3월 호에 흥미로운 한 편의 글을 게재했다. 이 글은 문학 장르에 속하는 글이다[171](전적으로 조안 로빈슨 부인의 책처럼 말이다). "마르크스가 그의 생각을 정리한 이래로 한 세기가 흐르는 동안, 마르크스주의적 체계의 주요 가정이 현실과 맞지 않은 것으로 증명되었다. 계속 이어지는 몇 십 년 동안의 저축 성향과 노동 공급의 증가율을 고려하더라도, 혁신은 그 비율 면에서 선진화된 경제의 총생산물을 증가시키는 데 충분할 정도로 많이 이루어졌다. 그런데 이 비율은 가장

---

170   윌리엄 펠너(William Fellner, 1905-1983): 헝가리계 미국인 경제학자로 1952년부터 1973년 은퇴할 때
       까지 예일대 교수를 역임했다.
171   객관적인 근거가 빈약한 글이라는 의미로 보인다.

빠른 성장을 보인 분야(자본)의 공급 증가보다 낮지 않았다. 이것은 우리가 통계를 이용할 수 있는 여러 나라에서 자본-생산의 관계가 성장으로 향하는 세속적인 그 어떤 성향도 드러내 보이지 않는다는 것을 보여 주는 또 다른 방식이다."[172]

자본주의의 후일의 발전에 의해 확인되든 그렇지 않든 간에, 『자본론』제2, 3권의 도식은 과학적 탐구의 대상으로 남아 있다. 이와 마찬가지로 자본주의 발전에 대한 분석은 그 과학적 흥미와 종종 그 예언적 능력을 전혀 상실하지 않는다. 기본적인 세 가지 이론[173]을 일단 제외시키든 아니면 괄호 속에 넣든 말이다. 가장 적게 인용된 『요강』의 텍스트에 우리를 묶어 놓기 위해 마르크스는 단순한 투자보다는 오히려 과학 위에 직접적으로 바탕을 둔 성장을 알고 있었다. 이런 성장이 과학적 사회로 실현되기 전부터 말이다. "산업이 대규모로 발전함에 따라 부의 창조는 점점 노동 시간과 사용된 노동의 양에 덜 의존하며, 점점 노동 시간 동안 작동하는 기계-행위자들의 힘에 더 의존하게 된다. 이런 기계-행위자들의 굉장한 효율성은 그 자체로 그들의 생산으로 인해 지불되는 직접적인 노동 시간과는 아무런 관계가 없다. 이런 효율성은 오히려 과학의 전체 수준과 기술의 이익, 또는 이 과학의 생산에 대한 적용에 달려 있다. … 예컨대 농업은 영양의 물질적 신진대사에 대한 과학과 사회적 실체 전체를 위한 가장 유리한 조

---

172 본문에는 영어로 되어 있으며, 주에 불어 번역이 실려 있다. 저자가 직접 번역한 것으로 보인다.
173 가치-노동 이론, 임금 이론, 잉여가치 이론을 가리킨다.

정調整 방식의 단순한 적용이 되어 버린다. 실질적인 부富는 한편으로 지금 사용된 노동 시간과 그것의 생산물 사이의 큰 불균형 덕분에, 다른 한편으로 단순한 추상화로 축소된 노동과 이 노동이 감시하는 생산과정의 힘 사이의 질적 불균형 덕분으로 발전하고 있다. 이것이 바로 대규모의 산업이 우리에게 드러내고 있는 것이다. 노동은 생산과정을 구성하고 있는 일부로서 드러나고 있지 않다. 인간은 오히려 이 생산과정에 대한 감시자와 조정자로서 행동한다. … 노동자는 생산과정의 주요 행위자이기는커녕 이 생산과정 옆에서 자기의 자리를 발견한다."[174] 농업과 산업 전체는 아직 한 세기 전에 마르크스주의 천재적인 정신이 제시했던 그 단계에 아직 이르지 못했다.

이와 마찬가지로 자본의 축적 —자본가들이나 기업들에 의해 이루어지는 자본을 통한 이윤의 추구는 원동력이나 원칙을 구성하지는 않는다— 이 노동자들에게 향후 미칠 영향에 대한 기술記述 —사회학적-경제학적 기술이다— 은 필연적으로 근본적인 세 개의 이론 위에 세워지지 않는다. 마르크스는 노동 시간을 위한 전쟁에 가치-노동 이론의 도움으로 '경제적' 합리성을 부여했다고 생각했다. 이런 사회적 갈등에 대한 분석을 통해 가치-노동 이론을 포기한 자들과 하루의 마지막 시간에 대한 잉여가치의 선취를 포기한 자들을 위한 '사회학적'이고 '역사적'인 의미가 도출된다.

마지막으로 죽은 노동을 위한 산 노동의 "소외", 또는 더 일반

---

174   *Fondements*, t, II, p.221(pp.592~593).

적인 다른 말로 하자면, 거대한 기계에로의 노동자의 편입은 오늘날에도 여전히 사회적 비판의 주제로 남아 있다. "노동자는 그의 기술과 그의 능란한 솜씨를 활성화시킨다. 왜냐하면 도구의 이용은 그의 솜씨에 달려 있기 때문이다. 그 반대로 이제 노동자를 대신하는 능란함과 힘을 가지고 있는 기계는 솜씨 그 자체이다. 그도 그럴 것이 기계 안에서 작동하는 기계적 법칙은 이 기계에 하나의 영혼을 주기 때문이다. … 과학은 기계의 여러 요소를 그것들의 조합으로 유용하게 자동으로 작동하게끔 강제한다. 따라서 이런 과학은 노동자들의 뇌에는 더 이상 존재하지 않는다. 이런 과학은 기계를 통해 그들에게 낯선 힘처럼 작용한다. 이는 마치 힘이 기계에 작용하는 것과 같다."[175] 하지만 ―그리고 우리는 이를 통해 알튀세르와 그의 학파와 조우하게 된다― 기계나 또는 기계에 의한 이런 노동자의 "소외"나 봉사는 소유권의 지위에 달려 있는가? 이를 극복하기 위해 생산도구들의 소유권과 계획화를 사적 소유권과 시장으로 대체하는 것으로 충분한가? 상품의 형태를 제거할 필요가 있다면, 다시 말해 교환을 매개로 가치에 대한 간접적인 측정을 제거할 필요가 있다면 ―E. 만델[176]과 마르크스에 대한 문자 그대로의 해석이 바라는 것처럼―, 그 지평선에는 대체 어떤 경제적 체제가 그려지는가? 생각 가능한 하나의 체제일까, 아니면 단지 연계된 생산자들에 의한 경영상의 거의 텅 빈 개념일까?

---

175   *Ibid.*, p.212(p.584).
176   에르네스트 만델(Ernest Mandel, 1923-1995): 독일의 마르크스주의 경제학자이자 트로츠키주의 운동가이자 이론가이다.

알튀세르는 잉여가치 개념에, 즉 내가 정치적인 동시에 철학적인 이유로 세 개의 기본 이론(가치-노동, 임금, 잉여가치)이라고 불렀던 것에 과학성을 부여한다. 알튀세르가 소련의 마르크스-레닌적 정통 이론과 단절하기를 원하지 않는 이상, 그는 사회주의 체제에서의 산업화와 자본주의 체제에서의 산업화 사이에 '본질적인' 구분을 유지해야 한다. 이론을 통해 이런 '본질적인' 범위가 생산수단의 소유권의 지위로 복원된다.

다른 한편, 알튀세르와 그의 추종자들은 그들의 철학적 교육에 이어 조안 로빈슨 부인에게 있어서 경제 이론에 대한 마르크스의 기여를 보여 주는 모델 또는 도식에 관심을 갖지 않는다. 알튀세르와 그의 추종자들의 눈에는 이런 도식이 낮은 수준에 있다. "수학적 공식화는 개념적 공식화에 종속될 수밖에 없다."[177] 잉여가치의 완성된 표현인 이 개념적 공식화는 충격적인 과학적 발견으로 새로운 과학적 장場을 규정하게 된다. 그렇다면 알튀세르와 그의 추종자들은 이에 대해 어떤 증거를 대고 있는가? 아무런 증거도 대지 못하고 있다. 사실, 세 개의 기본 이론은 서구의 계획자에게도 심지어는 소련의 계획자에게도(사회적 평균 노동의 시간을 측정하는 데 점점 더 어려움을 겪고 있고 —서로 다른 질적 노동을 어떻게 하나의 유일한 규범으로 환원시킬 것인가?—, 또 생산 요소들의 상대적인 희소성을 고려하는 데도 점점 더 어려움을 겪고 있다) 아무런 소용이 없다. 도대체 그들은 무슨 권리로 대지, 이자, 이윤의 통합으로의 환원이

---

177   *L.C.*, t. II, p.163.

과학의 결정적 획득물을 대표한다고 단언하는가? 서양에서의 실천과 소련식 실천 역시 이런 환원을 부정하는데도 말이다. "잉여가치가 측정 가능한 실재가 아니라는 사실은, 그것이 하나의 사물이 아니라는 사실에서 기인하는 것이 아니라, 오히려 관계, 생산의 사회적 구조, '그 효과'에서만 가시적이고 측정 가능한 존재를 보여 주는 개념일 뿐이라는 점에서 유래하지 않는가?"[178] 그렇다고 하자. 하지만 그것의 효과 속에서 하나의 측정 가능한 개념을 과학적 위엄의 수준에 올려놓기 위해서는 여전히 그 효과가 무엇인가와 그 효과에서 직접적으로 가시적이지 않은 그 개념이 함축되었는지를 정확히 밝혀야 할 것이다.

우리의 젊은 철학자들을 매혹한 것은 바로 마르크스의 체계에서 잉여가치의 전략적 위치, 그를 『자본론』의 제1권으로 유도한 개념적 정립, 가치와 가격의 구별, 잉여가치의 실재와 가격의 현상Erscheinung 또는 외관Schein 사이의 구분을 용인하는 다양한 해석이다. 그 반대로 이 젊은 철학자들은 다음과 같은 사실은 보기를 원치 않았다. 즉 이런 전형적으로 철학적인 모호성이 이런 개념화의 비과학성(이 개념의 현대적 의미에서)을 배반한다는 사실 —하지만 이 사실이 그들의 눈에 띄었다— 이 그것이다. 또는 적어도 경제학, 사회학, 인류학이 그 안에 수렴되는 이런 개념화를 통해 순수하게 경제적인 과학성을 먼저 드러낼 수 없었을 것이다.

마르크스는 그의 방법과 개념의 독창성을 완전히 의식하고 있

---

178   *Ibid.*, p.158.

었다. 잉여가치는 사회학과 동시에 경제학(오늘날에는 구분되는 학문 분야이다)에 속한다는 사실을 말이다. 왜냐하면 잉여가치는 어떤 '확정된 역사적 시기'에서 생산의 '사회적' 조건을 밝혀 주기 때문이다. 생산수단의 소유권, 생산수단의 소유자에 의한 사회적 잉여생산물의 선취가 그것이다. 그와 동시에 경제 이론의 범위를 넘어서는 사회학적, 역사적 문제들이 모두 분명하게 제기된다. 가령, 자본의 본원적 축적의 기원은 무엇인가? 그것 없이는 자본주의적 생산양식이 기능할 수 없는 자본은 처음에 어떻게 형성되는가?

　　이미 살펴보았지만 그와 동시에 세 개의 기본 이론의 개념화는 마르크스 경제학에 대해 부르주아적 또는 세속적 경제에 대한 비판의 성격을 부여한다. 『자본론』의 개념들의 기원, 이 책의 '기술Darstellung'되는 『요강』에서의 그것보다 더 무겁고, 덜 설득적인 것으로 보인다. 가치-노동 이론에 대한 증명만이 유일하게 다른 시대에 속하는 '본질주의적' 철학 위에 기초하고 있다. 질적으로 다른 상품들은 그 공통 요소에 따라서만 측정 가능할 뿐이다. 그런데 이 상품들은 노동의 구현 이외의 다른 공통 요소를 가지고 있지 않다. 하나의 효과나 하나의 지표를 참고하는 이른바 질적 현상의 측정은 과학적 활동에 속한다. 마르크스의 논의는 노동이 가치의 실체라는 사실도(현재의 형태가 하나의 의미작용을 제시한다고 가정한다면), 상품들이 각각 그 안에서 집적된 노동의 양에 따라 교환된다는 사실도 보여 주지 않는다. 왜냐하면 정확하게 이런 비율은 현실의 교환에서는 결코 실현되지 않기 때문이다. 심지어 철학자들까지도 이런 역설에 유혹된다. 가치에서 이윤율의 경향적 저하까지 『자본론』의 개념적 체계의 발전은 —그 자체로 굉장한 지적 성과이다— 자본주의의 실제적 기능과 동시에 행위자들이 이 기능에 대해 갖는 가짜 의식을 고려해야만 한다. 만일 잉여가치 개념에 의해 그 진정한 모습이 드러나는 생산관계가 구조를 이룬다면, 이 구조는 현상들Erscheinung 속에서 드러나고 또 눈을 속이는 외관Schein에 의해 감춰진다. 하지만 어떻게 외관은 이 외관에 의해 감춰지거나 가려지는 하나의 구조의 '진리'를 증명해 보일 수 있을까? 자본주의의 사회적, 일시적, 역사적 조건들을 드러낸다는 의미(부르주아 경제와 영원한 경제의 법칙 사이의 혼동에 반대해)에서 정치경제학에 대한 비판은 경제학적인 것보다는 여전히 사회학적인 위세를 간직하고 있다. 가치와 가격의 구분 —자본가 자신이 그 외관의 포로가 되어 의식하지 못하는 자본주의의 내적인 모순— 을 매개로 이루어지는 정치경제에 대한 비판은 하나의 매혹적인 개념적 유희로 남아 있다. 이것은 도식들 —성장의 도식, 이윤율의 경향적 저하의 도식들— 을 확인하거나 또는 부인하는 통계 자료들이 제시되지 않는 한에서 그렇다.

알튀세르와 그의 추종자들은 분명 이런 노선으로 접어들지 않는다. 그들은 다음 세 개의 목표에 이르기 위해 『자본론』의 개념 체계를 이용한다. 1. 청년 마르크스와 『자본론』의 마르크스 사이의 관계에 대한 새로운 해석을 정초하는 것, "인식론적 절단"과 일치하는 지적 단절을 지적하는 것, 2. 구조주의적 마르크스주의를 정립하는 것, 다시 말해 인간주의적이지도 않고 역사주의적이지도 않은 마르크스주의를 정립하는 것, 3. 과학성을 보장하고 또 이데올로기나 주체성의 위험에서 벗어날 수 있는 역사나 사회구성체에 대한 과학을 소묘하는 것.

이 세 개의 목표로 향하는 과정을 차례로 살펴보자.

VI. 구조주의적 신비화

1. 다른 여러 여정 이후에 마르크스의 지적 여정을 한 발 한 발 추적하는 것은 우리에게 중요하지 않다. 그가 부친에게 보낸 편지에서부터 『공산당 선언』과 『자본론』까지 이르는 여정을 말이다. 마르크스가 그의 교육 과정에서 가까이 했던 철학에 대해서는 논의하지 말자. 귀르비치[179]와 알튀세르의 눈에는 —많은 의심의 여지가 있지만— 마르크스가 헤겔보다는 칸트나 피히테에게 더 가까웠다는 사실을 받아들이자. 마르크스가 좌파 청년 헤겔주의자들의 그룹에 속했다는 사실과 그가 대화 상대자로 다른 사람이 아니라 헤겔을 선택했다는 것은 부인할 수 없는 사실이다. 마르크스가 베를린 체류 이후에 다양한 텍스트를 통해 역사적 순간을 의식했다는 것을 알 수 있다. 한 명의 철학자[180]가 세계의 생성과 정신의 생성이 개념적 표현에 이르는 철학 체계를 정립했다. 마르크스는 이런 체계를 보고 화가 났고, 또 그것을 받아들이지 않았다. 그는 과거에도 이런 체계를 결코 받아들이지 않

179 　조르주 귀르비치(Georges Gurvitch, 1894-1965): 러시아 태생의 프랑스 사회학자, 법학자이다. 당대 최고의 사회학자 중 한 명인 그는 지식사회학 전문가이다.
180 　헤겔을 가리킨다.

앉다. 비록 그가 이런 체계의 비실현non-réalisation의 문제는 옆으로 제쳐 놓았다고 해도 그렇다. 하지만 마르크스는 이런 체계와의 관계 속에서 탐구했고, 그 자신의 위치를 규정하고 있다. 그가 해설하고 그 저작을 반박하는 대화자는 차례로 칸트나 피히테가 아니라 헤겔이다.

헤겔과의 이런 대결로부터 마르크스의 삶과 저작의 한쪽 끝에서 다른 한쪽 끝까지 걸쳐 있는 두 개의 주제가 도출된다. '실천'과 '비판'이라는 주제가 그것이다. 철학자들은 지금까지 세계에 대해 사고를 해 왔다. 하지만 오늘날에는 이 세계를 변화시키는 것이 중요하다. 철학자는 세계에 대해 사고하면서 그것을 변화시킬 수 없으며, 행동하면서 이 세계를 변화시킬 수 있다. 또한 세계를 진정으로 변화시키기 위해서는 모든 인간과 마찬가지로 모든 사회가 그 자체에 대해 가지게 되는 허위의식의 환상을 불식시켜야 할 필요가 있다. 청년 마르크스와 성년 마르크스 사이의 관계에 대한 문제는, 본질적으로 1843년 그가 기획한 종교, 법, 국가에 대한 비판과 『자본론』에서 수행한 정치경제학 비판 사이의 관계에 대한 문제로 이어진다. 비판에 대한 해석은 여러 방식으로 외화Entäusserung와 소외Entfremdung 사이의 해석과 연결된다. 2차 세계대전 직후 실존주의가 유행했던 시기에 예수회 신부들, 가령 페사르, 비고, 칼베즈[181] 등과 실존주의자들은 1845년 텍스트의 일부와 1867년 텍스트의 일부를 이용하여 마르크스의 사유를 완전

---

[181]   장이브 칼베즈(Jean-Yves Calvez, 1927-2010): 프랑스 예수회 소속 신부이자, 신학자, 철학자, 경제학자로, 마르크스주의 전문가이다.

히 시간을 초월한 전체로서 다뤘다. 마치 마르크스가 완성하지도 못했고 또 출간되지도 않았던 1844년 원고에 마르크스주의의 가장 훌륭한 부분이 포함되어 있다는 듯이 말이다. 몇 년 전에 나는 소르본에서 한 학사 년도 전체에 걸쳐 했던 강의에서 마르크스 연구의 여러 단계를 재구성하려고 한 바 있다. 점진적으로 그리고 결코 그 자체로 폐쇄되지 않은 채 형성되었던 마르크스의 저작의 통일성이나 일관성을 전제하지 않고서 말이다.

　　이 텍스트들을 연구하기 위해 노력을 경주한 모든 사람은 알튀세르주의자들에게 다음 사항을 양보할 것이다. 포이어바흐 스타일에 대한 비판 ―주체는 사물들 속에서, 임금화된 노동 속에서 소외된다. 이 주체는 소외를 극복하면서 그의 존재를(게다가 그의 발생적 존재를) 되찾아야만 한다― 이 여러 면에서 『자본론』의 정치경제학 비판과 다르다는 점이 그것이다. 첫 번째 비판은 주어와 술어의 전복(헤겔에 대한 거친 반박에 사용되는 반박이다. 그 내용은 헤겔이 개념과 실재를 잘못 혼동했다는 것이다. 그런데 구체적이고 개별적인 대상이 실재적 주어이고 일반성이 술어이다)[182]을 철학적 주제로 여기고 있다. 종교에 대한 비판, 포이어바흐로부터의

182　*Cf. Sainte Famille* dans *Œuvres philosophiques*, trad. Molitor, t. II, p.99 *sqq.* "현실적이고 특수한 결과는 외관상의 결과일 뿐이고, 그 실체가 진짜 본질의 결과이다. 사변적 철학자는, 이것은 당연한데, 이처럼 계속된 창조를 다음과 같은 경우에만 수행할 수 있을 뿐이다. 즉 그 자신의 고유한 고안에 속하기 때문에 모든 사람에 의해 실제로 사과, 배 등에 속하는 것으로 인정된 속성들을 도입하면서뿐이다. 추상적 이성만이 창조해 낼 수 있는 것, 다시 말해 추상적인 합리적 형태에 실질적인 이름을 부여하면서 만이 그렇다. 마지막으로 자기 자신의 고유한 행동 -이 행동을 통해 사과의 표상에서 배의 표상으로 이동하는 데- 은 절대적 주체의 행위, 곧 결과라는 사실을 선언하면서 그렇다. 사람들이 사변적 언어로 실체를 주체로, 내적 소송으로, 절대적 인간으로 이해하기라고 부르는 이런 작동, 즉 이런 이해는 헤겔적 방법의 본질적 특징을 구성한다."

영감에 대한 비판은 주어-술어 관계의 역전에서도 역시 중요한 역할을 했다. 인간이 주체이고, 또 인간은 종교적 환상을 깨면서만 그 자신의 "소외된" 부富, 저 세상 속에 투사된 부를 소유할 수 있을 뿐이다. 알튀세르주의자들의 생각을 믿는다면, 이런 이론은 여전히 헤겔적 문제틀 내부에 위치해 있고, 필연적으로 절대지 또는 생성의 끝에서의 인간 자신에게로 회귀 속에 함축되어 있는 역사주의로 유도될 것이다.

분명 『자본론』에 대한 비판은 '인간학적' 비판과는 다를 수 있다. 하지만 이때 문제가 되는 것은 완전히 독창적인 인식론적 문제틀을 유도하게 될 급격한 차이, 인식론적 절단일까? 과연 『요강』이나 『자본론』에서 인간학적 비판은 사라졌을까? 『유대인 문제』를 보도록 하자. 우리는 이 책에서 헤겔적 문제틀이 유지되고 있고 또 공산주의적 의도가 표현되고 있는 비판의 역사적이고 동시에 사회학적인 첫 번째 버전을 발견한다.

"완전한 정치적 국가는 그 본질에 의하면 인간의 물질적 삶과 대립되는 그의 유적 삶vie générique이다. 이런 자기중심적 삶의 모든 가정은 시민 사회의 정치적 영역 밖에서 계속 존재한다. 하지만 부르주아 사회의 소유로서이다. 정치적 국가가 그 참다운 개화에 이르게 되는 지점에서 인간은 사고와 의식에서뿐만 아니라 현실과 삶에서도 역시 천국과 지상이라는 이중의 삶을 영위하게 된다. 이런 삶은 정치적 공동체 내에서의 삶인데, 이 공동체에서 그는 자신을 유적 존재être générique로 여긴다. 또한 이런 삶은 시민 사회에서의 삶인데, 이런 사회에서 그는 단순한 개별자로서 노동하고, 다른 사람들에게서 단순한 수단을 보고, 그 자신도 단순한 수단의 역할을 하게 되며, 낯선 힘의 노리개가 된다. 시민 사회에 대해 정치적 국가는 정신주의적인데, 이는 하늘이 땅에 비해서 정신주의적인 것과 마찬가지다. 정치적 국가는 시민 사회에 대해 반대 입장에 있으며, 종교가 속세에 대해 승리하는 것처럼 정치적 국가는 시민 사회에 대해 승리를 거둔다. 정치적 국가는 어쩔 수 없이 이 시민 사회를 인정하고 다시 세우며, 스스로 이 시민 사회에 의해 지배되도록 해야 한다."[183]

정치적 환상과 대립되는 현실은 시민 사회에서 욕구하고 노동하는 인간으로서 영위하는 삶으로 정의된다. 시민 사회bürgerliche Geselschaft는 후일 '하부구조'의 국면에서 —그렇다고 해서 이것이 상부구조를 가리키는 정치적 보편성은 아니다— 모든 실재를 상실한다. 이런 시민 사회에 대한 비판의 영역이 지적되지 않는 것은 아닌데, 이 영역에서 —유일한 영역이다— 인간은 자신을 온전히 완성할 수 있고 또 그래야만 하며, 또한 이 영역에서는 혁명이 일어나야만 한다. 이런 본질적인 영역 —오늘날 인간이 소외되고, 내일은 다시 회복하는 시민 사회, 생산관계— 에 대한 무지는 철학자와 '실천'에 대해 맹목성과 비효율성이라는 선고를 내리고 있다. 종교에 대한 비판은 정치에 대한 비판으로 이어졌다. 그런데 정치 역시 환상이지만, 그 의미가 다르다. 정치적 국가(또는 상부구조)가 종교만큼 비현실적인 것은 아니다. 하지만 이 국가에 자율성이나 자족성을 빌려 준 시민들이나 사람들

---

183   *OEuvres philosophiques*, trad. Molitor, t. I, pp.176-177.

은 주어와 술어의 관계를 전복하지는 않는다. 그들은 결정적 심급 또는 특히 현실을 '드러남manifestation'과 혼동한다. 이런 혼동은 부르주아들의 허위의식의 한 양상을 표상한다. 『자본론』과 마찬가지로 『요강』에서도 마르크스의 비판은 소외와 허위의식이 결합된 두 주제를 다시 취하고 있다. 알튀세르의 제자 중 한 명은 정확히 『수고』[184]와 『자본론』 사이의 '유비analogie'를 분석한 바 있다.[185] "『수고』에서 주체(노동자)는 그의 본질을 대상 속에 투사한다. 이 대상은 낯선 존재(자본)의 힘을 키우게 된다. 그런데 이 낯선 존재는 전복의 운동 속에서 스스로를 주체로 정립하고, 노동자를 그의 대상의 대상으로 환원시킨다. 『자본론』에서 '외재화Veräusserlichtung; extériorisation'는 다음과 같은 사실로 구성된다. 즉 형태가 가진 '어둠Begriffsolsigkeit'의 힘으로부터 관계는 사물의 물질적 속성 위에 가해진 그 자체의 물질적 특징들(사물화)을 보게 된다는 것이다. 이 사물 속에서 자율적 주체로서 스스로를 제시한 관계(주체화)는 사라졌다. 이런 운동 속에서 노동자와 자본가는 개입하지 않는다. 이렇듯 노동자는 여기에서 임금이 지급되는 노동과 생산관계의 지지물로서의 모습을 드러낸다. 하지만 이 과정의 기원에 있는 주체로서의 모습이 아니다. '소외Entgfremdung'의 메커니즘은 노동자와 관련되지 않는다. 따라서 우리는 두 가지 다른 구조를 확정할 수 있고('마르크스는 이 두 구조를 계속 혼동하는 경향이 있다'),[186] 자본가의 관계의 소외

---

184 『경제학-철학 수고』를 가리킨다.
185 L.C., t. I, p.194.
186 원문에서 아롱은 이 부분을 강조하고 있다.

를 실체적인 주체의 소외 모델에 위에서 생각하는 경향이 있으며, 또한 '반전Verkehrung, inversion'을 '전복renversement'으로 생각하는 경향이 있다." 우리는 이렇게 해서 『수고』와 『자본론』에서 비판적 과정은 마르크스 자신이 인식론적 단절을 인정하지 않은 것과도 같은 구조의 동일성을 보여 준다는 결론에 도달한다. 마르크스의 여러 텍스트에서 '이 결정적인 점에 대해' 청년 헤겔의 문제틀과 성년 헤겔의 문제틀 사이의 뚜렷한 구분의 표현이나 증거를 찾는 것은 소용없는 일이다. 마르크스가 그의 해설자들보다 이런 구분 사이의 혼동을 더 잘 피한 것은 아니다. 게다가 『요강』를 읽는 것은 다음과 같은 사실을 증명하는 데 충분하다. 즉 그럴 필요가 있었다면, 1857~1858년 사이에 벌써 기계에 육화된 자신의 지성을 빼앗긴 노동자에 대한 인류학적 비판, 홀로 기능하는 일종의 거대한 기계장치가 된 생산 체계의 부속물인 노동자에 대한 인류학적 비판은, 힘들이지 않고 『자본론』에서 드러난 순수하게 경제적인 비판과 결합된다는 사실이 그것이다(가령, 가치를 창조하는 추상적 노동과 질적으로 확정된 상품을 생산하는 구체적 노동의 구분, 『자본론』의 모든 부분에 이윤을 창출하는 동일한 능력을 부여하는 자본가의 환상 등이 그것이다. 그런데 살아 있는 노동만이 유일하게 이 이윤을 창출한다. 왜냐하면 이윤은 잉여가치의 한 형태 또는 한 부분을 구성하기 때문이다, 등등).

[알튀세르의] 인식론적 절단에 의하면, 마르크스는 당연히 구분해야 할 것을 혼동하고 있어 우리는 다음과 같은 사실을 자문해야 한다. 그것을 구분하고 또 그것을 혼동하는 자 중에서 누가 틀린 것인지를 말이다. 정확히 말하자면 마르크스는 혼동하지 않았다. 『수고』

에서 마르크스는 아직 고전 경제학 전체를 구상하지 않았고, 자신의 고유한 체계의 주요 이념을 가지고 있지도 않았다. 『수고』에서 인간학적 비판은 직접적인 형태로 제시되어 있고, 심지어는 종종 노동자가 인간의 본질적인 행동인 노동에서 자신의 "유적 존재"를 실현해야만 한다는 사실로부터 출발해서 그렇다. 『요강』에서 마르크스는 다음과 같은 사실을 인정했다. 노동은 현대 경제학에서 항상 필연성에 굴복하게 될 것이라는 사실과 노동자는 자유로운 시간 속에서만 자유에 이를 수 있을 뿐이라는 사실이 그것이다.

1844년의 마르크스가 아직 그 원칙을 세우지 못하고 있었던 『자본론』의 경제적 분석은 우선 "영국적인 고전 경제학의 의미에서" 엄밀하고 과학적이고자 했다. 하지만 이 경제학을 철학적 개념화의 도움으로 재해석하면서 마르크스는 '소외'와 '사물화'와 '유사한'(동일하지 않거나 심지어 유사하지도 않은) 형태를 재발견했다. 산 노동은 그것만으로 가치를 창출하고, 사회적 노동 시간은 상품의 가치를 측정하고 결정한다. 상품은 사회관계의 표현으로 이해되기는커녕 통속적인 경제학자들의 눈에는 직접적으로 주어진 하나의 사물로 여겨진다. 반면, 상품 속에는 세속적인 사람에게는 구별이 안 되는 두 개의 본질, 즉 이 상품 안에 정제된 추상적 노동의 표현인 '가치'와 질적으로 정의된 노동의 작품인 생산된 '유용성'이 섞여 있다. 이와 마찬가지로 세속적인 사람은 자본 속에서 기계의 물질적 실재(산 노동에 의해 움직이지 않는 만큼 오랫동안 전혀 이윤을 생산하지 않는)와 잉여가치의 원천인 산 노동과 죽은 노동 사이의 관계를 혼동한다. 세속적인 경제학자처럼 자본가도 생산의 다른 요인들과 마찬가지로 자본이 이윤을 창출한다는 환상으로부터 벗어나지 못한다. 달리 말하자면 마르크스 자신의 개념적 이론은 자본가들, 실천의 인간들과 이 실천의 이론가들이 살고 있고 또 집착하는 외관과 대조적으로 진짜이거나 또는 본질적인 실재를 규정한다.

　비판이 가진 이런 두 가지 양태의 접근과 구별은 많은 관심도 많은 신비도 제시하지 않는다. 누구도 『자본론』과 마찬가지로 『요강』에서도 마르크스가 "인간학적 비판에서 차용한 도식을"[187] 이용하지 않는다는 사실을 의심하지 않는다. 마르크스는 이렇게 쓰고 있다. "인간들 사이의 관계는 사물들 사이의 관계가 된다. 이것은 두 보어가 은밀하게 주어의 위치를 차지한다는 말이다."[188] 마지막으로 마르크스는 용어상의 차이를 정립하는 것이 필요하다고 판단하지 않았다. 그도 그럴 것이 마르크스는 청년 마르크스의 인간학적 담론과 그의 성년 시절의 담론 사이의 차이에 대해 심각하게 생각하지 않았기 때문이다. 따라서 하나의 문제가 남는다. 과연 그 사이에 현격한 차이가 존재하는가?

　『자본론』에서 드러나는 것과 같은 마르크스의 사유의 성향 중 하나를 끝까지 밀고 나간다면, 어떤 의미에서 해석자는 이 현격한 차이를 발견할 수 있다. 그러니까 자본주의 체제를 하나의 구조화된 전체로 여긴다는 조건이다. 여기서 구조화된 전체로 재구성한 자본주의

187　*L.C.* t. I, p.197.
188　*Ibid.*, p.198.

체제란 노동자와 자본가를 생산 관계의 두 축으로 하는 체제를 의미하지만, 정작 이들은 역사적 과정 속에서 행위자들 혹은 주체들을 대표하기는커녕 오히려 자본주의를 이해조차 하지 못한 채 그저 그 변화와 기능을 체험하며 살거나 겪기만 한다. 자본주의는 필연적으로 평범한 경제의 모습으로 드러난다. 이것은 포이어바흐의 종교적 환상 속에서 잘 정초된 외관이나 심지어는 객체화, 즉『수고』의 소외를 효율적으로 구분해 준다.

하지만 알튀세르주의자들이 보지 못하는 것은 바로 이전의 용어의 유지, 인간학적 후광과 이전의 문제틀에 대한 비판되지 않은 잔재만을 표상할 뿐 아니라, 또한 "마르크스의 마르크스주의 속에서" 근본적인 문제들의 필수적인 존속을 표상한다는 사실이다. 사물들의 관계를 인간들의 관계로 대체하는 것이 그것이다. 상품들 속에 집적된 사회적 노동의 시간에 의한 가치에 대한 (간접적) 측정에 대한 비판은 사회주의적 생산양식의 빈틈을 그려 낸다. 잉여가치 메커니즘의 설명을 통한 고전 경제에 대한 비판은 "마르크스의 사유에서" 연합한 생산자들이 경영할 수도 있을 비상품 경제économie non marchande에 대한 암묵적인 참고에 의해 이루어지는 자본주의에 대한 비판과 분리되지 않는다. 유토피아에 대한 참조가 문제가 되든, 마르크스가 연합한 생산자들에 의한 경영이라는 생각을 결코 한 적이 없든, 분명 문제와 어려움은 거의 의식되지 못했다. 하지만『자본론』의 비판과 마찬가지로『요강』의 비판 역시 항상 이중의 특징을 간직하고 있다는 것은 여전히 사실이다. 자본주의적 현실, 그것을 반영하고 있는 통속 경제에 대한 과학적 비판, 그리고 자본주의에서의 인간 조건에 대한 인간학적 비판이 그것이다. 게다가 마르크스가 자신의 인식론적 혁명을 이해하지 못했다는 증명에 미묘한 힘을 제공하는 데 전념했던 알튀세르주의자들은 더 이상 본질적인 것을 보지 못한다. 즉 마르크스의 세 주요 이론(가치-노동, 임금, 잉여가치)에서 구분되는 대로의 생산관계는 어떤 의미에서, 어떤 이유에서 자본주의의 "구조", 진리, 본질을 구성하는가? 마르크스도 마르크스주의자들도 이 질문에 대해 현대 경제학이 과학에 부여하는 의미에서의 과학적 증명을 제시하지 못하고 있다. 알튀세르주의자들은 현대 경제학의 관점으로 보았을 때 나타나는 이 증명의 형이상학적이거나 이데올로기적이거나 또는 인간학적인 부분을 구성하는 것을 마르크스적 경제의 과학적 핵심으로 여겼다.

2. 왜 알튀세르주의자들은 과학에 종사하는 대부분의 사람에게 철학적으로 보이는 것을 과학적이라고 이름 붙일까? 한편으로 그들의 실수는 현대 경제학에 대한 무지나 거부에서 기인한다. 다른 한편으로 마르크스주의와 역사과학에서 구조와 동일한 개념, 즉 몇 년 전부터 파리의 지성계에서 유행하는 개념을 발견하려는 강박관념적인 욕망에 『자본론』에 대한 이와 같은 (재)해석의 책임이 있다.

구조라는 단어에는 그 어떤 마술적인 장점도 없다. 이 단어는 가장 모호하고 가장 일반적인 의미에서 여러 부분이 서로 관여하고, 엮이고, 통합되는 하나의 총체ensemble를 보여 준다. 그런데 여기에서 전체tout는 부분들과의 관계에서 독창성이나 특수성을 드러내는 방식으로 작동하고, 또 각개의 부분은 다른 부분들과의 관계에 의해, 또 모든 부분은 전체 또는 이 부분들의 구성의 법칙과의 관계에서 이해되고 포착되는 방식으로 작동한다. 물론 하나의 생산양식 또는 하나의 사회구성체는 이런 구조에 대해 이렇게 표현된 정의에 따르면 하나의 구조를 갖는다. 하지만 이런 설명은 우리에게 그 어떤 것에 대해서도 그 무엇도 가르쳐 주지 않는다. 하나의 구조를 보여 주는 총체 —자본주의적 생산양식, 있는 그대로의 자본주의적 사회, 영국의 자본주의적 사회— 를 발견하고, 그것이 어떤 것인지를 발견하는 문제가 남아 있다.

알튀세르주의자들은 역사의 주체로서의 인간과 계급, "사회구성체"나 "구조화된 전체"를 대체하기 위해 "구조주의적" 관념이나 해석을 이용한다. 이런 노선에 가담한 해석자는 헤겔적 문제틀을 단념하기로 결정할 것이다. 그런데 이 문제틀에 대해 마르크스 자신은 "인식론적 절단" 이후에 다음과 같은 순서로 되어 있는 표현들을 이해하지 못했다. "인간들은 스스로 그들의 역사를 만든다. 하지만 그들을 조건 짓는 상황 속에서 그렇다." 이 해석자는 생산관계 또는 "생산양식의 구조"가 사물들의 관계에서와 마찬가지로 "물신화된" 것으로 나타나는 인간들 사이의 관계가 아니라 현실을 구성한다고 선언할 것이다. 이 해석자는 가치의 법칙과 잉여가치의 추구에 의해 지배되는 자본주의에 대한 비판과 사회주의적 예언주의, 연합한 생산자들에 의한 경제의 경영 사이의 관계를 포착하기를 거부할 것이다.

이런 (재)해석은 틀림없이 마르크스적 사유의 여러 경향 중 하나에 일치한다. 경제에 대한 비판의 인간학적 의미는 더 적은 자리를 차지하고, 또 『자본론』에서 『요강』에서 보다 더 빛나게 표현되고 있다. 게다가 마르크스 자신이 그의 사유에 대해 가하고 있는 해석이 어떤 것이라 해도, 만일 적어도 이런 (재)해석을 통해 달리 해결 불가능한 문제가 해결된다면, 글자와 정신에 반대되는 (재)해석은 여전히 정당할 수도 있을 것이다. 하지만 불행하게도 사정은 그렇지 못하다. 알튀세르적 "구조주의"는 텅 빈 기획으로 남아 있다. 내용이 없고 정당화가 안 된 채로 말이다. 역사적-사회학적 연구가 이 구조주의를 채우지 못하고 또 동시에 그것을 정초하지 못하는 만큼 그러하다.

『서설』에서 마르크스는 각각의 "구조화된 전체"(페루에서 화폐 없이 아주 정교하게 이루어진 노동 분업)의 내부에서 다양한 범주의 동일하지 않은 발전에 대해 강조하고 있다. 아시아적 생산양식은 하나의 "구조화된 전체"를 구성하지 못한다. 진실을 말하자면 이 생산양식은 본질적인 하나의 양상, 즉 잉여가치의 선취 방법에 의해 특징지어지는 하나의 모델을 닮았다. 하지만 노예제의 유일한 형태도 존재하지 않고, 농노제의 유일한 형태는 더욱더 존재하지 않는다. 생산양식에 대한 "구조적" 이론은 다음과 같은 이중의 조건에서만 우리에게 교훈을 줄 뿐이다. 즉 각각의 양식에서 결합되는 여러 요소에 대한 철저한 분석을 이용하기와 다른 요소들에 대해 그 요소들 중 하나의 특수한 양상이 어떤 결과를 낳을 것인가를 아는 것이다. 예컨대 현실적인 것(또는 생산의 물질적 과정)의 특수한(자동적) 양상이 어느 정도까지 자본의 가치화 과정 또는 소유 관계를 변형시키는가? 만일 우리가 좁은 의미의 생산양식 ―이 생산양식이 하부구조를 가리키는 의미이다― 으로부터 사회구성체로 넘어간다면, 동일한 어려움이 다양하게 다시 발견될 것이다. 왜냐하면 알튀세르주의자들은 이 사회구성체들 각각의 심급을 나열하지도 않았고, 또 개념(그들이 이 단어에 부여하고 있는 의미에서)을 정립하지도 않았기 때문이다.

철학적 차원에서 알튀세르주의자들은 『서설』에서 "사유된 대상"과 "현실적 주체" 사이의 비밀 또는 적정성에 대한 보장을 더 발견해 내지 못했다. 바디우는 그들에게 묻는다. 이런 적절성이 스피노자적 모델인가 아니면 칸트적 모델인가를 말이다. 아주 적절하면서도 무의미한 질문이다. 이런 추상적 차원에서, 모든 "경험적" 탐구와 모든 "역사적" 탐구의 외부에서, 그 누구도 철학적이라기보다는 오히려 학교 시험문제와 같은 이 질문에 답을 할 수 없을 것이다. 인식론자는 사회과학의 실질적 변화를 따라가면서 경제학이나 사회학이 이용하는 개념을 끌어낸다. 그와 동시에 이 인식론자는 알튀세르에 의해 이 개념에 부여된, 헤겔적이라기보다는 오히려 아리스텔레스적인 의미에 따라 이 개념이 왜 당연히 그런 것으로 여겨질 수 없는지를 설명하는 기회를 가질 수도 있다.

알튀세르주의자들은 마르크스의 사유에 의해 허용되지만 그 범위가 한정되어 있는 차별을 강조하기 위해서 또한 구조주의를 요구한다. 즉 있는 그대로의 생산양식에 대한 구조적 또는 공시적 분석과 한 생산양식에서 다른 생산양식에로의 이행에 대한 통시적 분석 사이의 차별이 그것이다. 『자본론』제2판의 서론에서 마르크스에 의해 멋지게 인용된 해설자조차도 그 반대로 다음과 같은 사실을 단언한다.

자본주의에 대한 마르크스의 분석은 공시적인 동시에 통시적이었고, 또 이 분석은 이런 생산양식의 형성에 필요한 조건들과 동시에 내적 모순에 의해 침식된 자본주의의 불가피한 종말을 보여 주고 있다는 것이다.

　　마르크스는 확실히 경제와 사회에 대한 특징, 그리고 이 두 분야의 연관을 예리하게 인식하고 있었다. 발라스[189]와 파레토가 균형 이론에서 수학적으로 공식화한 경제 체계의 모든 변수 사이의 연대성은 고전 경제학자들이 예감했거나 경험적으로 발견했던 것이었다. 거시 경제에 관심을 가졌던 마르크스는 케네[190]의 경제표를 리카도의 도구들과 더불어 다시 취하여 통일하였고, 그 자체로 항구적으로 재생산 중에 있는 경제적 체계의 이런 통일에 완성된 형태를 제공했다. 게다가 "모든 형태의 사회에서, 다른 모든 생산에 등급과 중요성을 부여해 주는 것은 바로 하나의 생산의 결정된 조건들이다."[191] 경제학은 역사적으로 결정된 하나의 경제적 체계의 기능을 분석한다. 따라서 그 어떤 것도 추상적으로 생산양식에 대한 분석과 하나의 생산양식에서 다른 생산양식으로의 이행에 대한 분석을 구분하는 것을 금지하지 않는다.

189　레옹 발라스(Léon Walras, 1834-1910): 프랑스의 수리 경제학자로, 한계효용 이론을 창시했고 일반균형 이론의 발달을 이끌었다. 발라스는 슘페터로부터 모든 경제학자 중 가장 위대한 경제학자라는 평가를 받았다.

190　프랑수아 케네(François Quesnay:1694-1774): 프랑스의 경제학자이자 의사이다. 초창기 경제학자로 농업을 중시하는 중농주의로 알려져 있다. 그의 사상은 "농업은 국부의 원천"이라는 말로 요약된다.

191　*Introduction*, p.251.

이런 구분은 자본주의의 경우에 특별한 어려움을 제시하지는 않는다. 자본주의의 경우에서 모든 다른 생산에 등급과 중요성을 부여하는 것은 바로 산업 생산이다. 그런데 『요강』이나 『자본론』에 나타나 있는 것과 같은 자본주의적 산업 생산은 기계주의의 도움을 현실적 전유의 과정과 동시에 잉여가치의 전유 과정을 포함한다. 마르크스는 후일에 이루어질 이 두 과정의 분리 결과에 대해서는 분명하게 질문하지 않는다. 『자본론』 제3권의 그 유명한 주註와 마찬가지로 『요강』의 텍스트는 점차적으로 노동 생산의 증가와 더불어 초과 노동의 필요성이 감소한다는 사실을 암시해 준다. "그때부터 초과 노동을 발전시키기 위해 필요한 노동 시간을 줄이는 것은 더 이상 중요하지 않다. 그보다는 오히려 사회의 필요한 노동 전체를 최소한으로 줄이는 것이 중요하다. 그런데 이런 감축은 개인들이 자유로워진 시간 덕분에 또 모든 사람의 이익을 위해 창안된 수단 덕분에 예술적, 학문적 등의 교육을 받는다는 사실을 전제한다."[192] 그 반대로 마르크스는 잉여가치의 양이나 분배와 관련해 집단 소유를 개인 소유로 대체함으로써 야기될 결과에 대해서는 성찰하지 않는 것처럼 보인다. 잉여가치를 위한 현실적 전유와 프롤레타리아트의 착취라는 두 과정이 분명하게 구별되지 않는 것과 마찬가지로, 공시적 분석은 불가피하게 역동적 특징을 보여 준다. 그 이유는 산업 생산에 의해 특징지어지는 자본주의적 생산양식이 스스로 확대하면서 재생산되기 때문이다. 이렇듯

---

192   *Fondements*, t. II, p.222(p.593).

확대된 재생산의 도식만이 유일하게 자본주의의 진리, 현실적 삶을 표현한다. "축적하라, 축적해. 이것이 법칙이고 예언이다." 가차 없는 경쟁 법칙에 따르는 기업가들은 계속해서 그들의 생산수단을 혁신해야 하고, 노동의 수익을 개선해야 하고, 따라서 필요한 노동 시간을 줄여야 하고, 『자본론』의 유기적 구성을 변경시켜야 한다. 균형과는 거리가 먼 있는 그대로의 자본주의는 불균형, 즉 파괴자들과 창조자들의 계승에 의해서만 지속될 뿐이라는 슘페터의 생각은 마르크스에게서 온 것이다.

알튀세르주의자들은 어떤 이유에서 마르크스주의자들에 의해 자본주의 경제에 고유한 역동성을 이유로 낮게 평가되는 경향이 있는 구조 내의 인과성과 구조 사이의 인과성 사이의 구분에 대해 그토록 집요하게 중요성을 부여하는가? 이 점에 대해 다시 한번 우리는 힘들이지 않고 정치적이고 과학적인(또는 철학적인) 이중의 의도를 발견한다.

생산양식으로서의 그 어떤 자본주의도 그 자체의 경제적 변화에 내재적인 법칙의 유희에 의해 혁명이나 사회주의로 빠진 적이 없다. 따라서 한 세기 동안 마르크스주의자인 척하는 자들, 마르크스주의자들과 반마르크스주의자들이 동일하게 그 성스러운 책[193]의 최종 의미를 알지 못했을 것이라고 단언하는 편이 더 낫다. 빈곤화, 자본의 유기적 구성의 변경, 이윤율의 경향적 저하 법칙, 생산관계와 생산 사이의 모순(사회적 힘과 사적 소유권), 이런 모든 모순이나 경향적 법칙은

---

193   『자본론』을 가리킨다.

자본주의적 생산양식 내에 있다. 이 모든 모순은 자본주의적 생산양식의 기능 방식, 이 생산양식이 하나의 사회구성체에서 다른 사회구성체로의 이행을 지배하는 통시적 법칙이 아니라 그 자체를 재생산하는 방식을 규정한다.

약간의 아이러니가 섞여 있는 이런 재해석은 우회로를 통해 대부분의 마르크스주의자가 지금까지 반마르크스주의자들의 심술궂음에서 차용한 제안을 다시 발견한다. 사실상 마르크스는, 만일 우리가 그의 도식을 고수하면서 엄밀한 경제 용어로 말하자면, 절대적 빈곤화도, 심지어 상대적 빈곤화까지도, 파국의 불가피성도 '증명하지' 못했다. 국민총생산에서 임금 부분의 후일의 하락 또는 이윤율의 하락에는 최종 붕괴가 내포되어 있지 않다. 발전주의적 마르크스주의자들을 당황하게 하는 것이 오히려 구조주의적 마르크스주의자들의 기대를 충족시켜 준다.

고전적 마르크스주의가 역사적 도식을 포기한 이후에, 공시적 분석(또는 생산양식에 대한 분석)과 통시적 분석(또는 하나의 생산양식에서 다른 생산양식으로의 이행) 사이의 구분은 또한 "이행의 형태"나 "혼합된 형태"에 대한 고려를 가능케 해 준다. 바로 거기에 아마도 "소련의 수정주의"나 "중국의 문화혁명" 이론이 자리한다. 이것은 알랭 바디우가 바란 것이다. 하지만 알튀세르주의자들이 집요하게 이런 구분을 강조하는 것은, 내 눈에는 정치적 의도보다는 여전히 철학적 의도를 증언해 주는 것으로 보인다. 한 번 더 그들은 헤겔의 망령, 역사주의의 망령과 심지어는 역사의 망령을 떨쳐 버리고자 한다.

실제로 이런 구분은 역사가들이 이해하는 방식대로의 역사 인식을 역사적 유물론으로 혼동하게 되는 역사에 대한 이론이나 학문으로 대체할 수 있게 만든다. 여기서 역사적 유물론은 그 자체로 사회구성체 혹은 생산양식에 대한 이론이다. 역사학자들, 신칸트주의자들은 역사적 사실의 결정이나 구축構築에 대해, 많은 경험적 소여 중에서 후세의 관심을 끌 만한 것의 선택에 대해 자문한다. 역사적 유물론의 개념은, 만일 그것이 생산양식과 그 구조를 결정한다면, 마술지팡이를 휘두르는 것처럼 모든 문제를 해결할 것이다. 역사적 인식의 대상은? 생산양식이다. 어떤 사실이 역사적 의미를 받을 만한가? 생산양식에 영향을 주는 것이다. 하나의 생산양식의 기원에 대한 연구는 무엇에 의존하는가? 결합에 의해 하나의 생산양식이 구성되는 여러 요소에 대해서이다. 하지만 하나의 사회구성체, 즉 "구조화된 전체"에는 다양한 생산(또는 실천)이 포함되어 있다. 이런 생산 사이의 관계는 사회구성체 별로 달라진다. 하나의 특수한 실천은 하나의 사회구성체에서 다른 사회구성체까지 같은 것으로 남아 있지 않다. 각각의 실천은 고유한 시간성을 가지고 있다(또는 다른 말로 하자면, 변화의 속도와 형태는 문제가 되는 과학, 예술, 풍속이나 기술에 따라 변화한다).

이렇게 해서 우리는 악순환에 빠지게 된다. 만일 우리가 모든 사회구성체에 대한 과학, 각각의 실천의 시간성에 대한 과학, 각각의 사회구성체에 고유한 구조에 대한 과학을 가지게 된다면, 그때는 역사에 대한 하나의 과학이 있게 될 것이다. 우리가 이런 과학을 가지지 못하는 한, 점잖게 묻는 역사학자나 사회학자의 길 외에 어떤 다른 길이 우리에게 다양한 자료를 축적하고 또 그것들에 대해 겸손하게, 제공해 줄 것인가?

마르크스는 그의 과학적 실천에서 결코 역사적 이야기를 제거한다는 주장을 펴지 않았다. 사회학적 영감을 받은 역사적 이야기인 『루이 보나파르트의 브뤼메르 18일*Le 18 Brumaire de Louis-Bonaparte*』[194]는 마르크스와 같은 재능을 가진 역사학자 누구에 의해서도 쓰일 수 있었을 것이다. 『자본론』에서 마르크스는 그의 역사적 박식함을 다양한 방식으로 이용한다. 가끔 그는 여러 사회적 사실(노동의 마지막 시간을 위한 갈등)을 상기하면서 추상적인 이론을 설명한다. 어떤 때 그는 경제적-사회적 이론에 의해 역사적 생성의 대노선(경제적 위기, 계급 갈등의 악화)을 인지 가능하게 하기도 한다. 그는 또한 마지막으로 역사적 사실에서 생산양식의 계보학, 기계의 창조, 자본의 축적 등을 인지 가능하게 하기도 한다. 알튀세르주의자들에 의하면 이 마지막 실천만이 과학적이라고 불릴 만하다. 왜냐하면 이 실천은 하나의 사회구성체의 탄생에 대한 통시적 분석을 보여 주기 때문이다.

만일 사회구성체에 대한 논의가 우리에게 분명히 각각의 구조 속에서 여러 실천을 종합하는 하나의 체계를 제공해 준다면, 역사적

---

[194] 이 글은 1851년 말에서 1852년 초에 마르크스가 작성한 소논문이다. 이 글의 독일어 제목은 "Der 18te Brumaire des Louis Napoleon"이다. 이 글은 1852년 뉴욕에서 발행된 월간 독일어 신문 『혁명(*Die Revolution*)』지에 처음 실렸다. 이 글의 제목에 포함된 "브뤼메르 18일"은 루이 보나파르트의 백부 나폴레옹 보나파르트가 1799년 11월 9일(프랑스 혁명력 8년 브뤼메르 18일) 프랑스 혁명 정국에서 일으켰던 브뤼메르 18일 쿠데타를 가리킨다. 마르크스는 이 글에서 루이 나폴레옹 보나파르트가 1851년 쿠데타를 일으키고 독재 권력을 장악한 것을 다루고 있다.

인식은 이런 종합적이고 보편적으로 유효한 이론을 이용하면서 역사적 객관성에 대한 문제들을 결정적으로 제거하게 될 것이다. 역사에 대한 과학이 스피노자적 또는 알튀세르적 구조의 영원성에 포함될 것이다. 하지만 이런 이론은 존재하지 않는다. 심지어 과학적 기획으로서도 존재하지 않는다. 알튀세르주의자들은 마르크스주의의 고전적 개념들을 다시 취하는 데 그친다. 그런데 이 개념들의 모호성은 마르크스주의자 자신들에 의해 20번 이상 설명되었다. 그리고 이 개념들을 유행하는 언어로 바꾸면서 그들은 학문을 갱신한다고 상상하고 있다. 하지만 그들은 사실 강단철학의 언어주의verbalisme[195]에 이르고 있다. 그들은 심지어 마르크스주의적 미사여구 속에 펼쳐진 드러난 이론보다 덜 조악하고, 구조주의적 덧칠이 약간 더해진 생산양식에 대한 이론을 통해 과거의 재구성을 밝힐 수는 있을 것이다. 하지만 그들은 그 이론을 가지고 과거를 완전하게 재구성하지는 못할 것이다. 통합적인 역사주의는 이론을 역사 속으로 흡수해 버릴 것이다. 알튀세르주의자들에 의해 구상된 "통합적 이론"은 구체적 사실의 포착과 우리가 결코 두 번 볼 수 없는 것에 대한 이야기를 폐지하게 될 것이다. 하지만 이런 이론은 과학과 증명 불가능하고 반박 불가능한 개념을 혼동하는 철학자들의 상상 속에서만 존재할 뿐이다.

3. 알튀세르적 "구조주의"는 궁극적으로 주목할 만한 빈곤성을 드러낸다. 스탈린주의의 변증법적 유물론, 즉 디아마트는 흔적도 남

195　내용보다는 언어에 대한 편중이나 지나친 수사, 군소리 등의 의미이다.

기지 않은 채 증발되어 버렸고, '이론'(또는 철학), 이론들의 '이론'이 변증법적 유물론이라는 명칭을 받았다. 이것은 신앙의 지킴이들 몰래 산 사람이 죽은 사람을 사로잡기 위함이었다. 우리는 역사적 유물론의 주제에 대해 무엇을 배웠는가? 각개의 사회구성체는 "구조화된 전체"를 구성하고, 다양한 실천은 서로 환원되지 않으며, 각개의 실천은 특수한 특징을 내보이며, 그것들의 관계는 사회구성체에 따라 변한다. 각개의 사회구성체에는 하나의 지배적인 실천(또는 생산)이 있다. 경제적 실천이 최종 심급에서는 항상 결정적이어도 그렇다. 그 반대로 여러 개념 중 어떤 것도 엄밀하게 정의된 적이 없다. 최종 심급에서의 결정도 주어진 사회구성체에서의 지배 개념도 정의되지 않았다.

이윤, 이자, 지대의 유일한 원천인 잉여가치 개념의 도입은 '인식론적 절단', 이전에는 알려지지 않은 하나의 과학적 장場의 드러남에 해당할 것이다. 사실상 알튀세르주의자들은 여러 생산양식의 마르크스적 유형학을 우리의 역사적 지식에 아무것도 더하지 않은 채 사이비-구조주의적 언어로 바꾸고 있다. 그들은 '구조적 인과성' 개념을 심각하게 문제 삼는다. 과거에 다른 사람들이 '하부구조의 인과성'에 대해 질문했던 것처럼 말이다. 하지만 알튀세르주의자들은 아무런 이유를 제공하지 않은 채 다음과 같은 사실을 인정한다. 잉여가치의 선취 방식이 자연을 전유하는 산업적 방식을 특징짓는 사회에서 실천에 대해 결정적인 영향을 행사한다는 사실이 그것이다. 알튀세르주의자들은 『자본론』의 주요 난점을 해결하는 데 지금까지 없었던 그 어떤 방식도 암시하지 않았다. 왜 가치에 대한 소송(가격의 과정과 대립해)

이 본질적 실재를 구성하는가? 착취 이론을 세우는 수적 도식이 확인에도 반박에도 준비가 되어 있지 않을 때부터 가치 이론은 어떤 이유에서 과학성에 이르게 되는가? 세 개의 기본 이론은 양적인 관계(이윤율의 저하) 또는 상품이 그 관계를 감추는 인간 주체에 대한 참조에 의해서만 그런 것으로 단언될 수 있을 뿐이다. 하지만 알튀세르주의자들은 대안의 첫 번째 용어도 다시 취할 수 없고(경제에 대해 토의를 해야 한다), 또 두 번째 용어도 취할 수가 없다. 왜냐하면 이 두 번째 용어는 무엇보다도 추방을 고려해야 하는 이데올로기적 영감에 대한 비판으로 우리를 끌고 갈 것이기 때문이다.

레비스트로스는 구조적 분석을 수행하고 멋지게 보이거나 신중하게 보이기 위해 철학자들에게 『야생의 사고La Pensée sauvage』의 이론을 전통에 대한 여러 이론 중 한두 개와 연결 짓는 일을 일임한다. 하지만 알튀세르주의자들은 그 반대의 일을 한다. 그들은 구조주의에서 차용한다고 생각하거나 또는 차용한 몇몇 어휘나 몇몇 방법을 택한다. 그리고 그들은 그로부터 하나의 철학을 태어나게 한다고 상상한다.

사회구성체 이론으로서의 역사적 유물론은 "사유된 대상"과 "실재적 대상"의 관계를 밝혀 주는 변증법적 유물론이나 '이론'을 필요로 한다. 하지만 스피노자적이든 칸트적이든 이 이론은 역사적 유물론 이외의 다른 보증을 가지지 않는다. 그런데 역사적 유물론은 그 자체로 모든 검증이나 왜곡에서 벗어난다. 자본주의에 대한 분석에서 역사적 유물론은 양적 소여를 통해 비난에서 벗어난다. 왜냐하면 이 역사적 유물론이 이 소여를 거부하기 때문이다. 여러 사건(역사)에 대한 분석에서 이 역사적 유물론은 여러 사실을 통해 비난에서 벗어난다. 왜냐하면 결국 이 역사적 유물론은 이 사실들을 설명하고 또 그것들을 모두 받아들이기 때문이다.

언어적 진리 속에서 이런 사이비-개념적 합리성("환유적 인과성")은 철학 논술에 익숙한 자들의 가장 큰 만족을 위해 학교 시험문제를 아마도 지겹지만 문제다운 문제, "구조적 실재"가 아니라 순진한 역사학자들이 재구성하는 대로의, 경험적 사회학자들이나 경제학자들이 모델이나 집합태를 탐사하면서 축조하는 대로의 사실들에 관련된 문제로 대체한다.

VI. 헤겔의 유령과 아버지의 죽음

"과학성"을 뽐낸 마르크스주의에 대한 이런 (재)해석의 무모성만으로는 이 주의의 성공을 보장하는 데 충분하지 못할 것이다. 충격의 효과는 표현의 스캔들 효과에서 기인한다. 마르크스주의는 인간주의가 아니며, 마르크스주의는 역사주의가 아니다.

해방 직후에 장폴 사르트르는 "실존주의는 휴머니즘[196]이다"라

---

[196] 앞에서 언급한 것처럼, 이 책에서 'humanisme'과 'humanité'는 모두 '인간주의'와 '인간성'으로 옮겼으나, 사르트르의 "실존주의는 휴머니즘이다"라는 제목의 강연의 경우에는 이미 '휴머니즘'이라는 번역어가 관례로 되어 있어 바꾸지 않았다.

고 선언했다. '인간주의자'라는 인물(『구토』에 등장한다)[197]에 대한 기억을 간직하고 있는 사람 또는 『존재와 무』("인간은 무용한 정열이다"[198])를 읽은 사람에게는 놀랄 만한 표현이다. 각개의 의식이 타자에게서 그를 객체화시킨다는 사실로 인해 그의 자유를 훔치기 때문에 화해가 불가능한 의식들의 '존재론'과 사회적 주인공들의 재화해 쪽을 향한 보편적 역사의 '존재학'을 결합시키기 위해서 사르트르에게는 전쟁과 참여가 필요했다. 『변증법적 이성비판』이 폭력의 인간주의에 이르는 것과 마찬가지로. 이 책은 또한 반항 속에서, 반항에 의해 인간주의의 실현에 이른다. 그런데 이때 그 어떤 것도 이 반항이 승리 이후에 다시 실천적-타성태 속으로 떨어지는 것을 피할 수 있으리라는 희망을 허락하지 않는다.

알튀세르주의자들은 마르크스의 인간주의와 동시에 역사주의를 부정한다. 이 두 용어는 각각 서로를 가리킨다. 마르크스의 인간주의에 대한 부정은 우선, 앞에서 살펴본 것처럼, 마르크스 연구자적 marxologique[199] 의미를 갖는다. 『수고』 속에서 볼 수 있는 청년 마르크

---

197   사르트르의 소설 『구토』에 등장하는 '독학자(Autodidacte)'를 가리킨다. 사르트르는 이 독학자에 대해 비판적인 태도를 취하고 있다.

198   사르트르에 의하면 인간은 자신의 존재근거, 존재 이유를 찾아야만 하지만, 죽을 때까지 그것들을 찾을 수 없다는 의미에서 "인간은 무용한 정열(passion inutile)"이라는 표현을 사용하고 있다. 사르트르에게서 인간의 최종 목표를 '즉자-대자(l'en-soi-pour-soi)'의 융합으로 규정되며, 이런 융합 상태가 '신'의 존재 방식으로 여겨진다. 다시 말해 이 융합 상태에서 '즉자'는 '대자'의 존재근거, 존재 이유로 여겨진다. 하지만 인간은 이런 융합 상태에 도달할 수 없다는 것이 사르트르의 주장이다. 그로부터 사르트르의 인간에 대한 비극적 세계관이 도출된다. 그리고 이런 비극적 세계관은 내가 이 세계에서 우연히 만나게 되는 타자와의 갈등과 투쟁에 의해 강화된다

199   '마르크스의 저작의 일부 또는 전체를 연구하는 전문가'라는 의미를 가진 'marxologue'에서 파생된 형용사이다. 'marxologue'가 반드시 '마르크스주의자'일 필요는 없다. 이 책의 필자인 아롱이

스의 인간학적 비판과 『자본론』에서의 정치경제학에 대한 비판 사이에 근본적인 대립(마르크스 자신이 생각하지 못한)이 있을 수 있다. 이런 근본적인 대립을 유지하기 위해서는 『자본론』과 다른 모든 텍스트에서 역사의 주체로서의 인간들 또는 그들 사이의 관계의 "사물화"에 의해 "소외된" 인간들에 대한 참조를 제거해야만 한다. 또한 프롤레타리아트와 그들이 갖는 혁명적 의식을 제거해야만 하거나 또는 혁명적 '실천'을 구조들 사이의 법칙에서 폐지해야만 한다. 마지막으로 계급 없는 사회에서 반목의 제거라는 생각, 요컨대 마르크스 자신의 진화적이고 진보적인 철학의 종합적 부분인 예언적 주제를 제거해야만 한다. 요컨대 아버지 ―인간만을 알 뿐이고 또 모든 집단을 체험된 경험으로 이끄는 장폴 사르트르― 를 죽이는 동시에 '역사'는 '인간성'의 도래와 '진리'의 도래를 보여 줄 것이라고 주장하는 철학자 헤겔의 망령을 축출해야만 한다.

분명 선한 감정에 의해 활동하는 혁명주의자들에게 어떤 이유로 이런 반인간주의와 같은 기이한 열정이 있는가? 그 이유는 파리의 유행과 철학의 새로운 방법이 서로 혼합되었기 때문이다. 우리가 이 두 요인이 갖는 각각의 몫을 쉽게 분간해 내지도 못한 채 말이다.

아마도 알튀세르주의자들은 레비스트로스의 다음과 같은 유명한 표현에 응답할 것이다. "인간과학의 최종 목표는 인간을 구성하는 것이 아니라 인간을 해체하는 것이다."[200] 모종의 불투명함이 없지 않

그 대표적인 예에 해당한다.

은 문장이다. 왜냐하면 이 문장은 차후의 두 과정을 예고하기 때문이다. "인간 사회에 대한 경험적 다양성을 넘어서 민족지학적 분석은 불변항에 이르기를 원한다." "일반적인 인간성 안에서 개별적인 인간성을 재흡수한 후에 자연 속에 문화를 재통합하고, 또 궁극적으로 삶을 물리-화학적인 삶의 조건 전체 속에 재통합시켜야 할 것이다." 생산관계가 모든 사회에서 불변항으로 여겨질 수는 없을 것이다. 왜냐하면 알튀세르적 마르크스주의의 독창성은 정확히 실천의 다양성과 하나의 구성체에서 다른 구성체에 이르는 관계의 다양성으로 구성되어 있기 때문이다.

야만적 사고와 알튀세르주의자들의 사고 사이에는 모종의 유사성이 있을 수도 있다. "야만적 사고의 특징은 비시간적이라는 점이다. 이런 사고는 세계를 공시적이고 동시에 통시적인 총체성으로 포착하고자 한다. 또한 이 사고가 세계에 대해 갖게 되는 인식은 하나의 방에서 반대편 벽들에 고정되어 서로서로 비추고 반사하는 거울들, 하지만 완전히 평행하지는 않은 거울들(이처럼 서로를 분리하는 공간 속에 놓여 있는 대상들)이 제공하는 인식을 닮고자 한다."[201] 알튀세르에게는 확실히 역사에 대한 비시간적인 인식이라는 모종의 의향이 있다. 그의 눈에 공시태는 여전히 어느 정도 직선적 시간에 대한 참고, 따라서 역사에 대한 참고로 가득하다. 그러니까 계기의 순서를 따라 연결

200   *La Pensée sauvage*, p.326.
201   *Ibid.*, p.348.

된 여러 사건의 구체적 변화, 따라서 그 역사적인 인식에 대한 참고가 그것이다. 이것은 이런 변화를 이론적 구축構築을 통하지 않은 채 재구성하기 위한 헛된 시도이다. 그렇지만 알튀세르주의가 야만적 사고의 완성에 이를 수는 없을 것이다. 사회구성체의 이론이 아무리 "영원하다" 할지라도 이 이론에는 일시적인 구성체에 대한 이론도, 아직 실현되지 않은 사회주의 이론도 포함될 수 없을 것이다. 알튀세르주의자들은 그들의 뛰어난 재능에도 불구하고 마르크스주의를 (재)해석하면서 이 주의에서 역사적 차원을 완전히 제거할 수는 없다. 역사적 차원이 갖는 이중의 의미에서 그렇다. 사회구성체의 구조들은 다양한 외관 아래 제시되고, 어쩌면 순수한 유형은 그 어느 곳에서도 나타나지 않는다. 다른 한편 알튀세르주의자들이 가장 큰 관심을 가지고 있는 사회구성체는 아직 '존재하지 않는다.' 즉 그것은 앞으로 도래할 것이다. 그렇다면 과거의 시간은 이런 사회구성체에 대한 스피노자주의에서 이전에, 후에, 일직선상에서 모든 참고점을 상실했는가? 사회주의는 '후에' —스탈린, 흐루쇼프, 코시긴,[202] 마오쩌둥 후에— 온다.

레비스트로스의 반인간주의 —앞의 텍스트가 그것을 증언해 준다— 에는 반역사주의, 더 정확한 용어로 말하자면 헤겔-마르크스적 역사철학, 어쩌면 모든 역사철학에 대한 대립이 내포되어 있다. 또한 레비스트로스의 반인간주의에는 역사성에 근거하여 인간의 인간

---

202   알렉세이 코시긴(Alexeï Kossyguine, 1904-1980): 소련의 정치인으로, 1964년부터 1980년까지 소련 각료평의회 의장을 지냈다. 1964년 흐루쇼프가 물러난 뒤 수상의 자리에 올랐다.

성을 규정하는 것에 대한 거부가 내포되어 있다. 즉 아무리 보잘것없다고 할지라도 모든 사회에 인간성에 대한 인정의 반대급부가 있다는 말이다. 통시태에 대한 공시태의 인식론적 우위, 현대 사회에 대한 원시 사회의 우위, 의식에 대한 구조의 대체, 문화의 자연 속으로의 재흡수에는 환경과 친화적 공생 관계에 있는 협소한 공동체에 대한 향수가 수반된다. 이런 수반은 논리적 필연성보다는 선택적 친연성에 의한 것이다. 레비스트로스의 반역사주의, 반인간주의로부터 알튀세르주의자들은 여러 인식론적 양상(의식에 대한 구조의 우위, 통시태에 대한 공시태의 우위, 극단적으로는 유물론의 양태로 여질 수 있을 문화의 자연 속으로의 재흡수)을 취할 수 있다. 마르크스의 틀을 벗어나지 않는다면 마르크스와 엥겔스의 몇몇 텍스트에서 루소의 영향을 간파할 수 있는 원시적 공동체에 대한 향수가 최종적으로 미래와의 합창으로 표현되어야만 한다. 계급투쟁이라는 험로를 지나 다양한 인간 사회는 비지non-savoir; 非知의 순진함 속에서가 아니라 그 자체의 과거와 정해지지 않은 미래 속에서 원시적 평화를 되찾기 위해 역사적 대립을 극복할 것이다.

미셸 푸코의 반인간주의는, 이 용어가 『말과 사물Les Mots et les choses』에 적용된다는 것을 가정한다면, 니체보다 루소를 더 많이 읽은 것으로 보이는 레비스트로스의 반인간주의와 별다른 공통점을 가지고 있지 않다. 알튀세르는 푸코의 역사적 방법, 가령 『임상의학의 탄생Naissance de la clinique』이나 『광기의 역사Histoire de la folie』의 방법과 별 어려움 없이 공명한다. 사유의 각 시기에 고유한 '에피스테메'에는 '구조'라는 이름이 붙여질 것이고, 하나의 '에피스테메'에서 다른 '에피스테메'로의 이행은 '변형'(게다가 설명이 안 됨)이라고 이름 붙여질 것이다. 변화의 연속성은 하나의 주제, 하나의 비전 또는 하나의 개념('표상')으로부터 출발해서 구조화된 전체를 위해 사라질 것이다. 각개의 '에피스테메'는 몇몇 과학적 주제화를 유리하게 하며, 다른 과학적 주제들을 금지시키기도 한다. 최초의 개념에 대한 참고는 과격한 대립(라마르크와 진화주의)을 암시한다. 그런데 영광송doxologie에 그치는 해석자는 이런 대립에서 유사성이나 동일성을 본다.[203] 이런 방법은 알튀세르의 방법이 추구하는 모습과 모종의 혈연성을 가지고 있다. 이 두 방법은 각각 바슐라르의 몇몇 관념에서 파생되고, '인식론적 절단' 개념을 취하며, 계열체나 진보적인 변형을 따르는 대신에 폐쇄된 총체를 구축하는 경향이 있다. 하지만 이른바 '에피스테메'라는 개념의 모호성으로 인해 불완전하게 정의된 푸코의 방법은 마르크스의 그것보다는 딜타이와 카시러의 그것을 상기시킨다. 그 이유는 관념 체계의 하부 구조적 이유들과 그것들의 계기를 찾아내지 못하기 때문이다.

　　하지만 푸코는 그의 마지막 책에서 파리 지식인들의 피할 수 없는 편견에 더 심각한 타격을 가하고 있다. 푸코는 인식론적 절단을 리카도와 마르크스 사이가 아니라 애덤 스미스와 리카도 사이에 위치시

203　플라톤에 의하면 'doxa(억견)'의 의미는 참된 진리를 의미하는 '에피스테메(episteme)'와 대립되는 주관적, 감성적 진리, '억견' 등이다. 다른 한편, 신학에서 '독사'는 신의 초자연적인 위엄, 신성한 현실 등의 의미로 사용된다. 두 번째 의미가 반영된 'doxologie'는 '신의 영광을 찬양하는 영광송'의 의미를 가지고 있다. 여기에서는 인식론적 절단을 주장하는 알튀세르의 사유와 '에피스테메'를 특정한 시대를 지배하는 인식의 무의식적 체계, 또는 특정한 방식으로 사물들에 질서를 부여하는 무의식적인 기초로 보면서 그것과 '독사'의 구분을 해체하고 있는 푸코의 사유 사이에 유사성과 동일성이 있다는 점을 무조건 강조하는 해석자를 가리키는 것으로 보인다.

킨다. "서구 지식의 수준에서 마르크스주의는 그 어떤 실제적인 단절도 도입하지 않았다. … 마르크스주의는 생선이 물속에 있듯이 19세기의 사유 속에 있다. 다시 말해 마르크스주의는 다른 모든 곳에서 숨쉬기를 멈추었다."[204] 푸코는 그로부터 다음과 같은 결론을 끌어내고 있다. 부르주아적 경제와 마르크스적 경제 사이의 토론이 "꽤 높은 파도를 일으켜도 또 표면에 잔물결을 일게 해도 소용없다. 그것은 어린아이의 욕조 속의 폭풍에 불과하다"고 말이다. 천만 명이나 되는 죽음이 어린아이의 욕조에 이는 잔물결에 불과하다고? 대단한 재주를 지닌 학자가 사용한 "표면의 잔물결"이라는 파리의 니체주의에서 볼 수 있는 이런 멋을 부리는 표현[205]은 그냥 내버려 두자. 알튀세르는 대지, 이자, 이윤의 공동 원천인 잉여가치의 발견과 함께 단절을 리카도와 마르크스 사이에 위치시킨다.

슘페터와 같은 '경제 분석' 역사가는 리카도와 마르크스에게 잘못을 돌릴 것이다. 리카도는 애덤 스미스에게서 나왔고, 마르크스는 리카도에게서 나왔다. 푸코가 애덤 스미스와 리카도의 가치-노동이론 사이의 본질적인 차이를 증명한다고 주장하는 미묘한 논의를 토론하기 위해서는 우리의 의도에서 벗어나는 몇 쪽의 논의가 필요할 것

---

204 *Les Mots et les choses*, Paris, 1966, p.274.
205 프레시오지테(préciosité)는 17세기 프랑스 사교계에서 유행한 취향과 감정의 섬세함을 과시하는 사교 및 표현의 한 양식을 가리키는 용어이다. 프랑스 문학사에는 재치 있고 세련된 취향의 문학적 경향을 지칭하기도 한다. 지나치게 재치 있게 꾸민 말투나 에두른 표현으로 인해 현학적이고 과시적인 과장과 허세로 나아갔다는 비판을 받고 있다. 여기에서는 푸코의 표현이 실제 내용보다는 오히려 지나치게 미사여구처럼 보인다는 것을 보여 주기 위해 이 단어가 사용되었다.

이다. 간단히 말하자면 이런 논의는 "가치는 하나의 기호가 되기를 그쳤으며, 하나의 산물이 되었다"는 결론으로 귀착된다. 그런데 이 반명제는, 심지어 이 반명제에 진리의 일부가 포함되어 있다고 가정한다면 —그리고 내가 보기에 이 반명제에는 진리의 일부가 포함되어 있다—, 다음과 같은 사실을 증명해 줄 것이다. 즉 애덤 스미스와 리카도라는 두 경제학자의 철학이 변했지만, '경제학자로서' 이 두 사람은 동일한 문제를 제기하고, 동일한 관계를 토의하고, 동일한 개념의 도움으로 대화하고, 비교 가능한 도식을 만든다는 사실 그 자체는 학문(또는 지식)의 '계속된' 발전을 증명해 준다는 사실이 그것이다. 비록 세계에 대한 철학이나 비전의 불연속성이라는 가정하에서도 그렇다. 적어도 경제적 인식의 경우에 있어서 우리는 단절보다는 개념과 상호 관계의 체계의 점진적인 정립을 더 쉽게 알아차린다.

푸코는 마르크스의 텍스트를 인용했을 수도 있다. 푸코 자신의 주장을 위해 가장 훌륭한 논지를 구성하는 텍스트를 말이다. "리카도에게서 중요한 것이 바로 여기에 있다. 그는 항상 생산물이 아니라 노동, 행동, 산업, 생산, 생산적 행위를 조정적으로 여긴다. 그 반면에 애덤 스미스와 세Say에게 있어서조차 생산물은 여전히 노동의 '결정된 산물'이다. 리카도와 함께 우리는 부르주아 산업의 전성기에 있다. 애덤 스미스에게서 행위는 자연과 대상과의 관계에서 아직 해방되지도 자유로워지지도 벗어나지도 않았다. 리카도에게서 인간은 모든 곳에서 자신의 고유한 생산성과 관계가 있다. 애덤 스미스에게서 인간은 여전히 자신의 고유한 창조 앞에서 무릎을 꿇고 있으며, 그는 이 창조를 여전히 결정된 것으로, 그의 행동에 외재적인 것으로 취급한다."[206]

실제로 리카도는 하나의 분명한 생각 ―노동의 양은 상품의 상대적 가치로 측정된다― 과 다른 하나의 생각, 분명하지는 않지만 적어도 철학적 생각 ―노동은 가치의 '원천'이다― 을 결합시키면서 마르크스와 같은 방향으로 나아간다. 하지만 만일 두 번째 생각이 인간과 경제의 역사성으로 자연스럽게 나아가는 것처럼 보인다면, 리카도는 사실상 대부분의 경우에 정태적 분석의 틀 속에 머문다. 그는 최소한 모든 다른 변수가 불변한다고 가정하고 두 개의 변수 사이의 관계를 분석하거나, 또는 전체 생산물이 주어졌다는 가정하에 관여하는 부분들 사이의 총생산물이나 순생산물의 부분에 대해 관심을 갖는다.

고전 경제학에서 내가 역사적이라고 부르게 될 경제(역사주의적이라고 말하지 않기 위함이다)로의 이행을 시행하는 것은 리카도가 아니라 마르크스의 몫이다. 그런데 이 역사적 경제는 케네의 방법과 경제표, 가치-노동 이론, 리카도에게 고유한 변수들 사이의 관계 도식, 각개의 경제 체제의 독창적인 특징, 자본주의에 고유한 특징들에 대한 강조(자본 축적, 이윤 추구의 결정적 역할, 증가된 생산성을 향한 전진, 등등)를 동시에 이용하고 종합한다. 리카도로부터 내려오는 이론에 속하지 않는 사회-경제적 사유 방식은 마르크스의 저작을 연장시킨다. 리카도는 마르크스에게 가치-노동과 도구에 대한 모태가 되는 생각을 제공해 주었다. 헤겔적-리카도적 종합은 애덤 스미스에게도 나타나는 가치-노

206   *Fondements*, t. II, p.494(p.808).

알튀세르 또는 마르크스에 대한 사이비-구조주의적 읽기

동 개념에 대한 리카도적 재해석과 마찬가지로 단절을 보여 준다.

경제학(또는 지식)의 발전에서 단절은 애덤 스미스와 리카도 사이에서도 리카도와 마르크스 사이에서도 뚜렷이 나타나지 않는다. 푸코의 주장은 마르크스 자신에 의해 인정된 차이를 강조한다. 하지만 이 차이를 철학적이 아니라 인식론적이라고 명명하기 위해서는 이 차이에 내포된 순전히 경제적 분석을 위한 결과를 보여 줄 필요가 있을 것이다. '인식론적 절단'에 대한 알튀세르의 주장에 대해 보자면, 이 주장은 잉여가치 개념의 과학성, 다시 말해 현대 경제학자가 철학적(또는 형이상학적)이라고 여기는 과학성 위에 기초하고 있다.

절단이 이루어진 시기와 저작에 대한 이런 논쟁 이상으로 니체적 의미에서 푸코 사유의 반인간주의적 종말은 사르트르적이고 알튀세르적인 두 마르크스주의적 신성 가족에게는 수용 불가능할 것이다. 리카도와 마르크스 사이의 혈연성에는 자본주의적이고 사회주의적인 기획의 유사성과 서유럽과 동유럽 경제의 유사성이 내포되어 있다. "19세기에 유토피아는 시간의 아침보다는 오히려 시간의 최종적인 낙조落潮와 연관된다. 이것은 지식이 더 이상 표의 양태가 아니라 계열, 연쇄, 생성의 양태로 구성되기 때문이다. 약속된 저녁과 더불어 대단원의 그림자가 올 때, 역사의 더딘 부식작용이나 폭력을 통해 인간에 대한 인간학적 진실이 역사의 바위와 같은 부동성 속에서 솟아오르게 될 것이다. 달력의 시간은 계속 진행될 수 있지만, 이 시간은 공허하게 될 것이다. 왜냐하면 역사성은 인간적 본질과 정확히 겹치기 때문이다. 극적 사건, 망각, 소외의 모든 원천을 갖춘 생성의 과정은 인간학적 유한성 속에서 포착될 것이다. 그런데 이런 과정은 그것들 속에서 이 인간학적 유한성의 뚜렷한 표현을 발견한다. 그 자체의 진리를 갖는 '유한성'은 '시간' 속에서 주어지며, 따라서 '시간은 유한하다.'"[207]

　　지난 세기 초에 『정신현상학』의 출간과 더불어 알렉상드르 코제브가 거부한 역사의 종말, 푸코는 이 역사의 종말을 니체 저작의 출간과 더불어서는 지난 세기말에 위치시키고, 니체 저작의 이해와 더불어서는 이 세기의 중반에 위치시키는 것처럼 보인다. 사실을 말하자면, 역사의 종말이 헤겔의 제자와 니체의 제자에게 같은 의미를 갖는 것은 아니다. 코제브에 의하면 인간은 반복하거나 유희를 할 수밖에 없다. 왜냐하면 모든 것이 이미 말해졌고, 또 하나의 체계 속에서 형식화되었기 때문이다(아마도 이런 주장 역시 일종의 유희에 불과할 것이다). 푸코에 의하면 마르크스주의가 그 안에서 태동했고 번성한 '에피스테메'는 그늘의 왕국 쪽으로 기울어지고, 벌써 니체의 고고학에 속한다. 어쩌면 마르크스가 아닌 니체가 하나의 약속을 제공해 준다. 니체는 "시간의 종언을 고하고, 그것을 신의 죽음과 인간의 방황으로 변환시켰다. 또한 그[니체]는 인간학적 유한성을 다시 다룸으로써 그것을 초인의 경이로운 도약의 발판으로 사용하고자 했다. … 어쨌든 우리가 태어나기 이전에조차도 우리를 위해, 변증법과 인간이 혼합된 약속을 불태운 장본인은 바로 니체였다."[208] 알튀세르는 기꺼이 변증법과 인간학

207　*Les Mots et les choses*, pp.274-275.

이 섞인 약속을 희생시킬 것이다. 하지만 "혁명적인 경제"의 "이타성", 역사나 경제 이론의 과학성을 희생시키지는 않을 것이다.

그런데 푸코는 '역사'에 대한 순수 이론을 배제한다. 그는 이런 이론이 불가능하고 부조리하다고 판단한다. 모든 사회학은 그 안에 사회학에 대한 사회학을 포함하고 있다. 과거나 현재에 대한 모든 지식은 하나의 특수한 현실 안에 뿌리내리고 있으면서 움직인다. "사유는 사유 그 자체를 위해서뿐만 아니라 그 자체의 작업의 권위를 위해서라도 하나의 인식인 동시에 인식된 것의 수정이어야 하며, 하나의 반성인 동시에 반성된 것의 존재 양태의 변형이어야 한다."[209] "근대적 정치 사유는 아무런 도덕도 정식화하지 않는다. 왜냐하면 모든 명령이 사유의 내부에, 그리고 사유되지 않은 것을 재포착하기 위한 운동의 내부에 머물러 있기 때문이다. 반성, 자각, 침묵하는 것의 해명, 비밀 상태로 복원된 언어, 인간을 자기 자신으로부터 분리하는 어둠의 몫에 대한 조명, 타성태적인 것의 소생, 이것들이 바로 윤리적인 것의 형식과 내용을 구성하는 전부이자 유일한 것이다. 사실을 말하자면 근대적 사유는 하나의 도덕을 제안할 수 없었다. 하지만 그 이유는 근대적 사유가 순수한 사변이기 때문인 것은 아니다. 그와 정반대로 근대적 사유는 그 단초에서부터 일종의 행동 양태라는 데서 그 권위를 찾는다."[210] 현대 사유는 (마르크스적) 소외의 함정, (니체적) 환상의 함

---

208   *Ibid.*, p.275.
209   *Ibid.*, p.338.
210   *Ibid.*, p.339.

정 또는 (프로이트적) 콤플렉스의 함정 너머에서 헤겔의 혈통, "진정한 것"의 추구와 혼동되는가? 아니면 단지 오늘날의 파리의 사유만이 그러한가?

　　어쨌든 푸코는 '실천'으로부터 사르트르주의자들을, '이론'으로 부터 알튀세르주의자들을 제거하면서 단번에 인간주의적-역사주의적 마르크스주의와 과학적-구조주의적 마르크스주의를 일소해 버린다. 푸코는 과학적-구조주의적 마르크스주의를 인간주의적-역사주의적 마르크스주의보다 더 엄격하게 단죄한다. 사르트르는 철학자, 철학자들 가운데 마지막 철학자로 남아 있다. 왜냐하면 사르트르가 내세웠던 철학은 과거에 속하기 때문이다.[211] 알튀세르적 마르크스주의는 모순과 무정부주의를 결합시킨다. 우선 모순이다. 왜냐하면 알튀세르적 마르크스주의는 마르크스주의와 동시에 순수 이론이 되고자 하기 때문이다. 반면, 모든 인간 과학과 마찬가지로 마르크스주의가 그 기원과 그 실천적 함의에서 불완전하게 분리된 지식일 수밖에 없기 때문이다. 그다음으로 무정부주의이다. 왜냐하면 인간 과학의 구조적이거나 수학적인 모델이 의미작용을 하는 총체성의 분해로부

[211]　흔히 사르트르는 20세기의 '마지막 철학자'로 일컬어진다. 그 이유는 그가 서양에서 오랜 전통을 가지고 있는 형이상학, 즉 이 세계에 존재하는 모든 존재의 근원을 탐사하는 형이상학의 범주에 속하는 문제들, 가령 조물주, 존재의 출현, 생성과 변화, 본질과 실존 등의 문제를 거론하고 있기 때문이다. 또한 사회, 정치철학 분야에서도 한 국가, 한 사회의 생성, 변화를 '총체성' 개념으로 이해하고 포착하려고 하기 때문이다. 예컨대 사르트르는 한 사회, 한 국가의 변화를 '분자적 혁명(révolution moléculaire)'이 아니라 '몰적 혁명(révolution molaire)'의 관점에서 다루고 있기도 하다. 이런 이유로 푸코는 사르트르를 19세기적 세계관을 가지고 20세기에 철학을 다룬다며 비판을 하기도 했다.

터 기인하기 때문이다. 그런데 마르크스의 기획은 이런 총체성을 포착하고 또 드러내고자 하는 성향이 있다.

레비스트로스가 분해에 대해 명상하고, 푸코가 인간의 죽음에 대해 명상하는 높은 곳으로부터 다시 내려오자. 두 사람 중 누구도 알튀세르와 같은 방식으로 "구조들의 구조"를 포착한다고 주장하지 않는다. 달리 말해 그 누구도 현대 과학의 엄밀함에 따라 사회적 총체성, 사회학이나 경제학이 유효하기는 하지만 보편적으로 또는 결정적으로 유효하지는 않은 개념적 도구의 도움에 의해서만 규정할 수 있는 무한한 체계를 끌어안는다고 주장하지 않는다. 그와 마찬가지로 두 사람 중 누구도 분해나 인간의 죽음으로부터 하나의 "정치"를 도출하지는 않는다. 알튀세르주의자들의 '이론'이나 역사적 유물론의 끝에 어떤 정치나 어떤 실천이 나타나는가?

애초에 알튀세르 자신은 어쩌면 소비에트 세계의 "자유화"나 "민주화"를 사르트르적 버전(『변증법적 이성비판』은 탈스탈린화를 동시대적인 것으로 제시했다)과는 다른 마르크스주의의 버전 덕택으로 정초하고자 했다. 계급 없는 사회가 이데올로기를 정치적 상부구조로 대치하게 될 것이라는 점을 지적하면서,[212] 알튀세르는 마르크스적 예언주의의 요소인 국가의 소멸이라는 주제를 다시 취한다. 알튀세르 자신은 공산당과의 관계를 끊기를 원치 않는다. 그 반대로 알튀세르주의자들은 라캉의 영향하에서 또는 상황의 영향하에서 과학성과 마오쩌둥의

---

212   *L.C.*, t. II, p.153.

붉은 소책자를 종합하는 방향으로 기우는 것처럼 보였다. 마오쩌둥의 책에서 드러나는 혁명이나 전략의 과학은 권력 쟁취 이전에 과학적 실천을 가르쳐 준다. 과연 문화혁명은 일단 공산당이 국가의 주인이 되고 나면 사회주의의 관료주의적 퇴화를 피하기 위해 "과학적 실천"을 가르쳐 주는가? 이런 가정하에서 알튀세르의 시도는 어떻게 보면 1968면 5월 사태를 기회로 되살아난 사르트르주의에 합류할 수도 있을 것이다. 사르트르는 『변증법적 이상비판』에서 민중화와 탈스탈린화를 정당화시킨 반면, 1968년에 혁명을 배반한 PCF를 비난한다.[213] 친중국적이지만 인간주의적이지 않았던 알튀세르주의자들은 인간을 변화시키고자 했다. 반면, 인간주의적이지만 반항 속에서만 존재할 수 있을 뿐인 인간에 대한 예언자인 사르트르는 소르본의 강당에서 있었던 소란스러운 모임에서 서로 만나 의기투합했다.[214]

이중으로 상징적인 만남이다. 사르트르는 공산주의에 가담하지는 않았지만[215] 혁명적 신화를 결코 포기하지 않았다. 『변증법적 이

---

213 1968년 5월 혁명의 주역은 단연 학생들이었다. 다만, 프랑스 공산주의자들은 학생들을 도우면서도 이 혁명에 적극적으로 가담하지는 않았다. 그 이유는 강한 조직과 규율을 가지지 못한 학생 세력이 머지않아 약해질 것이라고 예측했기 때문이고, 또한 이 혁명의 주도권이 이미 학생들의 수준에 있다고 판단했기 때문이었다.

214 사르트르가 1968년 5월 혁명 중에 학생들의 초청을 받아 소르본의 한 강당에서 연설한 것을 가리킨다. 이때 사르트르는 학생들로부터 초청받은 유일한 지식인이었다. 학생들이 그에게 그런 기회를 부여한 것은 무엇보다도 그 당시 전 세계적으로 널리 알려진 사르트르의 명성을 이용하고자 하는 의도 때문이었다고 할 수 있다. 하지만 이때 사르트르는 이른바 구조주의의 물결에 휩쓸려 '한물간 지식인'으로 여겨지고 있었다. 물론 그가 1964년에 노벨 문학상 수상 작가로 선정되었지만 말이다(주지의 사실이지만 그는 이 상의 수상을 거부했다).

215 사르트르와 PCF의 관계에서 잘못 알려진 사실 중 하나는, 그가 이 당에 가입해서 적극적으로 활동했다는 사실이다. 하지만 실제로 사르트르는 PCF에 정식으로 등록, 가입한 적이 없으며, 이 당의 '동반자(compagnon de route)'였을 뿐이다. 물론 그의 이런 입장도 1956년 헝가리 사태와 1968년

성비판』의 저자인 사르트르는 공산주의보다는 혁명을 더 선호했고, 당이 혁명을 구현하는 한에서만 공산주의를 정당화시켰을 뿐이다. 1968년 5월에 당은 봉기의 주체가 아니라 권력의 동맹자로서의 모습을 보였다. 알튀세르주의자들은 사르트르와는 다른 세대에 속한다. 알튀세르주의자들은 의식 철학의 전통을 내팽개쳤다. 그들은 현상학에 대해 거리를 두었다. 그들은 의식과 기의signifié사이에 기표signifiant을 개입시켰다. 그들은 언어학에서 과학성의 모델을 찾았다. 관계, 상관관계, 대립의 체계가 '실천' —의식의 총체화하는 행위와 이른바 행위 사이를 구별하지 않는 개념이다— 에 의해 둘러싸인 총체성보다 그들의 더 큰 관심을 끌었다. 하지만 이런 또 다른 철학하는 방식에는 사르트르의 목표 중 하나가 포함되어 있었다. 사르트르 역시 실천, 즉 혁명을 엥겔스와 마르크스주의의 결정론적 버전이 그 안에 가두고 있는 불순물로부터 구한다는 목표가 그것이다. 혁명주의자들은 "중층 결정된" 정세 속에서 혁명의 책임을 떠맡았고, 다양한 모순이 서로 결합되어 특수한 실천, 정치, 따라서 '인간들'이 암묵적으로 포착하거나 그대로 흘러가도록 방임하게 될 하나의 기회를 제공하게 되었다.

어쩌면 마오쩌둥의 사유를 접하게 된 알튀세르주의자들은 과학적 전략과 신인간homme nouveau에 대한 꿈(또는 인간을 바꾸기 위한 문화혁명의 기술)을 결합시키게 될 것이다. 그런데 아주 비관적인 책인 『변

체코 사태(프라하의 봄)를 계기로 확연히 달라진다. 그렇다고 해도 그가 평생 소위 '좌파' 진영을 떠난 적은 없었다.

증법적 이성비판』은 최종적으로 정태적이거나 순환적인 역사의 반복되는 주기에 이르고 만다. 반항은 집단을 창조하고, 한동안 인간들 서로를 공동 행위 속에서, 모든 제도와 위계질서 밖에서 화해시킨다. 하지만 혁명주의자들은 궤멸되지 않기 위해 조직화되어야 하고, 제도들을 마련해야 하고, 또 승리를 위해 자신들의 승리의 이유를 스스로 버려야 하며, 실천적-타성태 속으로 다시 떨어질 운명을 스스로 받아들여야 한다.[216] 이런 철학은 비관주의에 의해 스탈린주의를 정초할 수 있으나, 낙관주의적인 분위기에서는 트로츠키주의나 마오주의로도 유도될 수 있다. 사르트르와 알튀세르주의자들은 파리의 봄(1968년 5월)에 서로 결탁할 수도 있었다. 사르트르는 당을 망각하는 조건에서, 그 반면에 알튀세르주의자들은 과학성을 봉기의 전략으로 환원시킨다는 조건에서 말이다.

푸코가 구상하는 것과 같은 역사주의적 인간주의, 또는 그의 언어를 사용하자면 자신의 유한성을 의식하고 있는 역사의 주체인 인간이 시간을 통해 자신의 은폐되고 침묵을 지키는 존재를 떠맡으면서 자기 자신이 되는 철학, 이런 철학은 아주 최근의 철학임에도 벌써 과

---

216   앞에서 보았듯이 사르트르는 인간들의 역사를 실천적-타성태의 지배하에서 그들이 서로 적이 되어 싸우게 되는 집렬체에서 이를 극복하고 완벽한 상호성을 실현하는 융화집단으로의 이행, 그리고 이 융화집단의 서약집단, 조직화된 집단, 제도화된 집단으로의 이행으로 규정하고 있다. 서약집단의 경우에는 그 구성원들 각자가 다른 구성원들 앞에서 이 집단의 이익을 배반하지 않을 것이며, 배반할 경우에는 자신을 처단해도 좋다는 맹세를 하게 된다. 그리고 제도화된 집단은 이 집단의 효율적인 운영을 위해 다시 실천적-타성태의 지배를 견뎌야 하는 상황에 있게 된다. 이 문장에는 『변증법적 이성비판』에서 사르트르에 의해 제시된 '집렬체에서 집단으로의 이행, 다시 집단에서 집렬체로의 이행'이라는 이중의 운동이 종합적으로 요약되어 있다.

거에 속하는가? 20세기에 파리가 지난 세기에 튀빙겐과 베를린이 했던 역할을 하고 있다면, 알렉상드르 코제브와 미셀 푸코는 옳다. 두 사람 모두 헤겔이나 니체로부터 출발해서 우리가 살고 있는 상황에서 비의미에 의미를 부여하고 있다. 코제브와 푸코는 각자 다음 사실을 반복하면서 나아간다. 현대인은 자아를 상실했고, 조각과 회화는 이런 인간의 모습을 재생산하지 못한다고 말이다. 왜냐하면 이런 인간의 모습은 지워졌고 또 그와 동시에 그에게 모델과 보증 역할을 했던 신 역시 죽었기 때문이다. 보다 낮은 수준에서 이런 평범성은 역사의 한 시기 ―또는 역사 그 자체― 가 완성된다는 헤겔이나 니체의 예언을 보여 준다.

더 겸손하거나 확신이 덜한 사회학자는 신의 죽음에 대한 선언 이후에 도구를 만들고 말을 하는 동물인 인간이 그의 기투와 또는 그의 지적 존재나 사회적 존재에 대한 인지 가능한 구조에 의해서만 실존할 뿐이라는 사실을 모르지 않는다. 그 어떤 것도 이런 인간을 하나의 인간적 기투에 구속시키지 않는다. 히틀러는 인간에게서 동물만을 보기 위한 기획이 어떤 지점에 이르는지를 잘 보여 주었다. 구조는 권리상 모든 신화와 모든 사회를 인지 가능하게 만들어 준다. 하지만 모든 구조를 밝힌다는 기획은 학문적 공동체 밖의 인간이 아니라 인간 안에서 학자에게 활력을 준다. 인도주의humanitarisme도 인간성도 규정하지 못하는 인간주의는 모호하며 거의 무규정적이다.

그렇지만 스탈린주의에서 살아남은 자들에 반대해서 들고 일어섰고 자유를 우려하는 서유럽의 마르크스주의자들에게 활력을 주는 것은 바로 칸트주의와 실존주의가 뒤섞인 인간주의이다. 서유럽인들이 세계에 보급했고 또 피약탈자들의 요구를 정당화시키는 것도 바로 이 인간주의이다. 또한 부유한 사람들의 불만족을 키우고, 불의와 실존의 질이나 소비 사회의 우려에 대한 저항을 불러일으키는 것도 바로 이 인간주의이다. 참혹함이 커진 세기에 모호한 갈망으로 이어지는 근거와 체계도 없는 그 인간주의 말이다.

　　　1930년대를 기억하는 사람들은 불안의 감정을 가지고 인간주의에 대한 거부에 대해 자문한다. 어쩌면 철학하는 새로운 방식, 민주 사회와 현실 사이의 결코 채워지지 않는 거리에 맞서 반항하는 젊은 이들의 절대에 대한 갈증이 그것이다. 하지만 우리의 젊은 세대의 혁명주의자들 역시 순진한 자들의 초조함을 잘 알고 있다. 어떤 이들은 문화라는 말에 권총을 꺼내 들었고, 어떤 이들은 자유나 민주주의라는 말에 권총을 꺼내 들었다.

　　　나는 부족部族[217]의 성스러운 단어를 부정하는 자들을 경계한다. 오늘날의 영웅인 "체 게바라"나 "마오쩌둥"은 폭력 숭배를 구현하고 있다. 그들은 승리보다는 투쟁을 찬양하며, 희생을 정당화시키는 것보다 희생 자체를 찬양한다. 그들은 파시스트들과 마찬가지로 비의미를 축성한다. "우리는 모두 독일 유대인이다"라고 학생들이 외치는 것, 이것은 국가나 민족에 대한 불신이 아니라면 아무것도 증명해 주지 않는다. 가장 차이가 큰 '파생체들'은 그로부터 파시즘이 태어나는

---

[217]　　여기에서 부족이란 지식인들로 이루어진 세계를 가리키는 것으로 보인다.

감정적 상태를 보여 준다. 니힐리즘은 그것이 비난하는 전통과 연결된 부분들을 전혀 필요로 하지 않는다.

파시즘은 그 부분들에 같은 쾌락을 느끼면서 "체계"의 나머지 부분을 파괴하고자 한다. 괴벨스[218]가 말한 것처럼, 또한 "신좌파"의 몇몇 대표자도 말한 것처럼 말이다. 그런데 알튀세르주의자들은 최근의 지적 유행의 특징인 이 체계의 파리식 모습을 대표하는 자들이다. 비의적인 사유와 글쓰기, 과격한 행동, 대관절 이것들의 혼합을 진지하게 받아들일 필요가 있을까? 웃어야 할까 아니면 울어야 할까? 솔직하게 말해 나는 모르겠다.

---

[218] 요제프 괴벨스(Joseph Goebbels, 1897-1945): 나치 독일의 정치인으로, 나치당의 최고 선전가이자 1933년부터 1945년까지 대중계몽 선전국가부 장관이었다.

마지막 글

모호하고 고갈되지 않는[1]

오늘 저녁 우리를 한데 모이게 한 이 기관은, 내가 우려하는 바이지만, 우리가 추모하는 사람[2]에 대해 심각한 반감을 불러일으킬 수도 있을 것입니다. 내가 보기에 그 어떤 행사도 이보다 더 기이하지 않으며, 게다가 내가 그 창립에 기쁘고도 영광스럽게 참여했던 제1인터내셔널의 창립 정신에도 반대되는 것 같습니다. 나 역시 —달리 어떻게 하겠습니까— 죽은 신들이 그 안에서 영면하고 있는 자주색 수의로 파란만장한 생을 마친 한 명의 천재를 감싸고자 합니다. 그렇게 많은 글을 썼고, 그렇게 많은 말을 했으며, 또 그렇게 많은 투쟁을 했던

---

1   1968년 5월, 마르크스 탄생 150주년을 맞이해 유네스코에서 했던 강연이다.
2   마르크스를 가리킨다.

천재, 출생한 지 한 세기 반 후에도, 그의 주저가 출간된 지 한 세기 후에도 여전히 수많은 학자를 열광시키고, 수많은 투사를 길러 내고 있으며, 그의 적들이나 자칭 적들을 뭉치게 하지도 않은 채 그의 제자들이나 자칭 제자들을 갈라놓았던, 그렇게 많은 당과 그렇게 많은 학파가 출현하게 하면서 파란만장한 생을 보낸 그 천재를 말입니다. 아마도 그의 경우에 하나의 역사적 전환이 문제가 될 것입니다. 그러니까 오늘을 계기로 그는 자신을 필요로 하는 사람들을 불안하게 하고, 또 이미 자신을 악마적인 예언자로 비난했던 자들을 안심시키는 작업이 시작될 것입니다.

　　사무총장님께서는 이런 사소한 무례를 반드시 나무라지만은 않으실 것입니다. 유네스코는 나로 하여금 다음과 같은 대조를 생각게 한 혼합된 감정에 대한 책임이 없습니다. 런던에 망명한 사람이 거기에서 경험했던 여러 상황과 세계의 모든 대학에서 오신 고명하신 교수님들이 점잖은 대화의 시작을 제안하는 위대하고도 공식적인 틀 사이의 대조가 그것입니다. 물론 여기에 자리하신 교수님들은 마르크스의 학문적 기여만을 다루고, 또 혁명가를 잊어버리라는 임무를 이미 부여받으셨습니다. 물론 교수님들은 각자의 인간관계에 따라 판단하고, 또 주어진 임무를 존중하지 않을 결심을 단단히 하고 있을 것 같기는 합니다. 여러분들께서 당연히 그렇게 생각하시겠지만, 생각들의 경쟁에 수반되는 평화 공존, 이것을 나보다 더 반기는 사람은 없을 것입니다. 유명한 한 단어를 빌어 말하자면, 나는 무기라는 비판critique des armes보다는 비판이라는 무기arme de la critique를 더 선호합니다. 지구의 여러 다른 지역에서 무기들의 요란한 소리가 이성의 소리를 짓누르고 있습니다. 바라건대 이곳 파리에서는 사정이 달리 진행되었으면 합니다. 모스크바에서 왔든 소르본에서 왔든 컬럼비아에서 왔든 바르샤바에서 왔든, 우리 모두는 자칫 25세의 마르크스를 닮았을 한 청년에게 이곳과는 어울리지 않은 것과 마찬가지로 역사적으로 인지 가능한 감정을 불어넣는 위험을 감수할 수도 있을 것입니다.[3]

나의 소련 동료 교수들께서는 내가 우리 이웃에게 이 연단에서 어쩌면 자신들이 인정하지 않는 하나의 의미를 부여하는 것을 너무 심하게 탓하지 말기를 바랍니다. 인류는 매일 바스티유 감옥이나 겨울 궁전[4]을 공격할 수는 없습니다. 작년에 10월 혁명이 서유럽의 부르주아 언론이나 미국의 부르주아 언론에 의해 기념되는 것을 보는 것만큼 더 충격적인 일은 없습니다. 잘 알고 계시겠지만, 심지어는 내가 협력하고 있는 보수 성향의 신문에서도 그랬습니다. 내가 이 신문에 협력하는 것은 이 신문이 다른 시기의 자유주의에 대해 모종의 애정을 가지고 있기 때문입니다.

그렇다면 왜 부르주아 언론은 10월 혁명에 대해 공감은 아니라 해도 적어도 객관적인 의미나 욕망을 표명했을까요? 나는 누구도 흡

---

3   세계 여러 곳에서 온 학자들이 마르크스의 업적을 기리고 건설적인 토론과 비판을 하는 대신에 단지 그의 사상을 두고 해석상의 갈등과 충돌로 일관하는 것을 피하는 것이 바람직하다는 아롱의 우려가 섞인 제안으로 보인다.
4   겨울 궁전(Palais d'Hiver): 러시아의 상트페테르부르크에 있는 궁전으로, 제정 러시아 군주의 겨울을 위해 1754–1762년 사이에 지어졌다. 볼셰비키 정권에 의한 이 궁전의 급습은 10월 혁명의 발단이 되기도 했다.

족하게 생각할 수 없을 하나의 해석을 해 보고자 합니다. 그것은 적의 존중을 강요하는 성공의 몫 때문일까요? 아니면 적을 안심시키는 실패의 몫 때문일까요? 대화의 재개, 상업, 지식, 관광 교류를 통해 장벽을 무너뜨리고 두 세계가 서로 문호를 개방했습니다. 알려진 한 세계가 다른 세계를 유혹하는 것을 멈췄습니다. 유럽에서는 적어도 공간상의 거리가 미래의 초월에 상응하는 것을 더 이상 제공해 주지 못하고 있습니다. 영구혁명 이론이 오래전부터 가차 없는 법정에 의해 단죄를 받았습니다. 그런데 이 영구혁명은 이 법정의 언도, 역사 그 자체, 또는 이렇게 말한다면 당과 사상 사이의 투쟁에서의 승리를 어렵게 인정할 수도 있었습니다. 어쩌면 나의 동료 교수인 마르쿠제는 예외일 수도 있습니다. 혁명적 신앙의 참신함을 전혀 잃지 않았고, 캘리포니아의 매력을 즐겼으며, 베를린에서 대학이라는 바스티유를 공격하고[5] 또 자신들의 교수들을 창밖으로 내던지면서 평화적 사회를 준비했던 제자들로부터 존경을 받은 그 마르쿠제를 말입니다.

시대의 분위기, 제1인터내셔널의 창립자, 반항인에서 예언자로의 변신, 예언자에서 신학자로의 변신, 정통파와 이단파 사이의 끝없는 논쟁, 여기에서 이 모든 것을 잊어버리기로 합시다. 정통파든 이단파든 최종 분석에서는 논증의 힘보다는 힘의 논리에 의해 정의되기

---

5   마르쿠제는 히틀러의 나치즘을 피해 1933년에 미국에 망명했고, 컬럼비아, 하버드, 캘리포니아대학 등에서 교수를 역임하면서 많은 제자를 길러 냈으며, 그의 사상은 독일과 프랑스 등에서 발생한 1968년 5월 사태에 커다란 영향을 주었다. 여기에서 그의 "제자들이 대학의 바스티유"를 공격했다는 표현은, 마치 프랑스 대혁명 때 구제도의 상징인 '바스티유 감옥'이 공격당하고 탈취당한 것처럼, 그들이 폐쇄된 상아탑으로서의 기능에 함몰되어 있던 대학 개혁의 선봉에 섰다는 의미이다.

때문입니다. 누구도 그 위대함을 의심할 수 없는 한 사상가에 대한 찬사로 돌아옵시다. 나처럼 40년 동안 읽고 다시 읽기를 그치지 않은 사람들에게도, 또 물론 더 많을 것이지만, 그의 저작을 읽지 않고 단순하면서도 유효한 추론에 만족하는 사람들도 모두 그에게 찬사를 보냅니다. 드골 장군의 말을 개략적으로 인용하자면, 대규모의 분쟁보다 군인의 위대함을 더 설득력 있게 보여 주는 증거가 어디에 있겠습니까? 마르크스의 위대함을 그가 촉발했거나 추동했던 수많은 논쟁의 차원에 측정해 본다면, 두 세기 이래로 누가 그와 비교될 수 있을까요? 마르크스주의자들과 비마르크스주의자들 사이의 논쟁뿐만 아니라 또한 마르크스주의자들 사이의 논쟁의 차원에서도 말입니다. 출구가 없는 논쟁입니다. 왜냐하면 누구도 죽은 자의 이름으로 말할 권리를 가지고 있지 않기 때문입니다. 또는 마르크스 자신이 정치 활동과 그를 요구하는 학파들 사이에서 택할 수도 있을 위치, 대가의 방법과는 비교 불가능한 질문을 제기할 권리를 누구도 가지고 있지 않기 때문입니다.

그렇다면 규모가 큰 논쟁이란 무엇을 의미할까요? 어떤 의미에서 이 규모가 큰 논쟁은 인간, 학자 또는 혁명가의 위대함을 증명할까요? 어쩌면 이런 질문에 답하면서 우리는 과연 마르크스 자신의 사례가 불러일으킨 비존중을 증언하면서 아카데믹한 찬사의 규칙을 지킬 수 있을까요? 나는 내 초기 저작 중 하나에서 모든 역사적인 저작은 '모호하고 고갈 불가능'하다고 쓴 바 있습니다. 이 두 형용사는 다른 어떤 저작보다도 마르크스의 저작에 적용됩니다. 모호함이 없다면 해석의 다양성은 설명되지 않을 것입니다. 만일 이런 모호함에 문제틀의 범위와 사유의 풍부함이 반영되지 않았다면, 그것은 존중받을 가치가 없을 것입니다. 만일 오늘날의 학문이 마르크스에 의해 제기된 문제들을 해결했다면, 그는 과거에 속한 인물일 것입니다. 그게 아니라면 오늘 같은 모임이 그것을 증명해 주겠지만, 우리와 동시대인일 것입니다.

프랑켈[6] 교수는 자신의 보고서에서 이렇게 썼습니다. 마르크스에 대해서는 이미 모든 것이 말해졌고, 또 주해자도 이미 오래전부터 개방된 토론에 너무 나이 들어 도착했다고 말입니다. 이 문장을 읽거나 들으면서 나는 이렇게 생각했습니다. 반동의 장치에도 불구하고 뉴욕은 파리에서 멀리 떨어져 있다고 말입니다. 지난 전쟁 이래로 10년에 한 번은 센seine강의 좌안[7]에 마르크스에 대한 해석을 제안하거나 또는 자기보다 앞서 그 누구도 생각하지 못한 하나의 생각을 마르크스에게 빌려주려고 한 적어도 한 명의 철학자가 있었습니다. 20여 년 전에 라틴 구역[8]의 정통한 이론에 따르면, 『경제학-철학 수고』는 마

---

6 레오 프랑켈(Léo Frankel, 1844-1896): 헝가리 출신의 국제 노동운동가로, 파리 코뮌에 인터내셔널파로서 참가해 노동, 공업, 상업위원이 된다. 코뮌 패배 후 런던에서 마르크스와 교류하며 친교를 쌓았고, 인터내셔널 총평의회 회원이 된다. 1876년 헝가리로 돌아가 1880년에 헝가리 전노동자당을 설립하지만 체포된다. 1883년에 석방된 뒤 파리에서 엥겔스를 도와 제2인터내셔널의 조직에 공헌하였고, 1890년에는 헝가리 사회민주당의 설립에 공헌했다.
7 파리를 가로지르는 센 강을 중심으로 좌안(Rive gauche)과 우안(Rive droite)을 구분하는데, 좌안은 소르본을 중심으로 한 지식인들, 예술가들의 구역이며, 우안은 주로 상업 시설, 행정 시설 등이 즐비한 구역이다.
8 라틴 구역 또는 카르티에 라탱(Quartier latin)은 파리를 가로지르는 센강 좌안에 위치해 있으며, 행정 구역상으로는 파리 중앙 지역인 5-6구에 걸쳐 있다. 중세 시대부터 이곳은 프랑스 학문의 중심지로 여겨졌으며, 프랑스 대혁명이 일어나기 전까지 이곳에서 라틴어가 사용되어 이런 명칭이 붙

르크스 철학의 마지막 주장을 대변했습니다. 비록 텍스트에 국한시킨 다면 마르크스 자신이 초기 작업에서 사용했던 언어와 분석 방식을 우스꽝스럽게 만들었지만 말입니다. 어제의 정통 이론에 찬동했던 몇몇 고등사범학교 학생들과 철학 교수자격시험 합격자들, 젊음 덕분에 단번에 새로운 학문에 접근했던 다른 몇 명[9]은 다음과 같은 사실을 발견하게 되었습니다. 마르크스주의는 인간주의도 역사주의도 아니라는 사실이 그것입니다. 결국, 몰리에르의 "억지 의사"[10]는 무지로 인해 심장을 오른쪽에 두었지만, 사람들은 고등사범학교 학생들이 마르크스의 인간주의를 부인하는 이유를 알지 못합니다. 그것도 동유럽의 우리 동료 교수들이 그것을 재발견하고 있는 때에 말입니다. 그리고 그람시가 마르크스주의를 절대적 역사주의로 정의한 이상, 확률 계산을 통해 언젠가 역사주의를 과감하게 벗어던져 버린 마르크스주의가 솟아날 수도 있다는 것을 예측하게 해 줍니다. 어떤 파리 철학 교수자격시험 합격자는 반역사주의의 끝까지 달려갈 사명을 지고 있습니다. 우리는 모두 17세기부터 칸트에 대해 반박하는 것을 배웠고, 또 우리는 역사를 사유하기 위해 그것을 아는 것을 기대하지 않았습니다.

었다.

9   알튀세르와 그의 주위에 있던 이른바 알튀세르주의자들을 가리킨다.

10   17세기 프랑스를 대표하는 희극작가 몰리에르(Molière, 1622-1673)가 1666년에 처음으로 공연한 작품이다. 이 작품의 주요 내용은 부부싸움 끝에 남편을 골탕 먹이고자 하는 부인의 계략으로 졸지에 억지 의사가 된 스카나렐이 사랑을 얻어 내기 위해 벙어리 흉내를 내고 있는 지주의 딸을 만나면서 지적인 말투와 세련된 동작을 흉내 내면서 벌이는 가짜 의사 행세에 대한 비난과 조롱이다. 여기에서 저자가 이런 표현을 사용한 것은 파리의 젊은 지식인들이 마르크스주의를 잘 알지도 못하면서 이 주의로부터 인간주의를 부인하고 있다는 사실을 비판을 하기 위함이다.

사람들은 이렇게 말합니다. 주피터는 자신이 패배를 안겨 주고 싶은 자들을 미치게 만든다고 말입니다. 파리에서 환영받는 주피터인 마르크스는 그 자신이 직접 방황하게 만든 이들에게 성공을 약속합니다. 이전의 유행의 혜택을 입은 해석을 전복시키든, 구조, 구조적 structural(물론 'a'와 함께 쓰인 단어입니다),[11] 중층 결정, 인식론적 절단과 같은 필수 불가결한 몇몇 개념을 누락하든, 명쾌할 수 있는 발표를 약간 불명확하게 만드는 것을 잊지 않든, 사람들은 몇 년 동안 철학 교수자격 시험에서 논술 주제나 어휘를 공급하는 기회를 갖습니다. 『변증법적 이성비판』에서 사르트르는 이렇게 썼습니다. 모든 해설이 『자본론』에 대한 수많은 분석이 갖는 명증성과 명확함을 약화시키게 될 것이라고 말입니다. 이런 주장을 보고 『자본론』이 출간된 지 한 세기가 지난 후에 가치와 가격의 구분에 대한 정확한 의미에 대해 일치를 보지 못한 이 책을 주해한 수백 명의 주석가를 놀라게 할 것입니다. 그런 만큼 인간주의와 역사주의에서 순화된 마르크스주의의 비밀을 포착하기 위해 바슐라르, 레비스트로스나 라캉을 기다려야 할 필요가 있다는 점에 놀라는 것은 잘못이 아닙니다.

---

11   불어에 '구조적'이라는 의미를 가지고 있는 단어는 'structural'과 'structurel'이 있다. 전자는 무엇인가의 토대를 구성하는 것의 의미로, 이 단어는 물리학뿐만 아니라 가치 개념이 포함된 윤리, 신앙, 사법 원리, 정치학 등에도 이용될 수 있다. 반면, 'structurel'은 건축물을 구성하는 것으로, 이 건축물 축조의 기술적 차원에 해당하는 것을 표현할 때 주로 사용된다. 또한 전자는 어떤 현상의 기저에 있으며, 반드시 가시적일 필요는 없다. 반면, 후자는 어떤 현상의 표면에 있으며, 가시적이고 촉지(觸指)할 수 있는 경우가 많다. 예컨대, 어떤 문학 작품의 '구조적 요소'라는 표현에서, 이 작품에 내재적이고 감춰져 있는 구조인 경우에는 전자의 표현을, 이 작품의 드러난 구성이나 조직인 경우에는 후자를 사용할 수 있다.

나는 거의 비정상적인 하나의 경우를 선택했습니다. 파리의 유행 속에서 극단적이거나 또는 극단주의자적인 해석의 교차가 그것입니다. 내가 흥미를 갖는 것은 바로 극단주의를 차치한다면 마르크스의 사유에 모순되는 두 가지 해석의 싹이 담겨 있다는 점입니다. 한쪽 극에서 마르크스주의는 그 자체를 역사의 한 순간, 다음과 같은 인식의 한 순간을 위해 스스로를 제시합니다. 인류는 그 자신의 고유한 모험을 하고 또 마르크스주의자들은 스승에게 충성을 보인다는 것에 대한 인식이 그것입니다. 물론 스승이 말한 것을 단순히 반복하면서가 아니라 다른 정세에서 생성 중인 역사적 전체성을 포착하기 위한 노력을 갱신하면서 그렇습니다. 다른 한쪽 극에서는 사회-경제학자 마르크스가 자본주의적 생산양식의 구조와 기능을 분석합니다. 이 분석은 본질적으로 과학적 분석이지, 역사적으로 상황 지어진 한 관찰자의 역사에 대한 전망적인 분석이 아닙니다. 충실하든 그렇지 않든 첫 번째 극의 마르크스의 계승자는 루카치와 지식사회학자 만하임[12]이라고 할 수 있습니다. 두 번째 극의 마르크스의 계승자들은 다양하고 이질적입니다. 그도 그럴 것이 마르크스주의자들과 역사학자들, 막스 베버와 그를 추종하는 자들, 심지어는 구조주의자들까지도 마르크스를 원용하고 내세우고 있기 때문입니다.

　　의심의 여지 없이 경제학자이자 이론가인 마르크스가 『자본

12　카를 만하임(Karl Mannheim, 1893-1947): 헝가리 태생의 사회학자로 지식사회학으로 유명하다. 헝가리, 독일에서 철학과 사회학을 공부했으며, 독일에서 활동하다 나치를 피해 영국으로 망명하고 그곳에서 활동했다.

론』을 구상한 것은 '자본주의적 생산양식'과 거기에 상응하는 '생산과 교환 관계'를 밝히기 위해서였습니다. 영국을 예로 선택하면서 ―왜냐하면 영국이 이런 생산양식의 고전적인 장소이기 때문입니다―, 그는 분명하게 다음과 같이 단언합니다. "산업적으로 가장 발달한 나라는 산업적 차원에서 이 나라를 추종하는 이들에게 그들 자신의 미래의 이미지를 보여 줄 뿐이다"라고 말입니다. 그와 동시에 마르크스는 "자본주의적 생산의 자연적 법칙들, 어김없이 드러나고 실현되는 성향들"을 상기합니다. 『자본론』의 서론 부분에서 가져온 이 문장들은 1917년까지 공통으로 허용된 마르크스주의의 방향으로 나아갑니다. 자본주의적 생산양식의 기능에 대한 과학적으로 객관적인 이론, 이런 생산양식 발전의 자연적 법칙이나 심오한 성향, 영국 모델의 예시적 가치 등이 그것입니다.

그렇기 때문에 주석가는 이런 단호한 단언들을 약화시키고, 수정하고, 부정하는 많은 텍스트를 전혀 힘들이지 않고 인용합니다. 아시아적 생산양식이라는 개념은 적어도 다음과 같은 가정을 암시합니다. 서양과는 다른 발전 과정을 가진 다른 문명들은 필연적으로 서양 문명과 같은 단계들을 거치지 않을 것이라는 가정이 그것입니다. 마르크스가 사실들을 연구했을 때, 그는 역사적 다양성에 대해 너무 예리한 의미를 부여해 이론적 도식의 단순화를 수정할 수 없었습니다.

파리의 유행은 『경제학-철학 수고』와 『정치경제학 비판 서설』과 『자본론』의 원형구조주의 사이에서 왔다 갔다 합니다. 한편으로 헤겔적-실존주의자적 버전, 계급투쟁, 소외로의 추락과 혁명적 구원,

인간과 자연의 화해, 본질과 실존의 화해 사이에서의 인류의 오디세이가 있습니다. 다른 한편으로 자연법칙에 대한 과학적 버전입니다. 그런데 이런 법칙에 따라 홀로 방치된 자본주의적 생산양식이 기능하고 또 변화합니다. 이런 왔다 갔다 함은 마르크스적 종합의 불확실성 속에서 그 정당화는 아니라고 해도 그 설명을 발견합니다. 그런 영감 중 하나가 청년 시절에 지배적이 아니라면, 또 다른 영감이 성년 시절에 지배적이 아니라면, 진짜 마르크스에게서는 무엇이 남을까요? 진짜인 마르크스가 아니라면 말입니다. 만일 사회주의 혁명이 생산관계와 소유권 지위의 유일한 변화 속에서 고갈된다면, 그리고 이 혁명이 동시에 인간성 그 자체에의 접근과 그것의 고유한 운명의 통제에의 접근을 의미하지 않는다면 말입니다.

이와 마찬가지로 내가 방금 인용한 『자본론』 서문의 구절, 즉 중앙 유럽의 방향으로 나아가고 또 영국의 경험에 그 본질적 특징 속에서 하나의 보편적 의미를 주는 구절과는 반대되게도 —모든 나라가 동일한 교차로를 지나가야 할 것입니다—, 마르크스주의자들과 반마르크스주의자들은 역사학자 마르크스의 저작을 내세우는 데 아무런 힘도 들이지 않습니다. 러시아나 미국의 친구들에게 프랑스의 브뤼메르 18일이나 계급투쟁에 대한 이야기를 하고, 또 이론적 도식을 이용하는 역사학자 마르크스 말입니다. 물론 이것은 이런 도식에 강제로 민족적 경험의 다양성을 포함시키기 위함이 아니라 다양한 변수의 빛으로 그 특수성을 밝히고자 합입니다.

또 하나의 예도 유명한데, 이 예는 마르크스의 이론 한복판에 있습니다. 『정치경제학 비판』 서문의 몇 줄을 모르는 사람은 아마 없을 것입니다. 여기에서 마르크스는 자신의 철학적 성찰 끝에 도달했고 또 자신에게 연구의 도화선으로 소용되었다고 말하고 있는 결과를 요약하고 있습니다. 물질적 생활의 생산양식이 일반적으로 사회적, 정치적, 지적 생활의 발전을 지배한다는 것입니다. 여기에서 '지배하다domine'라는 단어는 증명하기 어려운 '결정론'과 반박 불가능한 '영향' 사이의 수많은 해석에 맞서기 위해 요구되는 모든 특징을 가집니다. 그다음으로 주요 관념, 즉 생산력과 생산관계의 변증법이 옵니다. "사회의 물질적 생산력은 그 발전의 어떤 정도에서는 존재하는 생산력과 충돌하거나 또는 소유권 관계와 충돌한다. 그런데 이 소유권 관계 안에서 물질적 생산력은 그때까지 변해 왔으며, 또 그것의 법률적 표현에 다름 아니다. 어제도 여전히 생산력의 발전의 여러 형태였던 이 조건은 무거운 속박으로 변화한다." 이 텍스트는 그 중요성을 단지 마르크스의 저작 속의 자리, 그것의 제시의 화려함에 빚지고 있는 것이 아니라, 오히려 그것의 과학적 범위에 빚지고 있습니다. 생산력과 생산관계 사이의 모순, 이 생각은 모종의 철학적이나 정치적인 충성을 참조하지 않은 채 역사적 탐구의 도화선으로 사용될 수 있습니다. 그 반대로 이 모순이 생산력의 발전과 더불어 악화된다면, 하나의 변화 도식이 그려집니다. 마르크스를 따라 우리는 다음과 같이 말할 것입니다. "한 사회는 결코 사라지지 않을 것이다. 이 사회가 담기에는 충분히 넓은 모든 생산력이 발전되기 전에는 말이다. 결코 생산의 상위 관계가 자리 잡지 못할 것이다. 그 존재의 물질적 조건이 낡은 사회의 내부에서조차 개화되기 전에는 말이다." 제2인터내셔널 지도자들과 멘셰비키들[13]은 이런 제안에서 그들의 역사적-정치적 경력을 위해 그 자체로 불길하고 논리적인 결과를 끌어냈습니다.

그 점에서도 나는 또한 한순간이라도 다음과 같은 사실을 의심을 하지 않습니다. 그와 반대되는 해석을 정초하기 위해 그만큼 많은 텍스트를 발견할 수 있다는 사실이 그것입니다. 사람들은 몇 년 전에 내가 여기에서 인용하고 싶지 않은 한 저자에 의해 표명된 법칙에 이르게 될 것입니다. 내가 그 저자를 인용하고 싶지 않은 것은 그에게 대답하는 권리를 주고 싶지 않기 때문입니다. 생산력과 생산관계 사이의 일치나 비일치의 법칙, 증명의 의무와 동시에 반박의 위험에서 분명히 벗어난 법칙입니다. 아주 분명하게 생산력과 생산관계는 상응하거나 또는 상응하지 않습니다. '제3의 명제는 존재하지 않습니다 Tertium non datur.' '일치'라는 단어 역시 제3의 명제 배제의 원리가 이 법칙, 즉 가장 회의적인 정신이 주저 없이 받아들일 수 있을 법칙에 적용되기에는 충분히 모호합니다.

물론 역사적 탐사를 위한 도화선의 자격으로 생산력과 생산관계의 조직적이고 사법적인 양상 사이의 복잡한 변증법이라는 관념,

---

13　'Mencheviks'는 러시아어로 소수파라는 뜻이다. 1903년 러시아 사회민주노동당 제2차 대회에서 조직론을 둘러싸고 당이 양분되었을 때, 레닌이 이끄는 볼셰비키(다수파)와 대립하던 소수파이다. 볼셰비키와 멘셰비키는 러시아가 차르 정권을 무너뜨리고 사회주의 체제의 국가를 건설하기 위해서는 먼저 프롤레타리아 혁명이 일어나야 한다는 점에서는 동의했다. 멘셰비키들은 프롤레타리아 혁명을 성공시키기 위해서는 그 이전까지 부르주아 정당과 협력하면서 합법적이고 온건한 방법을 취해야 한다고 생각했다. 반면, 볼셰비키는 부르주아 정당과의 협력과 합법적 투쟁 노선은 혁명을 위한 움직임에 제한을 가할 뿐이라고 주장했고, 이로 인해 둘의 노선은 평행선을 그리게 되었다.

나라에서 나라로, 시대에서 시대로 변하는 관계의 문제가 남아 있긴 합니다. 하지만 만일 생산력의 발전이 모순의 악화를 조종하기를 그친다면, 변화의 도식 ―오랫동안 역사에 대한 마르크스 철학과 혼동된 도식― 은 사라지고, 또 인간들, 당들, 사고들, 계열체들의 만남들, 실천의 복수성은 본질적인 평행주의의 사라짐, 곧 생산력과 모순의 강화의 사라짐에 의해 열린 빈틈을 메우게 될 것입니다. 다시 한번 나는 이런 평행주의를 마르크스 사상에서 부차적인 것으로 여기는 것에 아무런 불편을 느끼지 못합니다. 어쩌면 사람들은 마르크스주의자와 반마르크스주의자를 각자가 하는 인용의 선택하는 방식에 따라 규정해야 할 것입니다. 반마르크스주의자는 사건들에 의해 부인되었던 제안을 선택하고, 마르크스주의자는 사건들에 의해 어쨌든 확인된 것을 선택할 것입니다. 또는 통속적이거나 독자주의적인 마르크스주의자는 모든 것에 찬성하거나 또는 모든 것에 반대하면서 분명 현실과는 조화되지 않는 제안을 유지할 것이고, 섬세한 마르크스주의자는 다음과 같이 설명할 것입니다. 마르크스는 그가 말하고자 했던 것처럼 보였던 것과는 완전히 다른 것을 말하기를 원했거나 또는 그가 코페르니쿠스와 케플러 이전의 천체과학자들과 유사하게 처음의 가정으로부터 출발해서 "현상들을 구하기" 위해 수많은 보완적인 가정을 덧붙였다고 말입니다. 피터 와일즈[14]는 이런 섬세한 마르크스주의자 중 한 명의 책을 『부정확한 학문의 백과사전*Encyclopédie d'une science inexacte*』

14　피터 와일스(Peter Wiles, 1919~1996): 영국의 경제학자로 소련 경제 전문가이다.

　　　　　　　　　　　　　　　　　　마지막 글

이라고 이름 붙였습니다.

　　이제 형용사를 바꿀 시간입니다. 그러니까 모호한 것에서 고갈 불가능한 것으로 넘어갈 시간입니다. 이 모호한 사유는 어떤 이유로 수천만의 인간을 위한 그것의 정치적-이데올로기적 기능 밖에서 놀랍게도 현재적이고, 또 내 생각으로는, 과학적으로 풍부한 것으로 남아 있을까요?

　　감히 말하자면 모호함은 그것의 풍부성을 대상에 내재적인 문제틀 속에서 그 뿌리에 빚지고 있습니다. 마르크스는 여전히 생시몽, 오귀스트 콩트, 알렉시스 드 토크빌의 역사적 사회학의 위대한 저작들이 대학 밖에서 태어났던 시기에 속합니다. 19세기 후반에 태어난 세대의 거물인 막스 베버나 에밀 뒤르켐은 벌써 대학에 속해 있었지만, 그들은 거기에서 자신의 학문 분과[15]를 위해 존재하지 않았던 교수 자리를 얻어야만 했습니다.

　　마르크스는 철학, 경제학, 사회학, 역사학, 정치학, 인구학의 구분을 알지 못했습니다. 오늘날에는 분리된 이런 학문 분과들 하나하나, 고유한 개념들, 실천들, 야망들이나 또는 편견들을 가지고 있는 각각의 학문 분과는, 마르크스의 저작에서 고유한 연구를 위한 암시들과 동시에 각각의 연구 영역의 분할을 문제 삼는 이유들을 발견할 수 있습니다. 마르크스는 역사학자들처럼 총체성의 여러 부분의 상호 종속에 대한 예리한 의식을 가지고 있었습니다. 물론 전문가들은 이 총

15　　사회학을 가리킨다.

체성의 여러 부분을 자신의 호기심의 방향과 개념화의 특수성에 따라 분리시켜 놓았습니다. 하지만 그와 동시에 마르크스는 경제학자나 사회학자처럼 사건들에 대한 이야기의 불충분성, 그것들의 시간 속의 배열, 그것들의 계기에 대해 예리한 의식을 가지고 있었습니다. 마르크스는 하나를 통해 다른 하나를, 가령 이론을 통해 역사를, 역사를 통해 이론을 밝히기를 원했습니다. 마르크스가 이런 과학적 기획에 부여한 공식화는 종종 비판의 대상이 되었습니다. 어떤 때에 이 공식화는 역사의 복잡성을 근본적인 몇몇 경향에 환원시키면서 단순화시키기도 했고, 또 다른 때에 이 공식화는 사건의 재구성으로 이어지기도 했습니다. 종종 저자나 독자가 모두 잊어버리고 있는 원칙을 상기하면서 말입니다. 비록 마르크스가 완전히 사회과학들의 기여와 역사의 지지를 조화롭게 연결시키지는 못했다고 해도, 우리는 과연 오늘날 그가 부딪혔던 장애물들을 극복했다고 말할 수 있을까요? 역사적 현실을 모르는 철학자들이 선정된 작은 변수로부터 출발해서 사회 유형을 구축할 수도 있을 역사과학을 꿈꾸는 것은 자유입니다. 하지만 이런 학문은 필시 존재하지 않으며, 아직은 존재할 수도 없습니다. 역사학자들과 사회학자들은 진리를 드러내는 힘든 작업에, 그들이 개념들을 ―마르크스주의적이든 아니든 간에 그렇습니다. 예컨대 그들이 모르지 않는 생산력, 생산관계, 발전, 성장, 근대화 등이 그것입니다― 통해 구조화시키는 반쯤은 비정형인 물질에 대한 해석에 나서고 있습니다.

　　오늘날 여러 독립된 사회과학 중에서 마르크스는 경제학에 가장 정통했습니다. 『자본론』의 여러 개념과 도식은 분명 영국 경제에 많은 빚을 지고 있습니다. 특히 리카도의 『원리』에 빚을 지고 있습니다. 마르크스가 『자본론』을 쓰지 않았다면, 오늘날 영국과 미국의 경제가 달라졌을까요? 사실을 말하자면 나는 그렇게 생각하지 않습니다. 『일반 이론』에서 케인스는 분명 마르크스에 대해 약간의 암시를 하고 있습니다. 하지만 다음과 같은 표현으로서 입니다. 예컨대 케인스가 마르크스의 책을 실제로 읽지 않았다는 느낌, 또는 저소비sous-consommation 이론가 중 누구의 책에서든 케인스가 발견할 수 있었을 것보다 더 많은 것을 마르크스에게 빚을 지고 있다는 느낌과 같은 표현이 그것입니다. 『자본론』은 철학자, 경제학자, 사회학자에게 고갈되지 않는 성찰의 주제도 역시 제공해 주고 있습니다.

철학자, 아니 몇몇 철학자는 조안 로빈슨 부인을 따르는 데만 그치지 않고, 또 '가치의 법칙'을 형이상학적 신앙이라고 부르는 데만 그치지 않으며, 가치라는 용어가 실제적인 내용을 지니지 않은 그저 하나의 단어라는 결론을 내리는 데만 그치지 않습니다. 가치의 본질에 대한 질문, 가치의 창조적 원칙에 대한 질문에 매혹을 느낀 철학자들이 오래전부터 여전히 존재합니다. 부의 창출chrématistique과 동시에 경제학자들에게 고유한 사고방식에 대한 비판을 탐구하면서 말입니다. 그런데 이런 사고방식은 가격과 시장을 중시하는 사고방식이며, 어떤 도덕주의자들의 눈에는 소외된 세계에 사로잡혀 있는 사고방식이기도 합니다.

경제에 대한 이런 철학적 비판이 우리의 지식에 더해질까요?

나는 그것을 의심합니다. 이런 비판이 과연 사람들이 겉으로 보기에 생산의 명령에 복종하는 사회에 대해 갖는 의식에 통합될까요? 나는 그러리라 확신합니다. 마르크스는 자신이 이용했던 도구들을 가지고 그 야심과 폭이 과학의 수단을 계속 넘어서는 작업을 시도했습니다. 그것을 통해 어떤 이들의 강박관념이, 또 다른 이들의 무관심이 설명됩니다.

마르크스의 경제적, 철학적, 역사적, 사회학적 기획은 현대 사회, 소위 자본주의 사회의 이해로 흐르는 경향이 있습니다. 이런 기획은 이 사회의 구조, 기능, 구조 내에서의 생성, 불가피한 자기붕괴 속에서 동시에 이루어졌습니다. 이런 이해는 과학적이고 비판적이고자 합니다. 마르크스는 착취 이론을 과학적이라고 생각했습니다. 하지만 그와 동시에 그는 이 이론을 이중의 의미에서 비판적이라고 생각했습니다. 생산수단의 사적 소유 위에 세워진 사회는 그 본질에서 모순 —노동력 판매자들에 대한 착취— 을 안고 있을 수 있습니다. 이런 모순은 도덕적 단죄와 구원적 파국을 정당화해 줄 수 있습니다. 경제학자들은 오늘날의 여러 도식을 이윤율의 하락 경향을 설명하는 마르크스의 도식과 비교하는 데 —이런 비교는 항상 흥미롭고 종종 교육적입니다— 즐거움을 느낍니다. 하지만 마르크스는 확실히 체제의 항구적이고 비환원적인 부당함을 규정하거나 구성하는 동일한 생산관계 속에서 자본주의 쇠퇴를 결정짓는 최후의 기원을 발견하는 아이러니컬한 만족, 그리고 이를테면 헤겔적인 만족을 경험합니다. 잉여가치는 산 노동에서 선취되는 것이지 집적된 노동(또는 불변자본)에서 선취되는 것이 아닙니다. 그런데 생산력의 발전이 산 노동의 각개 단위를 위해 죽은 노동의 사용 증가를 요구하기 때문에, 그로부터 이윤율의 저하 —자본주의 체제 자체의 구조와 기능에 내재적인 저하입니다— 가 어쩔 수 없이 발생합니다. 그렇다면 이와 유사한 체계 —이 체계 내에서는 필연성이 의식의 선고를 실행하는 임무를 띠게 된다는 사실이 증명됩니다— 의 유혹에 어떻게 저항할 수 있을까요? 자본주의는 그 자체의 내재적인 불의를 '위해서'가 아니라 그런 불의에 '의해서' 사망을 선고받은 것입니다. 내가 『자본론』을 처음으로 읽었을 때, 나는 스스로 열정적으로 설득되기를 바랐습니다. 하지만 애석하게도 이 바람은 충족되지 않은 채로 남아 있습니다.

현대 사회에 대한 이런 비판적 과학은 채택된 읽기 방식에 따라 다음과 같은 여러 결과 중 하나에 이를 수 있습니다. 가령, 결정론이나 행위 또는 항상 화석화의 위협을 받는 교리, 결코 불모가 아닌 방법, 수동성을 정당화시키는 예언, 사회주의나 모든 반항에의 추동인 야만 등이 그것입니다. 역사적인 필연성 또는 자유, 계급과 당, 즉자적 계급과 대자적 계급, 조건의 유사성과 의식화, 마르크스의 마르크스주의에 내재한 이런 개념적 반명제들은, 마르크스주의자들로 불리든 아니면 반마르크스주의자들로 불리든 간에, 모든 사람에게 자신의 고유한 철학, 역사의 여러 사건 또는 하루나 한 세기의 실천의 요구에 적합한 해석을 정립할 수 있게 해 줍니다. 칸트적 마르크스, 헤겔적 마르크스, 생시몽[16]적 마르크스, 실존주의적 마르크스가 있었습니다. 지금은 구조주의적 마르크스가 있습니다. 나의 열거는 거기에서 그치지 않을 것입니다. 만일 오늘 우리가 이 장엄한 기념식에서 한 명의 학자에게 우리의 관심을 집중시키기 위해 초대되었다면 말입니다. 왜냐하면, 만일 마르크스주의자들이 그들의 적들을 정확히 방법 —우리가 프랑스어로 '탈신비화', 영어로 '폭로debunking'로 부르는 것— 에 따라 다룬다면, 마르크스주의자들, 즉 내가 보기에 스스로 이렇게 이름 붙이는 자들은 서로에게 동일한 공격을 가하게 될 것이고, 또 유산을 배신한다고 서로 비난하게 될 것입니다. 그 누구도 경쟁하는 주장들 사이에서 단호하게 선택하지 못한 채 말입니다. 그도 그럴 것이 마르크스의 사유는 그 자체의 풍요로움으로 모든 해석-배반을 가정하기 때문입니다.

마르크스의 기획은 현대 사회를 그 총체성, 그 구조, 그 기능, 그 변화에서 해석하는 것 너머로 나아갑니다. 또한 마르크스의 기획은 자본주의 체제에 대한 비판 너머로, 이 체제에 선고를 내린 역사적 기능을 담당한 계급의 탐구 너머로 나아갑니다. 마르크스, 공공연하게는 청년 마르크스, 암암리에는 성년의 마르크스는 자신에게 가능성이 높은 것, 가능성이 가장 높은 것을 생산한다는 프로메테우스적 의지

---

16   생시몽(Saint-Simon, 1760-1825): 프랑스의 사상가, 경제학자로, 계몽주의 사상의 영향을 받았으며, 오언, 푸리에 등과 함께 공상적 사회주의자를 주창했다. 귀족 출신으로 미국 독립 전쟁에 참전하였다가 미국의 산업 발전에 충격을 받고 귀국해 프랑스 대혁명에 참여했으며, 신분제도를 혐오하여 자발적으로 귀족의 지위를 버렸다. 그는 인류 역사의 발전적 전개를 자원을 독점한 지배계급과 이들에 의해 어쩔 수없이 피지배계급이 된 계층 간의 갈등으로 발전한다고 주장, 봉건 영주와 산업자의 계급투쟁으로 이어진 프랑스의 역사를 개선하여 양쪽이 협력, 지배하는 계획 생산의 새 사회 제도를 건설해야 한다고 주장하였다. 그의 사상은 천재적이었지만, 종교적, 도덕적이고 공상적인 것이었다.

가 지배하는 사회에서 인간 조건에 대한 질문을 던졌습니다. 이른바 기술적 또는 과학적인 사회에서 인간 조건에 대한 질문, 마르크스는 이 질문을 그가 알았던 유일한 체제를 참고해서 공식화했습니다. 그런데 그는 이 체제를 현대성의 첫 번째 형태, 즉 자본주의 체제와 혼동했습니다. 하지만 여기에 모인 우리 모두 —모스크바에서 왔든, 뉴욕에서 왔든 또는 파리에서 왔든 간에— 는 오늘날 다음과 같은 사실을 모르진 않습니다. 즉 생산수단의 집단 소유도 계획경제도 인간 —분할된 행동을 하도록 선고를 받은 인간, 노동이나 자유 시간에서 완성(너무 자주 빼앗기는 완성)을 추구하면서 합리화의 냉정한 요구에 의해 인간관계의 열기를 빼앗긴 인간— 의 운명을 기적적으로 바꿔 놓지 않는다는 사실이 그것입니다. 내가 보기에 마르크스는 묵묵히 생시몽적 산업화 너머로 루소가 향수를 지니고 있었던 공동체, 재화의 풍요가 그 도래를 가능케 할 공동체를 꿈꾼 것 같습니다. 이런 꿈이 오늘날의 인간들을 계속 동요시키고 있습니다. 또한 논리적이고 역설적인 논리에 의해 여기에서 상대적인 풍요가 다른 곳에서 기근을 재창조하는 것처럼 보입니다. 반면, 계급들 사이에서는 아니라고 해도 민족들 사이에서 불평들이 지금처럼 큰 적이 결코 없었던 것으로 보입니다. 또한 과학적, 기술적 또는 경제적 진보가 그 사회적이고 인간적인 함의에서 지금처럼 애매해 보인 적이 결코 없었습니다.

마르크스의 기획은 —'역사를 철학적으로 사고한다'는 기획입니다— 다음과 같은 이중의 이유로(독일인들이 사용하는 이 단어의 '현실Wirklichkeit'과 '이성Vernunft'이라는 의미에서) 그 시의성을 간직하고 있습니다. 왜냐하면 이 기획은 완성되지 않았기 때문입니다. 또한 우리가 살고 있는 세계의 이질성은 각 나라에서 이 기획의 한 부분이나 다른 부분에 의미를 부여하고 있기 때문입니다.

　　마르크스의 기획은 과학적으로 완성되지 않았습니다. 현대성에 대한 그것의 전체적이고 복잡한 운동 속에서의 이해나 설명은 부분적이거나 편파적인 해석의 불확실성에서 벗어나지 않습니다. 또한 거기에는 여전히 마르크스주의적 개념들이 이용될 수 있습니다. 가령, 생산력, 생산관계, 사회 계급, 모순 등이 그것들입니다. 이런 개념들의 모호성에도 불구하고 말입니다. 왜냐하면 전문가들이 사용하는 다소간 엄격한 모델들은 각자 정립되기보다는 오히려 서로 연결되기 때문입니다. 또한 거시 사회학은 아직 과학적 성숙성에 도달하지 않았기 때문입니다.

　　마르크스의 기획은 역사적으로 아직 완수되지 않았습니다. 비록 인류의 일부가 런던에 망명했던 마르크스가 위기를 겪을 때마다 헛되이 희망했던 혁명을 믿고 있다고 해도 그렇습니다. 이 기획은 인류가 그 자신과 화해를 하게 될 날이 올 때 그 역사적 실현에 이를 수 있을 뿐입니다. 반면, 오늘날 마르크스주의자들은 그들 사이에서도 또 다른 이념을 가진 자들과도 여전히 화해하지 못하고 있습니다. 평화적 공존이 기껏해야 이런 시도의 한 단계를 보여 줄 뿐입니다. 마르크스의 기획의 완수는 혁명 후에 살게 될 이들에게조차 새로운 임무를 부과합니다. 생산수단의 집단적 소유권은 이것과 더불어 소외의 종말을 유도해야 하고, 인간의 인간화를 형성해야 하고, 기술적 진보

덕분에 또는 그것에도 불구하고 삶의 질을 개선해야 합니다. 마지막으로 인류의 반 또는 1/3이 여전히 처음 나타난 대로의 마르크스의 기획을 생각합니다. 달리 말하자면 생산수단의 발전이나 현대성에의 접근이 그것입니다. 비록 아시아나 아프리카 국가들의 저개발이 빅토리아 왕조 시대의 영국이나 루이 필립 시대의 프랑스의 저개발과 유사한 것 이상으로 다르다고 해도 그렇습니다. 마르크스가 기술적 기획에 대해 구상한 보편성은 단지 발전 수준의 불균등을 솟아오르게 할 뿐만 아니라 또한 문화적 문맥의 다양성 역시 솟아오르게 합니다.

위대하고 미완성인 작업에 대한 이런 반아카데믹하고 반아이러니컬한 찬사에 대해 어떤 결론을 내릴 수 있을까요? 나는 마르크스 자신의 다음과 같은 두 개의 구절로부터 결론을 끌어내 보겠습니다. 사람들은 그에게 다음과 같은 지적을 합니다. "그리고 우선 나는 마르크스주의자가 아니다." 우리 모두는 이 재판정에서 다음 사실을 인정해야만 합니다. 마르크스는 우리 시대에 다음과 같은 고백이나 부인을 여러 차례 반복해야 했을 것이라는 사실이 그것입니다. 20세기에 마르크스주의자가 되거나 또는 스스로 마르크스주의자라고 말하는 많은 모순된 방식이 존재하는데, 과연 마르크스는 몇몇 마르크스주의자들에 대해 거리를 취했을까요? 거리를 취했다면 어떤 마르크스주의자들에 대해서일까요? 대답은 각자의 자유로운 판단에 속합니다. 나는 내 나름의 답을 가지고 있으며, 여러분은 여러분 나름의 답을 가지고 있습니다.

내가 인용하고 싶은 두 번째 문장은 『정치경제학 비판』의 서문에 있습니다. "인류는 수행할 수 있는 임무만을 스스로에게 제시할 뿐이다." 마르크스와 마르크스주의자들은 인간들의 야심과 능력 사이의 이런 조화에 대해 날카로운 반박을 우리에게 가합니다. 마르크스는 우리가 오늘날에도 여전히 수행할 수 없는 과학적 임무를 스스로 제안했습니다. 마르크스주의자들은 멈추지 않고 자신들이 완전히 수행하지 못했던 임무들을 스스로 제안했습니다.

　　　그것을 즐겨야 할까요, 아니면 개탄해야 할까요? 나는 인문학적 사실에 대해 답하는 것을 주저하지 않습니다. 만일 알렉시스 드 토크빌과 마르크스가 수행할 수 있었던 유일한 임무만을 제안했다면, 그들은 각각 『미국의 민주주의La Démocratie en Amérique』와 『자본론』을 쓰지 않았을 것입니다. 추종자들인 우리에게는 결점을 채우거나 실수를 드러내는 임무가 주어질 것입니다. 역사적이거나 정치적인 임무들이 문제가 된다면, 각자는 자신의 기질이나 기분에 따라 답할 것입니다. 프랑스인들은 계속 나폴레옹을 숭배할 것입니다. 모든 다른 프랑스인들보다 더 많은 피를 흘리게 했던 그 나폴레옹을 말입니다. 그리고 최종적으로 프랑스를 더 작게, 더 약하게, 자신이 물려받았던 것보다 더 쇠퇴한 프랑스를 남겨 준 그 나폴레옹을 말입니다. 프랑스인들에게 평화와 번영을 가져다주기를 원했던 군주들 중 그 누구도 역사가 중에서 변호인을 찾지 못할 것입니다. 하지만 평화주의 시대에서는 있었던 변호인을 말입니다. 비관적이고 어쩌면 현명한 자유주의자들만이 유일하게 인류로 하여금 수행할 수 있는 임무만을 스스로에게 제안하도록 합니다. 그리고 이런 이유로 그들은 역사를 이루지 못하며, 보통의 경우 역사를 해설하는 것으로 만족합니다. 마르크스주의자들은 다른 가족에 속합니다. 그들은 자신들의 힘이 아니라 꿈에 따라 임무를 가늠합니다. 앙드레 지드의 유명한 말을 빌려서 말해 봅시다. 각자가 그를 집어삼키는 자를 자신보다 더 선호한다면, 또는 종종 그의 동료들을 집어삼키는 자를 더 선호한다면, 이것은 인간적인, 너무나 인간적인 처사일 것입니다.

이 책은 20세기 프랑스 지성계의 대표적 우파 지식인이자 철학자, 사회학자, 언론인으로 잘 알려진 레몽 아롱Raymond Aron이 1970년에 갈리마르Gallimard 출판사 폴리오/에세Folio/Essais 총서에서 출간한 *Marxismes imaginaires: D'une sainte famille à l'autre*를 우리말로 옮긴 것이다.

이 책의 초판은 같은 출판사에서 1969년에 출간되었다. 하지만 총서와 제목에 약간의 차이가 있다. 총서는 레제세Les Essais 총서였고, 제목은 *D'une sainte famille à l'autre: Essais sur les marxismes imaginaires*(한 신성 가족에서 다른 신성 가족으로: 상상적 마르크스주의에 대한 에세이)였다. 이런 외관의 차이에 더해 내용에도 차이가 있다. 초판에는 이 책의 제2부에 해당하는 세 편의 글이 실려 있을 뿐이다. 아롱이 사르트르의 노벨 문학상 수상 거부 소식을 접한 후 1964년에 『르피가로 리테레르_Le Figaro littéraire_』에 기고한 글, 1967년에 쓰고 이듬해에 발표한 알튀세르에 대한 연구, 마르크스 출생 150주년에 해당하는 1968년에 유네스코UNESCO에서 했던 강연의 전문全文이 그것이다.

초판은 1970년에 _Marxismes imaginaires: D'une sainte fa-mille à l'autre_라는 제목으로 다시 출간되었고, 거기에 이 책의 제1부에 해당하는 다음 세 편의 글이 새로이 포함되었다. 「마르크스주의와 실존주의」(1946), 「변증법의 모험과 재난」(1956), 「광신주의, 신중함 및 신앙」(1956)이 그것이다.

이 책의 제목과 부제목에 해당하는 『상상적 마르크스주의들: 한 신성 가족에서 다른 신성 가족으로』에 이 책의 내용이 오롯이 축약되어 있다. 먼저, "상상적 마르크스주의들"을 보자. 아롱은 이 표현을 통해 그와 동시대에 활동했던 사르트르와 메를로퐁티 ─아롱과 사르트르는 1905년에, 메를로퐁티는 1908년에 태어났다─ 로 대표되는 현상학-실존주의적 마르크스주의marxisme phénoménologique-existentiel (이하 MPE)와 그와 10여 년의 시차를 두고 활동했던 알튀세르 ─알튀세르는 1918년에 태어났다─ 의 구조주의적 마르크스주의marxisme structuraliste(이하 MS)가 각각 지니고 있는 문제점, 한계 등을 함축적으로 제시하고 있다.

아롱은 "상상적 마르크스주의들"이라는 표현을 통해 이 두 마르크스주의가 마르크스의 저작에 대한 충실한 읽기와 이해를 바탕으로 확립된 마르크스주의라기보다는, 오히려 사르트르, 메를로퐁티, 알튀세르의 주관적인 의도가 깊게 반영된 마르크스주의에 불과하며, 그 런 만큼 진정한 마르크스주의와는 거리가 멀다는 사실을 에둘러 지적 하고 있다.

그다음으로 이 책의 부제에 포함된 "신성 가족"이라는 표현을 보자. 이 표현은 원래 기독교에서 예수의 가족을 지칭한다. 그런 만큼 이 표현은 기독교 율법의 준수, 기독교 전통의 계승, 기독교 의식의 실 천 등과 무관하지 않다. 하지만 아롱은 이 표현을 마르크스와 엥겔스 가 1844년에 공동 출간한 『신성 가족 혹은 그 비판적 비판에 대한 비 판, 브루노 바우어와 그 일파에 반대하여*La Sainte famille ou Critique de la Critique critique contre Bruno Bauer et consorts*』(독일어 제목은 "Die heilige Familie oder Kritik der kritischen Kritik gegen Bruno Bauer und Kunsorten"이다)라는 책의 제목에서 차용하고 있다.

마르크스와 엥겔스는 그들의 책의 제목에서 "신성 가족"이라는 표현을 바우어 형제와 그 추종자들을 비꼬기 위해 사용하고 있다. 마 르크스와 엥겔스는 이 책에서 바우어 형제와 그 일파, 곧 청년 헤겔 학 파를 공격하면서 헤겔의 관념론을 비판한다. 이런 공격과 비판에 이 어 마르크스와 엥겔스는 유물론적 관점을 수호한다. 마르크스와 엥겔 스에 따르면, 청년 헤겔 학파에 속했던 바우어 형제와 그 추종자들, 곧 비판적 신학자들은 국가와 종교를 비판하긴 하지만, 그 비판이 구체 적인 현실에 대한 관조와 이 현실을 개혁하고자 하는 실천 활동에 대 한 부정 위에서만 이루어질 뿐이었다. 마르크스와 엥겔스는 이런 의 미에서 그들의 책의 제목에 "비판적 비판에 대한 비판"이라는 표현을 넣었으며, 그들의 비판의 대상이 되고 있는 "비판적 비판"만을 일삼았던 자들을 싸잡아 '신성 가족'이라고 조롱하듯이 지칭한 것이다.

이런 점을 고려하면 아롱이 MPE를 제시한 사르트르와 메를로퐁티, 그들의 주위에 있었던 실존주의자들과 MS를 확립한 알튀세르와 그의 추종자들을 지칭하면서 "한 신성 가족에서 다른 신성 가족으로"라는 부제를 사용한 것은, 이 두 유형의 마르크스주의가 레닌-스탈린주의적 마르크스주의, 즉 교조주의화된 정통 마르크스주의에 대한 비판이기는 하지만, 마르크스의 저작에 대한 충실한 이해와 해석을 바탕으로 이루어진 제대로 된 비판은 아니라는 사실을 반어법적으로 보여 준다고 하겠다.

그렇다면 아롱은 MPE와 MS에 대해 구체적으로 어떤 비판을 가하고 있는가? 이 질문은 이 책의 핵심 내용, 즉 그가 "상상적 마르크스주의들"이라고 지칭한 두 마르크스주의에 대해 구체적으로 어떤 문제점과 한계를 지적하고 있는가라는 질문과 그 궤를 같이한다. 이 질문에 답을 하면서 이 책의 내용을 간략하게 일별해 보도록 하자.

먼저 MPE에 대한 비판을 보자. 이 비판은 다음과 같은 몇몇 단어로 요약될 수 있을 것으로 보인다. '혁명', '폭력', '유토피아', '광신' 등이 그것이다. 아롱은 MPE에서 이 네 단어와 얽혀 있는 마르크스주의를 목도하고 있으며, 이에 대해 통렬한 비판을 가하고 있다. 이 비판은 아롱 자신이 1955년에 출간한 『지식인의 아편 *L'Opium des intellectuels*』에서 정식화한 세 가지 '신화 mythe'와도 밀접하게 연결되어 있다. '좌파 신화', '혁명 신화', '프롤레타리아 신화'가 그것이다.

아롱은 메를로퐁티에 대해 그의 번뜩이는 지성에도 불구하고 그가 왜 위의 세 가지 신화의 실현으로 여겨지는 "완벽한 순간moment parfait", 곧 "역사적 특권의 순간"의 도래를 거의 종교의 교리처럼 믿게 되었는지, 그것도 거의 광신적으로 믿게 되었는지에 주목한다. 아롱은 그 주된 이유를 메를로퐁티의 현상학적 사유에 바탕을 둔 그의 정치, 사회철학에서 찾고 있다. 메를로퐁티에 따르면 인간은 '몸corps'을 가진 '세계-내-존재'이며, 원초적으로 몸을 통해 이웃해 있는 타인들과 이 세계라는 공통 지반 위에 함께 뿌리를 내리고 있는 '상호주체적' 존재로 이해된다. 또한 메를로퐁티는 이런 인간들 사이의 '상호주체성'이라는 근본적인 실존 조건에 대한 자각과 현실에서의 그 구현을 정치적, 사회적 이상理想으로 제시한다.

메를로퐁티는 또한 현실에 이런 이상을 실현하는 방법과 절차가 다양하며, 각각의 방법과 절차 사이에 분명한 경계선을 긋기가 어렵다는 점을 인정한다. 마치 이 세계와 인간, 인간과 인간 사이의 경계가 애매한 것처럼 말이다. 가령, 메를로퐁티는 미국과 서유럽에서 채택된 자유민주주의적 방법과 절차, 소련과 동유럽에서 채택된 마르크스주의에 입각한 공산주의적 방법과 절차 등의 존재 권리를 인정한다. 또한 각각의 방법과 절차에 고유한 장, 단점도 인정한다. 하지만 그는 1945년부터 한국전쟁 발발 시기까지의 미국과 소련을 비교하면서, 이 두 나라의 차이점을 이렇게 제시한다. 두 나라에서 공히 비인간적인 폭력, 억압, 불평등 현상이 나타나고 있지만, 미국에서는 이런 현상이 은폐되는 반면, 소련에서는 이런 현상을 계급투쟁, 프롤레타리아 혁명 등을 통해 극복하고자 노력이 이루어지고 있다고 말이다.

바로 거기에 메를로퐁티가 주창한 "진보적 폭력violence progressive" 개념이 자리한다. 미래의 유토피아 건설을 위해 현재 자행되는 폭력 사용은 용인될 수 있다는 의미를 가진 개념이다. 메를로퐁티는 이런 진보적 폭력 개념에 입각해 그 당시 "철의 장막"을 거쳐 서구 유럽에 전해지는 소련에 대한 부정적이면서 단편적인 정보, 가령 정치재판, 숙청, 강제노동 수용소의 존재 등에 대한 정보를 접하면서도 소련의 정치 체제를 옹호할 수 있었다. 그는 프랑스공산당PCF: Parti communiste française에 가입하지는 않았지만, 1945년 이후 한동안 사르트르보다 더 과격한 마르크스주의자, 더 열렬한 공산주의의 동반자를 자처했다. 요컨대 메를로퐁티는 그 자신이 항상 염두에 두고 있었던 완벽한 순간, 곧 유토피아의 건설을 위해 동원되는 폭력 사용을 용인하면서 마르크스주의와 이를 신봉하는 공산주의 체제를 옹호했다.

하지만 이런 메를로퐁티의 입장이 완벽한 순간의 실현 가능성에 대한 신앙에 가까운 신념, 나아가 마르크스주의와 이를 토대로 세워진 공산주의 체제에 역사적인 특권을 부여하면서 이 체제에 대한 무비판적인 추종으로 이어지는 광신적인 태도의 산물에 불과하다는 것이 아롱의 지적이다. 물론 메를로퐁티는 1950년대 초반, 즉 한국전쟁 발발을 계기로 소련의 제국주의적 성격, 이 나라의 폭압적이고 전체주의적인 정체, 폭력 사용을 용인하는 비인간주의적이고 야만적인 정책 등을 비판하면서 소련의 공산주의 체제에 대해 등을 돌리게 된다. 그는 이 시기에 사르트르와 이념적으로 갈라서는 것도 마다하지 않았다. 메를로퐁티가 보기에 사르트르는 "초超볼셰비즘ultra-bochevisme"에 빠져 있었던 것이다. 그렇다고 해서 메를로퐁티가 마르크스주의를 포기하고 좌파 진영을 완전히 떠난 것은 아니다. 그는 자신의 입장을 '비非공산주의acommunisme'으로 규정하면서 여전히 좌파 지식인으로 남았던 것은 부인할 수 없다.

아롱이 메를로퐁티에게 가한 비판은 거의 그대로 사르트르에게도 적용된다. 다만, 사르트르에 대한 아롱의 비판은 메를로퐁티에 대한 비판보다 더 근원적이고, 더 집요하고, 더 철저하다. 그도 그럴 것이 메를로퐁티는 진보적 폭력 개념을 내세우면서 마르크스주의에 대한 다소 맹목적이고 광신적인 태도를 취한 것에 비해, 사르트르는 폭력의 사용은 물론이거니와 심지어 스탈린의 개인숭배를 이론적으로 정당화하는 데까지 나아가고 있다는 것이 아롱의 판단이기 때문이다. 게다가 젊은 시절에 두터운 우정을 쌓았던 사르트르와 아롱은 이념적인 이유로 갈라져 상대방을 불구대천의 '적敵'으로 여기기도 했다.

아롱은 사르트르 사상의 바탕에 놓여 있는 가장 비극적인 문제는 인간관계의 정립에서 주체성과 주체성의 결합, 곧 "완벽한 상호성récirpocité parfaite" —"완벽한 상호주체성"과 같다— 이 오직 '폭력'을 통해서만 실현될 수 있다는 점에 있다고 본다. 아롱이 보기에는 이 문제가 사르트르에 의해 확립된 급진적이고 과격한 마르크스주의와 밀접하게 연결되어 있었다.

먼저, 사르트르의 『존재와 무』의 차원에서는 완벽한 상호성에 바탕을 둔 인간관계의 정립은 불가능한 것으로 여겨진다. 사르트르에 의하면 인간은 고립된 존재로서 다른 인간과 '시선^{regard}'을 통해 우연히 조우한다. 하지만 인간은 항상 주체성의 상태에 있어야 한다. 그런데 타자는 그의 시선을 통해 나를 바라보면서 나를 대상으로 사로잡고자 한다. 나는 이런 타자에 대해 나의 시선을 폭발시켜 도리어 그를 대상으로 사로잡고자 한다. 이렇게 해서 나와 타자의 관계는 갈등으로 귀착된다. 물론 나와 타자의 협력도 가능하긴 하다. 하지만 『존재와 무』에서는 협력보다는 갈등이 더 크게 부각되고 있다.

또한 이런 인간관계는 역사적, 사회적 존재로서 인간들이 집단을 형성하는 경우에도 나타난다. 사르트르는 『변증법적 이성비판』에서 인간관계가 갈등으로 치달을 수밖에 없는 이유로 '희소성'과 '다수의 인간의 존재'를 제시한다. 많은 사람이 한정된 자원을 이용하는 경우에 갈등의 출현은 불가피하다. 사르트르는 또한 이런 갈등의 출현을 설명하기 위해 '실천적-타성태^{le partico-inerte}' 개념을 제시한다. 이 개념은 인간들의 실천의 결과물이 그들의 후일의 실천을 제약하는 요소가 된다는 의미를 가진 개념이다. 가령, 원자력을 개발한 것은 에너지의 희소성을 해결하기 위한 노력과 실천의 산물이지만, 이것이 원자폭탄 제조로 이어져 인류의 미래에서의 실천에 제약을 가하고 있는 양상이 바로 실천적-타성태의 개념에 해당한다.

사르트르는 이 개념의 작용으로 인해 한 집단에서 인간들 사이의 관계는 갈등으로 귀착되고, 이 갈등은 다시 집단들 사이의 갈등, 급기야는 투쟁으로 발전한다는 도식을 제시한다. 그는 이런 집단 투쟁의 한 양상이 계급투쟁이라고 본다. 그리고 이런 집단적 갈등이 절정에 달해 그 집단이 지옥과도 같은 집단 —그 구성원들 사이의 관계가 온통 '이타성altérité'에 의해 지배되는 '집렬체série'이다— 이 되면, 그들은 자신들의 관계가 완벽한 상호성 위에 정립되는 '융화집단groupe en fusion'으로 이행을 도모하게 된다. 사르트르는 이 융화집단의 한 예로 프랑스 대혁명이 발발했을 때 바스티유 감옥을 탈취하기 위해 진격하는 파리 시민들의 모습을 제시한다. 사르트르에 의하면 이들에 의해 형성된 집단의 모습이 '나-너-그' 사이의 차이가 사라지고 하나의 공동 목표를 실현하기 위해 하나의 공동 실천을 하는 자들의 집단, 곧 '우리nous'라는 집단의 모습으로 이해된다.

하지만 이 융화집단은 그다음 단계에서 그 구성원들 사이의 완벽한 상호성을 유지하기 위해 각자의 '서약serment'을 통해 '서약집단 groupe assermenté'으로 이행하게 되고, 이 서약집단은 이 집단 운영의 효율성으로 인해 점차 그들 사이에 나타나는 이타성을 다시 용인하면서 '조직화된 집단groupe organisé'으로, 또 이 조직화된 집단은 재차 '제도화된 집단groupe institutionnalisé'로 이행하게 된다는 것이 사르트르의 주장이다. 그리고 이 제도화된 집단의 구성원들의 관계는 더 이상 완벽한 상호성이 아니라 이타성에 의해 지배되며, 이렇게 해서 이 집단은 다시 집렬체의 모습을 되돌아간다는 것이 사르트르의 계속되는 주장이다. 그 결과, 인간들이 형성하는 집단의 변화와 그 역사는 집렬체와 융화집단 사이를 계속 왔다 갔다 하는 이중의 왕복운동에 의해 특징지어진다는 것이 사르트르가 『변증법적 이성비판』에서 내리고 있는 결론이다.

그런데 이 이중의 왕복운동에서 주목해야 하는 것은 다음과 같은 두 가지 사실이다. 하나는 이 이중의 왕복운동이 사르트르가 그 자신의 실존주의와 마르크스주의를 결합시켜 제시한 역사 이해의 핵심에 해당한다는 것이다. 다른 하나는 이 이중의 왕복운동의 매 계기마다 폭력이 개입되어 있다는 사실이다. 실제로 아롱은 사르트르의 MPE에 대해 이 점을 중점적으로 비판하고 있다. 이 두 사실을 좀 더 자세히 보자.

사르트르가 『변증법적 이성비판』에서 제시하고 있는 집렬체와 융화집단 사이의 이중의 왕복운동은, 그가 마르크스에 의해 제시된 계급투쟁과 이를 통한 계급 없는 사회 건설로 이어지는 도식과 유사하다. 실제로 사르트르는 『변증법적 이성비판』을 집필하던 당시에 ―더 정확하게는 이 저서의 서론에 해당하는 「방법의 문제」를 쓴 1957년에― 마르크스주의(마르크스의 마르크스주의를 가리킨다)를 그의 동시대의 "뛰어넘을 수 없는 철학philosophie indépassable"로 규정했다.

그런데 사르트르는 마르크스주의(교조주의화된 마르크스주의, 곧 소련의 정통 마르크스-레닌주의를 가리킨다)가 실천의 주체이자 역사 형성의 주체인 인간 각자의 삶(어린 시절을 포함해), 곧 그의 실존을 고려하지 못해 굳어져 인간, 사회, 역사의 분석과 이해에서 본래의 기능을 제대로 수행하지 못하고 있다는 견해를 제시한다. 한마디로 마르크스주의가 "멈춰 버렸다arrêté"는 것이다. 사르트르는 또한 이런 상태가 1953년 스탈린의 사망과 1956년 20차 소련 공산당 전당대회에서의 흐루쇼프의 탈스탈린화를 강조한 연설을 통해 명백히 드러났다고 판단한다. 그러면서 이렇게 멈춰 버린 상태에 있는 마르크스주의에 신선한 피를 수혈하기 위해 실존주의와 프로이트의 정신분석 등을 결합시켜야 하는 필요성을 제시한다. 그리고 이런 결합을 통해 방금 살펴본 역사 운동의 기저에 놓여 있는 집렬체와 융화집단 사이의 이중의 왕복운동을 제시하기에 이른 것이다.

그다음으로 이중의 왕복운동의 매 계기마다 폭력이 개입한다는 점을 보자. 우선, 집렬체에서는 그 구성원들의 실천의 결과물(이것은 이 집렬체의 전체적인 부富에 해당한다)의 대부분을 차지하는 자들(유산계급에 속하는 자들)과 그렇지 못하는 자들(무산계급에 속하는 자들) 사이에 발생하는 폭력(이것이 '기존폭력violence déjà existante'으로, 억압적 기능을 갖는다), 이 폭력에 의해 무산계급에 속한 자들의 삶과 죽음이 문제시되는 상황의 극복을 위해 동원되는 폭력(이것이 '대항폭력contre-violence'으로 해방적, 치유적 기능을 갖는다), 이렇게 해서 형성된 융화집단을 지키기 위해 요구되는 서약(이것이 서약 위반자에게 죽음을 부과하는 작은 폭력으로, 그 기능은 방어적이다), 그리고 다시 서약집단에서 조직화된 집단, 제도화된 집단으로 이행하면서 나타나게 되는 집렬체적 폭력(기존의 폭력이 되며, 그 기능은 억압적이다)이 그것이다.

아롱은 이런 사실들을 종합하면서 그의 절친切親이자 이념적인 적이었던 사르트르가 『변증법적 이성비판』에서 폭력 사용의 긍정적 결과를 제시할 뿐만 아니라, 나아가 그것의 사용과 궁극적으로는 스탈린의 개인숭배까지 이론적으로 정당화하고 있다고 보았다. 아롱은 이를 근거로 사르트르가 "자유의 철학자"에서 "폭력의 사도司徒"로 변신했다고 통렬하게 비판한다. 그리고 이런 달갑지 않은 변신의 근본적인 원인을 사르트르의 비극적인 인간관, 곧 인간들 사이의 주체성과 주체성의 결합인 완벽한 상호성의 실현은 불가능하고, 설사 그것이 가능하다 할지라도 폭력을 바탕으로 실현될 수밖에 없다는 데서 찾고 있다. 물론 사르트르는 폭력이 아닌 다른 수단, 가령 문학을 포함해 예술작품, '증여don' 등을 통한 완벽한 상호성 실현의 가능성, 곧 윤리 정립의 가능성에 대해 성찰하고 있다. 하지만 아롱은 이 책에 포함된 글들을 쓸 무렵에 이런 비폭력적 수단들에 의한 완벽한 상호성의 실현 가능성에 대한 사르트르의 논의를 모두 고려할 수는 없었다는 점을 지적하자.

이어서 알튀세르의 MS에 대한 아롱의 비판을 보자. 앞에서 사르트르가 그 자신의 실존주의와 정신분석 등에 의지해 인간과 사회, 역사의 이해에 있어서 제대로 기능을 다하지 못하고 있는 마르크즈주의에 신선한 피를 수혈하고자 했다는 사실을 지적했다. 1948년에 PCF에 가입해 당원으로 활약하고 있던 알튀세르 역시 1953년 스탈린 사망과 1956년 흐루쇼프의 연설로 촉발된 스탈린 격하 운동이 일어났던 무렵에 소련의 공식 이데올로기인 마르크스-레닌주의, 곧 정통 마르크스주의가 교조주의화되어 마르크스주의 본래 모습을 상실한 상태에 있다고 보았다. 또한 알튀세르는 특히 1844년 마르크스의 『경제학-철학 수고』를 중심으로 교조주의화된 마르크스주의를 갱신한다는 의도로 인간주의적 측면과 소외론 등을 내세워 마르크스주의를 재해석하려는 움직임, 사르트르에 의한 실존주의와 마르크스주의를 결합시키려는 움직임 등으로 혼란 상태에 빠진 마르크스주의를 비판하면서 마르크스주의를 되살리고자 하는 노력을 경주하게 된다.

　　이렇듯 한편으로는 소련 중심의 교조주의화된 정통 마르크스주의와 이에 대한 반발로 나타난 인간주의적 마르크스주의를 거부하고, 다른 한편으로 마르크스의 저작을 새로이 읽고 다시 해석함으로써 마르크스주의를 혼란 상태에서 구하기 위해, 알튀세르는 이른바 "이론적 개입"을 하게 된다. 그 과정에서 알튀세르는 구조주의 이론, 스피노자의 인식론, 프로이트와 라캉의 정신분석학, 마키아벨리와 루소의 정치철학 등을 두루 섭렵하는 "이론의 우회"를 거치는 한편, "인식론적 절단coupure épistémologique", "문제틀problématique", "중층결정surdétermination", "구조적 인과성causalité structurelle", "징후적 독해lecture symptomatique" 등의 개념을 통해 교조주의화된 정통 마르크스주의에 대해 반反인간주의, 반경험주의, 반역사주의, 반경제주의의 입장을 취하게 된다. 그리고 그의 이런 입장은 마르크스주의를 '이데올로기'가 아닌 '과학'으로 파악하고자 하는 시도로 구체화된다.

　　하지만 아롱은 이런 시도의 산물인 알튀세르의 MS에 대해 몇 가지 점에 대해 비판을 가하고 있다. 우선, 알튀세르가 내세운 "마르크스에게로의 회귀retour à Marx!"라는 캐치프레이즈에도 불구하고, 알튀세르가 MS를 확립하면서 견지하고 있는 위의 네 가지 입장은 마르크스 저작에 충실한 읽기와 이해의 결과라기보다는 오히려 알튀세르 자신의 주관적인 의도가 깊게 투영된 결과라는 것이다.

　　가령, 아롱은 알튀세르의 MS의 핵심에 해당하는 "인식론적 절단" 개념에 이의를 제기한다. 아롱은 마르크스의 초기 저작은 물론 『자본론』에 이르기까지 소외 극복, 불평등 해소, 계급투쟁, 혁명 등을 암시하는 인간주의적 내용이 간헐적이지만 꾸준하게 드러나고 있다고 본다. 다시 말해 알튀세르가 주장하는 것과는 달리 마르크스의 저작들 사이에는 "인식론적 절단"보다는 오히려 연속성이 있다는 것이 아롱의 주장이다.

또한 아롱은 마르크스의 새로운 문제틀, 새로운 개념들이 『자본론』에 와서야 비로소 본격적으로 등장한다는 알튀세르의 주장에도 동의하지 않는다. 아롱은 『자본론』 이전에 쓰인 『정치경제학 비판 요강』(즉 『그룬트리세』)에 큰 비중을 두면서 그 가치를 높이 평가하고 있다. 그러니까 『자본론』 이전에 쓰인 『정치경제학 비판 요강』에 이미 역사적 유물론을 구성하는 주요 개념들, 가령 생산력, 생산관계, 잉여가치 등과 같은 개념들이 등장하고 분석되고 있다는 것이 아롱의 주장이다.

나아가 아롱은 알튀세르의 MS에서 볼 수 있는 반경험주의, 반역사주의와 반경제주의에도 비판을 가한다. 아롱 역시 마르크스의 사회구성체 논의에서 이른바 상부구조가 하부구조를 구성하는 주요 심급인 경제에 달려 있다는 일방적인 경제결정론에 동의하지 않는다. 그러니까 아롱도 상부구조의 다원적 결정을 주장한다. 하지만 이런 유사한 주장에도 불구하고 아롱은 알튀세르와는 달리 마르크스의 정치, 경제에 대한 사유가 단지 이론적인 성찰의 결과가 아니라, 영국, 프랑스, 독일 등의 구체적인 현실에 대한 통시적이고 공시적인 분석의 결과라는 점을 옹호하고 있다. 이렇듯 아롱은 알튀세르의 MS의 반경험주의와 반경제주의, 나아가 반역사주의에 대해서도 이의를 제기하고 있다.

　이런 사실들을 종합해 아롱은 알튀세르의 MS가 마르크스주의를 이데올로기가 아니라 과학으로 간주하려는 시도 자체가 궁극적으로 "이론적 모순"을 노정하고 있다고 지적한다. 실제로 알튀세르는 마르크스주의의 재해석, 재구성을 위해 마르크스가 내세웠던 관념론적 이데올로기로서의 측면을 도외시하면서 교조주의화된 정통 마르크스주의와 인간주의적 마르크스주의를 비판함과 동시에 참다운 마르크스주의, 곧 과학으로서의 마르크스주의를 확립하고자 했다. 하지만 후일 알튀세르가 자기비판을 통해 제시하고 있는 것처럼, 아무리 과학으로서의 마르크스주의를 강조한다고 해도 계급 없는 사회의 건설이라는 희망을 내장內藏하고 있는 이데올로기로서의 마르크스주의를 도외시할 수는 없는 노릇이다.

　그럼에도 알튀세르는 1965년, 즉 『마르크스를 위하여』와 『자본론을 읽자』를 출간하는 시기에 교조주의화된 정통 마르크스주의를 갱신하기 위해 노력하면서도 이데올로기의 측면만은 충분히 고려하지 못했다는 것이 아롱의 주장이다. 실제로 알튀세르는 후일 자기비판을 하면서 이론적 개입과 국가 억압 장치로서의 이데올로기가 실행하는 '호명interpellation'을 문제화하는 등의 실천적 개입의 필요성 역시 강조하게 된다. 이렇듯 아롱은 MS의 확립 과정에서 알튀세르가 부딪친 모순을 예리하게 지적하고 있는 것으로 보인다. 물론 이 책에 포함된 알튀세르에 대한 연구와 그가 제시하고 있는 국가 억압 장치로서의 이데올로기론의 시차로 인해 이 이데올로기론에 대한 아롱의 지적에 어쩔 수 없는 한계가 있다는 점은 부인할 수 없는 사실이긴 하다.

이상이 이 책의 내용에 대한 간략한 일별이다. 이런 일별에도 불구하고 한 가지 의문이 여전히 남는다. 과연 아롱 자신은 마르크스, 그리고 마르크스주의와 어떤 관계에 있었는가라는 의문이 그것이다. 이 의문은 이렇게 다시 제기될 수 있다. 과연 아롱은 MPE나 MS를 "상상적 마르크스주의"라고 규정하고 비판할 정도로 마르크스 사상에 정통했는가?

이와 관련해 먼저 다음 사실을 지적하자. 아롱은 마르크스의 천재성과 위대함을 거리낌 없이 인정하고 있다는 사실이 그것이다. 바꿔 말해 아롱이 마르크스주의 자체의 가치를 아예 부정하고 있는 것은 아니다. 마르크스 탄생 150주년을 기념하기 위해 유네스코에서 했던 강연이 그것을 증명해 준다. 아롱은 드골의 생각, 곧 한 장수將帥의 위대함은 그가 참전하는 전쟁의 규모에 비례한다는 생각에 비춰, 마르크스로 인해 전 세계에서 과거에도 벌어졌고, 현재에도 벌어지고 있으며, 앞으로도 벌어지게 될 "지적 전쟁"의 규모를 환기시키며 그의 천재성과 위대함을 암시하고 있다.

주지하는 바와 같이, 1993년에 데리다는 『마르크스의 유령들 Spectres de Marx』이라는 저서를 통해 냉전이 막을 내린 시대에 마르크스는 '유령'의 형태로 유럽을 배회하고 있다고 지적하면서, 간접적으로나마 마르크스의 '회귀' 가능성을 내다보고 있다. 하지만 아롱이 이 책에 포함된 글들을 발표하고 집필한 시기에는 마르크스 또는 마르크스주의가 유령이 아닌 시퍼렇게 살아 있는 모습으로 유럽과 전 세계에서 실제로 큰 영향력을 행사하고 있었다. 그런 시기에 아롱은, 비록 그 자신은 자유민주주의를 옹호하는 우파 진영에 속한 지식인을 자처했지만, 한 명의 학자로서 마르크스 사상의 모호성에도 불구하고 그 해석의 무궁무진한 가능성, 지구상에서 경제적 불평등과 그로 인해 억압받고 신음하고 있는 많은 사람에게 인간주의가 구현될 수 있다는 꺼지지 않는 희망을 완전히 배제하지 않고 있는 것으로 보인다.

그다음으로 아롱과 마르크스주의와의 관계를 알기 위해서는 다음과 같은 아롱 자신의 술회가 커다란 도움이 될 수 있을 것이다. 실제로 아롱은 자신을 '마르크스주의자marxiste'가 아니라 '마르크스 전문 연구자marxologue' 또는 "마르크스의 저작에 조금 더 가까운 자marxien'로 규정하고 있다. 두 칭호를 가르는 차이는 'marxologue' 또는 'marxien'이 반드시 'marxiste', 곧 '마르크스 사상으로 무장한 투사로서의 마르크스주의자'일 필요는 없다는 점에 있다. 다시 말해 마르크스의 사상을 신봉하지 않아도 마르크스 전문 연구자가 될 수 있는 것이다. 무신론자가 훌륭한 신학자가 될 수 있는 것처럼 말이다. 물론 'marxiste'가 'marxologue'나 'marxien'보다 마르크스의 저작에 더 정통한 전문가일 수도 있는 가능성을 부정할 수는 없다.

한편, 아롱 자신은 'marxologue' 또는 'marxien'을 자처하면서 35세 때부터, 즉 1940년경부터 마르크스의 저작을 집중적으로 읽고 또 읽었다고 술회하고 있다. 또한 1957년부터 소르본대학에서 교수로 재직하면서 마르크스 사상에 대한 강의를 여러 차례 했다고도 술회하고 있다. 또한 마르크스주의, 계급투쟁, 좌파 신화 등과 같은 주제에 대한 저작을 출간하기도 했다. 이를 통해서 보면 아롱은 스스로에 대해 그 누구보다도 마르크스 사상에 정통하다고 평가하는 한편, MPE와 MS에 대해 논의하고, 이의를 제기하고, 토론하고, 비판하는 데 충분한 자격을 갖추었다는 자부심과 자신감을 가졌던 것으로 보인다.

다만, 옮긴이의 입장에서 아쉬운 것은, 아롱이 이 책을 쓰고 난 뒤에, 또 소르본에서의 강의를 통해 마르크스를 다룬 강의록 등이 있을 것이나, 그것을 아직 읽어 보지 못했다는 사실이다. 물론 『지식인의 아편』 등을 통해 그의 마르크스와 마르크스주의에 대한 생각의 일단을 엿볼 수는 있었다. 하지만 아롱이 소묘하고 있는 마르크스주의의 모습이 어떤 것인지에 대한 궁금증이 크기만 하다. 이를 위해서는 1962-1963년에 아롱이 소르본대학에서 했던 강의록을 바탕으로 2002년에 출간된 『마르크스의 마르크스주의Le Marxisme de Marx』가 우리말로 옮겨졌으면 하는 바람을 피력해 본다.

최근 몇 년 사이에 옮긴이는 아롱과 관련된 두 권의 책을 연속으로 출간했다. 아롱의 『지식인의 아편』(세창출판사, 2022)과 장 프랑수아 시리넬리의 『세기의 두 지식인, 사르트르와 아롱Deux intellectuels dans le siècle: Sartre et Aron』(세창출판사, 2023)이 그것이다.

이 두 권의 책에서(옮긴이의 말) 밝힌 것처럼, 옮긴이는 사르트르의 문학을 전공했고, 그동안 아롱보다는 사르트르의 사상과 문학을 이해하고, 소개하고, 연구하는 데 많은 시간과 노력을 쏟았다. 그러다가 최근 몇 년 사이에 아롱에 대해 부쩍 관심을 갖게 되었다. 이런 옮긴이의 관심의 변화에 대해 이렇게 묻는 이들도 없지 않다. "참여지식인, 사르트르로 대변되는 좌파 사회주의 진영을 버리고 아롱에 의해 대표되는 우파 자유주의 진영으로 이동한 것이 아니냐?" 이런 질문을 받을 때마다 "반드시 그런 것은 아니다. 다만, 그동안 옆으로 제쳐 두었던 아롱에 대한 관심이 조금 더 커졌고, 특히 사르트르와의 관계 속에서 아롱의 사상, 그의 정치적 입장 등을 제대로 이해해 보고 싶은 것뿐이다"라고 대답하곤 한다.

그럼에도 다음과 같은 사실은 부인할 수 없다. 새로운 밀레니엄으로 접어들어 거의 1/4이 지나면서 프랑스를 위시해 미국 등지에서도 20세기 중반 프랑스와 세계의 지성계를 화려하게 수놓았던 사르트르와 아롱의 관계가 크게 역전되었다는 사실이 그것이다. 그 가장 뚜렷한 증거는 프랑스 유력 좌파 일간지 『리베라시옹』 2017년 7월 2일 자에 실린 다음과 같은 제목의 기사이다. "애석하다! 레몽 아롱이 옳았다!Raymond Aron avait raison. Hélas" 그런데 이 신문의 발기인 중 한 명이 바로 사르트르였다는 사실을 고려한다면, 이 기사 제목이 갖는 상징적인 의미를 어렵지 않게 짐작할 수 있을 것이다.

이런 상황의 변화 속에서 플라톤, 니체, 프로이트 등과 더불어 이른바 "담론의 창시자créateur du discours" 중 한 명으로 여겨지는 마르크스와 마르크스주의에 대한 아롱의 시각, 즉 우파의 시각을 소개하는 것도 우리가 지나온 지 얼마 되지 않은 '20세기'를 이해하는 데 큰 도움을 줄 수 있겠다는 판단이 이 책을 우리말로 번역하게 된 계기가 되었다. 특히 알튀세르에 대한 연구는 주로 좌파 진영에서 이루어졌고, 그에 대한 비판은 그리 많지 않은 상황에서 아롱의 비판적인 논의는 부분적이고 단편적이긴 하지만, 그래도 우리나라에서 마르크스주의 전반에 대한 논의를 위한 하나의 계기가 될 수도 있을 것이라는 생각을 해 본다. 그런 계기의 마련에 조그마한 도움이 될 수 있다면, 이 책을 우리말로 옮기는 작업은 그 나름의 의의를 지닐 수 있을 것이다. 특히 새로운 밀레니엄으로 접어든 지 약 1/4이 지나는 시점에서 우리는 20세기의 유물, 그것도 냉전시대의 유물인 분단의 아픔을 여전히 치유하지 못하고 있는 실정이다. 이 책이 그런 아픔을 진단하고, 치유하는 데 조그마한 초석이 되었으면 하는 바람을 피력해 본다.

아롱의 다른 대부분의 책이 그러하듯이, 이 책 역시 추상적이고 난해한 표현과 복잡한 문장에서 기인한 난해함으로 인해 우리말로 옮기는 과정에서 많은 어려움을 겪었다. 게다가 이 책에서 언급되고 있는 책들, 가령 사르트르의 『존재와 무』, 『변증법적 이성비판』, 메를로퐁티의 『지각의 현상학』, 『의미와 무의미』, 『변증법의 모험』, 알튀세르의 『마르크스를 위하여』, 『자본론을 읽자』 등의 난해함으로 인해 이 책의 난해함이 배가되었으며, 특히 아롱이 두껍고 어려운 이런 책들에서 등장한 개념들에 대한 설명이나 별다른 안내 없이 그것들을 대거 사용하고 있어서 이 책을 우리말로 옮기는 과정에서의 어려움도 비례해서 배가되었다. 부족하고 잘못된 부분에 대해서는 독자 여러분의 따뜻한 질정이 있기를 바란다.

이런 어려움에도 불구하고 이 책을 반듯하게 만드는 데 많은 도움을 주신 박은창 선생님께 깊은 감사의 말씀을 전해드린다. 그리고 인문학에 대한 관심이 점점 줄어드는 힘든 상황 속에서도 이 책의 가치를 평가해 주시고 번역을 기꺼이 결정해 주신 세창출판사 이방원 대표님, 모든 과정에서 많은 도움을 주신 김명희, 김준 선생님께도 깊은 감사의 말씀을 전해드린다. 아울러 늘 옆에서 지켜봐 주는 익수와 윤지에게도 고마움을 전한다. 마지막으로 이 책의 알튀세르 부분을 읽어 주시고 많은 충고와 도움을 주신 S 선생님께도 감사의 말씀을 전해드린다

2024. 5.
'시지프' 연구실에서 옮긴이

찾아보기